中国出版标准化蓝皮书
CHINA PUBLISHING STANDARDIZATION BLUE BOOK

中国出版标准化发展研究报告 2016

RESEARCH REPORT OF PUBLISHING STANDARDIZATION IN CHINA

主 编 魏玉山

副主编 冯宏声 蔡京生 张 立

中国书籍出版社
China Book Press

《中国出版标准化发展研究报告（2016）》课题组和撰稿人名单

组　　长： 魏玉山

副组长： 冯宏声、蔡京生、张　立

执行主编： 刘颖丽

撰稿人（按文章顺序排列）：

刘颖丽	张书卿	胡桂绵	唐贾军	姜　莎	刘成勇
刘　勇	张　沫	张建东	单润红	刘　计	许绍梅
胡海峰	蔡　逊	陈银莉	胡桂绵	张新新	孙　卫
李美芳	香江波	陈　磊	吕迎丰	塔　娜	安秀敏
李安琪	张继国	彭劲松	郭树岐	吴洁明	赵文丽
李　旗	张倩影	李永林	郎彦妮	谢　冰	杨惠龙
傅祚华	左美丽	陆建平	刘冬燕	梁正晨	

目 录

总报告

"十二五"时期新闻出版标准化工作 …………………………………… (3)
    一、标准制定和修订总量快速提升 ………………………………… (4)
    二、标准化机构建设完成总体布局 ………………………………… (9)
    三、国际标准化取得突破 …………………………………………… (11)
    四、问题及建议 ……………………………………………………… (13)

分领域报告

2015年新闻出版领域专题报告 ………………………………………… (19)
    一、综述 ……………………………………………………………… (19)
    二、国内标准制定和修订 …………………………………………… (20)
    三、标准实施推广 …………………………………………………… (22)
    四、国际标准化 ……………………………………………………… (23)
    五、标准化研究 ……………………………………………………… (28)
    六、机构和人才队伍建设 …………………………………………… (30)

- 七、主要亮点 …………………………………………………… (31)
- 八、趋势和问题 ………………………………………………… (33)
- 九、对策建议 …………………………………………………… (36)

印刷领域标准化分报告 ……………………………………………… (40)
- 一、综述 ………………………………………………………… (40)
- 二、印刷标准化体系建设 ……………………………………… (41)
- 三、印刷标准实施推广 ………………………………………… (43)
- 四、向印刷标准国际化迈进 …………………………………… (45)
- 五、开展印刷标准化研究工作 ………………………………… (48)
- 六、机构和人才队伍建设 ……………………………………… (49)
- 七、印刷标准发展的问题及对策 ……………………………… (50)

发行分领域报告 ……………………………………………………… (52)
- 一、发行领域综述 ……………………………………………… (52)
- 二、发行标准化介绍 …………………………………………… (53)
- 三、国内标准制修订 …………………………………………… (54)
- 四、国际标准化 ………………………………………………… (59)
- 五、标准实施 …………………………………………………… (59)
- 六、前瞻性研究 ………………………………………………… (62)
- 七、趋势分析 …………………………………………………… (63)
- 八、发行领域问题分析 ………………………………………… (65)

新闻出版信息技术和应用领域标准化分报告 ……………………… (68)
- 一、综述 ………………………………………………………… (68)
- 二、标准制定、修订 …………………………………………… (68)
- 三、标准实施推广 ……………………………………………… (75)
- 四、国际标准化 ………………………………………………… (77)
- 五、标准化研究 ………………………………………………… (81)
- 六、机构和人才队伍建设 ……………………………………… (83)
- 七、主要亮点 …………………………………………………… (83)
- 八、趋势和问题分析 …………………………………………… (85)

  九、对策建议 …………………………………………………… (85)
版权领域标准化分报告 ………………………………………… (87)
  一、综述 ………………………………………………………… (87)
  二、标准制定和修订 …………………………………………… (89)
  三、标准实施推广 ……………………………………………… (95)
  四、国际标准化 ………………………………………………… (97)
  五、标准化研究 ………………………………………………… (97)
  六、机构和人才队伍建设 ……………………………………… (97)
  七、主要亮点 …………………………………………………… (98)

专题报告

新闻出版重大科技工程项目中的标准化研究与实践 ……………… (103)
ISLI 国际标准及应用研究 ………………………………………… (115)
CNONIX 国家标准应用实施工作 ………………………………… (138)
绿色印刷行业标准的研制与实施 ………………………………… (147)
DCI 体系及其标准化研究与实践 ………………………………… (164)
以知识服务标准体系为引领，推动出版机构知识服务转型 ……… (179)
出版变化趋势与标准化 …………………………………………… (191)

国际标准跟踪研究

国际标准化组织 ISO 和主要发达国家新闻出版标准介绍及分析 …… (205)
国际标准化组织印刷标准化技术委员会 ISO/TC130 情况综述 …… (216)
数字时代标识标准的推进 ………………………………………… (226)
国际数字出版论坛（IDPF）及其标准化工作 …………………… (236)

链接内容联盟（LCC） …………………………………………（243）
国际信息内容产业协会（ICIA） ……………………………（256）
ONIX 标准对书业的作用及影响 ……………………………（263）
全球出版业第一个主题分类体系 ……………………………（272）
W3C 及其在数字出版方面的标准化工作 …………………（283）
国际数字出版内容加工标准综述 ……………………………（291）

前瞻性研究

标准动态维护机制研究 ………………………………………（305）
新闻出版领域开展认证活动的探讨 …………………………（313）
对新闻出版领域标准实施的思考 ……………………………（328）
如何做好新闻出版业标准宣传贯彻工作 ……………………（337）
团体标准：我国标准化工作改革的创新与突破 ……………（343）
我国新闻出版标准化主体研究 ………………………………（351）
国际标准化技术委员会秘书处承担模式研究 ………………（359）
新闻出版知识服务标准体系研究 ……………………………（367）
教育数字出版需要技术与标准同行 …………………………（374）
学术出版规范系列标准研究 …………………………………（377）
ISLI 与 MPR 系列标准对我国出版产业转型升级的价值和作用 ……（382）
中文出版物夹用英文的编辑规范建构 ………………………（401）
数字出版标准化建设与研究 …………………………………（412）
如何建立和完善出版物发行标准体系 ………………………（417）

总报告

"十二五"时期新闻出版标准化工作

2015年是"十二五"规划收官之年，回顾五年，可以说"十二五"时期是新闻出版标准化工作发展最快、成果最多、实现突破最大的五年。

截至"十二五"末，新闻出版业完成了标准化工作机构的全面布局，拥有覆盖全行业的印刷、出版、发行、信息化、版权5个国家级标准化技术委员会以及3个分技术委员会；委员总人数达到436名，ISO注册专家30名，各行业专家400余位；建立各类标准化研究机构、实验室、实施机构11个，标准化试验与推广基地18个、联盟及试点单位等31个；制定并发布了新闻出版国家标准、行业标准、行业标准化技术性指导文件，以及工程标准345项；国际标准化工作实现突破，我国主导研制的ISO 17316《国际标准关联标识符（ISLI）》正式发布，注册中心落户中国，在印刷领域承担了国际标准化组织印刷标委会（ISO/TC 130）秘书处的工作，并由中国专家担任主席；标准宣传贯彻工作得到加强，"十二五"期间标准培训学员总数超过5 000人次。

2015年也是新一轮标准化改革的元年，2015年3月国务院印发了《深化标准化工作改革方案》，提出了"建立政府主导制定的标准与市场自主制定的标准协同发展、协调配套的新型标准体系，健全统一协调、运行高效、政府与市场共治的标准化管理体制，形成政府引导、市场驱动、社会参与、协同推进的标准化工作格局，有效支撑统一市场体系建设，让标准成为对质量的'硬约束'，推动中国经济迈向中高端水平"的改革目标，以及"建立高效权威的标准化统筹协调机制、整合精简强制性标准、优化完善推荐性标准、培育发展团体标准、放开搞活企业标准、提高标准国际化水平"的改革举措。根据文件精神，新闻出版业也在积极探索以市场为导向，符合产业发展需要的标准化工作新思路。

一、标准制定和修订总量快速提升

"十二五"期间,共完成并发布国家标准 25 项,行业标准 112 项,行业指导性技术文件 27 项,工程项目标准 56 项,总计 220 项,数量达到之前标准总量的 1.76 倍。

(一)国家标准

25 项国家标准按发布时间划分:2011 年 11 项,2012 年 4 项,2013 年 8 项,2014 年 2 项,2015 年 0 项(见图 1);按领域划分:出版标准 5 项,印刷标准 18 项,发行标准 2 项(见图 2)。

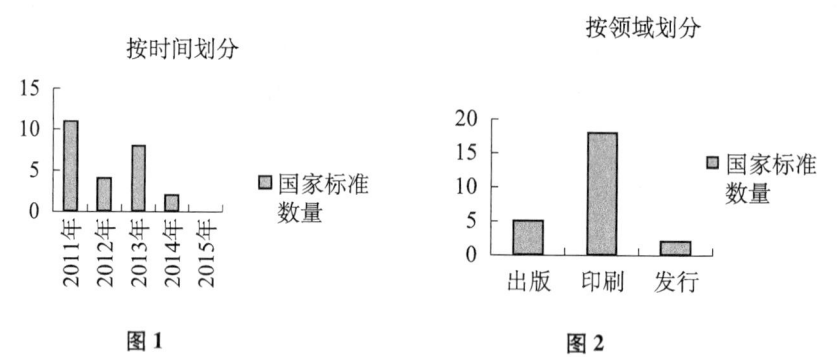

图 1

图 2

由于全国印刷标准化技术委员会是业内最早成立的国家级标委会,因此在国家标准中,印刷标准一直处于绝对的主体位置。从时间划分上看,标准的发布数量呈现出跳跃性,无规律可循,这反映出新闻出版业国家标准的制订工作尚缺乏整体考虑和长期计划。

"十一五"共发布国家标准 14 项,其中出版标准 1 项,印刷标准 13 项。与"十一五"期间对比,国家标准数量大幅度提高,达到 1.79 倍(见图 3)。

(二)行业标准和行业指导性技术文件

"十二五"期间,行业标准数量逐年增加,共发布行业标准 112 项,行业

图3

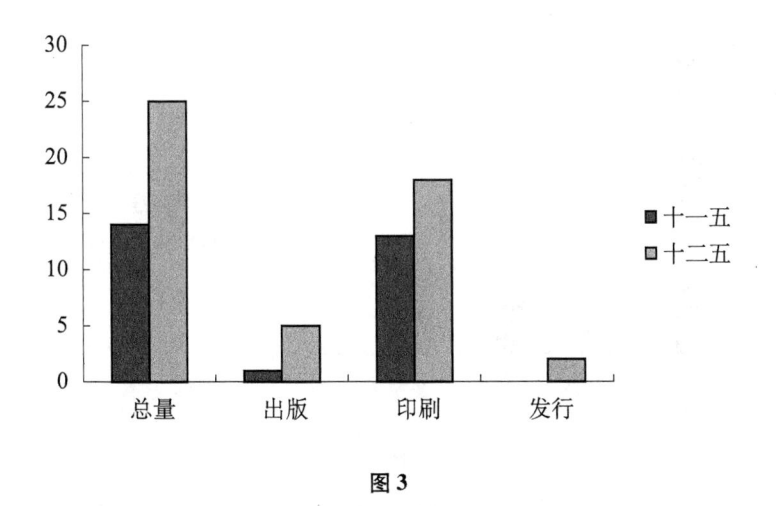

指导性技术文件27项，年平均增长率达到60.75%。横向对比同期国家标准，不难看出，新闻出版业标准以行业标准为主体，同期发布的行业标准和行业指导性技术文件总量是国家标准的5.56倍。

行业标准按发布时间划分：2011年7项，2012年15项，2013年18项，2014年29项，2015年43项。行业指导性技术文件按发布时间划分：2011年9项，2012年1项，2013年17项（见图4）。

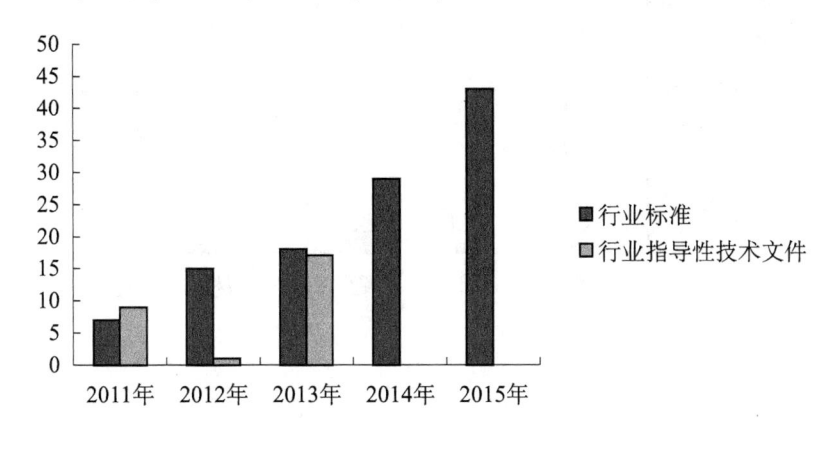

图4

行业标准按领域划分：出版标准56项，印刷标准20项，发行标准32项，版权标准4项；行业指导性技术文件按领域划分：出版领域25项，印刷领域1项，发行领域1项（见图5）。

与"十一五"期间对比，行业标准和行业指导性技术文件数量以倍数增

图 5

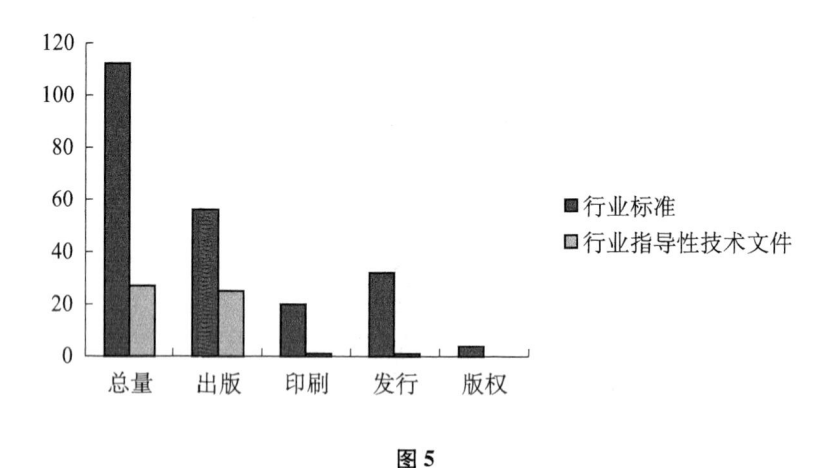

加，并且出现了新的标准化领域，版权标准的制修订成为新闻出版标准化工作的重要组成部分。"十一五"共发布行业标准 27 项，其中出版标准 13 项，印刷标准 2 项，发行标准 11 项，"十二五"发布标准是"十一五"数量的 5.15 倍（见图 6）。

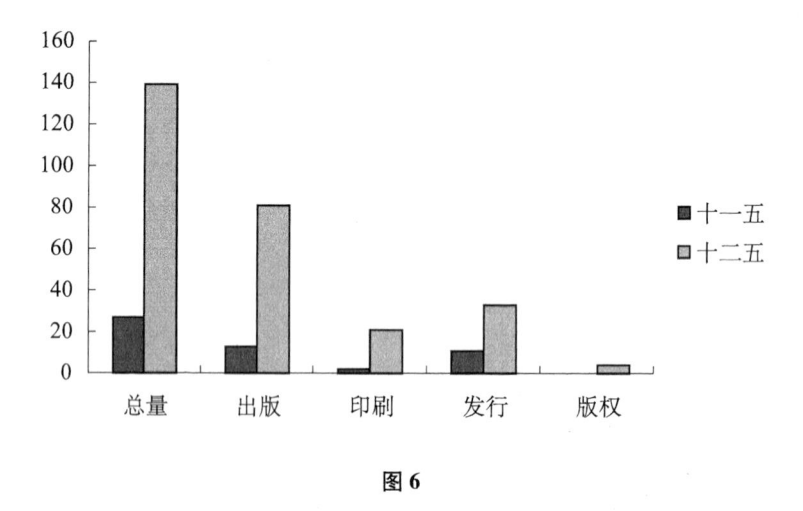

图 6

（三）工程项目标准

工程标准是国家新闻出版广电总局通过项目以财政资金资助的方式，推动融合发展、转型升级的新举措产生出的新的标准层级，是出版领域标准化工作的机制创新之举。主要包括重大科技工程项目、央企技术改造项目等。

1. 重大科技工程标准

《新闻出版业"十一五"发展规划》提出:"通过实施中华字库建设工程、国家数字复合出版系统研发工程、数字版权保护技术研发工程等国家重点工程,进一步推进数字出版发展进程,提高新闻出版业信息化水平,加快传统新闻出版产业向现代内容产业的转变,在新世纪国际数字内容产业竞争中,占得先机和主动,为中国出版和中华文化走向世界奠定坚实的基础。"《新闻出版业"十二五"时期发展规划》再次明确把"中华字库工程""国家知识资源数据库工程(一期)""国家数字复合出版工程""数字版权保护技术研发工程"列为新闻出版科技创新工程。"十二五"期间,上述四大科技工程项目均已启动并取得阶段性成果,四大工程的研发任务都包括工程标准,既是工程研发的基础和支撑,也可以作为工程成果,未来服务于行业发展。

"中华字库工程"于2011年启动,标准任务包括基础类、资源类、文字整理类、编码与字库类、工程技术类、工程管理类,共40余项,目前处于研制阶段。

"数字版权保护技术研发工程"标准包括管理类、基础类、数据类、协议接口类、安全类等5大类25项标准,2014年年底全部完成。2015年2月3日,重大科技工程管理办公室发布了"关于批准发布数字版权保护技术工程《标准编制指南》等25项工程标准的通知",通知明确25项工程标准经审核通过开始实施。

"国家数字复合出版工程"包括基础、数据、方法、技术、测试、服务和管理7类共38项工程标准,以及开发接口类标准符合性测试工具35套、数据类标准符合性测试工具19套,目前全部标准均已完成送审稿。

"国家知识资源数据库工程"的研发机制不同于前三项工程。在国家新闻出版广电总局数字出版司的统一部署和推动下,工程首先在设计上化整为零,通过2014年"中央文化企业数字资源库建设项目",财政部分别资助了48家专业出版社开展数字化资源建设。为保证项目资金的使用效果,切实推动出版单位实现转型,2015年3月,总局数字出版司启动了专业数字内容资源知识服务模式试点工作。试点坚持"统一部署、标准先行、分步推进、鼓励创新"的基本原则。28家试点单位结合自身的实践和探索,共同完成了知识服务标准体系的初步设计,以及首批8项通用标准的研制工作。8项标准包括《知识服务标准体系表》《知识资源建设与服务工作指南》《知识资源基础术语》《知识资源通用类型》《知识元描述通用规范》《知识应用单元描述通用规范》《知识关联通用规则》《主题分类词表描述规则》。尤其值得一提的是，试点标准工作采用通用标准、企业标准同步推进的方式，一方面通过通用标准的规范要求，各试点单位细化形成企业标准，验证通用标准的实用性和适用性；另一方面，通过试点企业标准，提出共性需求，上升为通用标准，反过来指导企业标准的优化和修订，两者互为基础，互为补充。

2. 中央文化企业数字化转型升级项目标准

中央文化企业数字化转型升级项目由中宣部、国家新闻出版广电总局、财政部联合发起。全国出版物发行标准化技术委员会受总局委托，2014年2月启动了项目标准的制定工作，26家央企数字化转型出版单位、11家技术企业共同完成了项目管理、基础应用、数据加工、数据存储和流程接口等5类23项标准的制定工作。主要包括数字出版资源对象存储、复用与交换基本规范、图书数字化加工规范以及软件接口规范等，解决了出版单位在资源数字化加工、保存、复用、交换方面的问题。

3. 专业数字内容知识服务模式试点项目标准

2015年3月，为深化行业数字化转型，同时结合"国家知识资源数据库工程"的进展，国家新闻出版广电总局启动了专业数字内容资源知识服务模式试点工作，试点工作本着"统一部署、标准先行、分步推进、鼓励创新"的基本原则，在标准方面，首先研制知识服务试点通用标准，同时推动试点单位建立相应企业标准，实现知识资源建设流程与规范统一。首批8项通用标准经过半年的时间完成编制并发布实施。

知识服务模式试点的标准化工作，采用通用标准带动企业标准的模式，28家试点单位在参与通用标准研制工作的同时，分别根据自身资源建设需要，制定了企业标准制定计划，经初步统计试点单位企业标准总量超过190项。试点工作不但推动了知识服务的标准化建设，还在出版单位内部锻炼出了一支既懂出版又懂标准的专业队伍，成果显著。

二、标准化机构建设完成总体布局

"十二五"期间,新闻出版标准化机构建设日趋完善,完成了标准化技术委员会的全面建设和布局,拥有覆盖全行业的印刷、出版、发行、信息化、版权 5 个国家级标准化技术委员会。同时,还建立了各类标准化支撑机构,包括研究机构、实验室、实施机构 11 个,标准化试验与推广基地 18 个、联盟及试点单位 31 家等,为新闻出版标准化工作的有效开展提供了组织保障(见图 7)。

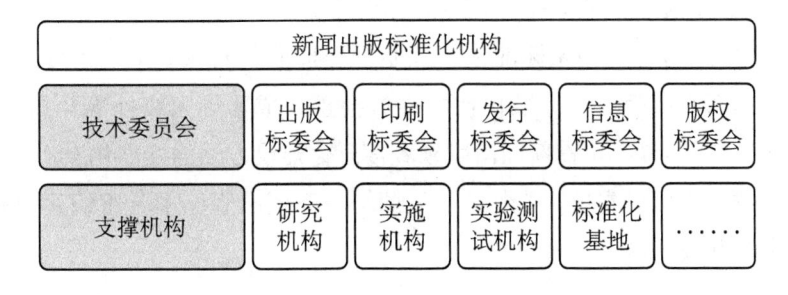

图 7

(一)标准化技术委员会

"十二五"之前,新闻出版业有 3 个国家标准化管理委员会批准成立的标准化技术委员会,分别是 1984 年成立的全国信息与文献标准化技术委员(SAC/TC 4)出版物格式分技术委员会(SAC/TC 4/SC 7),1991 年成立的全国印刷标准化技术委员会(SAC/TC 170)和 2010 年成立的全国出版物发行标准化技术委员会。

"十二五"期间,新闻出版行政管理部门积极推进标准化机构建设,先后向国家标准委申请,推动成立了全国新闻出版标准化技术委员会(SAC/TC 527)、全国新闻出版信息标准化技术委员会(SAC/TC 553)和全国版权标准化技术委员会(现阶段为行业级标委会,等待国家标准委批复)。同时印刷标委会还成立了书刊印刷、包装装潢印刷和丝网印刷 3 个分技术委员会。至此,全面涵盖出版、印刷、发行、版权领域的标准化技术组织架构完成构建。

2012年1月，国家标准化管理委员会批准成立全国新闻出版标准化技术委员会，编号为SAC/TC 527，负责"新闻出版领域的基础性标准，以及书、报、刊、音像电子出版物、数字出版物和网络出版物相关的技术、管理、服务等方面的标准"。

2012年6月8日，全国印刷标准化技术委员会成立了书刊印刷分技术委员会（SAC/TC 170/SC 1）、网版印刷分技术委员会（SAC/TC 170/SC 2）和包装印刷分技术委员会（SAC/TC 170/SC 3），把印刷标准化机构建设提高到一个新的水平。

2013年12月经原国家新闻出版总署批准，成立全国版权标准化技术委员会（行业），负责版权产业相关领域的标准化工作。

2014年12月，经国家标准化管理委员会批准，（2007年）由原总署批准成立的全国新闻出版信息标准化技术委员会正式成为国家级标准化技术组织，编号为SAC/TC 553，负责新闻出版领域信息化建设方面的标准化工作。

从上述过程可以看出，"十二五"期间，新闻出版标准化组织建设每年都有新的举措和成果。

（二）标准化支撑机构

在完成标准化技术委员会全面布局的同时，为保障行业标准的实施应用，"十二五"期间陆续成立了多家标准化研究机构、实验测试机构和实施机构，标准化基地建设也取得新进展。

2012年2月国家新闻出版总署批准中国版权保护中心成立中国ISRC中心，作为中国标准录音制品编码（GB/T 13396—2009）国家标准的执行机构，具体负责录音制品和音乐录像制品的国际唯一标识符——ISRC编码的分配、管理与维护以及相关数据库的建立和运行、维护。

2010年3月年经原国家新闻出版总署批准，中国新闻出版研究院成立了新闻出版标准化研究所，成为新闻出版领域首家专业的新闻出版标准化科研机构。研究所主要职责包括开展新闻出版行业标准化发展战略、基础理论、技术方法和标准体系研究，承担新闻出版领域标准的科研项目和国际项目，为行政管理部门和企业提供标准化相关的决策支持与咨询服务。

2012年8月，中国音像与数字出版协会成立了中国MPR注册中心，负责

《MPR 出版物》系列国家标准的实施，管理 MPR 编码使用者的注册以及注册信息；MPR 编码的发放管理等具体实施工作。

2012 年 10 月中国版权保护中心联合北方工业大学建立了 DCI（Digital Copyright Identifier）技术联合实验室，负责 DCI 核心技术研究、标准制定、系统开发和应用推广等方面的工作，成为我国数字版权公共服务的技术研发和试验基地。

2013 年 3 月，由发行标委会与北方工业大学联合组建的"中国 ONIX 标准应用研发实验室"正式挂牌成立，主要职责是为《中国出版物在线信息交换》标准的研究、应用与推广提供技术支撑。

2014 年 4 月中国新闻出版研究院牵头，联合方正阿帕比和北京印刷学院申报了北京市科委的重点实验室，获得认证，名称为"数字出版标准符合性测试北京市重点实验室"。该实验室将瞄准数字出版内容、产品、服务标准的符合性测试开展前沿性研究和应用性测试工具开发。

企业应该是标准研制和实施应用的主体，印刷标委会通过建立基地的方式，充分调动了业内龙头企业在标准化工作中的积极性。"十二五"期间，印刷标委会继续推进基地建设，新增深圳劲嘉彩印集团股份有限公司成为全国绿色包装印刷标准化技术研发与推广基地、上海出版印刷高等专科学校成为全国印刷标准化教育培训推广基地，加上之前建立的雅昌企业（集团）有限公司、北京多彩印刷有限公司、星光集团有限公司、鹤山雅图仕印刷有限公司、天津东洋油墨有限公司、中华商务联合印刷（广东）有限公司、金东纸业（江苏）股份有限公司、浙江影天印业有限公司等"印刷标准化试验与推广基地"，共在全国范围建立了三大类型共 18 家全国印刷标准化基地。

三、国际标准化取得突破

长期以来，我国在新闻出版相关的国际标准化活动中处于被动、跟随的地位，经过近几年的发展，特别是在"十二五"时期，中国在国际标准化舞台上的影响力和作用日渐提高，从被动采标到参与制定、主导制定国际标准，从建立国际标准的中国分注册中心到承担国际注册中心，甚至承担和担任国际组织秘书处和主席。国际标准化取得突破，一方面得益于国内新闻出版业数字化转型升级政策带动下的飞速发展，使标准化工作具备了一定的产业基础；另一方面得益于经济和技术全球化，使国内出版或技术企业谋求突破激发出的与国际接轨的内在动力。

在出版领域，从20世纪80年代开始，我国就积极跟踪国际标准，中国一直是国际标准化组织信息与文献标委会ISO/TC 46的P成员，也就是积极成员。同时我国还采标了多项ISO/TC 46国际标准，例如《国际标准书号ISBN》《国际标准连续出版物号ISSN》《国际标准录音制品编码ISRC》《科技期刊编排格式》《科技期刊目次表》等等，对规范行业管理和提高出版质量都发挥了积极的作用。

2011年3月中国提案的《国际标准文档关联编码（ISDL）》通过了ISO/TC 46/SC 9成员国投票正式立项。同年5月，成立了由中国、法国、德国、美国、瑞典、肯尼亚、俄罗斯等7个国家组成的"ISDL国际标准工作组"，并由中国担任项目组长/召集人，成为ISO/TC 46/SC 9的第11工作组；2012年ISDL通过CD阶段投票；2013年6月，TC 46在法国巴黎召开年会，年会通过决议，《国际标准文档关联编码（ISDL）》改名为《国际标准关联标识符（ISLI）》；2014年5月ISO启动对该标准FDIS投票程序，投票结果显示：21个成员国投票，21票赞同、0票反对，100%通过；2015年5月15日，ISO正式发布ISLI国际标准。

ISLI国际标准是我国新闻出版业首次向ISO提交的国际标识符标准项目，该项目在ISO获得立项并成功制定，打破了英、美、德、法在国际标识符领域的垄断，标志着我国新闻出版标准化在走向国际化的进程中迈出了重要的一步，使我国跻身于世界编码大国的行列。初步改变了我国在国际标准化舞台上被动、从属的地位，将极大提升我国在标识符领域的话语权。

在印刷领域，我国参与国际标准化活动较早。2007年在ISO/TC 130东京年会上，印刷标委会组团带标准开始参与并逐步主导ISO 5776文字校对符号国际标准的制定。2009年成功承办了ISO/TC 130第23届国际印刷标准化年会，年会期间，中国代表团提出了"关于组建印后标准联合工作组的提案"，经过热烈讨论，中国的提案意见得到ISO/TC 130全会的一致认可并做出决议："同意由中国牵头建立新的印后项目工作组，该工作组的组长和秘书处也由中国承担。"这是中国印刷业在国际标准化组织中第一次开始拥有重要的话语权和主动权。

在"十二五"期间，中国印刷业参与国际标准活动迈上新的台阶。ISO/TC 130秘书处原承担国是德国标准化协会（DIN），由于全球经济危机，使德国的印刷业和印刷机制造业受到很大打击，德国提出无力承担秘书处工作。我国作为印刷大国，应该在国际印刷标准化领域发挥更大的作用，借此机会，中国积极申请承担ISO/TC 130秘书处，经ISO/TC 130成员国投票，国际标准化组织技术管理局（ISO/TMB）2012年11月通过第42号决议，决定由中国承担ISO/TC 130秘书处。2013年5月，国家标准化管理委员会正式批准中国印刷技术协会负责ISO/TC 130秘书处工作。这反映了我国经济技术的快速发展，对促进我国印刷业"走出去"，提高在国际印刷标准化领域的话语权将产生积极和深远的影响。

四、问题及建议

（一）主要问题

在"十二五"期间高速发展的标准化工作，同样存在着无法回避的问题。第一，标准还未成为行业和市场准入的门槛，没有成为对质量的"硬约束"。新闻出版领域的标准绝大多数是推荐性标准，企业是否执行，执行得怎么样，无人监督，缺乏实施验证，也不会影响到企业的市场收益，更不会关乎生存发展。说明了现有标准化机制的缺陷，没有把标准与新闻出版质量管理体系有效地衔接。第二，政府推动有余，产业和市场带动不足。前面提到"十二五"标准化发展政府的作用功不可没，但也从另一个角度说明，产业和市场对标准化的内在需求没有很好地激发出来。第三，标准体系尚不完善。出版、印刷、发行、信息、版权5家标准化技术委员会虽然都制定了各自的标准体系表，但由于没有有效的动态维护机制，无法跟上瞬息万变的技术发展，而与实际需求尚有距离。标准体系结构不合理，国家标准、行业标准层级定位不清晰，标准间存在交叉重复的情况。第四，标准化体系缺乏整体设计。新闻出版标准体系、组织体系、政策体系、人才体系、实施体系、实验测试和认证认可体系等构成了新闻出版标准化体系。目前，标准体系和组织体系基本建立，而其他方面还有待建立和完善。

（二）发展建议

"十二五"新闻出版标准化工作迈上了新的高度，"十三五"标准化工作的方向应定位在"改革、调整、创新"上，一方面按照《深化标准化工作改革方案》提出的总体目标规划未来的发展方向；另一方面针对目前存在的问题进行调整和完善。此外，为适应新闻出版业体制和技术革新，要创新标准化工作机制和方法，使标准化工作有更好、更快的发展。

1. 顺应改革要求，尽快形成新闻出版标准化工作新思路

国务院印发的《深化标准化工作改革方案》提出："通过改革，把政府单一供给的现行标准体系，转变为由政府主导制定的标准和市场自主制定的标准共同构成的新型标准体系。政府主导制定的标准由6类整合精简为4类，分别是强制性国家标准和推荐性国家标准、推荐性行业标准、推荐性地方标准；市场自主制定的标准分为团体标准和企业标准。政府主导制定的标准侧重于保基本，市场自主制定的标准侧重于提高竞争力。同时建立完善与新型标准体系配套的标准化管理体制。"新闻出版标准化工作同样存在着强政府弱市场的问题，因此应该根据改革要求，着力提高市场自主制定标准的意识和积极性，把企业标准、团体标准作为标准化工作的重点，从政策、机制上给予鼓励和扶持，并据此尽快形成新闻出版标准化工作的新思路。

2. 采用综合标准化的思路和方法，以新闻出版行业整体最优为目标

新闻出版标准体系已具雏形，但依然存在结构性问题。新闻出版标准体系从产业链环节划分，可以分为出版、印刷、发行、版权、信息化的标准体系；从属性分，可以分为社会管理和公共服务标准体系、市场化的标准体系；从层级划分，又分为国家标准体系、行业标准体系、团体标准体系、工程项目标准体系、企业标准体系；从作用划分，可以分为基础标准体系（如标识、元数据、术语体系、标签体系等等）、管理标准体系、产品标准体系、方法标准体系；服务标准体系等。分类维度虽然不同，但都属于新闻出版标准体系的一个组成部分，建议采用综合标准化的思路和方法，以新闻出版行业整体效益最优

为原则，全面统筹协调。一方面应加强国家标准和行业标准的整体规划，理清层级要求；另一方面，通过政策、资金等多种方式鼓励团体标准和企业标准的研制和实施，使出版单位真正成为标准化工作的受益主体。最终建立新型的新闻出版标准层级结构，形成以企业标准为基础，以团体标准为主体，以行业标准为补充，以国家标准为核心，以国际标准为突破的金字塔架构。

3. 加强标准化自身建设，完善标准化工作的配套设施

新闻出版标准化工作起步晚，加之又长期处于计划经济环境，发展不全面，基础配套设施薄弱，难以满足新闻出版产业高速发展的要求。第一，应该加强标准化基础建设，建立新闻出版业标准数据库、术语库、代码库、开发元数据注册系统等等，为更好地开展标准化工作，更好地为行业服务提供支撑。第二，应建立专门的新闻出版标准化管理服务机构，有效支撑行业标准化管理，提高行业标准化管理服务水平，促进标准实施应用，加强标准监督检查，实现标准的产业规范和科技转化引领作用。第三，应该以构建新闻出版质量保障体系为目标，推动新闻出版标准符合性测试、质量检测、认证认可工作，完善标准实施环节。第四，应该加强对国际相关的标准化组织的研究和参与，通过国际标准化推动中国新闻出版业"走出去"。

（中国新闻出版研究院标准化研究所　刘颖丽）

分领域报告

2015 年新闻出版领域专题报告

一、综　述

新闻出版领域标准化工作是我国新闻出版业实现创新驱动和转型升级的重要手段，是提高我国在国际新闻出版标准化领域话语权和大国地位的重要抓手，为促进我国产业的健康、快速发展和新闻出版强国战略的实施提供重要的技术支撑。

近年来我国新闻出版领域标准化工作取得多项重大突破，成果卓著。标准制定数量实现跨越式增长，多项标准发布，标准制定领域不断扩展，纵深程度不断加深，标准体系建设逐渐完善；标准质量不断提高；整个行业参与标准制定积极性显著增强，参与标准化工作的企业数量不断增加，领域不断拓展；在长期跟踪国际标准基础上，出版标委会提出并主导制定了新闻出版领域的第一个国际标识符标准，实现了零的突破；标准宣传和培训每年定期开展，标准实施工作逐渐开展，逐步形成标准制定—标准培训—标准实施良性工作机制；标准化组织机构制度化、信息化不断增强，队伍建设卓有成效；标准化科研引领标准前沿，标准测试和认证提上工作日程，测试实验室建设成为当前新闻出版领域标准实施环节的重要任务和目标。

全国新闻出版标准化技术委员会（简称出版标委会）是专门负责我国新闻出版领域标准化工作的组织机构，秘书处承担单位为中国新闻出版研究院。在国家标准化管理委员会和国家新闻出版广电总局的领导下，依托中国新闻出版研究院标准化研究所的科研优势，该机构积极组织标准立项、制定、审查、报批以及标准宣传、培训等工作，并开展了多项标准化研究工作。

二、国内标准制定和修订

(一) 国家标准

1. 完成制定国家标准

目前我国新闻出版领域共完成制定国家标准 14 项,并由国家标准化管理委员会发布,其中有 7 项采用国际标准或与国际标准有对应关系[①],占据总数 50% 的比例;自主制定的标准有 7 项,占 50%。

我国采用国际标准或与国际标准有对应的国家标准主要有《中国标准书号》《中国标准连续出版物号》《中国标准录音制品编码》和《图书书名页》等。

我国自主制定的国家标准主要有《图书再版编目数据》《MPR 出版物系列标准》和《中小学教科书幅面尺寸及版面通用要求》。

2. 正在制定和修订的国家标准

新闻出版领域目前正在制定和修订的国家标准有 5 项。其中《中国标准关联标识符》国家标准是对我国提出和主导制定国际标准 ISO17316—2015《国际标准关联标识符》的采标;《光盘复制质量检测抽样规范》《光盘复制质量检测评定规范》《可录类光盘 DVD-R/DVD+R 存档光盘寿命测评方法》和《只读类蓝光光盘(BD)常规检测参数》是在原来行业标准的基础上制定的国家标准。

(二) 行业标准

1. 完成制定行业标准

截至 2015 年,新闻出版领域共完成制定 67 项行业标准,并已由国家新闻

---

① 国家标准与国际标准的一致性程度分为三种:等同、修改和非等效。与国际标准的一致性程度为"等同"和"修改"的国家标准被视为采用了国际标准,而与国际标准的一致性程度为"非等效"程度的国家标准不被视为国际标准,仅表明国家标准与国际标准有对应关系。等同分为两种,一是国家标准与国际标准在技术内容和文本结构方面完全相同,二是国家标准与国际标准在技术内容上相同,但可以包含小的编辑性修订。修改采用国家标准与国际标准之间允许存在技术性差异,这些差异应清楚地标明并给出解释。

出版广电总局发布。其中采用国际标准或与国际标准有对应关系的有 7 项，占发布行业标准总数的 10%；自主制定的标准 60 项，占比 90%。

新闻出版领域采用国际标准或与国际标准有对应关系的行业标准主要有《译文的标识》《科技文献的章节编号方法》《中国标准名称标识符》《中国标准乐谱出版物号》《图书、报纸、期刊和电子出版物出版和发行统计》等。

新闻出版领域自主制定的 60 项行业标准中，大部分都是系列标准或分部分标准[①]，如《电子书内容》系列标准、《光盘》系列标准、《学术出版规范》系列标准、《音像制品质量技术要求》分部分标准和《MPR 出版物》分部分标准等。新闻出版领域还发布了包括《出版术语》《数字阅读终端内容呈现格式》《基于加解密技术的数字版权保护平台基本要求》等单个的行业标准。

2015 年新闻出版领域共完成制定 16 项行业标准，并由国家新闻出版广电总局发布实施，其中包括《电子书内容标准》系列标准 8 项、《学术出版规范系列标准》7 项和《中小学数字教材加工规范》1 项，占已发布标准总数的 1/4。

2. 正在制定行业标准

目前新闻出版领域正在制定的行业标准有 61 项，主要有《新闻出版标准符合性测试》《数字出版卫星传输规范》《学术出版规范（二期）》《中小学数字教材系列标准》和《中文古籍数字出版》等系列标准和分部分标准，此外还有《夹用英文的中文文本的出版规范》和《图书印前数字资源文件保存要求》等单独制定的行业标准。

（三）行业标准化指导性技术文件

指导性技术文件，是为仍处于技术发展中（如变化快的技术领域）的标准化技术工作提供指南或信息，供科研、设计、生产、使用和管理等有关人员参考使用而制定的标准文件[②]。目前新闻出版领域已经完成制定 2 项行业标准化指

---

① 系列标准或分部分标准是针对某一标准化主体的各个方面，制定了相互支撑相互协调的多项标准或多项分部分标准。

② 根据国家质量技术监督局《国家标准化指导性技术文件管理规定》，制定指导性技术文件的情况有两种，一是技术尚在发展中，需要有相应的标准文件引导其发展或具有标准化价值，尚不能制定为标准的；二是采用国际标准化组织、国际电工委员会及其他国际组织（包括区域性国际组织）的技术报告的。

导性技术文件——《光盘复制标准体系表》和《电子书内容标准体系表》，并由国家新闻出版广电总局发布实施。正在制定的行业指导性技术文件有2项。

（四）工程标准

重大工程标准是新闻出版领域的重点工作之一。全国新闻出版标准化技术委员会承担了数字版权保护技术工程标准包的工作。经过多年的努力，2015年标准包完成25项工程标准的起草并通过了审核，并由该工程的管理机构通知发布并开始实施。

同时全国新闻出版标准化技术委员会承担了国家复合出版系统工程标准包的工作。2015年标准包已完成38项标准的需求调研报告、标准工作组稿和标准编制说明，并全部通过了标准包的内部评审，以及由工程的管理机构组织的专家评审。

2015年配合国家知识资源总库重大项目，国家新闻出版广电总局启动了专业数字内容资源知识服务模式试点工作。根据"统一部署、标准先行、分步推进、鼓励创新"的原则，受总局委托，全国新闻出版标准化技术委员会启动了8项通用标准的制定工作。截至2015年，《知识服务标准体系表》《知识资源基础术语》和《知识资源描述通用规范》等8项通用标准已经完成报批工作。

三、标准实施推广

标准实施一直以来是新闻出版标准化工作的重要环节。标准的制定只是万里长征的第一步，后续需要花费很长的时间和精力进行推广和实施。没有标准的宣传和贯彻，标准犹如一纸空文，不能发挥标准本身应有的作用，只有标准的实施，才能转化为生产力并产生经济效益。

标准的实施推广方式多种多样。开展标准培训是标准推广的最直接手段，通过培训普及标准内容和实施方法；对标准相关问题开展研讨会也是有效宣传和推广标准的方法之一；建立标准化网络平台，展开线上和线下交流和研讨，是标准进行长期宣传和推广的手段；和企业联合，建立标准化应用和示范基地，也是对标准进行有效推广的方法之一；对产品开展标准符合性测试和认证认可，为其他企业起激励和示范作用，是标准有效实施的技术支撑；建立后续注册机构，是标识符类标准实施的必备条件；通过各种媒体扩大宣传和推广，使相关企业和机构知晓、熟悉和实施，是标准推广的基本方法。全国新闻出版标准化技术委员会充分发挥上述标准推广方法的不同优势，采取了多种多样的标准宣传推广策略。

每年全国新闻出版标准化技术委员会都定期举办标准培训班，对新发布的标准进行普及和推广。2015年4月、6月和10月出版标委会分别组织了学术出版系列标准培训和电子书标准培训。三期标准培训合计学员近800人，有效地宣传了标准，为标准的实施和推广起到了良好的宣传和推动作用。

经过全国新闻出版标准化技术委员会多年的努力，中国新闻出版研究院成功获批并建立数字出版标准符合性测试北京市重点实验室，2015年该实验室已经基本具备开展标准符合性测试工作的条件，同时出版标委会正在开展认证认可体系研究和标准化注册管理机构建设研究等，为标准的进一步实施起到了推动作用。

全国新闻出版标准化技术委员会建立了专门的标委会网站，专人负责标准的制定和修订内容的更新和维护。此外，还通过中国新闻出版研究院的门户网站和各种媒体对标准化工作进行报道和宣传。出版标委会还积极推动标准化基地的建立，通过企业的示范作用推动标准在行业内的实施。

四、国际标准化

（一）现状分析

标准是国民经济和社会发展的重要技术支撑，是市场竞争的制高点。标准既可以用来消除技术性贸易壁垒，也可以筑起新的技术性贸易壁垒。经济全球化浪潮使标准竞争上升到了战略地位。美国、法国、英国、日本等发达国家都将标准化工作提升为重要的国家战略。一方面不断通过各种国家或区域标准设置技术壁垒，阻止发展中国家产品进入其市场；另一方面，发达国家努力通过控制全球绝大多数的标准化组织来控制最新的科技标准的制定，目的是抢滩国际市场，进而垄断整个产业。

以主要的国际标准化组织 ISO 和 IEC 为例，ISO 和 IEC 的标准制定机构——标准化技术委员会（简称 TC）和分技术委员会（简称 SC）的秘书处主要由西方发达国家承担，大多数国际标准也由这些国家提出和主导制定，国际标准基本上反映了他们的技术水平。

在新闻出版领域，美、英、法、德等发达国家也抢占先机，通过承担相关标准化技术委员会和分技术委员秘书处来控制国际标准化组织。以与我国新闻出版业密切相关的 ISO/TC 46（信息与文献标准化技术委员会）为例，法国标准化协会（AFNOR）承担了 ISO/TC 46 的秘书处，该技术委员会下设 5 个分技术委员会，其中 SC 4（技术互操作）秘书处由芬兰标准协会（SFS）承担；SC 8（质量统计和绩效评估）秘书处韩国技术标准局（KATS）承担；SC 9（识别与描述）由美国标准化协会（ANSI）承担；SC 10（文件储存和保存条件的要求）由德国标准化协会（DIN）承担；SC 11（档案/报告管理）秘书处由澳大利亚标准协会（SA）承担。

发达国家利用承担国际标准化组织秘书处的优势控制相关领域标准的制定。这些国家抢先把国内标准发展为国际标准，所以新闻出版领域的国际标准也绝大多数由这些发达国家主导制定。例如《国际标准书号》（ISBN）、《国际标准连续出版物号》（ISSN）和《国际标准录音制品编码》（ISRC）等国际标准由英、法、德等国家提出并主导制定。《数字对象标识系统》（DOI）曾经是美国国家标准（ANSI/NISOZ39.84—2000），2012 年美国组织专家通过 ISO/TC 46/SC 9 的标准化程序将其成功转化为国际标准 ISO 26324：2012《数字对象标识系统》（DOI）。EPUB3.0 标准是数字出版联盟（IDPF）的团体标准，该标准主要由美国的大企业组织制定并实施。2014 年美国组织相关专家成功将该标准转化为 ISO/IEC/JTC 1 的技术规范（TS）[1]。同时这些国家，通过控制秘书处影响着其他国家提出和制定的标准。

---

[1] ISO 或 IEC 出版的未来有可能形成一致意见上升为国际标准的文件。但是，当时由于不能获得批准为国际标准所需要的支持；对是否已形成协商一致尚未确定；对其主题内容尚处于技术发展阶段；或另有原因使其不可能成为国际标准立即出版。

近年来，随着我国经济的发展和综合国力的增强，我国国际标准工作不断取得突破。新闻出版领域一直积极跟踪和参与国际标准的制定，积极采用国际标准，每年组织专家参加 ISO/TC 46 年会，积极采用《国际标准书号》《国际标准连续出版物号》和《国际标准录音制品编码》等多项国际标准。并积极组织我国相关领域的专家参加到国际标准书号（ISBN）和国际标准录音制品编码（ISRC）修订中。这有利于我国及时跟踪国际标准，及时反映我国的呼声，提高我国的话语权。

2010 年新闻出版领域正式提出我国首个标识符国际标准 ISO 17316《国际标准关联标识符（ISLI)》，并于 2011 年正式获得 ISO/TC 46/SC 9 立项。在国家标准化管理委员会和国家新闻出版广电总局的支持下，经过多方共同努力，2015 年 5 月由我国主导制定的《国际标准关联标识符》（ISLI）在 ISO 正式出版。该标准是标识信息与文献领域中实体之间关联的标识符，旨在解决信息技术环境下资源关联应用的问题。此标准的成功出版，标志着我国逐步打破了英、美、德、法在国际标识符领域的长期垄断，跻身于标识符大国之林，使新闻出版业在国际标准化的进程中跨上了一个新台阶。

（二）趋势分析

通过以上情况，可以看出随着我国国力的增强和我国标准化工作取得重大进步，我国在新闻出版领域国际标准化舞台上的作用越来越重要，话语权越来越大。我国在国际标准化领域将大有可为。但我们必须认清西方发达国家依然在国际标准化舞台上占据优势地位，我国作为发展中国家仍然处于劣势，我国在此领域主导制定的标准还属于凤毛麟角。尤其是在未来的数字环境下，国际环境更加复杂，国家间的争夺将更加激烈。

一方面，在当前的标准化框架下，由于数字内容的发展，各个标准之间的联系越来越紧密，而大多数国际标准化组织的 TC 和 SC 的秘书处由发达国家承担和操控，大多数标准也由发达国家主导制定，所以这些发达国家很容易联合起来，争夺利益和瓜分成果，排斥发展中国家；另一方面，数字出版涉及多个标准化领域，需要我们跟踪和参与国际标准的领域增多，需要更多的国际化人才在多个领域参与国际标准化活动；此外，随着我国对 ISO 国际标准化组织规则的熟悉，发达国家有组成新的国际标准化团体和制定新的规则的趋势，以排除中国等发展中国家,掠夺世界资源和占有国际市场。我们必须提高警惕,并严加防范。

(三) 热点聚焦

数字出版标准是未来国际标准制定的新兴领域,谁占有主导权谁将占领国际市场。当前国际新闻出版标准化领域的争夺热点主要集中在标识符互操作的操控权和数字出版技术标准制定的主导权上。

随着数字出版的迅猛发展,原有基于传统出版的国际内容标识符体系面临很大的挑战。在传统出版框架下,内容资源按照内容性质、出版介质和出版周期进行划分,并使用不同的标识符进行标识。例如国际标准书号(ISBN)适用于专题出版物,国际标准连续出版物物号(ISSN)适用于期刊和报纸等连续出版物,国际标准录音制品编码(ISRC)主要适用于音乐录音和录像作品,国际标准视频资料号(ISAN)适用于以视频为主要内容的文献资源,国际标准乐谱出版物号(ISMN)适用于乐谱出版物,为了对标准进行维护和对分配标识符的内容资源的元数据进行注册,大多标识符标准由主导制定者建立了国际标准注册中心,各应用国家和地区建立了分中心。随着传统出版的数字化转型,如何在网络环境下对这些内容资源进行标识,期刊中单篇文章和书中的篇章如何进行标识,成为必须解决的现实问题。在这种情况下,美国主导制定了数字对象标识系统(DOI),提出了对数字对象(包括单篇文章、章节以及任何有必要标识的对象,如图像、表格等)进行标识的方案,可以将已经分配了标识符的内容资源的标识符内嵌到DOI编码中,还提供了一整套在网络环境下的解析方案。为了扩大应用和避免被废弃的结果,各标识符标准纷纷修订以适应数字环境下的应用。在多个标识符的应用体系下,各种资源标识符的应用就出现了交叉,而标识符之间互操作的必要性和重要性越发凸显。

为了实现标识符之间的协调和互操作问题,在英、美、法等西方国家主导下成立了链接内容联盟(简称LCC)。该机构的目的是实现标识符和元数据的互操作。国际标准书号(ISBN)中心、国际标准音像制品编码(ISRC)中心、国际标准乐谱号(ISMN)中心、国际标准文本编码(ISTC)中心、国际标准名称标识符(ISNI)中心等机构均表示愿意加入。

在这期间,我国提出并主导制定了《国际标准关联标识符》(ISLI)国际标准，该标准 2005 年正式出版。我国还顺利成立 ISLI 国际注册中心，提供 ISLI 编码分配服务与管理系统服务。ISLI 国际标准是实现信息与文献领域中实体之间关联的标识符，旨在解决信息技术环境下资源关联应用的问题。ISLI 不仅可以对分配了其他标识符的内容资源建立链接，同时也可提供内容资源提供者和内容之间的链接，是一套可以实现标识符互操作的完整方案。当前如何推动 ISLI 标准在国内外的应用以及如何处理与链接内容联盟的关系对我国至关重要。

（四）发展策略

针对国际标准化工作新形势，我国新闻出版领域应在原有成果和工作基础上，采取多种措施促进国际标准化工作的开展。这主要包括以下四个方面：

一是我国要在巩固原有成果的基础上，开展 ISLI 在国际范围内的宣传和推广，扩大应用范围。以推广标准为契机，熟练掌握国际竞争规则，进入国际信息和文献领域标准化核心圈，与西方发达国家展开深层次的合作和竞争。ISLI 国际标准的成功出版，是我国新闻出版领域开展国际标准化工作的重大成果，但同时如何在国际范围内推广和实施是我国当前面临的重大和迫切问题。首先我们应推动该标准在国内大范围和多领域的实施，开展标识符的分配和注册服务；再者，在参与该国际标准制定的国家进行推广。因为这些国家对该标准密切关注，有潜在的应用需求和前景。他们熟悉标准条款，更易于推动该标准在这些国家的实施；其次，推广到与中国有密切经济合作或意识形态比较接近的国家。最后，推广到世界其他国家。

二是我国必须更加深入地参加到 ISO 和其他国际标准化工作中，跟踪和参加更多的国际标准的制修订工作，扩大国际标准的跟踪和参与范围。除了密切跟踪和研究 ISO/TC 46/SC 9 的标准外，我们还应密切关注和研究 ISO/TC 46/SC 4（技术互操作）、ISO/TC 46/SC 8（质量统计和绩效评估）、ISO/TC 46/SC 10（文件储存和保存条件的要求）、SC 11（档案/报告管理）制定的国际标准。跟踪和研究 ISO/TC 37（术语和其他语言与内容资源技术委员会）和 ISO/TC 171（文件管理技术委员会）制定与出版相关的国际标准。对国际标准化组织和国际电工委员会联合第一工作组（ISO/IEC JTC 1，信息技术标准化技术委员会）制定的多项数字出版标准也要积极跟踪和参与。密切关注这些标准化技术委员会的活动，并积极参与和表达中国新闻出版领域专家的意见。此外，在国际上还有一些标准化组织也在积极制定数字出版标准，如国际数字出版论坛（IDPF）的 EPUB 系列标准。万维网联盟（W3C）制定的、广为业界采用的超文本标记语言，可扩展标记语言等数字出版相关标准。再者，我国应密切跟踪和关注世界发达国家制定的国内标准，如美国全国信息标准组织（NISO）、英国书业通讯委员会（BIC）和其他国家标准化组织制定的标准，这样有助于我们预先了解国际先进标准化动向，并提前进行跟踪和研究，以便为我国新闻出版标准化工作提供参考。

三是积极推动我国先进标准的"走出去"，鼓励更多的企事业单位参与国际标准化工作，提出和主导制定更多的国际标准，以便获得更大的话语权，争取相关领域的领导地位和控制权，推动我国先进技术国际化应用，提高我国产品的国际竞争力。

四是制定和实施国际标准化人才培训规划，加大对国际标准化人才的培养。建立一支懂专业、熟悉国际标准化程序和精通外语的人才队伍，切实推动我国在新闻出版标准化领域与国际标准化专家的对话和交流，不断扩大国际标准化跟踪领域和范围，加强国际标准化的参与程度，推动我国标准的国际转化和全球范围内的推广和应用，促进我国技术的国际化应用和扩大我国产品的出口。

五、标准化研究

标准化研究对标准的发展起着重要作用，是标准制定的必要前提，国家专门设立了标准化专项资金来支持对标准的研究，科技部重大科研项目也支持对标准的研究。目前依托中国新闻出版研究院的科研优势，出版标委会开展了多项标准化研究项目。

（一）标准符合性测试研究

全国新闻出版标准化技术委员会申请了科技部《数字出版标准符合性测试关键技术研究及应用》课题。该项目旨在了解行业对开展标准符合性测试的需要和方法，摸清应具备的条件和需求。同时出版标委会还申报了财政部修缮购置项目《新闻出版标准符合性测试管理服务系统》。通过该项目，购置了相关设备和测试工具，增强了实验室的测试能力。

（二）新闻出版业认证认可体系研究

为加强新闻出版标准的实施和应用研究，出版标委会依托中国新闻出版研究院的科研优势，申报了院级课题《新闻出版业认证认可体系研究》。认证认可是国际上通行的提高产品、服务质量和促进经济发展的重要手段。我国已建立统一的认证认可制度，但在新闻出版领域，认证认可仍属于空白领域。本课题从认证认可的基本概念、技术、标准和政策、法规等多个层面进行研究，旨在为建立本领域认证认可体系提供理论支撑和可行路径。

（三）国际标准关联标识符（ISLI）发展策略和应用研究

针对我国提出和主导制定的《国际标准关联标识符》（ISLI）国际标准，全国新闻出版标准化技术委员会开展了《ISLI 综合标准体系研究》《ISLI 相关标准及应用研究》《ISLI 标识符互操作研究》和《ISLI 在知识服务领域的应用研究》等课题，为推动 ISLI 在国内和国际上的广泛应用进行研究和探索。

（四）《2015 年新闻出版业标准化发展研究报告》

该研究项目是对国内外新闻出版业标准化的最新进展进行跟踪和研究，并分析我国新闻出版业标准化发展的趋势，提供发展策略。

（五）《标准化注册管理机构建设研究》

为推动标准的实施，受国家新闻出版广电总局委托，全国新闻出版标准化技术委员会正在开展《标准化注册管理机构建设研究》项目，对标准制定后的实施和注册进行研究，为我国新闻出版标准注册管理机构的建设与管理提供重要参考。

（六）《新闻出版行业标准化发展策略研究》

该项目是国家新闻出版广电总局的新闻出版标准化研究项目。旨在分析新闻出版标准化的现状和问题，探索新时期标准化工作的方向、思路和发展策略。通过标准规范新闻出版活动，提升内容生产能力、产品传播能力和公共文化供给能力，推动新闻出版业持续、健康发展。

六、机构和人才队伍建设

全国新闻出版标准化技术委员会一直重视人才队伍建设，队伍建设卓有成效，标准化组织机构制度化和信息化程度增强。

（一）人才队伍建设

2015年全国新闻出版标准化技术委员会继续加强标准化人才建设。一是加强秘书处工作人员标准化业务能力学习，提高秘书处工作人员标准化业务水平；二是加强与委员的联系及沟通，使更多的委员参与到标准的制定中；三是邀请和吸引更多出版和相关企业业务人员参与到标准化工作中来，并对他们进行标准化培训。

对秘书处工作人员的培养，除了鼓励秘书处工作人员参加相应的培训外，重点鼓励工作人员在标准制定中边干边学，通过标准立项、起草、征求意见、送审、报批等重要环节，鼓励工作人员按照标准化程序的各个环节把好关，明确责任人的职责，不断总结经验，提高业务能力。特别是鼓励工作人员起草《标准制/修订各阶段报送材料的要求》《行业标准出版、样书等相关工作要求》等，通过这些活动提高了工作人员的业务水平，激发了工作人员的积极性。

（二）制度化建设

2015年，在起草上述规范性文件的基础上，结合原国家技术监督局发布的《采用快速程序制定国家标准的管理规定》和国家新闻出版广电总局发布的《新闻出版行业标准化管理办法》，出版标委会结集编制了《全国新闻出版标准化技术委员会工作手册》，并于2016年4月正式出版。现已经成为秘书处人员必备的工作指南，为秘书处管理的制度化建设迈出了重要一步。

（三）信息化建设

全国新闻出版标准化技术委员会在开通网站为委员和行业提供标准化信息的基础上，2015年启动了网站二期项目——管理系统建设。目前该系统已经设计完成，正在调试阶段。该系统上线后将为秘书处工作人员、委员及专家提供更多、更方便快捷的信息服务。

七、主要亮点

（一）国际标准化工作的重大突破

经过我国专家和多方面的努力，2015年由我国提出并主导制定的国际标准ISO 17316—2015《国际标准关联标识符》（ISLI）正式出版。这是我国新闻出版领域主导制定的第一个国际标准，是我国参与国际标准化工作的重大突破，提升了我国在国际标准化领域的话语权和大国地位。为我国拥有知识产权的技术在国际上的应用和产品在国际上的销售扫清了障碍。

（二）一系列重要国家和行业标准发布和制定

1. 《中国标准关联标识符》国家标准制定

标识符标准是新闻出版业的基础标准。对新闻出版内容进行唯一标识是对内容资源进行管理和应用的基石。新闻出版领域密切关注国内外标识符标准的发展。随着我国提出并主导制定的国际标准ISO 17316—2015《国际标准关联标识符》（ISLI）的正式出版，2015年出版标委会积极将其转化为国家标准《中国标准关联标识符》。同时我国制定了配套的系列标准研制工作方案，拟通过该国家标准体系的建立，推动ISLI在国内和国外的推广与实施。

2. 《电子书内容》系列标准的发布

2015年新闻出版领域制定完成9项电子书内容行业标准，并由国家新闻出版广电总局发布。它们分别是CY/T 110《电子图书标识》、CY/T 111《电子图书质量基本要求》、CY/T 112《电子图书版权记录》、CY/T 113《电子图书阅读功能要求》、CY/T 114《电子图书质量检测方法》、CY/T 115《电子书内容版权保护通用规范》、CY/T 116《电子书内容平台基本要求》、CY/T 117《电子书内容平台服务基本功能》、CY/T 133《电子图书版权信息检测》，加上2013 年发布的 CY/T 96《电子书基本术语》、CY/T 97《电子书内容元数据》和 CY/T 98《电子书内容格式基本要求》3 项行业标准，共发布 12 项电子书内容行业标准。此外，2013 年新闻出版领域还发布了 1 项行业标准化技术指导文件——CY/Z 25《电子书内容标准体系表》。这些行业标准和标准化技术文件由中国出版集团、上海世纪出版集团、江苏凤凰出版传媒集团、天文数媒、汉王、方正、盛大文学等 50 家单位参与制定。这些标准对我国电子书的术语、标准体系、格式、版权保护、平台建设规范等进行了积极的探索，为我国电子书的健康发展提供了技术支撑和规范性指导。

　　3.《学术出版规范》系列标准的发布和后续项目的启动

　　为了落实原国家新闻出版总署发出的《关于进一步加强学术著作出版规范的通知》，2013 年 5 月由原总署科技与数字出版司和出版管理司牵头，国内权威的学术出版机构社科文献出版社、商务印书馆、人民出版社、中华书局、人民教育出版社和北京印刷学院等多家单位参与，出版标委会组织制定了《学术出版规范系列标准》，旨在构建学术出版标准体系，推动我国学术出版质量的整体提高。经过专家多年的努力，2015 年 7 项行业标准正式出台。它们分别是 CY/T 118《学术出版规范　一般要求》、CY/T 119《学术出版规范　科学技术名词》、CY/T 120《学术出版规范　图书版式》、CY/T 121《学术出版规范　注释》、CY/T 122《学术出版规范　引文》、CY/T 123《学术出版规范　中文译著》和 CY/T 124《学术出版规范　古籍整理》。作为行业指导性技术文件的《学术出版标准体系表》也完成报批工作，等待发布。为进一步完善学术出版标准体系，2016 年出版标委会启动另外 8 项学术出版规范标准，内容涉及学术出版的流程管理、工具书、表格、插图、参考文献和期刊文献中学术不端行为的界定等。

　　5. 重大工程标准制定

　　全国新闻出版标准化技术委员会承担了数字版权保护技术工程标准包和国家复合出版工程标准包的工作。重大工程涉及子项目近百项，涉及的技术复杂多样，工程标准技术性、系统性强，流程管理严格，时间进度紧。同时标准包任务与工程总体目标和工程技术包关联紧密，对内对外协调关系非常复杂。标准包的顺利开展有效地支撑了工程建设。

配合国家知识资源总库重大项目，出版标委会受国家新闻出版广电总局委托组织完成了 8 项专业数字内容知识服务模式试点系列通用标准的制定工作。在标准制定中，出版标委会还采用通用标准带动企业标准的模式，鼓励 28 家试点单位在参与通用标准研制工作的同时，根据自身资源建设需要，制定了企业标准发展计划。试点工作不仅推动了知识服务的标准化建设，而且梳理了知识服务业务流程，探索了知识服务模式。摸清了试点单位开展知识服务的技术需求，形成了知识服务功能技术需求清单，并遴选出知识服务应用技术相对成熟的技术企业，完成技术企业推荐名单，指导、组织技术企业配合试点单位开展专业数字内容知识服务。

（三）推动标准符合性检测实验室的建设和完善认证认可体系的研究

2015 年全国新闻出版标准化技术委员会推动了新闻出版标准符合性测试实验室的完善。该实验室完成了对已有标准可测性的梳理，完成了 3 项标准草案和 3 项测试用例集、测试集成系统和工具的前期开发，购置了音视频质量测试设备、标准间的符合性测试工具集、数字出版资源加工标准符合性测试工具集和学术著作出版物标准符合性测试工具等专用测试工具。开展了在新闻出版领域建立认证认可体系研究工作。将为我国新闻出版领域开展标准符合性测试和认证认可奠定坚实的基础，为推动我国标准的实施和新闻出版领域产品的提高起到积极的推动作用。

八、趋势和问题

（一）趋势分析

当前，我国把标准化工作作为国家治理体系和治理能力现代化的基础性制度，纳入我国经济活动和社会发展的重要任务和战略中。国家新闻出版广电总局对标准化工作也越来越重视，修订并出台了新闻出版业标准化管理办法，建立多个专业标准化机构，汇聚了大批专家，培养了大批人才。新闻出版标准化工作得到国家政策上的支持和资金上的大力扶持，在标准制定中参与的出版企业越来越多，企业对标准化工作的认识和积极性越来越高。尤其是随着数字出版以更快的速度和更大的规模不断占领市场，业界对数字出版标准化的呼声也很高，数字出版标准化工作也成为发展的重点和热点。故近几年，数字出版标准的制定数量仍会增速很快。同时原有的传统出版领域，标准体系将更加完善。

根据目前国家标准化管理委员会推出的国家标准化改革方案，我国标准将分为政府主导制定的标准和市场自主制定的标准。政府主导制定的标准分为强制性国家标准和推荐性国家标准、推荐性行业标准和推荐性地方标准；市场自主制定的标准分为团体标准和企业标准。政府主导制定的标准侧重于保基本，市场自主制定的标准侧重于提高竞争力。故未来3至5年后，我国制定的新闻出版国家标准和行业标准将侧重于基础和管理性标准，而产品标准和服务标准将提倡制定为团体标准，这样新闻出版领域的国家标准和行业标准的数量增加将放缓，而团体标准的数量将增多。国家新闻出版广电总局应建立我国新闻出版业团体标准发展指导意见，以引导和帮助我国新闻出版业团体标准的发展，同时委托相关单位建立团体标准咨询服务中心，为协会、联合会等团体制定团体标准提供咨询，促进团体标准的健康发展。故全国新闻出版标准化技术委员会的工作将重点放在基础和管理标准的制定上。

新闻出版标准技术性越来越强，对于产品或服务是否符合标准，需要通过仪器和设备进行检测和检验才能判定，所以建立数字出版标准符合性测试和认证机构变得非常有必要且刻不容缓。一旦成功建立标准复合性测试和认证机构并开展工作，数字出版标准将率先实现标准制定—标准检测—标准认证—标准实施一整套标准化工作机制。这将极大促进我国新闻出版标准的实施，加速我国新闻出版业标准化水平的提升，填补我国标准化工作的空白。

（二）问题分析

1. 对国家标准化政策和行业标准化需求调研不足

针对国家提出的国家标准化改革方案，新闻出版领域如何顺应国家的大政方针，如何调整发展工作思路和积极应对，如何协助建立政府主导制定的标准和市场自主制定的标准体系，如何协助新闻出版领域的标准化管理机构——国家新闻出版广电总局发展团体标准体系，是我们当前急需研究的问题。当前，针对团体标准，我们还认识得不清，研究得不透，也没有制定出相应的策略和发展规划。

此外，虽然业界对标准的需求呼声很高，但行业真正需要什么标准以及标准如何制定，我们的研究还不够深入。虽然多项数字出版标准已经启动，但行业呼吁制定数字出版标准的意见还是源源不断。这反映了需要制定的标准依然很多，目前已经制定和正在制定的标准还不能满足行业发展的需求，也反映了我们对行业需求的调研不够充分，没能完全了解行业的需求，没与行业呼声实现完全对接。

另外，由于我们对标准的研究深度不够，多项标准已经启动但标准本身概念界定不清，定位不准，对标准涉及的技术内容研究不透，对涉及的相关企业了解不够全面，致使多项标准的制定搁浅，进度一再推迟。

2. 对标准过程的把控不够

根据GB/T 16733《国家标准制定程序的阶段划分及代码》，我国国家标准制定划分为预阶段、立项阶段、起草阶段、征求意见阶段、审查阶段、批准阶段、出版阶段和废止阶段，并对每个阶段的时间进行了限制。对于已有成熟标准草案的项目，可以采取快速程序。但在实际的标准制定过程中，由于客观或主观的原因，我们的标准化工作还存在拖沓现象和进一步规范和提高的地方。

在标准的起草阶段，还存在工作组内成员代表性不够广泛或者不强，对标准内容讨论不充分，没有达成工作组内的协商一致，在征求意见阶段，征求范围不够广泛、意见的处理不够严谨，起草单位收到反馈意见，对不同意见处理不够科学严谨，没有及时与反馈单位沟通，就对不同意见草率处理。标准审查过程不符合规范，审查结论过于草率和匆忙。这些都影响了标准的科学性和权威性。

3. 标准还存在质量和水平不高的现象

国家和各级政府对标准化工作重视程度空前提高，大批标准上马，对标准化工作带来利好的发展机遇，业界对标准化工作的意识越来越强。但在标准制定和修订工作量大、任务重的情况下，有些标准出现了质量不高的现象。有些标准内容存在重复或交叉，需要协调或整合。这个问题的存在有其特定的背景，是发展中的问题，但确是我们不能容忍和必须解决的问题。标准是规范性文件，其内容及形式应具有严肃性。标准的质量问题直接影响标准的实施，会给行业造成极坏的负面影响，甚至会给生产带来不可估量的损失。

4. 标准的实施仍是薄弱环节

在新闻出版领域标准的实施和宣传贯彻仍是标准化工作的薄弱环节。虽然行业不断呼吁制定新闻出版标准，而且标准已经有上百项，正在制定的标准也多达几十项，但已经或正在制定的多项国家标准和行业标准，真正在行业里被熟知或引起反响的却为数不多，在行业里实施起来的标准更是少之又少，甚至不被业界知晓，或者知之不深。这种情况的确发人深省。没有标准的宣传和贯彻，标准犹如一纸空文，不能发挥标准本身应有的作用。

5. 与相关政策、法规的协调有待加强

标准和技术法规之间存在着密切的关系。标准对法规有补充作用，法规对标准有推动作用。在我国，标准一旦被法律法规引用即具有法律效力。如我国GB/T 5795—2006《中国标准书号》、GB/T 9999—2001《中国连续出版物号》和GB/T 13396—1992《中国标准音像制品编码》国家标准就被国家新闻出版广电总局纳入管理规范中，对我国出版物的管理发挥着重要作用，同时推动这些标准的贯彻和实施。

我国新闻出版领域正处在数字化的转型期，我国政府对其管理也处于发展和摸索期，这方面的法律和法规还不完善。而标准往往反映技术的先进性，加之标准制定程序的严谨性使标准一般具有科学性。故标准的制定也会推动相关政策、法规的修订和完善。但目前我们个别标准的制定存在与相关政策、法规的制定沟通不足的问题。

九、对策建议

（一）加强对国家政策的研究，展开标准立项前的预先研究

全国新闻出版标准技术委员会应加强对国家标准化改革和一系列改革文件

的学习，加强与国家标准化管理委员会和国家新闻出版广电总局等部门的沟通，对新闻出版业团体标准发展的问题进行研究，探索国家标准、行业标准和团体标准协调发展之路。并根据研究成果积极应对，建立咨询机构和服务机构，促进中国团体标准的发展。推动国家新闻出版广电总局对新闻出版业的国家标准、行业标准、团体标准进行合理规划，在《新闻出版业标准化管理办法》的基础上，研究和出台《新闻出版业团体标准管理办法》等相关管理条例，并出台相关措施，推动新闻出版业国家标准、行业标准和团体标准的相互协调和共同发展。

深入调研标准需求情况，展开标准制定的预先研究，针对行业对标准的需求，加强与行业的沟通，深入调研，充分沟通，摸清情况。扩大标准提案采集范围，鼓励委员和相关企事业单位提出标准提案，同时要建立标准项目公开征集制度，以方便相关企业、事业单位和国家机关及个人随时提出相关标准提案。新闻出版领域的标准化机构应及时对标准提案进行分类、归档和处理。在标准立项之前成立研究课题组，对标准项目进行充分论证，对标准涉及的利益各方进行充分调研，了解国内外市场和标准化情况，以保证标准立项的科学性、公正性和公开性。

（二）建立电子投票系统和加强对标准的把控

标准化技术委员会要将电子投票系统纳入标准的意见征求以及标准的审查阶段，曾经是《标准化事业"十二五"规划》的要求。但由于各种原因，我们还没有建成电子投票系统，征求意见只是通过发函的形式向委员和各省新闻出版局征求意见，我国目前标准的审查也没有引入投票机制，标准审查的范围不够广泛，代表性不够全面。因此我们应尽快将此工作纳入发展规划，多方筹集资金，建立电子投票系统，鼓励企业参与标准化工作，增强企业参与标准的积极性，提高企业的话语权。对于标准的立项、标准的审查要通过投票的方式解决。对于达不到审查指标的标准草案责令退回修改，直到达到审查的标准，再进行二次投票审查或邀请不同意见的专家召开会审。同时对标准及时进行复审，以维护标准的先进性和科学性。

（三）建立标准内容的审核机制

根据《国家标准管理办法》和《关于进一步加强国家标准制修订管理确保国家标准质量的意见》等法律、法规和文件，标准起草单位及起草人是国家标准起草工作的承担者，要在广泛调研、深入分析研究和实验验证的基础上，严格按照相关国家标准和有关要求起草标准。全国标准化技术委员会负责对标准送审稿进行审查；国务院有关行政主管部门负责对标准化技术委员会报送的标准报批稿进行严格审查；国家标准审查机构负责对标准报批稿进行技术审查。国家标准委各业务部门负责对报送的国家标准草案与法律法规的符合性、标准的协调性和规范性进行审核；标准出版单位负责对标准文本进行编辑性审查。可见，对于国家标准，标准起草者、标准化技术委员会、国家新闻出版广电总局和国家标准审查机构都要对标准进行审核，确保标准的质量。

对于行业标准，《新闻出版行业标准化管理办法》规定，各个标准化技术委员会负责对组织标准的专业内容和文本质量进行审查，国家新闻出版广电总局负责行业标准发布前的审核。全国新闻出版标准化技术委员会作为国家级标准化技术委员会，应在标准起草人负责标准内容的基础上，设专人负责对行业标准进行审核，并至少从四个方面来对标准质量把关：一是标准化程序；二是技术内容的准确性；三是标准中技术内容确定的依据；四是标准编制的规范性。以此加强对标准的审核，确保标准的质量。

（四）加强标准的实施，建立标准实施反馈和评估机制

正如上文所述，标准的实施推广方式多种多样，我们要通过各种方式推动标准的实施，同时我们还应建立标准实施反馈和测评机制，对标准的实施进行监督。此机制的建立将畅通标准实施信息反馈渠道，促进标准制修订与标准实施有效衔接，及时开展标准复审和维护更新。

此外我们建议标准制定负责人应同时负责标准宣传和推广工作。目前标准制定负责人完成标准的制定就万事大吉，因为标准制定完成是每年对其考核的依据，而标准有没有实施，如何实施以及实施的效果，都不是考核其工作的指标，这在某种程度上造成了标准"重制定，轻实施"的不良现象。另外，建议

将标准的宣传和推广经费纳入标准项目经费中，作为标准的后续实施经费，以保证标准的制定和实施相结合。

（五）加强与新闻出版行政管理部门的沟通和协调

针对标准存在与相关政策、法规的制定沟通不足的问题，一方面我们要加强对相关政策、法规的研究和学习，对国内情况进行充分调研，积极主动与新闻出版行政管理部门沟通和协调，邀请相关行政和立法部门派人参与标准从立项、起草、意见征求到审查整个制定和修订过程，以便他们能够了解标准制定的情况以及国内外相关的标准化情况。另一方面标准化机构也要通过各种方式宣传标准化工作，阐明标准和政策、法规的关系，借助新闻出版行政和立法部门的作用，使标准制定、行业管理和产业发展密切结合，最大限度地争取行政管理部门的支持，形成标准与政策、法规协调配套和相互支撑的关系。

（中国新闻出版研究院标准化研究所　张书卿）

印刷领域标准化分报告

一、综　述

全国印刷标准化技术委员会于 1991 年 6 月成立，代号为 SAC/TC 170，英文名称为 National Technical Committee 170 on Printing of Standardization Administration of China，是新闻出版领域第一个全国性标准化技术委员会（TC），秘书处承担单位为中国印刷科学技术研究所。2008 年 4 月，秘书处承担单位调整为中国印刷技术协会。

25 年来，SAC/TC 170 在原国家新闻出版总署（现国家新闻出版广电总局，以下简称总局）、国家标准化管理委员会（以下简称国家标准委）的关心、领导下，秘书处先后在承担单位中国印刷科学技术研究所、中国印刷技术协会的领导、支持下，深入学习和实践科学发展观，坚持"面向企业、面向行业、面向市场""为企业服务、为行业服务、为市场服务"的指导思想，积极探索，努力开拓，不断创新，逐步确立了印刷标准化工作的运作模式，丰富了印刷标准化工作的内涵，开拓了印刷标准化工作的发展之路，为实现我国印刷标准化工作健康快速发展奠定了良好的基础。

全国印刷标准化技术委员会（以下简称 SAC/TC 170）积极发展分支机构，2012 年正式组建全国印刷标准化技术委员会书刊印刷分技术委员会（SAC/TC 170/SC 1）、网版印刷分技术委员会（SAC/TC 170/SC 2）和包装印刷分技术委员会（SAC/TC 170/SC 3）。三个分技术委员会的组建，有效地加强了印刷标准化工作细分领域的组织力量。

二、印刷标准化体系建设

（一）探索新形势下印刷标准化工作的运作模式

印刷标准化工作作为我国新闻出版、印刷的重要组成部分，与其他领域一样经历了由计划经济向市场经济转型的机遇期。在国家不断致力于加大标准化工作的力度，把标准化工作定位在服务于经济发展方式转变、服务于促进经济社会平稳较快发展的新形势下，如何加强 SAC/TC 170 建设，增强其活力与能力，如何加快建立健全适应社会主义市场经济要求、符合市场经济规律和国际规则、科学有效的标准化管理体制和运行机制，不断满足印刷业全面、协调、可持续发展的需要，是印刷标准化委员会首先必须解决的重要课题。经过不断的学习与探索，SAC/TC 170 逐渐明确了印刷标准化工作的指导思想工作主体和运行方式问题，从而理清了思路，奠定了基础，进行了印刷标准化新的运作模式的实践活动。

（1）确立"面向企业、面向行业、面向市场""为企业服务、为行业服务、为市场服务"为新时期印刷标准化工作的指导思想。指导思想的明确提出，对更新标准化工作的理念、指导标准化工作的行为、规范标准化工作的运行具有重大意义。

（2）明确了企业是印刷标准化工作的主体，为企业，尤其是龙头骨干企业搭建国内外标准制定修订工作的平台是 SAC/TC 170 的责任与义务。

①科学规划我国印刷标准化事业的发展，积极推进以国家标准、行业标准、企业标准为主体，以团体标准、地方标准为补充，重点突出、结构合理、适应社会主义市场经济发展要求的新型印刷标准化体系建设；

②为企业搭建国内外标准制修订工作的服务平台，支持企业参与国际标准、国家标准、行业标准的制定修订；

③鼓励和支持委员及委员单位提出并参与国家或行业印刷标准的制定修订；

④积极参与国际标准化活动，借鉴、学习发达国家印刷标准化工作的模

式，进一步提升我国的印刷标准化水平；

⑤根据印刷行业发展的需要，适时组建新的分技术委员会或工作组，不断改变印刷标准化工作的组织格局，扩大和充实全国印刷标准化技术委员会的工作领域和工作内涵；

⑥为我国印刷企业走资源节约、管理优化、产品质量稳定、劳动生产率提高之路提供保障，为企业稳固国内市场，占领国外市场提供积极的支持。

（二）进行了市场化运作标准化工作的尝试

SAC/TC 170 自 1991 年成立后，囿于历史的原因，有一个问题没有很好解决，即标准化工作与企业及市场的结合问题。标准化问题说到底是企业的管理和市场的需求问题。如果缺乏来自一线企业活生生的生产实践，标准的制定无异于盲人摸象；不按照行业及市场的需求制定标准，标准只能在出版后束之高阁。随着我国改革开放的深入、加入世界贸易组织以及全球经济一体化的发展，我国社会、经济正在发生着深刻变化。这些变化在给我国印刷企业带来参与国际竞争、分享更多国际市场机遇的同时，也使企业面临着国际资本、技术、管理等方面的严峻挑战和压力。为加速印刷标准化工作模式的创新，开创我国印刷标准化工作的新局面，全面促进我国印刷标准化发展水平，自 2006 年至 2015 年，SAC/TC 170 分别与雅昌集团、雅图仕等 18 个龙头骨干以及技术先进企业、单位合作建立了"印刷标准化试验与推广基地"。

建立基地的目的，是将印刷标准化与标准化需求主体结合在一起，更好地将企业与本领域对标准化工作的需求反映到相应的国家或行业标准中去，促进企业的发展，提高企业和行业的竞争优势。同时利用龙头、骨干企业在技术、设备、资金、生产实践中积累的经验等诸多方面的有利条件，集全行业之力，加速标准的制修订与宣贯普及，推动我国印刷标准化前行，加快实现我国成为印刷强国的步伐。建立基地不是为哪一个或哪几个企业服务，而是为提升整个行业的标准化水平服务，也不仅仅代表或反映一个或几个大的企业或企业集团的利益，而是要依托不同形式的基地带领和推动该领域的标准化事业，加快实现我国成为印刷强国的步伐，开创市场经济条件下印刷标准化工作的新局面。

"印刷标准化试验与推广基地"的建立，是从"标准是管理企业的工具"的计划经济模式走向以"满足企业发展需求为主要内容"的市场经济模式的重要标志,是我国印刷标准化工作的一种全新模式、全新探索,标志着我国印刷标准化事业也由此迈入一个新的发展阶段。

(三) 印刷标准制定修订

截至 2016 年 4 月底,SAC/TC 170 归口制定现行有效国家标准 46 项;行业标准 41 项。2015 年还与中国印刷技术协会一起承担了中国科协的 1 项团体标准试点项目的制定工作。

三、印刷标准实施推广

(一) 建立有利于印刷标准实施推广的体制

2008 年 4 月,新闻出版总署以投票方式,确定了中国印刷技术协会为全国印刷标准化技术委员会秘书处承担单位,使中国印刷技术协会进入印刷标准化运行的体制之内,便于这个行业协会动员组织全行业参与印刷标准制定修订、参与印刷标准化实验与推广基地建设、组织行业企业进行印刷标准的宣传贯彻推广和评价总结等活动。在组织结构上采取了中国印刷技术协会主要领导人担任 SAC/TC 170 副主任、SAC/TC 170 秘书长担任中国印刷技术协会副秘书长的交叉任职方式,便于印刷标准化工作与印刷行业发展的协调配合,有力地促进了印刷标准化工作的开展。

(二) 制定并提出"标准制定修订"的四项原则

为解决我国印刷标准数量少、标龄老、制定修订周期长、跟踪参与国际标准能力差等问题,SAC/TC 170 于 2005 年提出了标准制定的四项原则,以激发企业参与的积极性。它的基本思想是以行业与市场需求为导向,吸引企业参与标准的制修订,通过企业标准化工作的实践来推动企业的技术进步、产业升级,通过标准来鼓励企业走资源节约、内涵优化、环保高效之路,全面提高我国印刷产业的水平。具体是:

(1) 在标准的制定修订方面,坚持公开、公平、公正的原则,扩大标准制定修订的透明度；

（2）任何单位和个人都可以提出标准立项提案，对符合条件的，标委会将组织专家进行可行性评估，决定是否进入正式立项程序；

（3）扩大标准化工作的代表性，热诚希望技术先进的企业积极参与标准的制定修订工作，在标准的推广中起示范带头作用；

（4）印刷标准化工作要统筹规划，坚持"以应用为核心，急用先行、基础先行、重点先行、资金到位先行"的原则，标准制定优先考虑市场急需的行业关键性标准，标准立项充分考虑市场的适用性和技术的先进性。

（三）加强信息平台建设，坚持标准的宣传贯彻工作

（1）建立了 SAC/TC 170 网站（www.tc170.com），将大量第一手印刷标准化信息及时通过网路的渠道传播。几年内，进行了两次大的更新设计，不断扩充了网站的涵盖面，使其能更好地发挥作用，更有利于委员与会员单位及广大业内人士的查阅。现在不少业内的网站都在转载 SAC/TC 170 网站上的信息。

（2）为推动印刷标准的贯彻实施，满足印刷及相关行业对印刷标准及其技术条款详细了解的需求，相继出版发行了《常用印刷标准汇编2004版》《常用印刷标准汇编（2009版）》《常用印刷标准汇编（2015版）》；2005年、2011年与印刷工业出版社合作编辑出版了《常用印刷标准解读（2005版）》和《常用印刷标准解读（2011版）》。

（3）加强标准的宣传培训工作，平均每年举办各种类型的标准培训班3—4个，向企业宣讲了部分新标准，为企业培训了标准制定修订人才。

（四）将中国印刷标准化年会打造成为印刷标准在行业宣传交流推广的高端平台

近些年来，SAC/TC 170 会员（观察成员）发展呈现出新的特点，突出的是大的企业集团入会积极，香港地区企业开始入会。为了使印刷标准化工作更好地服务于企业和行业，更好地适应市场变化的需要，从2005年起，SAC/TC 170将已举办了十二届的通讯成员年会更名为"中国印刷标准化年会"。"中国印刷标准化年会"不仅有通讯成员（观察员）参加，而且面向全行业，使其内涵和

外延都发生了较大的变化。"中国印刷标准化年会"主要从印刷标准化的角度，为行业搭建印刷标准化的信息平台，交流传递印刷行业国内外标准化信息，为印刷、出版、包装企业提高印刷质量水平提供技术和管理新思路、新办法。从改变后年会举办的情况看，改版是成功的，吸引了众多企业的参与。

（五）开展对印刷标准化做出贡献的企业和个人的表彰活动

针对企业参与标准化工作越来越多的情况，为肯定他们的工作与贡献，进一步调动企业的积极性，2005 年起，SAC/TC 170 一是对标准制修订工作做出贡献的单位和个人均颁发铭牌和证书，总计已对 410 个企业颁发了铭牌，对 460 位标准起草人颁发了证书；二是对即将启动的标准制定修订项目，均向业内发公告，使全行业了解标准制定修订的计划与动态，以争取更多的企业参与和支持。实践证明，两项措施很受企业欢迎，起到了鼓励先进，激发热情，调动积极性的目的。

四、向印刷标准国际化迈进

我国自 1991 年成为 ISO/TC 130 的积极成员至 2004 年的 13 年中，从未参加过 ISO/TC 130 的春季会议，其中有 5 年由于各种原因没有出席全体会议。从 2005 年起，SAC/TC 170 把加强与国际印刷标准化组织的联系与合作，把"实质性"参与其事务，争取更多的话语权与主动权作为重要工作之一，采取多种措施，逐步融入 ISO/TC 130 的各项活动中，并在参与 ISO 5776 文字校对符号标准、承办 ISO/TC 130 会议、组建 ISO/TC 130/WG12 国际印后工作组、主导制定 ISO 16762、ISO 16763 国际印后标准、承担 ISO/TC 130 秘书处等工作中取得重要成果，实现了我国印刷标准化历史上的重大突破，使我国的印刷标准化走向了国际。

（一）积极参加 ISO/TC 130 的活动

一是从 2005 年开始，我国出席 ISO/TC 130 的春季工作组会议及秋季工作组会议、全会常态化，其中以香港印刷业商会为主体的香港地区代表自 2006 年以来从未缺席过任何一次会议。二是对 2005 年以来 ISO/TC 130 付诸表决的 300 余项标准及事项均表达了明确的意见，行使了积极成员国的权利。我国已有 26 位专家注册为 ISO 国际标准化组织的专家。

（二）参与 ISO 5776 文字校对符号制定工作

2007 年年底我国开始参与 ISO 5776 文字校对符号关于汉字（象形文字）校对符号的制定工作。以蒲嘉陵副主任委员为组长，商务印书馆、人民出版社、编校工作委员会、北京印刷学院等单位积极参与。几年中，先后召开了多次包括香港专家在内的研讨会，与日本同行保持联络并在北京进行了两次面对面的沟通交流，完成了 ISO 5776《文字校对符号》表格 2 及附录 B、附录 C（汉字校对符号和校改样）。

（三）我国承办三次 ISO/TC 130 会议

2009 年 9 月 21—26 日在北京亮马河大厦圆满承办了 ISO/TC 130 第 23 届国际印刷标准化会议，并与中国印刷技术协会联手在会议期间成功举办了"ISO/TC 130 在中国——印刷标准化发展论坛"。这是我国第一次承办 ISO/TC 130 会议，也是 ISO/TC 130 年会历史上一次出色的会议。

2013 年 5 月 19—24 日，ISO/TC 130 春季会议在我国深圳市成功举行，承办单位为全国印刷标准化技术委员会和深圳市印刷行业协会，支持单位为广东省新闻出版局、深圳市新闻出版局和广东省印刷复制业协会。在我国印刷业密集的深圳市承办 ISO/TC 130 春季工作组会议，无疑将为我国宣传推广印刷标准化提供了又一个极好的机会。

2014 年 11 月在北京再一次承办了 ISO/TC 130 秋季工作组会议及全会，这次会议是在没有成员国承担会议的情况下，按惯例由我国作为秘书处承担国来承办的会议。

中国承担 ISO/TC 130 年会，不仅提升了我国在印刷国际标准化方面的国际地位，更重要的是提升了我国印刷产业的国际影响力。

(四) 组建 WG 12 印后工作组

我国于 2009 年 9 月在 ISO/TC 130 第 23 届全会上提出"关于组建印后标准联合工作组的提案",全会同意中国牵头建立新的印后项目工作组,并由中国专家何晓辉担任组长、召集人,中国提供秘书处支持,中国人在印刷国际标准化领域由参与转变为主导,标志着我国作为印刷大国在国际印刷标准化领域占有了一席之地。

2016 年 3 月 9 日,由我国主导制定的首个印刷领域国际标准 ISO 16763《印刷技术—印后加工—装订产品要求》由国际标准化组织(ISO)正式发布。这是我国于 2010 年成为 ISO/TC 130 印后工作组(ISO/TC 130/WG 12)召集人和秘书处承担国后完成的首个国际标准。该标准的发布标志着我国印刷业主导制定国际标准实现了零的突破。

(五) 承担 ISO/TC 130 秘书处

ISO/TC 130 秘书处原承担国为德国标准化组织 DIN,由于国际经济危机和欧债危机的冲击,德国也受到较大影响,德国的世界知名印刷机械生产商也产生较大变化,此情况下德国 DIN 提出无力支撑 ISO/TC 130 秘书处。

中国印刷技术协会按照国家标准委关于"中国作为印刷大国,从整个印刷行业发展而看,要争取承担 ISO/TC 130 秘书处,由中国印刷技术协会和全国印刷标准化技术委员会秘书处承担单位,应由中国印刷技术协会对口承担"的建议。原新闻出版总署原副署长、中国印刷技术协会理事长于永湛提出"机遇难求,志在必得"并召开常务理事会研究,大家一致同意积极争取,志在必得,并得到原新闻出版总署、中国科协和国标委的坚决支持。根据国际标准化组织技术管理局(ISO/TMB)2012 年第 42 号决议,转由我国承担 ISO/TC 130 秘书处。

我国承担 ISO/TC 130 秘书处四年多来,以守规则、高质量、高效率为工作目标,通过自身努力不断超越自我,出色地完成了各项工作,得到了 ISO 中央秘书处给予的满分评价。

（五）担任 ISO/TC 130 主席

2014 年 SAC/TC 170 秘书处协助中国印刷技术协会进行了 ISO/TC 130 主席人选的申报及相关程序的咨询、跟进工作，先后三次向国家标准委提交《关于提名蒲嘉陵为 ISO/TC 130 主席的请示》。根据国际标准化组织/技术管理局（ISO/TMB）2014 年第 89 号决议，国家标准委已做出了《关于担任国际标准化组织/印刷技术委员会（ISO/TC 130）主席的批复》（标委办外〔2014〕168 号），同意由我国专家蒲嘉陵担任 ISO/TC 130 下一届主席，任期为 2015 年 1 月 1 日—2017 年 12 月 31 日，主席承担单位为中国印刷技术协会。

蒲嘉陵博士担任 ISO/TC 130 主席是继我国 2013 年正式承担 ISO/TC 130 秘书处后我国和国际印刷标准化领域的重要事件，标志着我国将在国际印刷标准化工作中承担更大的责任和义务，发挥更强有力的作用。

五、开展印刷标准化研究工作

SAC/TC 170 在总局数字出版司和国家标准委服务业标准部、国际合作部的支持下，成功申领了两项质检公益性行业科研专项项目，并较好地完成了项目的研究工作。

（一）数字印刷标准体系表

该项目是 SAC/TC 170 申请的第一个质检公益性行业科研专项项目，2008 年经国家质量监督检验检疫总局批准立项，历时两年完成。项目的研究得到印刷行业众多企业、单位与专家的支持与参与。项目于 2009 年 2 月开始实际运作，成立了项目研究组，相继对我国当前数字印刷的现状进行了调研，对国际与数字印刷有关联的印刷标准进行了搜集、整理与研究，组织召开了 10 次不同范围的专题研讨会，完成了该项目的第一、第二和第三阶段的研究报告，提出了《数字印刷标准体系表》标准草案。

2011 年 5 月 12 日，国家质量监督检验检疫总局组织召开了质检公益性行业科研专项项目验收会议，8 月 11 日，通过了国家质量监督检验检疫总局对该项目的验收。

（二）国际印后标准及我国印后标准研究

该项目是 SAC/TC 170 为巩固 ISO/TC 130/WG 12 的建立成果，确保两项国际印后标准的研究与制定正常进行而申领的，其研究与开发的目标及任务是：

（1）提出组建国际印后标准工作组的新工作项目提案，组建国际印后标准工作组；

（2）提出《印后加工一般要求》《平装书籍要求》和《精装书籍要求》国际标准新提案（NWIP）并获得通过；

（3）完成《印后加工一般要求》《印后加工原辅材料分类》《平装书籍要求》和《精装书籍要求》4 项国家印后标准的制定。

该质检项目结束时，上述目标及任务均已完成，并于 2013 年 12 月通过了国家质检总局的项目验收，并得到了验收专家组对项目执行情况的高度肯定。

六、机构和人才队伍建设

（一）建立分技术委员会

SAC/TC 170 不断细分印刷标准化领域，根据实际情况分期分批组建了分技术委员会，动员和依靠多方力量，逐步形成新的印刷标准化工作格局，加速印刷标准化建设，推动全行业快速健康发展，是 SAC/TC 170 长期的战略目标。

根据我国印刷标准化发展的实际，在广东省新闻出版局、深圳市新闻出版局、广东省印刷复制业协会、深圳市印刷行业协会、中国印刷技术协会网印及制像分会、深圳职业技术学院以及众多企业的大力支持下，在经历了申报、公示、批准筹建、委员征集和批复成立等多个程序与阶段后，全国印刷标准化技术委员会书刊印刷分技术委员会、网版印刷分技术委员会和包装印刷分技术委员会正式组建，于 2012 年 6 月 8 日在深圳职业技术学院召开成立大会。3 个分技术委员会的成立，对于增强我国印刷标准化工作的组织实力，进一步推动印刷标准化工作的开展，把我国印刷标准化提高到一个新的水平将产生重要影响。

（二）打造了比较成熟的秘书处班底

SAC/TC 170 采取多种举措，加强秘书处建设。一是多方招聘、遴选适合人员，从定员上保障工作的需要。二是根据秘书处工作的性质明确了定位，即"组织、协调、服务"，保证了在人员少、任务重的情况下，能够铺得开、上得去、拿得下。三是建立、完善各项规章制度，通过多种手段加强教育与培训，使工作人员的素质与基本技能不断提升，完成了越来越多的工作。

（三）委员和专家队伍不断得到加强

第三届标委会组建时有委员 49 位，几年来，根据委员自然情况的变化、工作的状况以及考核的结果，适时地进行调整。目前第四届委员会委员 63 人，始终保持了委员队伍的稳定与作用的发挥。

在标准制修订及标准化活动中，培养和造就了一大批印刷标准化专业人才，印刷标准化专家和技术人员队伍正在逐步形成和扩大，而这支队伍中除了原有的老专家外，更多的是新人的涌现，他们代表了印刷业新的技术力量，这充分表明，专家队伍后继有人，目前他们正活跃在企业标准化工作的第一线。

七、印刷标准发展的问题及对策

（一）存在的主要问题

（1）全行业的标准化意识近几年来尽管有了较大的提升，但从整体上看，发展不平衡，要使全行业深刻认识实现我国由印刷大国向印刷强国转变过程中标准化所占的重要地位，并自觉参与、实施标准化，还需要做大量艰苦细致的工作。

（2）面对国内与国际印刷标准化工作的快速发展，TC 与 SC 工作人员的综合素质亟待提高。

（3）新标准的宣传贯彻不及时，涉及的面不够宽，特别是标准的执行不力问题，需要找出相应的办法与方式加以解决。

（二）对策建议

（1）建议行业主管部门和行业协会把印刷标准化建设摆在行业转型升级的高度和战略位置来做整体部署和推动。

（2）有计划地培育和提高国内与国际印刷标准化工作人员队伍和各专业专家队伍，建议国家主管部门给予激励政策和经费支持。

（3）依靠行业协会促进标准的"基地"发展，倾全行业之力推动标准化实施；组织标准化基地进行经验总结、交流推广，树立典型，以点带面，形成示范效应。

（4）加强对标准化的奖励，加强对标准化奖励政策的理解，帮助企业获得更多专项奖励资金，以此提高企业对标准的重视度。

（全国印刷标准化技术委员会　胡桂绵）

发行分领域报告

一、发行领域综述

发行工作是出版工作的重要组成部分，也是出版工作的关键环节，是出版工作社会效益和经济效益的最终体现。发行体制改革是出版体制改革，乃至文化体制改革的前沿阵地，也是检验改革成果的核心指标。对发行工作要有清醒的理解，才能提升对这项工作的战略地位和重要性的认识。

当前我国出版发行业的状况，可以从以下四组数据来体现[①]。

1. 企业和网点数量

从所有制的形态来看，目前全国发行企业13.4万家，其中国有发行企业数量是2.4万家，占17.9%；非国有发行企业是11万家，占82.1%。从经营形态来看，有总发、批发，批发包括批零兼营和零售。全国总发企业72家，包括国有发行企业58家，民营及民营控股发行企业14家。发行网点数量有16万个，大于发行企业数量，其中国有发行企业网点数量4.6万个，占28.9%，民营或民营控股发行网点11.3万个，占71.1%。

2. 卖场和物流情况

全国经营5 000平方米的卖场有70家，5 000到10 000平方米的50家，10 000平方米以上的20家。全国现有物流基地、物流中心49家，其中一万平方米以上的32家，两万平方米以上的25家，3万平方米以上的17家，5万平方米以上的有9家。物流中心三家最大的是北京物流中心，一期工程12万平方米；其次是江苏的物流配送中心，10万平方米；再次是四川文轩物流配送中

---

① 范卫平：《我国出版发行业的现状及分析》，中国出版网。

心，8 万平方米。

3. 销售和库存情况

2006 年国有发行出版物销售总码洋 1 295 亿元，估算民营发行码洋有 700 亿—800 亿元，全国估计突破 2 000 亿元。纯销售额，国有新华书店和出版单位自办发行的有 504 亿元，估计民营发行企业的纯销售突破 300 亿元。

从库存情况看，全国新华书店系统、出版社自办发行单位年末库存 2004 年是 449 亿元，2005 年是 483 亿元，2006 年是 525 亿元。从这三组数字来看，库存量逐年增长，但增长比例逐渐下降。

4. 从业人员数量

全国出版发行业从业人员约 70 万人，国有企业 25 万人，包括国有新华书店 15 万人，其他国有发行企业 10 万人，民营企业从业人员约 45 万人。

透过这四组数据可以看到，我国出版发行业已经进入了大发行、大市场、大流通的阶段。

二、发行标准化介绍

出版物发行业是我国出版产业链的重要环节，同时也是我国文化产业的重要组成部分。随着我国出版发行行业的迅猛发展，许多传统出版发行模式已发生了改变，新的出版物发行数字化转型浪潮在不断涌现。因此，新闻出版业发行领域的标准化建设是促进出版发行业的重要保障。

发行业标准借鉴了国内外出版发行最新学术研究成果，并紧密结合出版发行管理和业务的具体实践，系统收录我国出版物发行领域的基本概念，并对其进行了科学归类和规范性描述。出版发行行业的标准化是行业转型的基础和前提，对出版物发行信息的交换与共享、对建设我国出版物现代流通系统，对构建统一开放、竞争有序、健康繁荣的现代出版物市场体系，对提高出版发行企业的经营效率和行业的总体运营效率，对实施我国出版物发行业"走出去"战略与国际接轨等，都将起到重要的基础支撑作用。

全国出版物发行标准化技术委员会（SAC/TC 505）于 2004 年 7 月成立，2010 年由国家标准化管理委员会批准成立为出版物发行专业领域内从事全国性标准化工作的技术工作组织,这是我国新闻出版领域的第二个国家级标准化技术委员会。

全国出版物发行标委会由新闻出版广电总局负责业务指导,中国出版集团公司承担发行标委会秘书处工作,并负责日常管理。全国发行标委会秘书处是发行标委会的常设机构,负责发行标委会的日常工作。

委员分别来自出版物发行行业政府主管部门、出版单位、发行企业、行业协会、科研机构、高等院校、专业技术公司、图书馆及相关领域的有关单位等。

发行标委会主要负责组织出版物发行专业领域标准的制修订工作,包括出版物发行术语、出版物发行信息分类与编码、出版物发行物流技术、出版物发行电子商务、出版物发行业务流程和作业规范、出版物发行服务及管理等方面标准的制修订。旨在完成支撑出版物现代流通体系建设的基础性关键性标准制定,建立健全与国际接轨的出版物发行标准体系,基本满足行业发展建设的需要,提高发行标准应用对行业效益的贡献率。

三、国内标准制修订

(一) 国家标准

全国发行标委会至今已制定两项国家标准,分别为《出版物发行术语》和《中国出版物在线信息交换》系列国家标准。2011年12月30日国家质量监督检验检疫总局、国家标准化管理委员会批准发布《GB/T 27936—2011 出版物发行术语》(中华人民共和国国家标准公告2011年第23号),自2012年3月1日起实施。

《中国出版物在线信息交换》系列国家标准(以下简称"CNONIX标准")于2009年11月经国家标准化管理委员会批准立项,2013年12月正式发布并实施。图书在线信息交换(ONIX for Books)标准(以下简称"ONIX标准")是国际书业标准化组织(EDItEUR)归口管理的在线信息交换(ONIX, Online

Information Exchange）系列事实标准的组成部分。ONIX 标准起源于 1999 年，是由欧美地区多个国家的出版机构共同制定、于 2000 年首次发布的一套图书产品信息交换类标准。该标准旨在向图书出版商、批发商、零售商、网络书商等产业链上所有参与者提供统一的图书产品信息格式，解决行业各机构间多种数据格式并存给信息交换带来的困扰，以在线信息交换的方式满足和丰富了行业在互联网时代的需要。ONIX 标准以图书产品信息为起点，经过 10 多年的运行实践，跟进行业发展需要，逐步覆盖了与图书相关的其他媒体产品。目前该标准已被欧美地区的 18 个国家，以及韩国、日本、土耳其、埃及等 20 余个国家使用。2011 年 11 月，全国出版物发行标准化技术委员会加入国际书业标准化组织成为正式会员，同时代表中国国家小组正式出席国际 ONIX 标准指导委员会会议。

CNONIX 标准旨在为我国出版发行供应链上出版商、发行商、数据集成商和图书馆等各类机构提供标准的图书信息交换格式，实现产业链上图书信息的互联互通，既可通过加速产品信息的流动，促进图书产品的流通效率，又可通过产品信息的一次制作、多方应用，降低行业信息的应用成本，提高行业各机构的信息系统应用质量和效率。

（二）行业标准

发行标委会在标准制修订中紧紧依托各省发行集团、出版社、科研机构等社会各方的大力支持，完成了一批重要标准的制定，其中《图书流通信息交换规则》《图书、音像制品、电子出版物营销分类法》和《图书贸易电子单证格式》等行业标准分别由中国出版集团公司、浙江省新华书店集团、深圳发行集团、江苏凤凰传媒股份有限公司、新华文轩出版传媒股份有限公司等多家单位牵头，共有 60 余家企业（单位）参与制定。

发行标委会成立至今已制定行业标准 44 项，其中正在组织制修订的标准有 7 项，涉及信息分类代码、电子单证、发行单证、信息交换和管理等方面的标准，实现了发行标准从无到有，并初步建立了出版物发行标准体系。

出版物发行术语标准包括出版物发行专业术语标准和相关标准。

出版物发行信息分类与编码标准包括出版物分类与编码标准、组织机构分类与编码标准、业务分类与编码标准和相关标准。

出版物发行单证与标签标准包括出版物发行纸面单证标准、电子单证标准、标签标准和相关标准。

出版物发行元数据与信息交换标准包括出版物发行元数据标准、出版物发行信息交换标准和相关标准。

出版物发行作业与服务标准包括出版物发行业务流程标准、作业规范标准、服务标准和相关标准。

出版物发行管理标准包括出版物发行人力资源管理标准、客户管理标准、业务管理标准、设施与设备管理标准、质量安全与环保管理标准和相关标准。

（三）工程项目标准

发行标委会积极承担并完成了多项工程项目标准建设，如中央文化企业数字化转型升级项目系列标准以及 CNONIX 国家标准应用示范工作系列共计42项。

1. 中央文化企业数字化转型升级项目标准

2013 年中央文化企业数字化转型升级项目推进中，按照"标准先行"的原则，委托全国出版物发行标准化技术委员会具体负责项目标准制定的组织工作，在 21 家出版企业和 15 家技术企业共同参与下，经广泛、深入的调研、研讨，制定并发布了项目管理、基础应用、数据加工、数据存储和流程接口 5 类 23 项标准。该系列项目标准于 2014 年 8 月正式颁布并实施，其中《图书产品信息应用规范》和《图书产品基本信息规范》由全国发行标委会起草。

2. CNONIX 国家标准应用示范工作标准

CNONIX 国家标准应用示范工作标准项目自 2015 年 5 月正式启动，经过 6 家标准主要承担单位和 22 家示范单位的共同努力，19 项示范标准已全部通过专家评审，2016 年 6 月向总局数字出版司进行了标准报批工作。

发行标委会具体标准情况如下：

序号	标准（计划）号	标准名称	标准状态
一、国家标准			
1	GB/T 27936—2011	出版物发行术语	已发布
2	GB/T 30330—2013	中国出版物在线信息交换 图书产品信息格式规范	已发布

(续表)

序号	标准（计划）号	标准名称	标准状态
二、行业标准			
1	CY/T 39—2006	图书流通信息交换规则	已发布
2	CY/T 51—2008	图书、音像制品、电子出版物营销分类法	已发布
3	CY/T 52—2009	出版物发货单	已发布
4	CY/T 53—2009	出版物退货单/退货差错回告单	已发布
5	CY/T 54—2009	出版物在途查询单/回告单	已发布
6	CY/T 55—2009	出版物物流标签	已发布
7	CY/T 56.1—2009	出版物物流作业规范第1部分：收货验收	已发布
8	CY/T 57—2009	出版物运输包装材料基本要求	已发布
9	CY/T 70—2011	出版物购销形式分类与代码	已发布
10	CY/T 71—2011	出版物发行组织机构类型与编码	已发布
11	CY/T 72—2011	出版物物流信息代码集	已发布
12	CY/T 73—2011	出版物物流基本业务流程	已发布
13	CY/T 75—2011	出版物发货方与承运人物流信息交换标准	已发布
14	CY/T 56.2—2012	出版物物流作业规范第2部分：储存	已发布
15	CY/T 56.3—2012	出版物物流作业规范 第3部分：包装	已发布
16	CY/T 56.4—2012	出版物物流作业规范 第4部分：发运	已发布
17	CY/T 76.1—2012	出版物包装设备基本要求 第1部分：捆扎机	已发布
18	CY/T 77—2012	出版物存储设备基本要求	已发布
19	CY/T 78.1—2012	出版物移动设备基本要求 第1部分：起升车辆	已发布
20	CY/T 79—2012	周转箱编码规则	已发布
21	CY/T 80—2012	出版物射频识别系统基本要求	已发布
22	CY/T 137—2015	书店读者服务规范	已发布
23	CY/T 138—2015	出版发行营销活动规范	已发布
24	CY/T 139—2015	出版物发行统计指标体系	已发布
25	CY/T 140—2015	出版物发行商务通用流程规范	已发布
26	CY/T 141—2015	出版物发行结算方式分类代码	已发布
27	CY/T 142.1—2015	图书贸易电子单证格式 第1部分：简易流程、元素表	已发布
28	CY/T 142.2—2015	图书贸易电子单证格式 第2部分：订单	已发布
29	CY/T 142.3—2015	图书贸易电子单证格式 第3部分：订单回告	已发布
30	CY/T 142.4—2015	图书贸易电子单证格式 第4部分：订单调整及调整回告	已发布
31	CY/T 142.5—2015	图书贸易电子单证格式 第5部分：发货单	已发布
32	CY/T 142.6—2015	图书贸易电子单证格式 第6部分：结算单	已发布
33	CY/T 142.7—2015	图书贸易电子单证格式 第7部分：库存、销售查询及回告	已发布
34	CY/T 142.8—2015	图书贸易电子单证格式 第8部分：退货申请	已发布

（续表）

序号	标准（计划）号	标准名称	标准状态
35	CY/T 142.9—2015	图书贸易电子单证格式 第9部分：退货申请回告	已发布
36	CY/Z 13—2011	出版物发行标准体系表	已发布
37	2014年2月	星级书店评价体系	起草
38	2015年9月	出版物供销协议规范	起草
39	2014年2月	基于CNONIX图书产品信息采集规范	送审
40	2014年2月	基于CNONIX标准的图书数据验证规范	起草
41	2014年6月	中国图书贸易主题分类表	起草
42	2012年3月	读者分类代码	报批
43	2013年3月	书业电子商务基本流程	送审
44	2015年5月	图书产品数据交换唯一控制符	起草
三、行业技术性指导文件			
1	CY/Z 13—2011	出版物发行标准体系表	已发布
四、项目标准			
1	GC/ZX 5—2014	图书产品信息应用规范	已发布
2	GC/ZX 6—2014	图书产品基本信息规范	已发布
3	GC/ZX 27—2016	CNONIX应用标准体系表	报批
4	GC/ZX 28—2016	CNONIX应用标准编制指南	报批
5	GC/ZX 29—2016	CNONIX标准应用指南	报批
6	GC/ZX 30—2016	CNONIX应用术语	报批
7	GC/ZX 31—2016	图书出版信息填报规范	报批
8	GC/ZX 32—2016	图书管理系统接口规范	报批
9	GC/ZX 33—2016	发行系统接口规范	报批
10	GC/ZX 34—2016	出版系统接口规范	报批
11	GC/ZX 35—2016	数据字典维护规范	报批
12	GC/ZX 36—2016	标准符合性测试规范	报批
13	GC/ZX 37—2016	系统控制唯一标识符	报批
14	GC/ZX 38—2016	CNONIX标准维护规范	报批
15	GC/ZX 39—2016	CNONIX数据质量要求	报批
16	GC/ZX 40—2016	CNONIX数据安全管理	报批
17	GC/ZX 41—2016	CNONIX代码表动态维护	报批
18	GC/ZX 42—2016	图书出版信息采集规范	报批
19	GC/ZX 43—2016	图书发行信息采集规范	报批
20	GC/ZX 44—2016	图书产品信息加工规范	报批
21	GC/ZX 45—2016	CNONIX标准应用实施规范	报批

四、国际标准化

发行标委会于 2010 年 10 月首次以观察员身份参加在法兰克福召开的国际书业标准化组织 EDItEUR 的国际 ONIX 标准指导委员会工作年会。2011 年 11 月加入 EDItEUR 组织成为正式会员，并以中国国家工作组身份成为 ONIX 国际指导委员会成员之一，参与国际书业标准的工作与讨论并行使投票权。2012 年 2 月，EDItEUR 国际组织官网 http：// www.editeur.org 正式增加发行标委会为其成员单位，发行标委会开通的 http：//www.tc505.com 官方网站为其 ONIX 中国国家工作组链接网站。2013 年 10 月，国际书业标准化组织建立 THEMA（全球图书贸易主题分类表）联盟，目前已有加拿大、埃及、法、英、美国等 12 国家成为其国际组成员，发行标委会承担了中国 THEMA 工作组的工作。

五、标准实施

截至 2016 年上半年，发行标委会将就行业中具有重要意义的发行标准，以培训宣贯、展台、项目相结合的方式进行全面推广，累计数千人参加了标准化相关活动，标准实施推广工作卓有成效。具体情况如下：

2012 年 1 月 6 日，由发行标委会和中国图书商报社主办的"2012 全国出版物供应链管理创新论坛"在北京举行。

2012 年 12 月 3 日，"第二届全国出版物供应链论坛"在广西南宁举行，论坛的主题是"互联网经济下的信息化建设"。

2013 年 3 月 30 日，由发行标委会与北方工业大学联合组建的"CNONIX 国家标准联合实验室"正式挂牌成立。

2013 年 8 月 26 日，"第三届全国出版物供应链论坛"在北京举行，论坛的主题是"大数据时代：出版发行业发展趋势"。发行标委会举行 CNONIX 行业标准应用试点单位授牌仪式，中南出版传媒湖南省新华书店成为 CNONIX 行业标准的首家试点单位。

2014年1月9日，发行标委会举行"CNONIX战略合作单位邀约仪式"，中国建筑工业出版社、化学工业出版社、人民邮电出版社、江苏新华发行集团、浙江省新华书店集团有限公司、新华文轩出版传媒股份有限公司、北方工业大学信息管理学院等12家企业签署战略合作协议，成为"中国出版物在线信息交换应用联盟"成员单位，有力推动了标准化工作的前行。

4月25日，发行标委会在京举办中央文化企业数字化转型升级第一期标准培训班，央企数字化转型升级各有关单位人员参加了本次培训。

7月17日—18日，为确保中央文化企业数字化转型升级项目顺利实施，按照标准项目工作方案的工作计划与进度安排，发行标委会在京召开了央企数字化转型升级项目标准培训班三期。

11月，发行标委会参与了新闻出版业十三五科技规划预研究——云计算、物联网技术在新闻出版领域应用研究项目。发行标委会配合牵头单位，组织国内相关单位及专家完成了研究工作，并提交了该项目的研究报告。

12月5日，CNONIX国家标准应用推广示范工作部署会在京召开。会上，总局数字出版司提出了构建出版业信息数据体系建设的具体思路以及实施CNONIX标准应用示范项目的工作设想，发行标委会介绍了CNONIX国家标准应用推广工作的进展情况，中南出版传媒集团和CNONIX联合实验室汇报了关于试点工作及研究成果的有关工作情况。

2015年1月9日，发行标委会在京举办了CNONIX国家标准学习培训班，22家示范单位的项目与技术负责人以及其他相关单位共逾60人参加了本次培训。通过培训学习，各示范单位对标准内容、数据项发布、应用示范的工作目标、工作思路以及项目申报等方面有了更为清晰的认识，为各单位信息系统的改造升级打下坚实的基础。

6月16日，发行标委会在京举办了CNONIX国家标准应用试点示范工作标准启动会。CNONIX国家标准应用示范工作是国家新闻出版广电总局推动传统出版业数字化转型升级工作的重要抓手。按照总局提出的"体系构建、标准先行"的工作要求，第一批试点示范工作标准体系初步建立，标志着CNONIX国家标准应用工作向体系化、规范化、科学化和适用化方向推进。本期标准项目共计19项标准，分别由中南传媒湖南省新华书店等7家示范单位牵头承担。

8月26日，由新闻出版广电总局数字出版司指导，发行标委会、总署信息中心主办的CNONIX国家标准应用示范成果展于8月26日在京拉开帷幕。成果展上展示了近两年来行业各应用示范单位在CNONIX国家标准实施工作中的发展成就，对新闻出版数据体系建设具有里程碑的意义。

2016年1月6日，发行标委会联合中南出版集团等单位，共同举办了全国出版物供应链论坛。论坛紧紧围绕总局提出的"新闻出版数据体系构建"的总体目标，围绕"共享共治、关注出版业数据治理，构建数据资产"的主题进行了沟通研讨。中南传媒作为代表宣读了"数据治理"工作组倡议书，24家出版发行支持单位现场完成了倡议书的签约。

4月25日，《中国出版物在线信息交换（CNONIX）标准应用示范工程》中南传媒项目验收会在湖南长沙召开，顺利通过评审。

2016年6月21—22日，发行标委会在京组织了CNONIX国家标准应用示范工作标准培训班，来自各示范单位及相关单位共50余人参加了标准培训工作。

培训会期间，为表彰各标准承担单位及标准起草人在制定本项目标准过程中做出的努力，受司里委托，发行标委会在现场向中南出版传媒集团股份有限公司等13家标准承担单位、19名标准主要执笔人授予了感谢函及荣誉证书。

2016年6月23日，为加强行业间交流，在总局数字出版司的指导下，发行标委会、北京印刷学院、中国ONIX应用研发联合实验室及北京腾云天下科技有限公司共同主办了出版业第一期的大数据沙龙。活动邀请了中关村大数据产业联盟、北京清博大数据及一点咨询三家从事多年大数据分析的专家进行现场授课并开展互动式交流。

本次沙龙活动共吸引了行业内近50家单位，逾90人次的共同参与。

2016年7月，北京市新闻出版局开展了数字编辑职称考试工作，发行标委会积极参与了教材内容的研讨，并提出新闻出版标准化及有关数字出版标准内容的增补建议，得到市局及教材编写组的认可。目前关于教材内容增补标准章节和选编的工作，已经由新闻出版研究院立项，在出版标委会的配合下，由发行标委会组织相关人员开始启动，预计8月份完成

六、前瞻性研究——科技创新实验室

（一）实验室建设背景

出版发行领域重点实验室是开展科技创新活动、培育科技创新成果、凝聚高水平科技人才的重要阵地，是促进出版发行领域交流与合作的重要平台，是新闻出版数据体系建设的重要内容。《国家中长期科学和技术发展规划纲要（2006—2020年）》明确提出要强化重点实验室建设，大幅度提升科技自主创新能力和水平。在全国范围内系统规划和全面布局出版发行领域的重点实验室，在不同业务环节和不同区域形成具有国家或者行业先进水平的科学研究基地、高层次人才培养基地和国内外学术交流中心，营造富于激励的学术环境和科研氛围，有利于突破体制局限，打破部门、区域、单位、学科界限，实现全国性、区域性出版发行资源优化整合，推动建立上下贯通的业务体系，这对于合力解决出版发行领域发展的重大关键技术问题，跟踪国际出版发展最新趋势，增强我国出版业国际竞争力，实现出版发行业跨越式发展具有重要意义。以科学发展观为指导，以提升出版发行领域科技自主创新能力、满足行业发展的科技需求为目标，统筹规划，完善功能，创新机制，提升能力，促进基地、人才、项目相配套，基本形成布局合理、任务明确、协作紧密、运转高效的出版发行领域重点实验室体系，并与新闻出版业数据体系紧密衔接，为出版发行领域大数据发展提供有力保障。

（二）实验室建设目标

按照行业综合性重点实验室、专业性（区域性）重点实验室以及企业共建联合实验室等三个层次建设。

（1）行业综合性重点实验室：围绕国家新闻出版科技发展的重大战略需求，申报总局批复建设行业级综合性重点实验室；

（2）专业性（区域性）重点实验室：围绕行业发展、区域业务发展和学科建设的需求，由发行标委会批复并参与建设专业性（区域性）重点实验室；

（3）企业共建联合实验室：围绕企业工作需求、技术集成研究和示范工作需要，由总局支持、发行标委会指导、企业自发与相关科研机构共建联合实验室。

到2020年，发行标委会拟在出版发行领域建成10个左右以行业综合性重点实验室为龙头、专业性（区域性）重点实验室为骨干、企业共建联合实验室为补充的一体化布局的"学科群"。

（三）已完成建设实验室

7月11日，全国出版物发行标准化技术委员会委托北京印刷学院组织筹建的系列实验室授牌仪式在校多功能厅举行。北京印刷学院校长罗学科，国家新闻出版广电总局数字出版司副司长冯宏声、调研员武远明，全国出版物发行标委会副秘书长唐贾军等出席授牌仪式。仪式由校长助理周忠主持。

此次授牌成立的出版物数据资产评估实验室、出版物物联网（NFC）基础应用实验室和出版物VR内容研发与应用实验室，是在国家新闻出版广电总局数字出版司的指导下，由全国出版物发行标准化技术委员会委托北京印刷学院作为发起方和牵头单位，邀约国内相关知名企业参与共建的系列实验室。学校信息工程学院、机电工程学院以及新媒体学院等二级学院在实验室筹建期间积极跟进，相关科研团队的教授分别担任了各实验室主任。各实验室参与共建的单位包括河北省新华发行集团、九州出版社、社会科学出版社、江苏睿泰教育集团、福建省新华书店集团、北京易联物联网科技有限公司、北京中启智源信息技术公司等十余家国内知名出版企业及技术公司。

七、趋势分析

随着经济的发展，社会的进步，发行体制改革的不断深入，发行业不断增强实力和活力，不断提高现代化水平和服务能力，在构建统一开放、竞争有序的出版物大市场方面，在传播先进文化，满足人民群众日益增长的文化需求方面，做出了努力，作出了贡献，取得了成就，在某些方面有了新的突破。

当前在出版发行业的一个中心话题就是要在新的形势下，加快改革速度，加大改革力度。过去我们只知道改革有路线图，没有时间表，但在刚结束的全国文化体制改革会议上已经明确提出，改革不仅要有路线图，还要有时间表。发行企业改革，要上市融资，要跨地区经营，要建立统一开放、竞争有序、健康规范的出版物大市场，国有企业不管是出版单位还是发行单位，在"十二五"期间加快了转型升级的步伐，发行体制改革一直走在出版业改革的前面，这些年来许多国有新华书店转企改制、上市融资取得了新进展和新突破。

（1）资源整合和结构性调整取得了新突破，包括跨地区、跨所有制、跨媒体经营，取得了新突破。例如：江苏新华发行集团和海南新华书店整合，正式组建海南凤凰新华发行有限责任公司，江苏新华发行集团控股51%；深圳发行集团兼并海天出版社，在上下游打通产业链方面迈出了可喜的一步；安徽新华发行集团兼并安徽文化音像出版社，拓展了产业链，提高了竞争力。此外，四川、浙江、辽宁等地都在谋求跨地区、跨所有制的探索。

（2）连锁经营、物流配送和电子商务获得了较快的发展。目前全国有29家全国连锁经营的企业，23个省级新华书店已经实现省内连锁，区域性连锁。

电子商务现在是国有民营齐头并进。特别是民营网上书城，发展速度惊人。四川的文轩在线、浙江的博库书城、重庆的书城网、上海的新华淘书网等等，都在进行网上销售，虽然还有很长的路要走，但这是一个趋势。

（3）非公有发行企业发展迅速。总局一直在审批全国控股的连锁单位、连锁企业。现在全国有14家民营的总发单位，9家民营的全国连锁企业，外商投资企业也越来越多，去年审批了十多家，现在外商投资企业有54家。

总体来说，民营发行企业经过多年的发展，已经成为中国出版发行业的一支重要力量，为中国出版发行业的繁荣与发展做出了重要贡献。当前我国民营发行企业也面临着难得的发展机遇和严峻的挑战，新闻出版广电总局始终高度重视，积极支持、扶持民营发行企业的发展。

通过建立健全出版物发行标准体系，实现出版物发行信息数据标准化，为系统互通互连、信息交换共享、业务协同和信息安全奠定基础，为提高出版物发行企业经营管理服务。为满足出版物发行产业发展需要和出版物供应链现代化需求，建立一个系统、科学、适用的标准体系，供出版物发行管理者、从业者及相关人员了解出版物发行专业领域现有的、在编的和预计制修订的标准情况，并供使用参考。

八、发行领域问题分析

（一）发行行业问题分析

当前的发行形势，成绩不少，形势大好，但也必须清楚地看到中国发行体制改革过程中，还存在着许多影响改革和发展的突出问题。

1. 国有发行企业改革不够彻底，出版物市场封闭状态仍较严重

尽管省一级新华书店除了天津、西藏两家之外，基本上都已转企改制，但有的地方改革仍不彻底，造成这个问题的原因有三条：第一，认识不到位。因为认识不到位，压力不够，动力也不足。第二，改革的配套政策难以落实。这在国有企业，特别是国有发行单位包括出版单位在改革过程中，遇到保险问题、职工身份转换问题等等，都还存在着很多障碍。第三，改革的成本过高，很多企业无力支付。

2. 产业集中度较低，产业产品结构不尽合理

中国出版业的结构性矛盾一直比较突出，对发行行业来说也是如此。产业集中度低，出版发行单位基本都是均一化的，各省都有人民社、科技社、少儿社、教育社等等，但没有形成拳头产品，没有形成骨干企业。另一方面我们虽然拥有庞大的网点数量，但与日趋增长的人民群众的文化需求仍不相适应，老百姓读书难、看书难的现象依然存在。

产品结构方面的问题，表现在两个方面：一是农村发行依然是薄弱环节。农村是广大的市场，但现在占70%以上人口的农民，图书消费额占我们整个消费额的比重不足25%。二是教材教辅的问题。现在不管是国有还是民营发行企业，都过度依赖教材教辅。很多基层新华书店如果没有教材都无法生存。教材招投标给全国出版发行单位带来的巨大压力，充分说明了教材教辅目前在我们这个行业当中是多么重要。缺了教材教辅就无法生存，这也说明了我们这个行业的不成熟。

3. 行业诚信缺失，竞争无序

诚信问题一直是我们行业的一个热门话题。诚信经营、和谐出版，也成为

这个行业的强烈呼声。当前行业的诚信缺失主要表现在五个方面：恶意压价，打折扣战；随意退货，不商量；执意欠款，不讲信誉；违法违纪，搞商业贿赂；盗版盗印，屡禁不止。这五大毒瘤，造成了现在行业的"三高一低"，即高投入、高退货、高库存，低资金回流。这种现象的存在，扰乱了市场秩序，损害了行业利益，也给整个社会造成了不良影响。

4. 部分民营企业经营管理水平落后，两极分化趋势明显

民营企业数量庞大，但真正做得好的、有规模的凤毛麟角。在管理上很多还是家族式的管理，小农经济式的管理，手工作坊式的管理，这都影响了民营书业的发展。

（二）标准化的主要问题

1. 标准化普及问题

近几年，新闻出版行业的标准化重视程度虽然有了较大的提升，但从整体上看，发展不平衡，要使全行业普遍认识到出版发行行业的重要意义，还需全面普及推广。从管理到业务，从了解到应用还需要大量的精力投入。

2. 标准的实施应用问题

随着越来越多标准的颁布，标准的数量已得到了很大的增长，但在标准的培训及宣贯过程中，仍缺少行业单位真正应用标准工作，标准的执行力仍存在不足。

3. 标委会自身建设的问题

面对国内与国际标准化工作的快速发展，标委会秘书处工作人员的综合素质亟待提高。

（三）标准化的建议分析

（1）建议行业主管部门和行业协会把标准化建设摆在行业转型升级和战略位置来做整体部署和推动。

（2）有计划地培育和提高标委会工作人员队伍和整合各专业专家队伍。

（3）加强各标准化单位之间的经验总结，调研标准实施好的单位，树立典型，加以推广。

（4）使用奖惩机制和动态管理工作，提升秘书处人员的工作责任心，组织好标准化委员工作，并发挥作用。

（5）对参与标准制定的单位给予更多专项奖励资金，以此调动各单位对标准的重视度。

（全国出版物发行标准化技术委员会　姜　莎）

新闻出版信息技术和应用领域标准化分报告

一、综　述

当前，信息技术是推动全球经济社会变革的重要引擎和助推力量。加快信息化发展，维护网络安全，已经成为各国的共同选择和战略目标。在信息化时代，对于新闻出版行业，推动数字化转型升级、传统媒体和新兴媒体融合发展、"互联网＋出版"、大数据分析等核心课题已摆在我们面前，其中标准化被赋予重要角色，起到了服务、支撑、引领和保障的关键性作用。可以说，没有标准化就没有信息化。

新闻出版行业对信息标准建设工作高度重视，截至2015年12月31日，由全国新闻出版信息标准化技术委员会（SAC/TC 553）（以下简称"信标委"）归口管理的新闻出版信息技术和应用领域标准中，已发布现行有效的行业标准66项，已报批待发布的行业标准5项，正在制定中的行业标准40项，已完成的工程标准34项。

二、标准制定、修订

2007年8月至今，信标委围绕自身职能，准确定位，在新闻出版电子政务、电子商务和数字出版领域制定完成了几十项口碑良好的行业标准和工程标准。

（一）行业标准

在基础类方面，《新闻出版信息化标准体系表 第1部分：基础类标准》等

7项标准已发布；在电子政务方面，《新闻出版信息分类代码集》等43项标准已发布，《新闻出版人事教育培训课程数据元》等6项标准正在制定中；在电子商务方面，《新闻出版领域中RFID技术应用规范 第1部分：RFID电子标签及机具设备的技术应用规范》等8项标准正在制定中；在数字出版方面，《数据库出版物质量检测方法》等16项标准已发布，《数字期刊术语》等5项标准已报批，《新闻出版内容资源加工规范 音频加工》等26项标准正在制定中。具体情况如表1所示。

表1 行业标准情况汇总

序号	标准编号	标准名称	标准状态
1	CY/T 143—2015	数据库出版物质量检测方法	已发布
2	CY/T 103—2014	数据库出版物质量评价规范	已发布
3	CY/T 102.1—2014	数字内容对象存储、复用与交换规范 第1部分：对象模型	已发布
4	CY/T 102.2—2014	数字内容对象存储、复用与交换规范 第2部分：对象封装、存储与交换	已发布
5	CY/T 102.3—2014	数字内容对象存储、复用与交换规范 第3部分：对象一致性检查方法	已发布
6	CY/T 101.1—2014	新闻出版内容资源加工规范 第1部分：加工专业术语	已发布
7	CY/T 101.2—2014	新闻出版内容资源加工规范 第2部分：数据加工及应用模式	已发布
8	CY/T 101.3—2014	新闻出版内容资源加工规范 第3部分：数据加工规格	已发布
9	CY/T 101.4—2014	新闻出版内容资源加工规范 第4部分：数据加工质量	已发布
10	CY/T 101.5—2014	新闻出版内容资源加工规范 第5部分：资料管理	已发布
11	CY/T 101.6—2014	新闻出版内容资源加工规范 第6部分：数据管理	已发布
12	CY/T 101.7—2014	新闻出版内容资源加工规范 第7部分：数据交付	已发布
13	CY/T 101.8—2014	新闻出版内容资源加工规范 第8部分：图书加工	已发布
14	CY/T 101.9—2014	新闻出版内容资源加工规范 第9部分：报纸加工	已发布
15	CY/T101.10—2014	新闻出版内容资源加工规范 第10部分：期刊加工	已发布

(续表)

序号	标准编号	标准名称	标准状态
16	CY/T 94—2013	音像出版物编目规范	已发布
17	CY/T 44—2008	新闻出版信息分类代码集	已发布
18	CY/T 45—2008	新闻出版业务基础数据元	已发布
19	CY/T 46—2008	新闻出版业务主题词表	已发布
20	CY/T 47—2008	新闻出版信息交换格式	已发布
21	CY/T 74—2011	新闻出版行业电子商务基础数据元	已发布
22	CY/Z 24.1—2013	网络出版监管系统规范 第1部分：标准体系表	已发布
23	CY/Z 24.2—2013	网络出版监管系统规范 第2部分：出版类网站元数据	已发布
24	CY/Z 24.3—2013	网络出版监管系统规范 第3部分：出版类网站分类分级	已发布
25	CY/Z 24.4—2013	网络出版监管系统规范 第4部分：出版类网站统一编码规范	已发布
26	CY/Z 24.5—2013	网络出版监管系统规范 第5部分：网络出版物核心元数据	已发布
27	CY/Z 24.6—2013	网络出版监管系统规范 第6部分：网络出版物分类分级	已发布
28	CY/Z 24.7—2013	网络出版监管系统规范 第7部分：监管工作流程	已发布
29	CY/Z 24.8—2013	网络出版监管系统规范 第8部分：监管主题建立及维护规范	已发布
30	CY/Z 24.9—2013	网络出版监管系统规范 第9部分：违规出版物取证操作规则	已发布
31	CY/Z 24.10—2013	网络出版监管系统规范 第10部分：监管系统信息采集规范	已发布
32	CY/Z 24.11—2013	网络出版监管系统规范 第11部分：监测站报送文件格式	已发布
33	CY/Z 24.12—2013	网络出版监管系统规范 第12部分：统计分析报表格式	已发布
34	CY/Z 24.13—2013	网络出版监管系统规范 第13部分：疑似违规出版物报告单格式	已发布
35	CY/Z 24.14—2013	网络出版监管系统规范 第14部分：工程建设管理规范	已发布
36	CY/Z 24.15—2013	网络出版监管系统规范 第15部分：文档编码规范	已发布
37	CY/Z 24.16—2013	网络出版监管系统规范 第16部分：工程安全管理规范	已发布

(续表)

序号	标准编号	标准名称	标准状态
38	CY/Z 15—2011	新闻出版行业标准动态维护管理规范	已发布
39	CY/Z 16—2011	新闻出版行业XML应用规范	已发布
40	CY/Z 17—2011	新闻出版行业科技项目管理数据规范	已发布
41	CY/Z 18—2011	新闻出版行业信息系统安全等级保护项目管理数据规范	已发布
42	CY/Z 19—2011	新闻出版行业信息系统分类编码规范	已发布
43	CY/Z 20—2011	新闻出版行业信息工程文档编码规范	已发布
44	CY/Z 21—2011	数字键汉字结构编码规范	已发布
45	CY/Z 12.1—2010	新闻出版信息化标准体系表 第1部分：基础类标准	已发布
46	CY/Z 12.2—2010	新闻出版信息化标准体系表 第2部分：电子政务标准	已发布
47	CY/Z 12.3—2010	新闻出版信息化标准体系表 第3部分：电子商务标准	已发布
48	CY/Z 14.1—2010	新闻出版行业监管和服务信息系统规范 第1部分：基础数据元	已发布
49	CY/Z 14.2—2010	新闻出版行业监管和服务信息系统规范 第2部分：基础代码集	已发布
50	CY/Z 14.3—2010	新闻出版行业监管和服务信息系统规范 第3部分：信息资源核心元数据	已发布
51	CY/Z 14.4—2010	新闻出版行业监管和服务信息系统规范 第4部分：行政审批管理数据规范	已发布
52	CY/Z 14.5—2010	新闻出版行业监管和服务信息系统规范 第5部分：年检业务管理数据规范	已发布
53	CY/Z 14.6—2010	新闻出版行业监管和服务信息系统规范 第6部分：行政审批管理基础业务	已发布
54	CY/Z 14.7—2010	新闻出版行业监管和服务信息系统规范 第7部分：年检管理基础业务电子单证格式	已发布
55	CY/Z 14.8—2010	新闻出版行业监管和服务信息系统规范 第8部分：数据库设计	已发布
56	CY/Z 14.9—2010	新闻出版行业监管和服务信息系统规范 第9部分：产品数据采集	已发布
57	CY/Z 14.10—2010	新闻出版行业监管和服务信息系统规范 第10部分：从业单位数据采集	已发布
58	CY/Z 14.11—2010	新闻出版行业监管和服务信息系统规范 第11部分：产品数据接口	已发布

(续表)

序号	标准编号	标准名称	标准状态
59	CY/Z 14.12—2010	新闻出版行业监管和服务信息系统规范 第12部分：从业单位数据接口	已发布
60	CY/Z 14.13—2010	新闻出版行业监管和服务信息系统规范 第13部分：信息系统外部接口	已发布
61	CY/Z 14.14—2010	新闻出版行业监管和服务信息系统规范 第14部分：网络管理	已发布
62	CY/Z 14.15—2010	新闻出版行业监管和服务信息系统规范 第15部分：安全管理	已发布
63	CY/Z 14.16—2010	新闻出版行业监管和服务信息系统规范 第16部分：工程管理	已发布
64	—	数字出版标准体系表	已发布
65	—	数字出版标准体系公共术语表	已发布
66	—	数字出版标准制定及实施指南	已发布
67	—	数字期刊术语	待发布
68	—	数字期刊分类与代码	待发布
69	—	数字期刊核心业务流程规范	待发布
70	—	数字期刊产品服务规范	待发布
71	—	数字期刊内容质量管理规范	待发布
72	—	数字出版内容提供商信用等级评定规范	制定中
73	—	数字出版服务提供商信用等级评定规范	制定中
74	—	数字出版网络提供商信用等级评定规范	制定中
75	—	网络教育出版物质量评价规范	制定中
76	—	网络文学出版物质量评价规范	制定中
77	—	印刷复制委托书备案系统规范 第1部分：数据规范	制定中
78	—	印刷复制委托书备案系统规范 第2部分：业务流程规范	制定中
79	—	印刷复制委托书备案系统规范 第3部分：报送格式规范	制定中
80	—	印刷复制委托书备案系统规范 第4部分：接口规范	制定中
81	—	新闻出版内容资源加工规范 音频加工	制定中
82	—	新闻出版内容资源加工规范 视频加工	制定中
83	—	电子教材制作及应用	制定中
84	—	新闻出版领域中RFID技术应用规范 第1部分：RFID电子标签及机具设备的技术应用规范	制定中

(续表)

序号	标准编号	标准名称	标准状态
85	—	新闻出版领域中 RFID 技术应用规范 第 2 部分：RFID 电子标签的数据结构、格式和内容规范	制定中
86	—	新闻出版领域中 RFID 技术应用规范 第 3 部分：RFID 电子标签的数据安全保护规范	制定中
87	—	新闻出版领域中 RFID 技术应用规范 第 4 部分：RFID 设备同应用系统的数据接口标准	制定中
88	—	新闻出版领域中 RFID 技术应用规范 第 5 部分：RFID 电子标签贴装技术规范	制定中
89	—	新闻出版领域中 RFID 技术应用规范 第 6 部分：RFID 电子标签贴装设备技术标准	制定中
90	—	新闻出版领域中 RFID 技术应用规范 第 7 部分：带有 RFID 电子标签的出版物的标识图形	制定中
91	—	新闻出版领域中 RFID 技术应用规范 第 8 部分：带有 RFID 电子标签的出版物版权查检的设备技术规范	制定中
92	—	新闻出版数字文件长期保存元数据模型	制定中
93	—	数字内容对象存储、复用与交换规范 第 1 部分：对象模型	制定中
94	—	数字内容对象存储、复用与交换规范 第 2 部分：对象封装、存储与交换	制定中
95	—	数字内容对象存储、复用与交换规范 第 3 部分：对象一致性检查方法	制定中
96	—	数字内容对象存储、复用与交换规范 第 4 部分：篇章和图书	制定中
97	—	数字内容对象存储、复用与交换规范 第 5 部分：条目和工具书	制定中
98	—	数字内容对象存储、复用与交换规范 第 6 部分：论文和期刊	制定中
99	—	数字内容对象存储、复用与交换规范 第 7 部分：课件	制定中
100	—	出版物图形元数据	制定中
101	—	出版物图像（静态）元数据	制定中
102	—	出版物音频元数据	制定中
103	—	出版物视频（动态）元数据	制定中

（续表）

序号	标准编号	标准名称	标准状态
104	—	出版物表格元数据	制定中
105	—	出版物数学公式元数据	制定中
106	—	出版物化学结构式元数据	制定中
107	—	出版物列项元数据	制定中
108	—	出版物框图元数据	制定中
109	—	出版物程序/脚本元数据	制定中
110	—	新闻出版人事教育培训课程数据元	制定中
111	—	新闻出版从业人员信息数据元	制定中

（二）工程/项目标准

在工程/项目标准建设工作中，信标委承担并完成了国家科技支撑计划项目《面向企业学习的数字出版物加工规范》等10项标准；中央文化企业数字化转型升级项目《出版社数字出版资源对象存储、复用与交换基本规范 图书》等3项标准；新闻出版电子政务综合平台和国家版权监管平台项目《新闻出版电子政务综合平台标准体系表》等7项标准；中国数字报刊云服务平台和网络编辑在线教育培训平台项目《中国数字报刊云服务平台 平台术语》等14项标准。具体情况如表2所示。

表2 工程/项目标准情况汇总

序号	标准名称	标准状态
1	面向企业学习的数字出版物加工规范	已发布
2	面向科教领域的DTD数据标准	已发布
3	面向科教领域的DTD知识单元关联规范	已发布
4	面向科教领域的XML文档验证标准	已发布
5	面向科教领域的数字对象标识规范	已发布
6	面向科教领域的动态数字出版术语表	已发布
7	动态数字出版业务流程标准	已发布
8	动态数字出版服务系统质量和等级评价规范	已发布
9	内容资源数字加工规范	已发布
10	动态数字出版应用服务接口规范	已发布
11	出版社数字出版资源对象存储、复用与交换基本规范 图书	已发布
12	出版社数字出版资源对象存储、复用与交换基本验证规范	已发布
13	出版社数字出版资源对象存储、复用与交换基本应用指南	已发布
14	新闻出版电子政务综合平台标准体系表	已发布

(续表)

序号	标准名称	标准状态
15	国家版权监管平台（二期）规范 第 1 部分：标准体系表	已发布
16	国家版权监管平台（二期）规范 第 2 部分：著作权登记数据采集规范	已发布
17	国家版权监管平台（二期）规范 第 3 部分：版权交易合同数据采集规范	已发布
18	国家版权监管平台（二期）规范 第 4 部分：视频网站信息采集规范	已发布
19	国家版权监管平台（二期）规范 第 5 部分：盗版案件信息交换规范	已发布
20	国家版权监管平台（二期）规范 第 6 部分：项目管理规范	已发布
21	中国数字报刊云服务平台 平台术语	已发布
22	中国数字报刊云服务平台 数字报刊元数据	已发布
23	中国数字报刊云服务平台 数字报刊资源分类与代码	已发布
24	中国数字报刊云服务平台 数字报刊服务分类与代码	已发布
25	中国数字报刊云服务平台 数字报刊数据采集格式规范	已发布
26	中国数字报刊云服务平台 数字报刊数据交换协议	已发布
27	网络编辑在线教育培训平台 平台核心业务流程规范	已发布
28	网络编辑在线教育培训平台 教学资源加工规范	已发布
29	网络编辑在线教育培训平台 多媒体课件管理规范	已发布
30	网络编辑在线教育培训平台 平台数据接口规范	已发布
31	网络编辑在线教育培训平台 平台应用服务规范	已发布
32	网络编辑在线教育培训平台 平台资源分类编码	已发布
33	网络编辑在线教育培训平台 教学资源元数据	已发布
34	网络编辑在线教育培训平台 用户资源元数据	已发布

三、标准实施推广

截至 2016 年上半年，信标委选择了一批质量优秀、在实践中反映良好的重要标准，在业内进行了培训和宣传贯彻，累计数千人参加了标准宣传贯彻培训班，标准实施推广工作卓有成效。具体情况如下：

2013年3月，信息中心收到湖北省新闻出版局"关于互联网出版监管系统相关技术支持的请示"，在经过认真研究和思考后，信息中心承诺为其提供系统建设标准支持、基础数据资源支持和系统开发技术支持。4月，赴湖北省新闻出版局进行《网络出版监管系统规范》等16项行业标准的培训与宣传贯彻工作，在实现自身承诺的同时很好地开展了标准培训和宣传贯彻工作，在业界产生了非常好的效果。12月，信标委举办了《数字键汉字编码规范》行业标准的培训和宣贯工作。《数字键汉字结构编码规范》是涉及国内各出版单位在实现出版资源数字化和实施数字出版战略过程中的一项很重要的技术标准。各个出版单位在采集、编辑、创意、分类、存储、挖掘、发布和版权管理及交易等数字化过程中，都会涉及汉字的编码体系，在输入、输出、存储和传输的过程中，都会遇到难以处理的各种繁、难、生、冷僻汉字的问题，影响上述各个环节的正常运行与操作，该标准的制定能够较好地解决上述问题。在广泛调研业界需求的基础上，信标委举办了该项标准的宣传贯彻培训班，在业界产生了良好的反响。

2014年8月，信标委分别在厦门、济南成功举办了2期"内容资源数字化应用实务暨《新闻出版内容资源加工规范》标准宣传贯彻"培训班，来自各省、区、市新闻出版局，出版集团，出版社，期刊社，报社等共219名业务骨干参加了此次培训。总局数字出版司蔡京生调研员（现副巡视员）参加了此次培训并做了重要讲话。原新闻出版总署信息中心副主任刘成勇围绕数字出版主题，做了"迎接移动互联网浪潮，实现转型升级梦想"专题讲座，受到学员们的广泛好评；标准主要起草人赵海涛、周长岭两位老师结合工作实际，对标准的10个部分进行了详细解读，并在标准解读后与学员互动，回答了学员提出的各种问题；北京大学新闻与传播学院胡泳教授，做了题为"移动大趋势与社会变迁"的专题讲座，利用大量数据和案例剖析了移动互联网对当今社会的改造；国家数字复合出版系统工程技术总监孙卫，根据多年数字出版的研究经验，为学员做了题为"采编素材内容的标准化、结构化"专题讲座。本次培训属于数字出版范畴，为方便学员互相交流，会务组充分利用信息化手段，特意设计时下即时通讯方式——微信群，共计186人通过扫描会务手册上的二维码进入微信平台，学员们在培训中遇到的各种问题都通过这个平台得到了解答，此微信平台不仅仅针对本次培训服务，在培训结束后，更多新闻出版行业资讯、培训需求、经验交流纷纷呈现在眼前，拉近了国家与地方、学员与学员的距离，实现了东部到西部、南方到北方的即时通讯，微信平台成为一条及时、有效传达行业信息的绿色通道，微信平台的建立也成为本次培训的一大亮点。通过本次标准培训，对行业系列标准进行大力宣贯，推进了新闻出版传统出版数字化转型，在行业内产生了良好的效果，也为信标委未来的培训宣传贯彻工作积累了丰富的经验，培训过程中，我们得到学员们反馈：学员们表示该行业标准与自身工作紧密结合，培训班举办得非常及时，希望信标委以后多办此类培训班，为行业转型升级提供更多支持。

2015 年，信标委继续加大力度进行标准化宣传贯彻与培训。5 月、8 月、9 月、11 月、12 月，信标委分别在北京、兰州、成都、长沙、北京成功举办了《数字内容对象存储、复用与交换》和《新闻出版内容资源加工规范》标准宣传贯彻培训班，5 期共计 200 余人参加了标准培训。《新闻出版内容资源加工规范》为行业转型升级提供了强有力的支持；《数字内容对象存储、复用与交换》对重大工程中复合出版工程建设具有重要的推进作用。培训期间，通过微信平台实时收集学员反馈意见，起到了良好效果，深受广大学员好评，也得到了总局领导们的一致肯定。

四、国际标准化

（一）对口国际标准化组织情况

（1）ISO/TC 46：图书馆、文献和信息中心、索引和文摘服务、档案、信息学及出版相关工作的标准化。

（2）ISO/TC 37：多语言交流和文化多样性环境下，术语、其他语言和内容资源的原理、方法、应用的标准化。

（3）ISO/IEC/JTC1：信息技术领域标准化的制定。

（4）W3C：内容版式展示等规范的制定。

（二）形式及现状

随着信息时代的到来，信息对标准化的依赖程度也越来越大，信息标准化发展水平已成为衡量一个行业发展水平的重要标志。目前，国际上出版信息化标准已涉及术语、采集、表示、处理、传输、交换、表述、管理、组织、存储等方面。

1. 电子政务领域

世界各国根据自身电子政务建设目标制定了相应的技术标准和评估标准，如美国社会与公共管理协会（ASPA）和联合国经济与公共管理协会（UNDPE-PA）制定的电子政务发展评价标准、埃森哲公司制定的电子政务建设成熟度标准，这些标准不仅是各国电子政务发展的评价标准，也是电子政务建设的指南。

2. 电子商务领域

电子商务发展的最初阶段，标准就得到了相当的重视，特别是电子商务信息安全方面普遍存在标准先行的情况。国际上，国际标准化组织 ISO/IEC JTC1（信息技术标准化委员会）所属的安全技术分委员会（SC 27），主要负责开展安全标准的研制工作，其工作范围为信息技术安全的一般方法和技术的标准化，包括确定信息技术系统安全的一般要求（含要求方法）；开发安全技术和机制（含注册程序和安全组成部分的关系）；开发安全指南（如解释性文件和风险分析）；开发管理支撑性文件和标准（如术语和安全评价准则）。另外，国际上主流的安全协议有 Netscape 公司研究制定的安全协议 SSL（安全槽层）协议，PKI（Public KeyInfrastructure）公钥密码和对称密码体系，S-HTTP（安全的超文本传输协议）、UN/EDIFACT 报文协议—ISO9735（即 UN/EDIFACT 语法规则），美国 Visa 和 MasterCard 两大信用卡组织提出的应用于 Internet 上的以信用卡为基础基于 PKI 的 SET（Secure Electronic Transaction）安全电子交易协议等。

近几年来，国际上越来越重视通用数据交换标准。主要支撑性标准有：电子数据交换标准（Electronic Data Interchange，EDI）、线上资讯交换标准，（On-line Information eXchange，ONIX）标准、联合电子支付标准（JEPI）、电子商务全球化标准（ebXML）等。

射频识别（RFID）技术是信息技术领域自动识别和数据采集分技术的一个重要分支，目前已成为推动电子商务应用发展的核心技术。射频识别技术应用面很广，既可用于对物品的管理，也适用于对人员的识别。射频识别技术的主要标准化内容包括数据格式、数据语法、数据结构、数据编码、用于自动识别和数据采集过程的技术、用于行业内和国际商品流通应用的设备，以及移动应用设备的标准化。RFID 国际标准的主要制定组织是 ISO/IEC/JTC1/SC31 自动识别和数据采集分技术委员会，该分技术委员会共有 6 个工作小组，其中，WG2-数据结构工作组负责 RFID 的数据结构及数据编码相关标准的制定工作，WG4-用于物品管理的 RFID 组负责制定与 RFID 相关的空中接口参数及相关测试标准，是 RFID 的主要起草组，WG6-移动物品识别与管理组负责制定与 RFID 和手机终端应用结合的相关标准，WG7-物品管理的安全性组负责制定与 RFID 相关的安全标准。

电子商务作为一项综合性的商务活动，涉及信息技术、金融、法律、市场等多个领域，相关的标准必然呈现跨学科、跨行业特点，标准体系十分庞杂。因此必须有一定的流程性文件做指导。未来电子商务标准工作的主要任务将主要是电子商务标准集的建设。

3. 数字出版领域

国际数字出版起步比较早，标准体系也相对完善，数字出版产业链各个环节上的标准发展比较均衡。主要有以下几类：

（1）元数据类标准：元数据标准对作者、出版日期、题目、内容、参考文献等术语用标准元数据进行描述，使其在交流传送过程中畅通无阻，在一定程度上满足了数字出版物出版、传送、交易的要求。目前元数据标准有很多种，其中比较著名的有都柏林核心集（DC 元数据），MARC（Machine-Readable Cataloging）等。

（2）数据格式类标准：目前国外主流的用于阅读的格式标准有 PDF、EPUB 等。PDF 是目前国际上使用最广泛的电子书格式标准；而 EPUB 为出版商、作者以及制作人员提供了最简单、最通用的指导指南，能确保电子内容通过多种阅读系统精确地表达出来。

（3）数据交换类标准：比较典型的有 OWL 和 OpenURL。OWL（Web Ontology Language）是 W3C 开发的一种网络本体语言，用于对本体进行语义描述；OpenURL（开放链接标准）是在国际上被广泛使用的、基于网络传输信息对象元数据包或标识的语法标准，用以解决不同数字资源系统互操作、资源整合的方法。

（4）数字版权类标准：目前 ISMA、OMA 等都制定了内容数字版权加密保护技术（Digital Rights Management，DRM）的相关标准。ISMA（国际流媒体联盟）制定的 ISMA Crypt1.1 标准，主要定义了对 ISMA 流媒体加解密的标准；OMA（开放移动联盟）制定了 OMA DRM2.0 标准主要包括 DRM 系统、数字内容封装和版权描述三大部分，是针对 3G 业务设计的。

（5）管理类标准：对于数字出版特定领域的内容审核、监管标准已出台，如国际领域的 COUNTER 标准根据国外的出版物审计规范制定了相应的审计和管理要求，以推广绿色网游，打击网络犯罪，强化版权保护为目的的网络游戏监管标准。

（三）变化及趋势

1. 系统化

信息标准涉及标识、著录、检索、计算机、网络、多媒体等各门科学技术及上百家企业，其联系和协作渠道遍及全国甚至跨越国界。生产组织、经营管理、技术协作关系千头万绪、错综复杂。因而，信息标准化靠以往传统的制定单个标准的方式已无法满足社会发展的需求，而需要以系统的观点来处理问题。比如，OAI 元数据收割协议是由数字图书馆联盟（DLF）和网络信息联盟（CNF）等组织提出的一个应用框架。再如，NISO 的参与者来自通讯业、出版业、图书馆业、IT 业和媒体领域等 70 多个组织。可以说，信息标准化系统工程把信息标准从个体水平发展到整体水平，从静态发展到动态，从短期着眼发展到全寿命考虑，从局部处理发展到全系统的宏观控制，使标准化进入到了一个新阶段，即系统发展阶段。

2. 先进化

面对信息时代高科技发展的需求，许多发达国家的信息标准化工作重点已从传统的信息识别、著录转移到信息数字化、远程检索、电子文献交换等高新技术的标准化，从而赋予了信息标准化一个划时代的新特点，即先进性。信息领域高新技术及其产业要在激烈的国际竞争中取得成功，就必须依靠标准化达到通用、兼容、可靠性和系统性，即信息技术产品在产业化、商业化的国际竞争中必须要在通用、兼容、可靠性和产品系列等方面借助于标准化。因而，标准化对未来社会与生产发展的宏观调节与微观控制的作用，必将超过以往任何一个时代，而进入一个更加攸关的重要时期。比如，目前在图书馆间使用的电子文献交换标准（EDI），在经贸、海关、运输、保险、银行、商业等许多领域也广泛应用，这就是标准化适应高新技术发展的典型例证。同时，在标准化的管理手段上，也将采用新技术，即用高新技术成果来管理具有高技术含量的硬件、软件、生产、服务等过程的标准化工作。因而高新技术标准化不仅是信息时代标准化的一大特征，也是未来社会发展的焦点之一。

3. 多样化

信息标准的多样性表现在信息组织的多样和信息种类的多样两个方面。近20年来，更多国家的标准化组织参与到信息标准的制定中来，比如，以美国为中心的标准化组织制定的一些信息标准已经纳入国际标准，被各国使用。信息种类标准表现在信息检索、信息书目著录、信息交换、信息资源识别因子等各个方面。

五、标准化研究

加快信息化发展，维护网络安全，已经成为各国的共同选择和战略目标。党中央、国务院一直高度重视信息化工作。2006年3月，中办国办印发《2006—2020年国家信息化发展战略》，对我国中长期信息化建设进行了全面部署；党的十六大提出"工业化促进信息化，信息化带动工业化"，突出强调了信息化对工业现代化的促进作用；党的十七大首次提出信息化与工业化融合发展的崭新命题，并以"五化并举"的战略举措，赋予了信息化建设全新的历史使命；党的十八大把"信息化水平大幅提升"明确为全面建成小康社会的战略目标之一。党的十八大以来，以习近平同志为总书记的党中央高度重视网络安全与信息化工作，成立中央网络安全与信息化领导小组，习总书记发表系列重要讲话，推动信息化工作在"四个全面"战略布局中不断发挥新的更大的作用。党和国家对网络安全和信息化工作的一系列战略部署，主题突出、目标明确、要求具体，为当前和今后一个时期做好新闻出版信息标准化工作指明了方向。党的十八届五中全会提出了网络强国战略、"互联网＋"行动计划和国家大数据战略，为"十三五"时期进一步提高信息化水平提出了更高要求，同时为信息标准化工作提供了机会和挑战，关注行业大数据标准建设是大势所趋。

大数据作为信息化时代的战略新兴产业，以一种前所未有的方式高速发展，通过对海量数据进行分析，可以获得有极大价值的产品和服务，但是不断产生的海量数据对数据存储提出了巨大的挑战。目前国际上尚未出现针对大数据的数据存储接口标准，而且国内也未出现比较成熟的服务，需要根据国内的实际情况，并适当参考国际上现有的服务接口，建立大数据存储的标准化体系，形成大数据存储的基础性标准，为产业发展提供有力保障。目前，国内外对大数据存储技术标准的研究刚刚开始，很多存储方面的标准化组织也开展了一些相关工作。CDMI（Cloud Data Management Interface）标准是由SNIA于2010年4月12日推出的首个云存储标准，主要面向存储即服务（DaaS），属于对象存储的范畴。新闻出版业应建立加工标准以及数据交换标准，如出版社、发行集团、电商平台、图书馆之间的数据交换标准，通过统一的标准，可将数据进行一次制作，多次应用。

数据治理的重点在于数据定义的一致性和数据的质量。为了使各新闻出版机构的既有资源可以互联互通，需要制定统一的新闻出版数据标准，对元数据进行定义、规范和描述，解决新闻出版机构资源数据的孤岛问题。在大数据时代，不同系统之间的数据要进行整合，因此要有统一的元数据定义，这不仅是中国而且是全世界当下都在面临的挑战。各个领域和行业的数据标准制定得好，将会起到事半功倍的效果。构建一套统一的新闻元数据及新闻资源库建设标准，可方便各新闻出版机构的数据加工、使用和互通。

综上所述，由于缺乏开放透明、互联互通的信息化环境和规范统一的大数据标准体系，各个主体之间难以互通有无、协同发展，服务水平能力就难以有大的拓展，难以实现有序的良性竞争局面，阻碍了产业升级与跨越式发展的进程。制定符合新闻出版产业发展的大数据存储、加工标准以及数据交换标准有利于新闻出版行业未来发展的方向性、一致性和连续性。只有针对这些问题建立自上而下的大数据标准体系，解决制约新闻出版大数据发展的基础性问题，才有可能突破当前的困境，推动整个出版行业的大数据应用进一步发展。

六、机构和人才队伍建设

标准化工作是一项技术性、规范性、科学性很强的工作。要完成国家标准化管理委员会和国家新闻出版广电总局部署的各项任务，必须加强标准队伍建设。要加强专家队伍建设。通过完善信标委制度，吸收一批电子政务、电子商务和数字出版标准化建设方面的机构和专家，组建一支数量足、水平高、结构优的标准化专家队伍，更好地发挥标准化专家在重要标准立项、审核等重大决策中的咨询和参谋作用。要建设好标准编写队伍。通过进一步研判新兴信息技术对标准化工作的需求，适时组建分技术委员会和工作组，积极调动社会力量，努力挖掘市场潜力，倾力培养专家型队伍，加强行业急需的信息化标准研制力量。要切实加强信标委秘书处建设。通过一系列制度和基础建设，为秘书处营造良好的氛围，推动自身建设，促进全员素质不断提升，真正形成一支政治思想优、学识水平高、组织管理专、服务本领强的工作队伍，推动出版信息标准化工作迈上新台阶。

七、主要亮点

"十一五"期间，信标委承担了国家质检公益性行业科研专项项目"数字出版标准体系研究"。该项目完成了"数字出版标准体系研究总报告"和"电子图书领域标准工作需求及发展调研报告"等11个分领域标准工作需求及调研报告以及"数字出版标准体系表""数字出版标准制定及实施指南"和"数字出版标准体系公共术语表"3个标准草案。该项目有力地带动了新闻出版行业数字出版领域标准的制定工作，不但明确了数字出版标准制定的指导思想，提高了业界参与制定数字出版标准的热情，为我国数字出版标准的制定打下坚实基础。同时，也为支持数字出版工程的研发，最大限度地发挥其对行业转型，保障产业链的信息流通与资源共享以及实现政府监管等方面起到不可或缺的支撑作用。

"十二五"期间，信标委承担了2个科技部的国家科技支撑计划项目，分别是动态数字出版关键支撑技术研发与应用示范项目（以下简称"动态出版项目"）课题1"面向科技教育领域的动态数字出版标准规范研究"和面向专业领域的定向投送服务技术与系统研究及应用示范项目（以下简称"定向投送项目"）课题1"关键技术研究与标准规范研究"。

动态出版项目基于跨媒体形态的数字内容类型定义、动态关联、按需重组、多出版形态同步生成、多终端适配、多渠道发布等动态数字出版关键支撑技术，开发专业出版领域动态数字出版系统，重点面向科技、教育领域开展技术应用与平台运营示范，促进以跨媒体内容动态组织、按需出版为主要特征的新型动态数字出版模式和新兴业态的发展。信标委制定了《面向科教领域的DTD数据标准》《面向科教领域的DTD知识单元关联规范》《面向科教领域的XML文档验证标准》《面向科教领域的数字对象标识规范》《面向科教领域的动态数字出版术语表》《动态数字出版业务流程标准》《动态数字出版服务系统质量和等级评价规范》《内容资源数字加工规范》和《动态数字出版应用服务接口规范》9项标准，为整体提升我国数字出版行业的生产力和竞争力做出了先导性贡献。

定向投送项目主要研究定向投送的数字出版内容筛选与构建、结构化信息提取、普适性的阅读数据生成等。项目将实现对出版资源原始材料的转换加工、结构化信息提取，并进行出版内容的标签提取与标注，从而结合按需标签体系，实现面向定向投送的出版内容筛选与构建，并实现跨终端、跨平台的最佳的内容呈现效果和良好的用户体验，在定向投送内容的基础上对机构用户和读者展开服务。信标委完成了《面向企业学习的数字出版物加工规范》标准建设任务，对整个工程建设起了核心支撑作用。

"十三五"期间，信标委将结合当前形势和环境，找准自身定位，加快制定新闻出版信息类国家标准和行业标准，主要将在新闻出版数字文件长期保存、知识资源组织、新闻出版信息置标语言（PPML）、新闻出版大数据信息标准体系、跨数据库统一认证、数据库统一访问日志等方面制定相关标准，通过标准的研制与推广，真正解决行业实际问题。

八、趋势和问题分析

在 2015 年 2 月的国务院第 82 次常务会议上，李克强总理指出，推动中国经济迈向中高端水平，提高产品和服务标准是关键。2015 年 3 月，国务院发布了《深化标准化工作改革方案》，这是新中国标准化发展史上具有里程碑意义的一件大事，标志着在国家层面上标准化改革的全面启动，标准化事业发展进入新的阶段。这是新闻出版标准化工作的最大利好和难得发展机遇。我们要认真领会、准确把握国务院深化标准化工作改革的新要求，按照"改革创新、协同推进、科学管理、服务发展"的指导思路，进一步深化新闻出版标准化工作管理体制改革，完善机制，强化实施与监督，发挥好标准化建设对新闻出版事业和新闻出版产业发展的技术规范与质量规约作用，使标准工作在新闻出版强国建设中发挥出更大的作用。

信息技术和应用领域标准制定从立项到发布实施需要经过标准制定的统一周期和流程，但随着信息技术的迅速发展，产业模式的快速变化，往往制定出的信息标准已跟不上行业发展的步伐，这是客观存在的一个问题。今后，我们希望能创新思路，探索出信息标准制定的新模式，以改变上述问题和矛盾。

九、对策建议

要切实解决目前存在的问题，还是要找准自身定位，扎实开创新闻出版信息标准化工作新局面。要分别从完善新闻出版信息标准化工作顶层设计、加强基础性核心标准建设、围绕新闻出版信息化重点领域开展工作和面向国际视野，积极参与国际标准化活动等几个方面入手，同时还要完善工作机制、推进标准应用实施、建立标准信息服务平台、推动跨行业跨领域合作以及加强人才队伍建设。

总之，新闻出版信息技术和应用领域标准关系到新闻出版业的转型升级和融合发展，事关新闻出版强国建设，需要我们戮力同心，愤发努力！

（全国新闻出版信息标准化技术委员会　刘成勇、刘　勇、张　沫）

版权领域标准化分报告

一、综　述

"国家治理体系和治理能力现代化"是党的十八大以来全面深化改革的总目标之一，是全面实现小康社会的重要保障。党的十八大以来，多次强调要加快形成"党委领导、政府负责、社会协同、公众参与、法治保障的社会管理体制"。标准化是国家治理现代化的必然要求，标准作为规范性文件，是国家治理的基础性规范，是治理现代化的必然趋势，是社会主义民主法治建设的重要体现，是实现社会管理公共服务均等化的必要手段，是国家治理建设加快接轨国际的有效途径；标准化更是加快形成科学有效的社会治理体制的基础工程，十八大以来，中央多次强调要"加快形成党委领导、政府负责、社会协同、公众参与、法治保障的社会管理体制"，这是我国政府新型的国家治理格局；社会管理和公共服务标准化，是实现这一管理格局的基础工程，是转变政府职能的重要抓手，是政府行政管理空白的补充，是提升社会管理绩效的主要手段，是全面依法治国的奠基措施，更是社会共治的权威依据。

"十三五"时期是实现社会管理标准化的关键时期，对于以版权制度为支撑的文化产业，科技创新以及相应的标准化工作尤其重要。《中华人民共和国国民经济和社会发展第十三个五年规划纲要（2016—2020年）》，简称"十三五"规划，针对"丰富文化产品和服务"部分，提出要推进基本公共文化服务标准化、均等化；繁荣发展文学艺术、新闻出版、广播影视和体育事业；《国家标准化体系发展规划（2015—2020年）》规定，到2020年，基本建成支撑国家治理体系和治理能力现代化的中国特色标准化体系，尽管社会管理和公共服务标准化起步较晚，但根据十八大和十八届三中、四中全会提出的到2020

年全面建成小康社会和形成系统完备、科学规范、运行有效的制度体系，依法治国基本方略全面落实的总目标，届时也应基本建成社会管理和公共服务标准化体系；围绕国家"十三五"规划，国务院办公厅印发了《国家标准化体系建设十三五规划（2016—2020年）》，在其"文化领域标准化重点"部分指出，新闻出版领域标准化重点是加强新闻出版领域相关内容资源标识与管理标准制修订，加快研制版权保护与版权运营相关标准，推进数字出版技术与管理、新闻出版产品流通、信息标准的研制与应用，完善绿色印刷标准体系，开展全民阅读等新闻出版公共服务领域相关标准研制，丰富新闻出版服务供给，满足多样化需求。

版权领域标准化发展是新闻出版领域标准化的重要组成部分，版权标准化建设是促进版权产业快速发展的重要保障，也只有深入贯彻实施版权标准化战略，才能使我国版权产业在激烈的国际竞争中处于主动地位，实现产业和经济的跨越式发展。版权标准化以《著作权法》等为基本依据，横跨文学、艺术和科学领域，涵盖了著作权法意义上所有类型作品的所以人身权和财产权，以及这些权利的归属状况、保护期状况、限制状况及流转状况等，在新闻、出版、广播、电视和互联网等领域一体适用；版权标准化应用范围广泛的特点决定了其在版权标准的研究和制定过程中以公共服务为立足点，更加注重标准的普适性，以使版权标准化能够更多地以产业为本，为产业发展和社会进步起到应有的促进作用。

国家新闻出版广电总局对版权领域标准化发展给予了高度的重视与支持，2013年12月7日，经国家新闻出版广电总局（国家版权局）批准，全国版权标准化技术委员会成立大会在京召开。该委员会的成立填补了我国版权标准化建设领域的一项空白，全国版权标准化技术委员会是在版权相关领域内从事版权标准化工作的技术工作组织，负责本专业领域的版权标准化技术归口工作，其主要工作任务是提出版权标准化工作的方针、政策和技术措施的建议，以及负责版权相关标准的研究，组织制定版权标准体系表，提出本专业制修订国家标准和行业标准的规划、年度计划及采用国际标准的建议等。经过两年多的发展，版权标委会各项工作逐步展开，在标准制修订管理、标准化课题研究、制度规范方面都取得了较好的进展，标准的制定和实践相融合的特点尤为突出。

在标准制修订方面，有1项国家标准正在申请立项，4项行业标准正式发布出版、1 项企业标准正式发布、8 项行业标准申报立项、10 项项目工程标准完成评审，拟申报企业标准；3 项项目工程标准在研；1 项研究性标准在研。

在标准制定与业务实践相融合方面，数字版权唯一标识符标准等若干项标准从业务示范平台的需求出发，实现标准和业务应用的充分融合；在国际标准化方面，国际标准录音制品编码 ISRC 修订跟踪研究项目顺利结项，完成《国际标准录音制品编码 ISRC 修订跟踪研究报告》。

二、标准制定和修订

（一）国家标准

为维护我国网络空间安全和强化国家制网权建设，加强互联网版权内容管理，同时捍卫版权相关权利人的合法权益并推动建立完善的产业发展利益分享机制，针对我国在数字网络环境下版权创造、运用、保护和管理的特点，中国版权保护中心在多年版权工作实践的基础上创造性地提出了以"数字版权唯一标识符"（Digital Copyright Identifier，简称 DCI）为基础的数字版权公共服务新模式——DCI 体系，该体系以创新的在线版权登记模式为基本手段，为互联网上的数字作品分配永久的数字版权唯一标识符并颁发数字版权登记证书，并利用电子签名和电子登记证书建立起可信赖、可查验的安全认证体系，从而为版权相关方实现数字作品版权登记、版权费用结算及版权侵权监测取证等提供基础公共服务。DCI 体系通过将现实世界中的自然人、法人及其他组织及其著作权法意义上作品创作及传播（或帮助传播）行为与网络虚拟空间的作品内容之间一一对应起来，实现了互联网环境下一体化的版权确权、授权及维权服务体系，形成互联网上版权服务的中枢神经系统——实现全流程、全生命周期的互联网版权管理。

2015 年，作为该体系核心标准的《数字版权唯一标识符》（DCI）行业标准正式发布出版，发布该标准的同时，秉持标准与应用充分融合的思想，该标准已在多家应用示范单位完成数十万次的应用，目前该标准正在申请国家标准立项。

（二）行业标准

1.《版权标准体系表》

版权标准体系是一个应用领域宽、覆盖范围广、专业性强的复杂的标准体系，是多项具有相互关系的标准组成的有机整体，所包含的标准既具有相互的逻辑关系，又具有各自的层次结构，需按不同的维度进行科学的划分。

《版权标准体系表》是版权标准体系的基础性研究项目，该标准将在分析版权产业所涵盖的具体内容和对版权产业分类进行研究的基础上，提出版权产业各相关领域的标准需求和应用现状，同时研究版权标准体系多维度分类结构，通过理论和实践密切结合的方法论研究其他相关行业、产业的标准体系表结构，分析不同标准体系的边界，最终完成版权标准体系表。进而推动我国统一的版权登记制度和版权保护机制的健全和发展，确保公开透明和各类版权服务规范化和提高服务水平，促进版权产业的发展。

2.《数字版权唯一标识符》（DCI）标准

互联网的迅猛发展，对传统版权制度带来严重挑战，版权标准的重要任务是对互联网版权的保护提供规范发展的依据，2012年，以有效解决互联网版权管理与保护的一系列难题为动因，以带动以新媒体产业为核心的版权相关产业的长足发展为目标的DCI体系带来了互联网版权保护第二次革命的体系化机制创新，作为DCI体系的核心基础，《数字版权唯一标识符》标准规定了数字版权唯一标识符（Digital Copyright Identifier）的语法结构以及标识符分配的原则和方法，并确定了数字版权唯一标识符的核心元数据信息，通过对数字作品版权进行的唯一标识，给每件数字作品版权赋予唯一的DCI，可使互联网上数字作品都具有一个唯一的版权标识，并以此为基础开展版权登记、结算、监测及贸易、信息检索和版权管理等。更重要的是，通过将DCI对数字作品的标识，并运用信息技术手段验明数字作品中的版权权属信息，即可达到确认作品版权权属真伪、明确数字作品的版权归属的目的，从而支持实现真正意义上的数字作品版权的版权费用结算、在线监测取证和证据保全等工作，为互联网版权治理的最终目标提供基础性支撑。

该标准于2011年立项，得到了科技部国家科技支撑计划——《基于版权的数字内容服务平台及应用示范》项目和总局的专项支持，伴随着DCI体系的建设发展和广泛深入的行业调研和需求细化，2015 年，历经多次研讨修改后，经行业标准评审及新闻出版广电总局批准正式发布并出版。这标志着我国 DCI 体系建设工作取得重大的标准化工作成果，打下了坚实的标准化支撑基础。

3.《版权信息核心元数据》《版权信息基础数据元》《版权信息基础代码集》3 项标准

《版权信息核心元数据》《版权信息基础数据元》《版权信息基础代码集》3 项标准是版权服务的基础性标准，其中《版权信息核心元数据》标准规定了版权权利信息描述的核心元数据及其表示方式，提出了元数据的定义和描述规则，以及元数据的扩展原则和方法。对海量数据的交互和共享，版权运营、版权代理、版权登记等多项版权业务的发展提供了基础。

数据元是构建信息系统的基本元素，制定概念准确、格式统一的数据元标准是实现信息交换和资源共享的基本前提。《版权信息基础数据元》标准通过一组规范的属性（标识符、中文名称、英文名称、说明、数据类型及格式、值域、备注）对数据元进行统一、规范的描述。目前该标准收集了 65 条数据元，为数据互操作和信息共享提供标准化服务和技术支持。

《版权服务基础代码集》标准规定了版权服务需要的基础代码，配合基础数据元，对开展版权服务相关的信息化、标准化工作起到支撑作用。

上述基础标准的研制和应用为行业内版权运营、版权代理、版权登记等一系列版权服务业务的规范运行和规模发展提供了标准化基础；对开展版权服务相关的信息化、标准化工作起到重要支撑作用；为数据库互操作和信息共享提供标准化服务和技术支持。

4.《资产管理系列标准》

版权作为文化产业核心价值，目前其重要性已被我国广大企业所认知，认为版权资产是企业价值的核心要素。但因缺乏对版权资产的准确理解，将版权资产与媒资混淆的情况大范围出现，使得对版权资产的管理走向了误区。在我国企事业单位中，版权资产可以通俗理解为单位为保证日常工作和经营活动需要，出于自用或销售的目的，通过自创、采购等方式获得，并为其所拥有、控制的版权财产权和相关权益。本项目将在此前理论研究基础上，标准化定义版权资产管理的范畴，为我国实施版权资产管理树立正确概念，建立认知基础。我国版权资产管理在企业中已存在显著需求，但在标准领域仍未能有所突破，政府部门监管也缺乏有效手段。因此，由我国国家版权公共服务机构牵头开展版权资产通用管理规范系列标准的研究和业务支撑平台的科技试验，无论在理论和实践层面对提升全国版权创造、管理、保护和运用水平都具有重要的意义和深远的影响。

2014年《资产管理系列标准》正式立项，该系列标准针对版权资产共性问题集中规范，明确版权资产、版权资产管理、版权资产元数据等概念范畴，并通过随后系列标准达到依据企业自身的发展规划和经营特点对版权资产进行合理开发和配置，在科学经营企业处于优质状态版权资产的基础上，充分挖掘和盘活企业处于低效运用或闲置状态的版权资产，并逐步解决各类存量版权资产的授权问题（如广播电台、电视台多年来有媒资无授权的问题），形成完整的版权资产开发和经营链条。

5.《网络著作权侵权内容移除服务规范》

根据《著作权法》《著作权法实施条例》及《信息网络传播权保护条例》等法律法规明确规定：通过对提供信息存储空间或者提供搜索、链接服务的网络服务提供者，权利人认为其服务所涉及的作品、表演、录音录像制品，侵犯自己的信息网络传播权或者被删除、改变了自己的权利管理电子信息的，可以向该网络服务提供者提交书面通知，要求网络服务提供者删除该作品、表演、录音录像制品，或者断开与该作品、表演、录音录像制品的链接，并明确了通知书的内容。2007年，国家版权局颁布2007年1号公告，向社会发布了《要求删除或断开链接侵权网络内容的通知》及《要求恢复被删除或断开链接的网络内容的说明》的示范格式，逐步细化"书面通知"和"书面说明"的内容，对切实维护权利人法定权利及便利网络服务提供者履行法律义务，具有重要的实践指导意义。

但是，随着互联网飞速发展，网络侵权行为的数量激增并且网络侵权形式呈现多样化形态，侵权客体涉及文字作品、美术作品、音乐作品、影视作品等多种作品类型。在实践中，著作权人面临繁复的网络侵权行为，往往无法提供有效的通知及时删除侵权内容，来维护自己的合法权益。互联网企业在收到著作权人的通知后也面临著作权人未提供有效通知，而无法删除侵权内容。

综合著作权人和提供者的实际需求，2015年，《网络著作权侵权内容移除服务规范》标准正式立项，该标准将对网络著作权侵权内容移除建立服务规范，从而为著作权人及互联网企业提供更好的版权公共服务和社会服务。

6. 《数字作品版权登记电子证书规范》

统一的数字登记电子证书规范是在互联网环境下开展数字版权业务的重要标准化支撑，对于强化数字版权服务功能，完善数字作品登记制度，逐步实现数字作品登记工作统一管理的目标具有重要意义。

《数字作品版权登记电子证书规范》标准将对在数字作品版权登记业务、数字版权合同备案业务开展过程中生成的电子证书规范制定统一准则，具体涵盖如下内容：

（1）数字版权登记电子证书数据项；

（2）数字版权登记电子证书数据格式；

（3）数字版权合同备案电子证书数据项；

（4）数字版权合同备案电子证书数据格式。

7. DCI 应用规范等行业标准制定项目

2005年1月，总局发布 DCI 体系核心基础标准《数字版权唯一标识符》（DCI）。中国版权保护中心在该标准研制及发布以来，始终秉持以市场需求为导引，以产业服务为目标的原则，先后在国家科技支撑计划项目《基于版权的数字内容服务平台及应用示范》的示范应用平台和数字作品版权登记业务平台进行了示范应用和产业推广，相关应用和推广成果在2015年首届版权标委会年会上进行了集中展示，得到了业界的广泛认同与好评。

随着数字作品版权登记业务的不断拓展，百度糯米、新浪微博、电信天翼等已成为中心的业务战略合作伙伴，数字作品版权登记范围涉及图片、文字、音乐等多种作品类型，且不同电商平台的技术架构和内容展示方式有所差异。

2002年11月15日，为优化视听资料组织和促进视听产业发展的有效规范，国际标准化组织发布《信息与文献——国际标准视听资料号（ISAN）》国际标准。作为全球通用的标识码编码，ISAN 编码的应用可为视听作品的相关行业带来诸多益处，并对视听作品的传播起到实质性的推动作用。2009年，国标委发布《中国标准视听作品号（ISAN）》国家标准。根据国际标准和国家标准，凡我国境内的视听作品，都可申请获得一个全球唯一的、被称为网络内容"商品条码"的国际标准编码，以确保编码的覆盖面和适用性，可满足政府部门、版权集体管理组织和各业务领域在版权管理、信息身份辨别、信息管理、信息检索、信息交换等对编码的不同需要。为落实 ISAN 国家标准，2015 年 5 月，国家新闻出版广电总局批复中国版权保护中心成立中国 ISAN 中心。

综上，为更好地落实 DCI 标准，对 DCI 标准进行进一步规范，进而满足产业主体不同业务具体应用的需要，充分实现 DCI 的功能；同时，为应用推广 ISAN 国家标准，规范 ISAN 编码的申领及管理工作，2016 年，总局正式立项"DCI 标准应用规范等行业标准制定"项目，目前该项目正在研制过程中。

（三）工程/项目标准

重点科研项目是推动行业升级转型的重要举措，工程标准技术性、系统性强，流程管理严格、时间进度紧，对标准的制定和组织管理都提出了更高的要求。

1.《基于版权的数字内容服务平台及应用示范》项目标准

2012 年，中国版权保护中心联合中科院自动化所、北方工业大学、北京网博视界科技有限公司、四川文轩在线电子商务有限公司、深圳市华动飞天网络技术开发有限公司、中央音乐学院、华数淘宝数字科技有限公司等七家单位共同申报了国家科技支撑计划项目《基于版权的数字内容服务平台及应用示范》，项目研制过程中、版权服务集成平台的开发部署中及示范应用过程中带动了《数字版权唯一标识符》等一批重要工程标准的研制，同时开发了标准符合性测试平台及测试套件，项目于 2015 年通过国家验收。

2.《中国 ISRC 业务和数字版权登记业务管理信息平台》项目标准

《中国 ISRC 业务和数字版权登记业务管理信息平台》项目是财政部支持的重点项目，分为一、二期，由中国版权保护中心承担，项目包含了中国版权保护中心两个重要的业务平台建设，一个是中国 ISRC 业务管理信息平台，另一个是数字作品版权登记业务管理信息平台，两个平台均为基于互联网的开放式管理信息平台，两个平台在音乐作品方面具有天然联系，面向全国范围提供公共服务，故统筹考虑、集中部署，构建统一的基础运行环境和安全体系上的信息化服务平台。该项目是按照国家和新闻出版广电总局规划要求实施标准录音制品编码（ISRC）管理的前提条件和技术支撑，也是适应互联网环境下数字版权发展的新形式、实现版权服务模式创新的一项重要举措，对推进数字音乐、手机游戏、文字作品等产业发展具有重要和深远的意义。项目分别于 2014 年、2015 年通过一期、二期验收，根据项目要求和数字版权服务的业务需求，共完成 10 项互联网环境下数字作品版权服务的相关标准规范，列表如下：

序号	标准名称
1	数字作品版权登记基础数据元
2	数字作品版权登记业务基础代码集
3	数字作品版权登记信息元数据规范
4	数字作品版权登记电子证书规范
5	ISRC 与数字版权登记系统数据交换接口规范
6	中国 ISRC 档案数据规范
7	平台外部数据交换接口规范
8	嵌入式版权服务流程规范
9	数字作品版权登记档案数据规范
10	数字作品版权登记业务流程规范

3. 《CACC 数字阅读版权分发与费用结算服务平台》项目标准

《CACC 数字阅读版权分发与费用结算服务平台》项目是 2014 年由中华版权代理中心，北京畅元国讯科技有限公司和天翼阅读文化传播有限公司联合承办的文资办重点项目，该项目包括了中华版权代理中心从业务支撑到用户服务的一整套技术体系，涵盖了从平台网站、作品管理、到版权管理、交易管理、作品分发、版权结算、统计分析，再到运营支撑的完整流程。在这个体系中各个应用软件并不孤立，均遵循相关的标准和规范，由统一的网络系统、服务器系统、存储系统等共同支撑，各个软件之间存在着功能关联、功能互补、功能支持、数据交换、数据共享等关系。

项目将制定 3 个标准，列表如下，目前三项标准都在研制中。

序号	标准名称
1	数字阅读作品提交基本元数据标准
2	数字阅读版权分发与费用结算分类代码标准
3	数字阅读版权分发与费用结算基础数据元标准

三、标准实施推广

标准化工作的基本要求是"系统管理、重点突破、整体提升"，全面深化体制机制改革，促使政策导向更加准确、战略重点更加突出、工作机制更加完善、管理方式更加科学、舆论宣传更加有效、纲要实施更加深入，不断发挥标准化工作服务、支撑和引领作用，着力在深入实施标准化发展战略过程中提升服务"创新驱动、转型发展"能力和水平。着力于标准化服务的创新驱动能力和水平的提升，版权领域标准的制定重点始终坚持以行业主体和市场需求为导向，以服务版权产业发展为宗旨，密切与企业业务需求相融合。推动 DCI 标准以嵌入式版权服务方式是对外开展业务，是面向互联网版权服务的重要创新，通过嵌入式服务接口组件将 DCI 体系核心业务平台的相关服务（包括但不限于数字版权登记服务、版权合同备案服务、版权监测取证服务、版权费用结算服务以及 DCI 信息查验服务等）与外部协作的数字内容运营平台进行联通，实现数据交换和业务流转，嵌入式服务是跨平台的数据转换中枢，是实现 DCI 数字版权公共服务新模式的关键支撑技术。2015 年，组织完成《嵌入式版权服务接口规范》标准的研制，目前该标准已应用于天翼电信运营商平台、A8 音乐网、新华文轩网、新华社金融信息交易所、百度糯米网、新浪微博、特创意等多家数字内容运营平台。在所有嵌入式版权服务业务平台中推广应用，实现了标准研制和贯彻实施同步推进，目前已完成近 15 万 DCI 码的示范应用。

2012 年，《中国标准录音制品编码》（GB/T 133962009）国家标准实施办法（ISRC 国家标准实施办法）正式颁布，国家新闻出版广电总局在中国版权保护中心设立了中国 ISRC 中心，中国 ISRC 中心自成立以来，严格贯彻实施 ISRC 国家标准，目前已举办多次培训班，累计完成 17 万次发码量。

2009 年，国标委发布《中国标准视听作品号（ISAN）》国家标准，为贯彻实施该标准，总局 2015 年批示"中国 ISAN 中心和中国 ISRC 中心合署办公"的指示，依照已完成的"中国 ISAN 实施方案"，全面开展 ISAN 标准的贯彻实施和 ISAN 中心的建设工作；由于国际 ISAN 组织采用"中央数据库"的集中式数据库的管理方式，且收费标准过高，从国家信息安全的角度和国内视听作品的市场环境出发，以及中国 ISAN 中心的实施方案将借鉴中国 ISRC 中心。

2016 年，"中国 ISRC 业务管理信息系统"和"数字版权登记业务管理信息平台"正式上线，进一步贯彻实施 ISRC、DCI 体系系列标准的同时，实施《平台外部数据交换接口规范》《嵌入式版权服务流程规范》《数字作品版权登记档案数据规范》及《数字作品版权登记业务流程规范》等工程标准，根据适应性情况，确定标准的升级或适应性调整。此外，及时适应互联网环境及产业需求调整的变换，动态维护更新现有标准，实现标准和应用融合统一发展。

四、国际标准化

为促进国内 ISRC 编码的有效实施，全面及时跟踪和参与国际 ISRC 编码标准的制修订工作，推动中国 ISR 中心和国际 ISRC 中心对接，实现与国际音乐产业界良好的衔接和交流，即 2014 年完成《国际标准录音制品编码 ISRC 修订跟踪研究报告》之后，标委会 2015 年继续委派专人跟踪研究国际 ISRC 编码标准修订的内容和动向，通过参与国际电话会议与国际专家和有关组织进行了多次有效沟通，阐述中国 ISRC 中心的观点和修改建议，同时，与国际 ISRC 中心正式启动了申请成为中国国家中心的程序。

五、标准化研究

数字技术环境下，版权产业的发展需要一系列配套标准的规范与支持，来约束互联网环境下版权产业的无序发展，通过标准体系、标准化工作来形成规范化的产业环境，为我国版权产业发展提供技术支撑。2015 年，中国版权保护中心自筹经费 10 万元完成《版权标准体系先导性研究》项目立项，版权标准体系先导性研究项目旨在对版权产业的复杂性需要进行深入研究和梳理，推动版权产业标准化建设工作，为未来 3—5 年版权产业标准化建设制定蓝图和工作任务。

六、机构和人才队伍建设

近年来，围绕版权标准化的机构和人才建设工作，国家新闻出版广电总局做了许多工作，成效显著。

（一）成立了版权标准化技术委员会

2013年12月7日，"全国版权标准化技术委员会"成立大会在京召开，秘书处设在中国版权保护中心，目前，版权标委会现有委员54名，顾问3名，观察成员3名。

（二）做好版权标准化工作人员培训

版权标委会秘书处组织工作人员开展了多期标准化培训。同时，多次安排工作人员参加国标标准委、中国标准研究院等组织的标准培训班，了解最新政策，学习标委会的管理和标准的编制，这为进一步提高标准化管理人员的业务素质，确保标准化工作有效性起到了促进作用。

（三）着力建设标准化专家队伍

坚持产学研相结合的工作模式，版权标委会在组织委员会委员过程中，充分调动版权领域各有关部门、行业（协会）、科研机构、大专院校、企业的专业人才资源，组建了技术素质硬，理论功底深，工作经验丰富，标准化意识较强的委员专家团队，按专业分类从事相关领域的标准化理论研究、标准制定修订、标准审查等工作。

七、主要亮点

将标准研制和标准的应用实施同步推进是版权标准化工作的主要特点和亮点，以DCI体系系列标准为例，标准化工作与DCI体系的建设是同步进行的，在DCI体系的推广应用中实现标准的应用和验证。在《基于版权的数字内容服务平台及应用示范》项目中，A8音乐网和九月网分别作为音乐领域和文字领域的版权运营平台开展了应用示范，全面进行了两类作品全流程的DCI体系服务，包括在线数字版权登记、版权合同备案、DCI码的编发及展示、DCI标准的展示、数字作品版权登记证书的制发、数字作品版权费用结算认证和在线侵权监测取证等内容。全面应用和验证了上述 DCI 体系系列标准，取得了良好的效果。项目累计完成了版权登记服务 14 万余次，版权查询验证 510 万余次，为 11 家单位提供了版权费用结算认证服务，监测视频、音频、图片及文字网站 52 个，提供版权监测服务 11 万余次。

在 DCI 体系面向产业全面推广的过程中，上述标准也起到了关键的支撑作用，目前 DCI 体系通过嵌入式服务已经为新华社金融信息交易所、百度糯米网、新浪微博等近 10 家各互联网版权细分领域的代表性平台提供了多样化的版权接入服务，为 DCI 体系的进一步发展打开了局面。其中 DCI 体系系列标准为保障服务的规范性、统一性和便捷性奠定了基础。

（全国版权标准化技术委员会、中国版权保护中心　张建东、单润红、刘　计）

专题报告

新闻出版重大科技工程项目中的标准化研究与实践

一、重大工程标准建设背景

《国家"十一五"时期文化发展规划纲要》明确了国家数字复合出版系统工程（以下简称"复合出版工程"）、数字版权保护技术研发工程（以下简称"版权保护工程"）、中华字库工程和国家知识资源数据库工程四项新闻出版重大科技工程。

复合出版工程通过制定系列标准规范，指导数字出版工具系统平台研发和六大技术体系构建，形成书报刊三套数字复合出版软件系统，为行业提供数字化生产装备和基础云服务。版权保护工程研究数字内容在出版、分发、传播、消费过程中的版权保护关键技术，开展版权保护技术的应用示范，构建政府主导的第三方公共服务平台，为行业提供版权保护与运营的技术保障。中华字库工程通过采集、加工海量古籍文献，确定字符的标准形体，建立全部汉字及少数民族文字的编码和主要字体字符库，重点研发汉字的编码体系、输入、输出、存储、传输以及兼容等关键技术，为行业提供用字保障。国家知识资源数据库工程为出版业向知识服务转型升级提供支撑。

国家新闻出版广电总局设立新闻出版重大科技工程项目领导小组及其办公室（以下简称"重大办"），具体管理重大科技工程建设。每个工程分成数十个分包，在总体组（含管控包）或工程办的组织下，统一实施。重大办高度重视工程标准在重大科技工程建设中的作用，在重大科技工程管理的顶层设计时，就为每一个工程设立相应的工程标准包；在工程研发之前，就基本完成相应的工程标准体系研究；在工程研发之时，将工程标准包作为各工程的基本核心分包，直接组织该包的阶段评审。

二、标准和标准化在工程中的必要性

重大科技工程建设周期长，内容复杂，涉及多个领域，需要统筹多方力量协同研发，通过工程标准的约束和工程标准化管理，能够保证工程有序开展，保障工程成果质量和提高工作效率。

（一）工程技术研发需要标准

工程项目复杂性程度高，分包之间接口信息多，需要跟踪最新的信息技术发展，探索先进的数字出版技术应用模式。为了保障工程整体进度，保证工程研发技术的可组配性、可维护性和可复用性，确保工程成果的整体集成，需要用工程标准指导工程技术研发。

（二）工程项目管理需要标准

工程管理涉及多方人员，包括工程管理单位、监理单位、分包承担单位、应用试点（示范）单位等。为了加强各方的协作与沟通，需要采用标准化的工程管理手段，提高工作效率，缩短项目工期。

（三）工程成果推广应用需要标准

工程的研发主体也是工程成果的主要应用对象，包括技术公司、高校和出版单位等。为了快速推广工程研发成果，提高工程成果的兼容性，降低工程成本，需要以统一的工程标准做指导，推进工程成果的应用。

三、标准化在重大科技工程实施过程中的作用

在新闻出版工程建设过程中使用标准化的流程、标准化的组织、标准化的工具，可以在很大程度上降低工程项目管理的不确定性，降低工程研发风险。标准化在重大科技工程实施过程中的作用主要体现在以下几方面：

（一）指导工程研发管理

1. 实现技术研发规范化

通过工程标准的实施和利用可以对工程技术指标、功能、性能进行统一约束，使技术研发有据可依，保证系统的通用、互换和对接，避免因技术不规范导致的重复开发。

2. 实现成果物管理规范化

工程成果物质量是否达到相应的标准规范，关系到工程的整体验收。对工程各研发阶段的文档成果物进行统一规范管理，可以有效提高文档编辑水平，加快项目管理人员的审查速度，利于文档的留存和查阅。通过应用标准符合性测试工具，可以对工程软件成果物进行统一标准的验证，保证工程成果的一致性，利于工程研发成果的集成。

3. 实现业务流程规范化

通过对不同类型数字出版单位的调研，将书、报、刊等不同领域的数字出版业务流程进行梳理，整理出不同领域典型数字出版业务流程规范。以此规范指导各分包研发，不仅能对业务流程起到良好的支撑作用，同时还能满足工程研发流程控制的要求，将有效支撑工程的应用集成和总体集成。

4. 实现数据交换、存储规范化

工程部分系统间的连接涉及大量的数据交换，数据交换标准统一了数据交换接口、交换方式和交换安全管理机制，可保障工程成果间信息流的畅通。同时，通过工程标准对数据的存储和备份方式进行统一要求，可提高各应用系统对数据访问的灵活性，降低各系统的耦合度，为工程中各类关键数据的存储、

备份提供管理依据。

5. 实现评审、验收规范化

工程标准作为统一的规范，对工程研发、测试等工作具有指导作用，是工程评审的重要依据。通过采用标准化的项目管理手段，可以在一定程度上将复杂的问题程序化，分散的问题集中化，提高工程项目管理水平，保障工程顺利验收。

（二）保证工程系统质量

工程标准是工程质量和系统安全的重要保证。通过梳理标准与各分包之间的关系，明确各分包需要遵循和参考的标准。根据各系统和工具的特点，对研发分包的标准应用和符合性情况进行检查，可有效监督工程研发质量，保证工程开发软件系统和软件工具的安全性、有效性和可用性。

（三）利于工程集成应用

通过标准起草前广泛的调研和意见征求，使各研发分包从需求阶段开始，就积极参与到标准起草工作中，有利于形成统一的接口和数据等规范，促进工程成果物的统一。通过标准符合性测试规范的制定和标准符合性测试工具的研发，可有效监督工程标准的应用，促进工程系统的集成，缩短项目工期，加快工程的推广应用。

四、工程标准和标准化的特点

工程标准的特点取决于工程建设所具有的特殊性，重大科技工程作为国家新闻出版科技创新项目，具有以下特点：

（一）标准研制具有前瞻性

工程标准作为指导性、规范性文件，用于指导工程技术研发和项目管理。其研制工作在时间上，需要先于分包研发进行；在技术上，工程标准必须具有前瞻性，需要跟踪技术发展，适应行业转型升级的要求，体现技术的先进性。

（二）标准制定修订历时短、时效性强

在工程建设需求阶段，标准起草方就要通过大量调研，给出标准规范的大纲和起草方向，并在短时间内完成相应的标准规范初稿。当需求变化或工程建设内容调整时，不管工程标准处于何种阶段，都要及时、快速调整标准内容，以发挥工程标准对工程建设任务的指导作用。

（三）项目管理与标准制定程序交叉

重大科技工程是国家级科技创新类项目，工程标准研制分包在管理上既要遵循项目管理的要求，又要遵循标准制定的程序。从项目管理角度，为降低实施风险，工程标准研制分包作为一个整体，需要进行阶段管理，对阶段工作进行评审和验收。单个标准制定又分为立项、起草、征求意见、审查、批准发布等程序。工程标准的工作过程中要充分结合双方的特点，将项目管理思想融入标准编制的流程中，推进工程标准的应用。

（四）标准研制由多个工作组共同完成

工程标准分为基础类、方法类、数据类、管理类等多种类型的标准，涉及领域多、专业性和技术性强，单一单位不能承担所有标准的工作任务。因此，将标准任务划分至多个工作组，工程标准包既承担部分标准的研制任务，又对其他工作组进行统筹管理。

（五）标准征求意见更有针对性

与国际标准、国家标准、行业标准的广泛征求意见不同，工程标准的意见征求范围具有特定性。虽然仅限于向工程建设单位、应用试点（示范）单位、监理单位等征求意见，但意见的征集更有针对性，更需体现工程建设的专业性。在通过邮件、信函等方式广泛征集意见的同时，也要针对每项标准与各分包建设内容关联程度的不同，采取会议沟通、定点约谈，甚至签字确认的方式征求意见。

（六）标准编制更有灵活性

工程标准比国际标准、国家标准、行业标准的编制内容更详细具体。为了灵活应用工程标准，保证工程标准间的相互引用，在标准规范制定过程中，可将未发布的工程内标准作为规范性引用文件，促进工程标准的有效利用。

五、工程标准化的主要任务

工程标准化工作既要梳理、贯彻现有国际、国家和行业标准，还要根据工程建设的需求，研制相应的工程标准，并在合适的时候，运用高效的方法对工程参建单位进行培训，监督测试工程标准的使用情况。一方面，要关注工程标准体系自身的完备性。另一方面，在把握标准严肃性的同时，还要兼顾工程研发的机动性。工程标准化工作实施的主体不仅是工程标准包，所有工程参建单位都是工程标准化工作的责任人、参与人。总之，工程标准化工作是一个全局性的、系统性的工作。

（一）了解工程需求，完善标准体系

工程标准立足于工程建设任务，只有在了解工程内容的基础上，才能制定出完善、可行的标准体系，指导工程研发建设。完善工程标准体系，要吸收已有标准，扩展新的标准，全部标准内容要覆盖全部工程标准需求，各标准之间不能出现交叉矛盾。

（二）编制标准文本，明确标准边界

标准文本编制是工程标准化的基础，在获取工程相关方的需求后，由标准起草人员将需求汇总、分类、归纳、总结，形成一套完整的标准规范。根据标准的结构范围，对标准内容进行划分，明确标准边界，不仅要求标准起草人员要了解相应的业务和技术，更要用准确的"标准"语言来规范文本。

（三）确定标准关系，监督分包采标

工程标准的关系涉及三个方面，包括：工程标准之间的关系，工程标准与国际、国家及行业标准的关系，工程标准与分包研发内容的关系。只有正确梳理三方关系，统一研发分包对各自采标的认识，才能确保将工程标准用到实处，保证工程研发的规范性。工程标准与分包研发内容的关系是三者之中最重要的，需要管理单位的重视，需要足够的协调和组织能力。

（四）开展标准宣传贯彻，推动标准实施

工程标准制定的目的就是服务于工程，保证工程成果的规范性。因此，标准宣传贯彻是应用工程标准的重要前提，只有通过标准宣传贯彻，才能进一步明确工程要求，指导工程标准的实施。

（五）提制重要标准，助力行标建设

工程标准在实施过程中，通过不断的修改完善，可在条件成熟的情况下将重要标准申请提制为行业标准，为行业标准建设提供素材。

（六）科学组织管理，加强工作沟通

标准化是一个动态的过程，不仅需要起草严谨的标准文本，还需要组织与管理标准相关工作，包括对标准任务的分组和委托、年度或季度工作计划的制定、阶段工作的总结、标准会议的组织与协调、与上级部门的沟通及与工程研发分包、与分包承担单位和应用试点（示范）单位的协作等。

（七）布局知识产权，完善标准研发

为统筹工程标准编制过程中涉及的知识产权工作，工程标准包应依据《国家标准涉及专利的管理规定（暂行）》，对标准执笔人、起草组成员进行标准涉及专利知识的培训。对工程标准中涉及的专利问题进行披露，由标准执笔人、起草组成员提供有关专利信息及相应证明材料，并及时上报上级管理机构，在

标准批准发布前,对标准草案全文和已知的专利信息进行公示。

六、协作机制

(一)标准包与重大办、总体组/工程办的协作

重大办是四大工程的管理机构,统筹管理工程标准工作。每项工程由相应的总体组/工程办具体管控工程进度,直接管理各分包研发,负责工程标准工作的统一协调和组织。标准包接受重大办、总体组/工程办的指导。标准包与重大办、总体组/工程办的协作主要体现在工作汇报和请示审批中。标准包发现问题后,应及时汇报,必要时由重大办、总体组/工程办组织各方沟通解决问题。重大办、总体组/工程办若发现标准工作中存在问题,也可直接介入调查。

(二)标准包与研发分包的协作

标准包应结合工程的建设阶段,通过多样的沟通方式与研发分包进行协作,共同制定和实施工程标准。

1. 设立标准接口人

为保证研发分包与标准包之间的信息通畅,使标准包及时了解研发分包的标准化需求,并使研发分包全面获知标准研制内容和进展情况,工程研发分包应指定专人作为标准接口人,负责及时处理标准相关信息的接收、处理、反馈等工作。

2. 多样的沟通方式

即时沟通。建立相关人员联系表,包括联系电话和邮件,在实施研发过程中如遇简单问题,可以以电话、邮件等即时沟通方式进行沟通。

协调会议。针对局部复杂问题,由标准包组织相关分包与标准起草人进行会议讨论;针对集中问题,由总体组/工程办牵头,召集标准包与相关分包通过会议进行协调沟通,保证标准工作的顺利有效实施。

3. 分阶段协作计划

在需求阶段，研发分包的标准接口人应确保信息交流通畅，重要技术人员加入标准起草组。研发分包参与标准包的初期调研，提供本包相关业务功能的需求内容和对相关工程标准制定的意见和建议，通过沟通明确研发分包与相关工程标准的关联关系。

在设计阶段，研发分包提供对工程标准征求意见稿的意见和建议，根据分包研发内容与相关工程标准的梳理，应用并完善标准。同时，研发分包还负责提供标准符合性测试的测试数据。

在集成阶段，标准包开展标准符合性测试工作。研发分包依据标准符合性测试的结果对项目进行整改。

在验收阶段，研发分包按照标准化工作的程序要求，参与工程标准的修订工作，并提供标准包所需的其他协助。

（三）标准包与应用试点（示范）单位的协作

在工程应用试点（示范）单位的任务书中，参与标准工作是所有单位的必选项。与标准包与研发分包的协作类似，标准包与应用试点（示范）单位的协作，同样需要设立标准接口人，建立标准沟通机制。应用试点（示范）单位的主要协作内容包括：需求阶段，参与标准的需求调研，提出标准制定的方向；设计阶段，结合自身业务对标准提出修改意见或建议；集成阶段，参加标准的符合性验证工作；验收阶段，参加标准的培训和标准的修订。针对工程建设的不同阶段，应用试点（示范）单位参与标准工作的内容会有所调整。

（四）标准包工作组内的协作

标准包是标准工作组的直接管理机构，负责对标准工作组内成员的协调和管理工作。工程标准是一个体系，涉及多种类型和多项标准，各标准间可能存在交叉、重叠的关系，因此，标准包工作组内的协作非常重要。一方面，标准包项目管理办公室充分发挥组织管理作用，如通过定期召开工作组会议制定月、季度工作计划，并由工作组定期汇报各项标准的工作进展；另一方面，各工作组建立自身的组织方式和制度，如起草人责任制、沟通机制、问题解决机制等。

七、工作难点及解决措施

（一）标准研制时间紧、范围广

工程标准服务于整体工程建设，重大科技工程的建设周期为3—5年，建设范围涵盖新闻出版、信息技术、项目管理，甚至文字研究各个环节，研发任务涉及多个学科领域。工程标准制订工作要先于工程研发，在此期间要完成配套标准的调研、起草、征求意见、送审、报批等系列工作，时间紧、任务重，对标准研制方而言是一项严峻的考验。

根据工程进度，对标准编制进行合理安排，通过内部审查提高标准内容质量，可缩短标准审查周期，加快标准研制速度。

（二）标准研制个性需求多、效率低

重大科技工程参建单位众多，不同单位的个性需求较多，有些单位在某些领域已有自身的企业标准规范，在协调统一需求时，存在一定困难，影响标准研制效率。

应在需求调研时，综合考虑所有相关分包的需求，并从多样化需求中找到平衡点，对工程研发内容进行统一约束。

（三）标准包与研发分包沟通不足、关联关系判断难

工程标准与研发分包关联程度的判断影响到分包承担单位的系统研发和工程成果物验收。因标准起草人不直接参与工程具体研发和管理工作，对研发分包的研发内容掌握不到位；研发分包的技术人员，对工程标准体系和具体标准内容不熟悉，双方沟通不到位，导致技术人员对标准与研发分包的关联程度判断困难，而关联关系不确定容易导致工程标准与工程研发脱节。

为了解决上述问题，一方面在双方合同文本，明确双方的协作义务；另一方面，总体组/工程办配合标准研制方应在工程立项时建立项目管理办法，细化与研发分包的协作机制，共享起草人信息，确保标准起草人和研发分包技术人员信息沟通畅通，并由标准包积极推动研发分包对标准关系的认定，加强标

准体系内容的讲解。研发分包只有在研发过程中积极主动学习标准、应用标准、在实践中完善标准，才能促进标准与工程研发的结合。

（四）标准包审查技术文档存在困难

根据工程整体管理方案，各研发分包在阶段评审之前需进行联合审查，审查方包括标准单位、集成单位、监理单位和关联分包等。由于研发分包的文档涉及技术秘密，研发分包不便提供相关技术文档，并且各研发分包要遵循的标准众多，联合审查涉及多个起草人，若采用会审，起草人无法全部到场。

上述问题可由标准包和研发分包协商，协调主要标准起草人或起草组组长参加联合审查，审查形式可为函审、会审等多种形式，必要时采用文档版权保护技术，对电子文档采取限时限终端等限制手段。对于时间冲突的审查，应由标准包统一协调，问题复杂的可由总体组/工程办组织协调。

（五）部分标准遵循情况验证困难

工程标准的建设是为了规范工程成果，因此对于部分标准的应用，采用标准符合性测试进行验证。但由于工程标准的种类多、内容复杂，基础标准、管理标准等无法采用自动化工具进行检测，仅凭标准管理人员进行人工检查，效率低、难度大，无法保证工程成果物质量。

针对上述问题，根据每项标准的具体内容，对标准符合性情况分类验证，如重要的技术标准，通过研发标准符合性测试工具进行验证，基础类和管理类标准进行人工检查，参考类的标准可放宽检查程度。

八、建 议

（一）标准编制过程与项目管理程序相结合

工程标准的制定是一个庞大复杂的过程，既要遵循标准制定程序，又要遵循项目管理程序。但往往标准管理方项目管理不熟悉，对政府项目的合同管理、经费监管机制不理解；工程管理方对具体标准的制定、修订流程考虑得较少。为了有效解决双方管理问题，应结合工程建设不同时期的不同内容，将标准化内容融入项目管理过程中，用项目管理的思维去推动工程标准化进程。

（二）建立有效的工程标准管理制度

制度是保证工程建设的基础，重大科技工程涉及的研发任务重、参与人员多，只有建立高效的标准管理制度才能保证项目的顺利开展和按时验收。在工程建设初期建立工程标准管理方案，通过对组织机构设置和职责任务安排，规范标准化管理工作。待积累一定工作经验后，制定具体、明确的工程标准工作管理办法，并通过制度的实施，对工程标准进行有效管理，指导工程项目的建设，保证工程研发成果的顺利实施。

（三）鼓励技术研发单位参与标准制定、修订

工程标准的实施方是技术研发单位，工程标准制定的目的是用于工程建设，规范工程成果。因此，标准的制定方要充分考虑研发分包的需求，在工程建设初期将技术研发单位吸纳到标准工作组中，可研制出适用性较强的标准，推动标准的实施应用。

（新闻出版总署信息中心　许绍梅、胡海峰）

ISLI 国际标准及应用研究

一、信息与文献标识符综述

(一) 基本情况

标识符是保障现代社会中各体系有序运行不可或缺的一种工具。国际标准化组织（ISO）自 20 世纪 70 年代初期开始制定信息与文献领域国际通用标识符标准，到目前为止已经制定了 11 项。[①]

国际标识符标准是国际标准中比较特殊的一类，它有两个基本特点：一是对所标识的某一类对象在全世界范围内赋予统一的编码；二是通过在国际标准化组织（ISO）框架下实施注册管理，确保每一个编码的全球唯一性。在 ISO 已经发布的信息与文献标识符标准中，有一些是我们已经十分熟悉并使用多年的，如 ISBN、ISSN、ISRC。这些标准所规定的是对新闻出版领域中某一类别的标识对象，通过赋予一组按照一定规律排列、并通过全球注册管理机制确保的不重复的编码，使该类别每一个单一的个体在全球都具有唯一性的识别标识（唯一性名称），为国际贸易、商品流通、资源收藏、行业管理等提供了一种有效的工具和手段。

在我国，为保证图书出版生产、流通和管理的有序性，早在 20 个世纪 50 年代就实行了全国统一书号制度[②]。全国统一书号制度的实施对新中国出版事

[①] 这 11 项标识符标准是：国际标准书号（ISBN）、国际标准连续出版物号（ISSN）、国际标准录制编码（ISRC）、国际标准乐谱编码（ISMN）、国际标准音乐作品编码（ISWC）、国际标准视听编码（ISAN）、国际标准文本编码（ISTC）、国际标准采集标识符（ISCI）、数字对象标识符（DOI）、国际标准参与方标识符（ISNI）、国际标准关联标识符（ISLI）。

[②] 1956 年 2 月，原中华人民共和国文化部出版事业管理局颁发《全国图书统一编号方案》，简称全国统一书号。

业的发展起到了重要的促进和保障作用，我国也是世界上最早使用图书统一编号的国家之一。随着国际贸易和文化交流的日益增多，在全世界范围内使用一种统一的图书编号的需求越来越迫切，由德国、英国等国家发起，ISO 于 70 年代初期组织制订了国际标准书号标准（ISO 2108 Information and documentation-International standard book number，ISBN）。我国改革开放以来，出版产业标准化工作逐步与国际接轨，行业标准化机构对 ISO 2108 ISBN 国际标准进行了采标，自 1987 年 1 月 1 日起，我国用国际标准书号取代了全国统一书号。此后，又相继采标了 ISSN、ISRC，分别作为期刊刊号和音像出版物版号，在我国行业管理和生产、流通中发挥了重要的作用。到目前为止，ISO 已发布的信息与文献领域国际通用标识符标准绝大部分已经在我国采标，应用在新闻出版和相关领域之中。

在 ISO 的框架下，信息与文献标识符由国际标准化组织信息与文献技术委员会识别与描述分技术委员会（ISO/TC46/SC9）归口。

（二）标识符的现状与发展

国际信息与文献领域的标识符自问世至今，已经经历了 40 余年。随着社会的不断发展，对标识符的功能需求也在不断产生着新的变化。在进入互联网时代之前，对标识符的功能需求较为单一，早期的标识符一般采用较短的编码结构和容易识别的字段含义，编码结构中包含了有限的可直接阅读的信息，以供人阅读识别为主，其功能仅以唯一性识别被标识的主体为主要目的。随着信息技术的发展，信息资源的承载、传播和使用方式正在发生着前所未有的巨大变化，原有的标识符在功能上已经不能满足快速发展的数字化、网络化资源标识的需要。这些早期的标识符大多数是在还没有互联网的时代制定的，不具有网络环境下资源标识的基本功能，无法满足互联网时代新闻出版产业的更高要求。

在互联网快速发展的推动下，近年来信息与文献领域的标识符也在借助于信息技术的强大功能迭代发展。新制定的标识符不仅标识对象从实物载体扩展到对无固定载体的网络资源，还利用信息技术的支撑增加了许多前所未有的新功能，提升了标识符的使用价值，扩展了标识符的应用空间。标识符的编码体系由早期的以供人识读有含义的简单编码符号组成，向无含义化编码加结构化元数据组成可解析的标识符系统进化。现代标识符系统借助信息技术，通过对标识符的解析，不仅可以为使用者提供丰富的对被标识资源的描述性信息，还可以提供为使用资源设置的各种功能性信息，使被标识的资源在相应的应用环境中方便地实现各种使用功能。标识符融入现代信息技术后由静态变为动态，从单一的识别功能，扩展到来源追溯、版权保护、使用管理、用户分析等方面，甚至还可以参与为使用者提供的各种服务过程等等。

标识符功能的扩展和延伸，是一个非常值得关注的动向，在我国新闻出版产业未来的发展中，标识符的发展变化将对产业发展产生直接的和重大的影响。

信息化时代的标识符，应具备以下基本功能：

（1）具备供技术系统解析的基本条件，其编码结构应以满足机读自动化处理需要为主，并包含结构化的元数据集，使用者可通过解析服务获得大量信息，为各种应用创造基础条件；

（2）标识符和所标识的资源融为一体（能够以技术方法将标识符嵌入到数字化资源之中），通过标识符即可获取资源，而无须经过繁琐的程序或步骤；

（3）具备引入资源所有权方对资源进行控制的基本条件，即可通过标识符解析系统设置对资源使用的授权、鉴权机制，实现资源所有者对资源的完全控制。

其中第（3）点对于出版产业尤为重要，由于互联网架构的先天缺陷，这个问题在互联网体系中长期得不到有效解决，是困扰目前出版产业数字化转型升级的主要障碍所在。

虽然我们目前使用的大多数国际通用标识符由于制定年代较早，尚不具备这些功能，但是它们也在不断改进，以适应客观环境的发展和变化。按照国际标准化的基本规则，对正在使用的标准每五年需要进行一次审核，并可以发起对不适应当前现实情况的问题进行修订。①目前ISBN、ISRC、ISSN都在ISO框

---

① 以五年为一周期对现行标准的复审是国际标准化工作的一种重要机制，它能够以适当的周期检验每一项标准是否仍然适合于当前的现实需求，并做出"继续使用""修订"或"撤销"的决定。我国标准化相关法规也有标准复审的相关规定。

架下启动了新一轮的修订工作,其主要目的是适应信息技术发展导致标识符使用环境变化的新要求。

(三)标识符标识范畴的延伸

在"国际标准关联标识符(ISLI)"①尚未发布之前,原有的10项国际信息与文献通用标识符的框架体系都是对不同属性的资源在全球范围内赋予唯一性标识,使其在贸易、管理、收藏等方面获得良好的有序性。尽管借助于现代信息技术,其功能在不断延伸,但对于被标识对象的唯一性识别仍然是最为本质的属性。

现代信息技术的发展使信息资源的应用得到了极大的扩展,尤其对文字、声音、图片、图像等不同属性相关内容的资源,通过信息技术的整合,几乎可以提供我们所能想到的多种资源复合应用的各种可能性,极大地扩展了信息资源的应用空间。从出版产业的角度看,这种通过信息技术的资源整合,突破了单一资源的使用功能界限,可以创造出各种新的产品和服务,是出版产业未来发展的一个重要方向。自2005年以来,我国新闻出版产业在利用现代信息技术进行资源整合创新方面勇于探索,大胆实践,在全世界首次采用以标识符定义关联关系,成功构建了不同属性资源之间关联复合的应用系统——MPR,并以此为新闻出版产业升级转型的有力工具,促进了我国新闻出版产业升级转型的深入发展。

MPR系统的核心要素MPR编码②,是一种完全以产业应用为目的,突破标识符原有的唯一性识别标识对象的功能和理念,创造性地将标识符用于定义产业创新应用中的相关信息资源之间的关联关系,以此为核心要素构建出具有极大产业经济价值的全新的产业应用体系,开创了标识符应用的全新领域。在对MPR进行标准化的基础上,全国新闻出版标准化技术委员会组织专家深入研究MPR的标识符关联机制,对MPR编码进行了标识符的广义性和通用化研究,构建了完整的关联标识符理论体系。在2010年国际标准化组织信息与文献技术委员会(ISO/TC46)年会期间,我们所提出的关联标识理论得到了各成员国

---

① ISO 17316:2015 International Standard Link Identifier (ISLI) 国际标准关联标识符。
② GB/T 27937.1 MPR出版物 第1部分:MPR码编码规则。

的充分肯定，关联标识符理论丰富了原有的标识符理论体系，将标识符从单一对象识别标识扩展到多个资源之间关联关系标识的新领域，扩展了标识符的应用范畴，丰富了标识符的应用功能。关联标识理论是我国新闻出版标准化工作者对扩充和完善国际标识符理论体系所做出的重要贡献。

二、国际标准关联标识符（ISLI）

（一）ISLI 产生的背景

信息内容的数字化，信息传播的网络化是社会发展的大趋势，也是内容产业在信息时代发展的主要方向。基于内容产业发展的内生需求，在传统出版产业和现代信息技术融合的基础上，一项能够赋予纸质出版物以数字化功能，将其融入现代信息系统的出版技术——MPR 于 2000 年中期问世了。它的最初产品形态与当时已经在市场上出现的点读图书并无不同，所以并没有引起人们的特别关注。虽然初期产品形态是点读出版物，但它却是以纸介质图书为起点，构建的一条从传统出版到数字化、网络化出版的桥梁和通道的早期入口。它的重要价值在于使传统纸质印刷出版物融入了数字出版，并可以此为起点，在不丢弃传统出版载体的情况下，向数字出版构建了一条循序渐进的连续通道，使传统出版到数字出版之间可以连续、平稳地过渡，从而降低了切变式过渡的风险和不可控因素。

之所以具有这样的功能，原因就在于在 MPR 中有效地将信息技术融合到出版产业之中，创造性地使用了具有全球唯一特性的编码标识不同属性信息资源之间关联关系的方法，以这种唯一性编码定义包括印刷出版物内容在内的所有相关信息资源之间的关联关系。所以在 MPR 系统中，点读图书只是一种初级产品形态。但是，其内容一旦赋予了 MPR 编码，无论是印刷资源，还是网络数字资源，就永久性地确定了资源二者之间的关联关系。当其内容迁移到电子书等形态后，已经嵌入到内容之中的关联标识符仍然存在，所构建的关联关系仍然有效。所以，无论是内容资源依附于出版载体上还是脱离出版载体游走于互联网上，产品形态如何改变，原有的关联标识永久不变。这也是 MPR 点读图书与其他点读产品的本质区别所在。

正是因为MPR所具有的覆盖全产业链从低端到高端的连续性功能，对出版产业转型升级有着特殊的意义。新闻出版广电总局在中央有关领导指示精神指导下，一方面抓紧MPR标准化工作，迅速制定了MPR出版物系列行业标准和国家标准。另一方面在充分论证的基础上，将MPR产业应用列为出版产业重大转型升级项目，通过试点、示范在出版行业普遍推广，取得了良好的成果。

在制定MPR出版物系列行业标准和国家标准的过程中，根据中央有关领导指示，专家组对MPR系统进行了深入研究，认为MPR出版技术所采用的标识符关联方法，在应用现代信息技术构建复合数字出版系统中，具有至关重要的地位和作用，能够创造极高的产业价值。而且不仅在出版产业，在其他领域也都能够得到广泛的应用。专家组经过深入研究，以MPR编码为基础，对其进行了将其制定成为国际通用标识符标准为目的的通用性扩展和完善，并构建了系统的关联标识符理论。

在ISLI问世之前，标识符一般局限于针对单一对象的识别性标识，例如ISBN标识一本图书、ISRC标识一首录音作品。创造一种国际通用标识符用于标识两个或多个资源之间的关联关系尚属首次，这种创新必然会遇到许多困难。在与ISO/TC46/SC9专家交流过程中，我们以在我国获得良好的产业应用的MPR为例，说明创造一种国际通用关联标识符可为全球产业带来巨大的产业经济利益，并以完善的理论构建和与现有标识符互为应用和相互支撑的关联标识符基本框架体系做了充分的阐述和介绍后，获得了绝大部分ISO成员国的认同和支持。

（二）ISLI的编制过程

《ISO 17316：2015 国际标准关联标识符（ISLI）》由我国新闻出版研究院、全国新闻出版标准化技术委员会于2010年10月，通过我国国家标准化管理委员会向ISO/TC46/SC9正式提交了新工作项目提案（NP），2011年3月经过ISO/TC46/SC9投票表决通过，获得成功立项。2011年5月，在ISO/TC46年度工作会议期间，SC9全体会议决议并宣布成立了由7个国家[①]的10位专家组成

---

① 中国、法国、美国、德国、俄罗斯、瑞典、肯尼亚。

标准编制工作组（WG11），由我国专家担任工作组召集人。在我国专家的主持下，该项标准的编制工作历时三年多，经过了不同编制阶段的三轮成员国投票表决，均以高票获得通过，按期完成了标准的全部编制工作，该标准于2015年5月15日由ISO正式发布。ISLI也是首次由我国提交提案并组织编制的一项国际标识符标准。

按照ISO规则，ISLI国际标准实施必须配套注册管理机构。在标准编制进入DIS阶段时，由ISO依据《ISO导则》的相关规定发起了对"ISLI国际注册机构（ISLI RA）"承担机构的公开征集和审核认定。经过ISO/TC46/SC9和ISO技术管理局逐级评估、审核，并经过不同阶段成员国的两轮投票表决，正式任命我国国际内容产业协会（ICIA）[①]为该标准的国际注册机构，这是落户我国的首个ISO框架下的国际标识符注册机构。ISLI RA的主要职责为负责编码分配、标识符解析和元数据管理等项工作。

（三）ISLI的基本概念

ISLI是一项标识多个对象（实体）之间关联关系的标识符，它可以应用于包括印刷介质和网络在线的所有信息与文献范畴内实体之间需要构建的关联。

关联的构建，通常是根据实际需要，由开发者提出一种确定的应用，将两种或两种以上信息与文献范畴内的实体建立永久的、稳定的关联，并且提供必要的方法和工具，为使用者提供应用服务。这种应用，可以是任何可能的方式，诸如富媒体形态的复合呈现、对某段文字和图片介绍的事物利用现实增强技术（AR）进行多维度展示等，也可以是尚待开发的某种未来可实现的应用。

ISLI是一项开放的标准，它对信息与文献范畴内的实体构建关联没有任何的限制，也不限定实现关联应用何种技术。ISLI鼓励在信息与文献范畴内的所有关联，并希望通过构建关联使信息与文献范畴内的资源产生更广泛的应用，促进人类的信息交流和社会发展。

关联是现代信息社会资源应用的普遍需要，使用标识符定义信息与文献范畴内实体之间的关联，和此前一些通过特定的装置和复杂的硬件技术的关联应

[①] 国际信息内容产业协会（International Information Content Industry Association，ICIA）是2013年10月由我国和部分国外出版企业发起成立的国际性行业协会组织，注册地为中国香港特别行政区。

用比较，有诸多优势。引用标识符构建关联，不仅使开发者可以节省大量的投入，还可以摆脱诸多客观条件的制约，无论是在广域开放环境，还是在特定的系统内，都可以稳定可靠地构建关联。基于 ISLI 的开放性，关联应用的开发者可以具有无限的想象力，开发出各种令消费者趋之若鹜的绝妙应用。

在 ISLI 国际标准中，规定了构建信息与文献领域中可被关联的实体可以是实物载体承载的文献如图书，可以是计算机文档等数字资源，也可以是自然人或团体机构，还可以是时间、地点之类的抽象内容，这些实体是能够被标识的一切对象。ISLI 系统通过对每一个包含关联信息（元数据）的标识符进行注册来实现此功能。ISLI 系统并不改变这些被关联实体的内容、所有权、访问权和已有的标识。

国际通用标识符具有若干相同的属性，包括在全球范围内具有唯一性等。ISLI 与现有大多数标识符不同的是，它不是对单一对象的标识，而是标识两个或多个对象之间的关联关系。在现实世界中，具有相关性的事物是普遍存在的，但并不是对所有的相关性都要进行关联，只有当需要对某个相关性加以利用，将其通过构建关联实现某种特定的使用目的时，关联才是有意义的，此时方可以为其分配 ISLI 编码。

对于不同的需求可以构建不同的关联。为满足各种关联应用需求，关联的标识被分类为不同的特定应用类型，每种特定应用类型的关联字段编码都可以单独定义该字段的编码结构和字长，ISLI 系统使用了源和目标的概念，用来识别一个关联的起点和终点。每种特定的关联应用类型都应明确源的类型、目标类型和关联类型，这种确定的关联所定义的满足该关联需要的关联字段编码语法，与特定的关联应用服务相匹配。ISLI RA 负责管理和维护源、目标以及关联类型的列表，该列表将是不断被扩充的，当一项关联应用被开发后，如果与此前的所有关联类型都不相同时，则在申请获得使用 ISLI 编码的过程中 ISLI RA 会将此项新的关联类型添加到 ISLI 关联类型列表之中。

当 ISLI RA 确定新增关联类型时，要明确被关联的源或是目标采用何种唯一识别的名称或标识。在信息与文献范围内，国际标准标识符几乎提供了所有资源的唯一识别标识，在关联构建需要对被关联的资源进行唯一识别标识时，ISO 标识符将优先被采用。例如，将一篇乐谱和用该乐谱演奏的音乐建立关联，就可以引用 ISWC 和 ISRC。

ISLI 将促进已有标识符之间的互操作，并将与已有标识符之间相互协调、相互促进、共同发展，不断丰富与完善信息与文献领域的标识符体系。

（四）ISLI 的功能和特点

ISLI 国际标准是一项旨在标识关联关系的全球通用信息与文献领域的标识符。为帮助使用该标准的各方更好地了解标准，标准编写了引言：

ISO 17316：2015 引言

新技术的发展已经为资源（无论这些资源是以何种形式进行存储的）之间建立关联提供了可靠的基础。这些发展尤其加强了不同类型资源之间的关联能力，让用户能够轻松地体验到如音频、视频文件等富媒体内容。此外，它们不仅能向广大用户提供丰富的信息，而且能够让视力障碍者更加方便地使用文字资料，并进一步拓展教材的功能。

提供这些功能（关联）的技术通常都需依赖于硬件，或者受限于某一特定的生态体系。国际标准关联标识符（ISLI）将对这些资源之间的关联进行定义，从而提供更好的互操作性，并且更好地使用这些技术和服务。尽管这一国际标准采用的方法源于几个不同的项目经验，但它提供了一种识别关联的通用方法，这将促使包括多媒体在内的更多领域中涌现出各种新颖的应用。通过 ISLI 建立的关联，将使资源的获取变得更加容易，并借此创造更高的价值。

通过引言对于标准功能和作用的描述可以很清楚地看出，ISLI 国际标准对于在现代信息技术条件下资源的复合应用可以提供有效的帮助，通过在产业中引用关联标识符构建复合应用可以使资源产生更高的价值。

ISO 17316：2015 国际标准文本中关于 ISLI 的适用范围有如下阐述：

（第 1 章）范围

本国际标准规定了信息及文献领域中可被唯一识别的实体之间关联的标识符。这些实体可以是文档、媒体资源、人或抽象事物（如时间、地点之类）。

ISLI 系统可识别相关实体之间的关联关系以实现诸如复合应用等使用目的。它通过对每一个包含关联信息（元数据）的标识符进行注册来实现此功能。ISLI 并不改变现有这些实体的内容、所有权、访问权和已有的标识。

本国际标准并未对那些用以代表标识符或实现关联的技术做出具体的规定。本标准旨在为创建通过可互操作的 ISLI 系统来标识关联的应用提供指导。

在标准文本中，用下图说明了关联构建的基本模型：

图 1 ISLI 关联模型图

在关联模型图中，包含三个基本要素，即源、目标和关联。

要素一：关联的源。通常是关联的起点，通过对 ISLI 编码的识别和解析，可以获取被关联的源的信息，并使关联的过程由此开始。

要素二：关联的目标。通常是关联的终点，通过对 ISLI 编码的识别和解析，可以被来自源的关联所指定，与源共同实现特定的使用功能。

要素三：关联。通过预先设定的被关联的对象和关联类型属性，在源与目标之间，通过特定的关联服务应用方式，使 ISLI 的终端用户享受此项关联服务。

ISLI 是供信息技术系统读取的机读标识符，其编码结构为三段式。

表 1 ISLI 的编码结构

服务字段	关联字段	校验字段
6 位数字	不限定长度，但需依据用途确定长度	1 位数字

第一段是服务字段，由 6 位十进制数字组成。该字段分配给一项关联服务，即某种特定的关联应用。通常，由服务创建者向 ISLI RA 提出申请，并根据应用需求提出关联字段长度和语法结构。经 ISLI RA 对该项应用审核，并认为符合 ISLI 范围和使用要求时，分配给该项服务。同时核定的关联字段字长和语法作为该项服务的关联字段编码结构。

第二段是关联字段，该字段不限制长度但需确定长度，根据所属服务字段的登记申报并经 ISLI RA 核准的确定长度和语法分配编码。一般由服务字段申请者在该服务项下构建一项关联时向 ISLI RA 申请此编码。例如，MPR 是一种关联应用服务，在已获得服务字段编码后，为一本图书和与之相关的音频创建关联时，可为其申请关联字段编码。

第三段是校验字段，由1位十进制数字组成。该字段数值系根据服务字段和关联字段编码按照 ISO 17316：2015 国际标准附录 D 的要求计算得出。该字段是为确保 ISLI 编码读取和传输中出现错误而导致错误使用而设置的，当应用系统设置的校验功能检测发现编码错误，即可停止解析应用并发出编码错误提示。

ISLI 编码如下图所示：

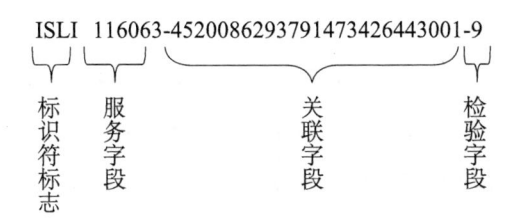

```
ISLI  116063-45200862937914734264 43001-9
      └┬┘ └──┬──┘ └──────────┬──────────┘ └┬┘
       标     服              关              检
       识     务              联              验
       符     字              字              字
       标     段              段              段
       志
```

图 2　ISLI 编码示例

ISLI 适用于信息与文献领域内的所有实体之间的关联。使用 ISLI 所建立的关联必须是稳定的。被关联的实体可以是实物，例如纸质图书；也可以是电子化的信息资源，例如文本、声音文件、视频；还可以是抽象的，例如地理位置坐标，或是某个时间点，等等。

在一个特定的关联中，关联的构建一般是从源出发到目标，以实现一种预设的特定使用目的。在两个实体之间构建关联时，关联的方向不同可能产生两种使用目的完全不同的关联，此时应当为它们分别分配不同的 ISLI 编码。当然，在一些特殊的情况下，被关联的实体之间可能没有确定的指向，但这并不妨碍我们将参与构建关联的两个实体分别指定为源和目标。

ISLI 标准并不规定用来呈现标识符或实现关联的技术，任何技术都可以采用，并且鼓励建立可互操作的 ISLI 关联应用服务系统来实现特定关联应用服务。

ISLI 注册系统登记了被标识的源、目标属性以及关联的信息。关联应用服务系统是服务提供商向终端用户提供的系统，用来保证终端用户随时实现 ISLI 编码的关联应用。ISLI 注册系统登记的关联信息不包含 ISLI 编码被解析后应执行的操作。一个 ISLI 编码被识别后应用服务系统究竟执行什么后续动作，可以根据服务提供商的应用软件环境来判定执行。比如，一个标识了图书和声音的 ISLI 编码，被识别后可以是进行声音的播放，也可以是执行声音文件的下载，或者是进行该声音文件的购买——这些，都不是 ISLI 注册系统所登记的。

与信息与文献领域大多数标识符一样，ISLI 需要进行注册管理。ISLI RA 是 ISO 技术管理局授权的 ISLI 编码注册管理机构。ISLI RA 将在 ISO 框架下执行所有的注册管理事务，包括确保每一个发出的编码是唯一的，和使用户能够及时获取编码和相应的服务等。这种机制可以确保出现问题时能够及时得到纠正，每一个 ISLI 都能够被正确使用，不会出现重复编码等问题，使应用 ISLI 的各方的利益得到充分的保障。

根据 ISO 17316：2015 标准的规定，ISLI RA 所提供的服务包括 ISLI 的用户可以向 RA 发出对服务编码的解析请求，ISLI RA 将借助 ISLI 注册系统向请求方返回服务编码对应的相关核心元数据。

（五）ISLI 的申请和使用

ISLI RA 所有的接受用户申请和编码发放都是通过 ISLI RA 的服务网站进行的，多数用户要求都由 ISLI 注册系统实时处理并向用户迅速反馈信息。

图3　ISLI 网站主页截屏图

用户申请 ISLI 可按以下步骤进行：

（1）在用户注册页面上先注册为 ISLI RA 网站用户，取得进入申请编码页面的用户名和密码。

（2）进入申请编码页面，先申请服务编码，按提示输入相关信息，完成后提交。

（3）等待 ISLI RA 对申请的审核，如果符合 ISLI 标准规范，ISLI RA 将通过邮件给申请者发出一组 6 位数字的服务编码，申请者可使用该服务编码 + 访问密码以登记者的身份登录到 ISLI RA 用户服务区域。

如果不符合 ISLI 标准规范或提供的信息不够充分，ISLI RA 将通过邮件给申请者发出拒绝发放服务编码的通知，或要求申请者补充提供相关信息。

（4）在取得服务编码后，可以登记者的身份在该服务编码项下为一项具体的关联申请关联编码，每一个关联编码都是由 ISLI RA 服务系统自动生成的。

（5）成功申请服务编码和 ISLI 编码后，其元数据即进入 ISLI RA 数据库，ISLI RA 可按用户预先设置提供解析和查询服务。

服务编码的分配：

服务字段登记者，可以为一项特定的关联应用服务向 ISLI RA 申请服务编码，需要递交的资料包括特定关联应用类型、关联编码结构描述和基本的服务描述。

ISLI RA 负责维护特定关联应用类型列表。不同的服务字段登记者的相同类型关联应用，应采用相同的位长和编码结构。登记者在申请服务编码之前，应仔细确认新申请的服务类型已满足这一原则。

在 ISLI RA 分配一个服务编码时，将按照 ISO 17316 的附录 C.1 规定通过解析与查询服务开放其元数据元素。

登记者应保证其特定关联应用服务符合当地法律法规的要求并确定未侵犯他人的知识产权，如存在违规使用的情况，一经发现并确认，ISLI RA 可以收回服务编码。

关联编码的分配及完整的 ISLI 编码分配：

ISLI RA 将为关联编码登记者分配完整的 ISLI 编码，包含服务编码和一个预分配的关联编码——如果是整体和片段划分关系的关联类型，则预分配的是关联编码的前置编码。在关联编码登记者将该申请的关联对象连接建立后，预分配的关联编码正式生效。

ISLI 编码的申请和使用须遵循以下原则：

（1） ISLI 编码由注册机构在收到编码申请之后分配给登记者；

（2） 在一个服务中，每个 ISLI 编码只能分配给一个特定源和特定目标的关联；

（3） ISLI 编码应标识一个关联而不是一个单独的实体；

（4） ISLI 编码将永久分配给一个特定的关联，并应永远不得改变、更换或重复使用，即使它可能已被取消，并在注册机构的注册簿中被标记为"已取消"。

ISLI 注册系统在对源和目标进行登记时，源和目标必须有唯一性名称。

（六）ISLI 的注册管理

ISLI RA 通过网络技术环境下统一的 ISLI 注册系统来实现 ISLI 编码的分配管理。

ISLI 注册系统通过集中的服务编码分配服务器（SCAS）为不同的服务提供商应用服务分配服务编码，通过各服务域下的关联编码分配服务器（LCASs）为 LC 登记者分配关联编码，分配的 ISLI 编码与登记的元数据一起录入为此建立的注册簿（数据库）。

ISLI 注册系统为登记者设计了标识符元数据互操作服务模块（MIS）。如果某种关联类型的关联中源和目标的标识符使用了现有国际标准标识符，并且该国际标准标识符 RA 允许使用其注册簿的情况下，ISLI 注册系统可以调用 MIS 服务，以确认登记者提交的源和目标的元数据合法性，并可以通过 MIS 直接登记 ISLI 注册簿关联编码元数据数据库（LCDB）中源和目标的元数据。

ISLI 编码分配技术结构见下图。

ISLI RA 业务门户网站的网址是：http：//www.isli-international.org。

根据 ISLI 标准的规定，用户可以通过 ISLI RA 门户网站进行 ISLI 编码的解

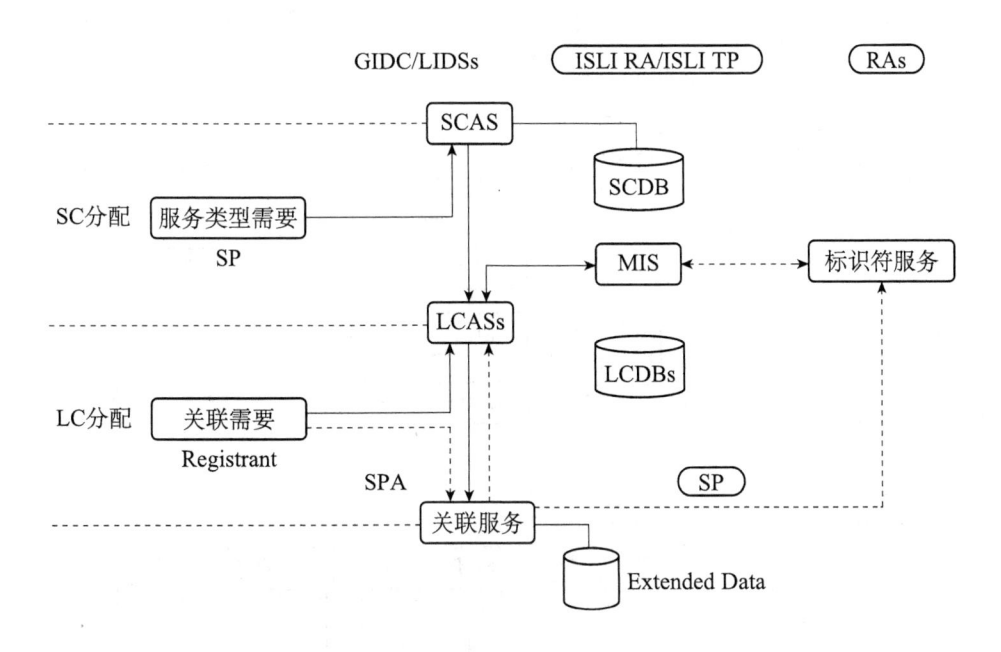

图 4　ISLI 编码分配技术结构图

析，以及相关元数据查询。

ISLI 的解析应用业务包括三个层次，服务编码的解析、关联编码的解析以及服务提供商（SP）提供的特定关联应用系统（SPAs）。

服务编码解析系统（SCRS）依托服务编码元数据数据库（SCDB）提供对 SC 的解析服务：提交 ISLI SC，返回该 SC 的元数据，最主要的解析目的是返回该 SC 服务的关联编码解析系统（LCRS）的 URL。

关联编码解析系统（LCRSs）依托关联编码元数据数据库（LCDBs）提供对 LC 的解析服务：提交 ISLI LC，返回该 LC 的元数据，最主要的解析目的是返回该 LC 的目标的 URI。

元数据互操作服务（MIS）和增值服务系统（VAS）在 ISLI 的解析应用中，主要为 ISLI 用户提供与 ISLI 系统源和目标类型标识符的元数据数据库进行信息交换功能。

特定关联应用系统（SPAs）提供特定的关联应用服务。

ISLI 解析应用技术结构见下一节图示。

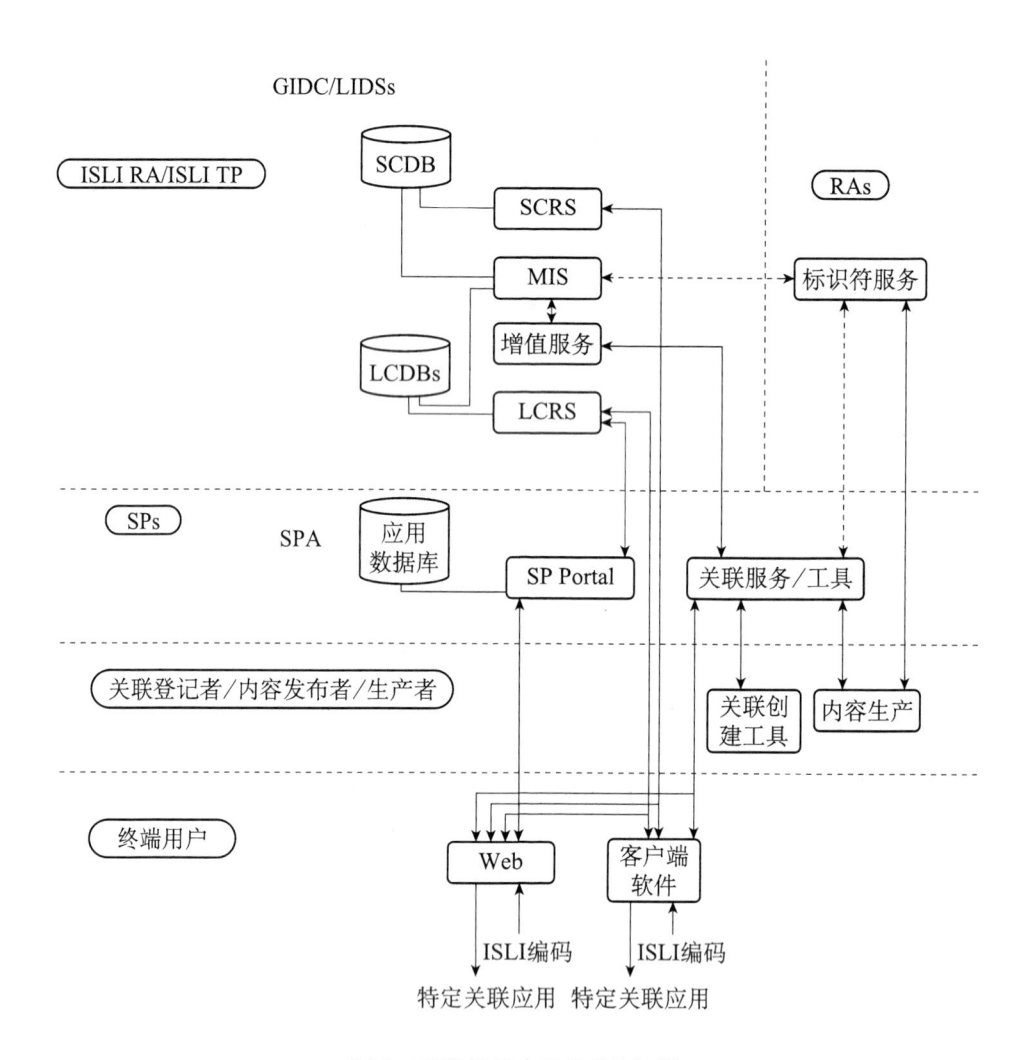

图 5 ISLI 解析应用技术结构图

三、ISLI 的应用

（一）ISLI 采标

《ISO 17316：2015 国际标准关联标识符（ISLI）》国际标准于 2015 年 5 月 15 日发布。由于此项标准是在我国专家主持下编制的，我们对该项国际标准的进程有完全的把握，因此在 2014 年 3 月，当 ISLI 项目通过了"国际标准草案

(ISO/DIS 17316)"成员国投票后，全国新闻出版标准化技术委员会即编制了对该项标准的采标计划。经国家新闻出版广电总局批准，并报送国家标准化管理委员会审批立项，列为 2014 年度国家标准计划 20141475-T-421 号项目。2015 年 8 月标准编制工作组即完成了 ISLI 国家标准起草工作，通过了专家审查后报送国标委审批。目前《中国标准关联标识符（ISLI）》已经进入了最后的审批阶段，并在 2016 年 9 月底前发布。

如前所述，ISLI 国际标准源自我国的《MPR 出版物》行业标准和国家标准。MPR 是一项关联标识符的具体的产业应用，在设计 ISLI 框架时，就曾经深入考虑并向 ISO/TC46/SC9 提出，以 MPR 为蓝本提交提案并制定 ISLI 国际标准，必须以兼容我国的 MPR 为前提，因为 MPR 是全球关联应用最为成功的范例。在 ISLI 的整体框架设计过程中，始终将兼容 MPR 作为基本要求。

ISLI 发布后，MPR 和 ISLI 的关系定位以及 MPR 向 ISLI 的转换过渡阐述如下：

(1) ISLI 是广义的关联标识符，适用于各种领域和场景的信息与文献范畴的实体关联，MPR 在其涵盖的应用范畴之内；

(2) ISLI 以服务编码区别各种不同领域若干具体的产业应用，MPR 是其中的一种应用；

(3) MPR 虽然先于 ISLI 产生和应用，但 MPR 编码结构和相关语法规则与 ISLI 完全兼容；

(4) MPR 码冠以服务编码即可成为 ISLI 编码，包括已经发放和使用的 MPR 码，均可转化成为 ISLI 编码；

(5) ISLI 发布实施后，MPR 注册中心即与 ISLI RA 对接，将已登记注册的 MPR 编码及相关元数据信息上传给 ISLI RA，MPR 编码纳入 ISLI 系统管理。

（二）ISLI 应用分析

引用关联标识符来定义相关资源之间的关联关系，会带来诸多益处。可归纳为以下方面：

(1) 由于标识符所具有的特殊属性，使用标识符定义的关联关系稳定可靠，不会因为所应用的技术系统改变或其他客观条件的变化而失效，在任何技术环境条件下，只要引用 ISLI，就能够确保关联的准确实现。

（2）引用关联标识符构建关联，较其他方式构建关联更为简洁有效。在出版产业领域，可以大大降低这类复合数字出版产品的开发成本和开发的技术难度，能够催生更多的复合数字出版产品和服务模式的开发，促进更多的出版产品和服务进入市场，惠及受众，并为出版者带来更好的效益。

（3）通过关联标识符构建的复合数字出版产品和应用方式，可以不改变原有资源的独立形态。当资源被关联时，就成为复合应用的组成部分，不被关联时则仍然以独立形态的资源存在，不影响其独立使用的所有功能。因此，对于目前出版社的大量现存资源来说，构建关联应用可以快速、低成本地形成复合数字新产品，盘活存量资源，使存量资源以新的复合应用形式得到再次利用，创造出新的价值。

另外，标识符还具有若干独特的属性，充分利用这些属性可以有效地解决目前出版产业面临的棘手问题。例如通过设置鉴权、授权机制，可以控制未经授权的非法使用，有效地保护知识产权。

ISLI 作为一项基础性标准，可为信息与文献及其相关领域以关联为实现方式的若干应用提供基础性保障。深入研究关联和以关联标识符参与的各种系统、应用场景，可以有效地促进关联应用的开发，并可由此萌发并创造出若干全新的产业形态、产品形态和服务形式，全面提升产业水平。

由于关联在客观事物中存在的普遍性和关联构建在现代信息技术条件下的应用价值，决定了关联标识符应用与产业融合发展有着密不可分的直接关系。与其他标识符比较，ISLI 可直接应用于新闻出版产品的构建（关联应用产品），与生产经营和消费直接相关，并可成为其产品构成的基本要素，甚至是核心要素。限于本文新闻出版领域的研究范畴，因此本文并未涉及 ISLI 在其他产业领域的应用问题，但就目前所知，ISLI 在很多领域都可以得到十分有价值的应用。ISLI 的适用范围极为宽泛，到目前为止尚无法精确描述和准确界定其应用领域。这种宽泛的适用范围正是当前产业跨界融合之所需，ISLI 可以为不同产业领域"跨界"提供一条便利的通道。

应用关联理念和引用关联标识符可实现各种形式的产业开发和跨领域应用，并可激发和创造出若干新的产业形态和产品形态。尤其是在当前互联网＋和产业融合发展的大环境下，ISLI 为跨界融合催生新兴业态提供了一种简洁有效的工具和手段，采用关联理念和引用关联标识符，可以为各种产业跨界融合提供现实的路径，拉近了理念和现实之间的距离。

（三）ISLI 的应用现状

ISLI 是一项全新理念的国际通用标识符标准，采标的国家标准尚待发布实施，目前 ISLI 还没有为更多的人所了解和认识，ISLI 的推广和应用也还处在起步阶段。在目前的实际应用中，除了产生和支撑 ISLI 的 MPR 项目外，其他的关联应用尚处在方案设计和系统建构阶段。大力宣传贯彻和推广 ISLI，促进 ISLI 在我国各个产业领域的开发应用，必将为我国产业转型升级和融合发展产生重要的推动作用。

为了全面反映新闻出版产业关联应用的现状，对目前已经实施或计划实施的项目做一个初步的盘点。

1. MPR 产业转型升级项目

MPR 作为迄今为止全球范围最大规模的关联标识符产业应用项目，MPR 不仅支撑了 ISLI 国际标准的提案和编制，也为我国新闻出版产业发展起到了十分重要的助推作用。

我国于 2008 年启动 MPR 标准化项目，2009 年发布实施了《MPR 出版物》新闻出版行业系列标准，2011 年又发布实施了《MPR 出版物》国家标准。

标准发布后，在原新闻出版总署的部署下即开展了一定规模的宣传贯彻工作。通过宣传贯彻，出版行业对 MPR 有了较深入的认识，并积极参与，大胆实践。2012 年，按照新闻出版广电总局的工作部署，启动了 MPR 新闻出版产业转型升级工作。首先在陕西、河南、广东三省和人民教育出版社（三省一社）展开 MPR 试点工作，经过一年多的试点，总结经验，完善了工作方案。

在前期试点工作基础上，于 2014 年开始进入应用示范阶段，启动了应用示范项目，在全国，已有 20 余家出版机构作为示范单位，形成了对全国出版行业的辐射和带动作用。初步计划到 2016 年，实现基于 MPR 国家标准的生产工具在新闻出版业的广泛配置，推动企业从单一产品形态向多媒体、复合出版产品形态，从产品提供向内容服务的数字化转型升级。基于 MPR 国家标准和技术应用，以编码技术提高内容生产者的资源控制力，以多媒体复合出版产品和服务为中心，由技术、出版、印制、发行等多角色共同参与建设，形成内容、平台和终端多环节的新型数字化出版产业生态圈,初步实现以 MPR 国家标准和技术应用为着力点的媒体融合产业应用,形成了以关联构建为核心要素的全新产业业态。

目前,新闻出版产业转型升级工作进展良好,对产业的拉动作用明显,出版企业积极性高涨,效益增长显著。据 MPR 注册中心初步统计,MPR 复合数字出版已新增品种数千种,年产值超过 10 亿元,并且还在不断快速增长之中。

2. 知识资源服务中心项目

知识资源服务中心由国家新闻出版广电总局主管、中国新闻出版研究院承办,是面向社会提供知识服务的国家级公共服务机构。知识资源服务中心将以 ISLI 作为知识资源关联构建标识符,有效提高新闻出版业知识资源聚合度与知识资源生产供给能力,提供专业领域专家智库完成行业资源的整合汇聚,为构建"国家级知识资源服务体系"提供基础性组织保障,为有效提升国民科学素质、国家文化安全水平,推动学习型社会、创新型国家建设奠定基础。目前该项目已经初步完成了基础研究,将进入实施阶段。

3. 现实增强技术出版项目

由梦想人科技公司开发的现实增强技术(AR)应用于图书出版项目,将以 ISLI 为图文和 3D、4D 模型图像的关联工具构建 AR 出版系统。AR 出版物通过识别纸质印刷的图文,关联相应的 AR 呈现资源,构成了包括图书在内的跨媒体复合应用系统,在科技、少儿等领域有较其他方式更为优越的呈现效果和表现形式。

4. 全球插画师平台项目

助画方略(IlluSalon)借助 ISLI 国际标准对全球插画师资源的标识与整合,逐步形成三大体系,即全球插画师/插画作品评估体系;全球插画师/插画作品动态管理体系;全球插画师/插画作品服务体系。

5. 远程教育师资培训关联应用系统(教育部项目)

该项目系由教育部所属的奥鹏教育机构申报立项的关联应用项目。该项目旨在通过对教育资源的关联应用,为我国基础教育师资培训提供低成本、高效率、高质量的服务,更好地满足我国基础教育不断增长的对师资队伍质量、数量的更高要求。

6. 对外文化推广关联应用系统（教育部项目）

我国目前已经创办了遍布世界各国的孔子学院，以宣传中国文化，教授他国汉语，培养更多的具有汉语能力的人才，促进两国间的文化、经济交流为宗旨。该项目是在汉语教学推广中以关联为核心，构建复合当地国情、适合当地习惯的汉语教学体系。

7. 文化建设关联应用（文化部项目）

"数字文化建设与服务"项目是由中国国家图书馆承担的关联应用项目，其中包括两个子项目：

（1）数字图书馆工程和数字图书馆推广工程。

（2）文化共享工程和公共电子阅览室建设。

该项目的实施将以关联为核心，将公共信息服务的现代化水平提升到一个新的高度，使更多的群众能够简洁、迅速、优质地得到公共信息服务。

8. 文化传承关联应用（文化部项目）

"中华传统文化数字传承计划（戏曲类）"是由文化部全国公共文化发展中心承担的文化传承关联应用项目。该项目旨在以关联构建为核心，使传统文化中的精华要素通过关联构成一个有机的应用体系，使传统文化的价值得到充分利用，使传统文化得到继承和发扬。

另外，为推动出版产业和信息技术产业融合发展，中国新闻出版研究院与中国电子技术标准化研究院合作，开展了现代物流领域 ISLI 应用研究项目。2016 年 6 月已提交了初步成果。研究报告初稿的前言中对本项目做了如下介绍：

> 近年来，在信息技术的推动下，我国出版业与科技的融合不断加速，出版业在更新理念、创新技术、应用技术、革新模式的过程中，进入了全新的数字化转型升级阶段。出版与科技的融合既是现实话题，也是历史话题，特别在标准化的推动下，出版与科技两个领域的相关元素有机整合，正不断加快囊括信息技术与信息内容两大产业的大信息产业格局的形成。在这种新形势下，加大新闻出版科技标准化与信息技术标准化的业务交流，已经成为推动产业融合发展的一个重要突破口。希望本项目的研究成果，能够为出版和科技行业在网络数据公共服务层的融合应用提供方向和依据。

目前除上述已经应用、正在开发和开展的相关研究工作外，新闻出版和其他产业也在积极采用 ISLI，解决产业中的各种需求。以下项目已在启动过程中：

（1）出版物正版鉴别。在出版物上通过隐形二维码关联到相关鉴别系统，获得被验证版本的版权信息。

（2）物流系统。将相关物流环节和信息通过关联建立简洁、快速的服务应用体系，改善目前的物流管理和物流信息服务。

（3）票据真伪鉴别。利用关联在线数据库方式，对各类票据进行真伪鉴别。

除此之外还有大量的意向性项目正在进行立项初期的可行性研究或方案论证，在此不一一列举。

四、ISLI 的发展前景

关联关系是一种信息与文献和相关领域中不同属性资源之间尚待进一步开发利用的宝贵资源，在现代信息技术环境条件下深入研究和开发关联产业应用，对当前新闻出版产业数字化转型升级和产业融合发展有着十分重要的现实意义。通过对资源关联关系的深入挖掘和关联构建，可以创新产品、创新服务，为出版产业数字化转型升级搭建一条便捷、顺畅的通道。关联中蕴藏着巨大的产业经济价值，进一步深入研究并开发关联标识符的产业应用，将助力我国新闻出版产业以更快的速度实现转型升级。

ISLI 国际标准是我国近年来在探索新闻出版产业数字化转型升级路径和模式过程中产生的一项重要成果。作为 ISLI 国际标准的发源国，我们在关联产业应用方面已经走在了世界的前列。随着关联产业应用研究的不断深入，新模式、新产品、新服务将不断涌现，使我国在产业融合发展中走出具有自己特色的创新之路。ISLI 的深入研究、开发和应用将有助于我国新闻出版产业提升核心竞争力，在未来的国际产业竞争中取得更大的成就。

2016 年 5 月深圳文博会期间，在新闻出版广电总局的指导下，召开了"MPR 国家标准应用示范工作阶段性会议暨 ISLI/MPR 标准与全媒体融合出版技术系统应用者大会"。会上全方位展示了最新研发的以关联标识符为核心的全媒体融合出版技术系统,该系统以出版者为使用主体,以向读者提供最简洁、高效的服务为目标,在完善的授权、健全机制保护下,为出版者提供了完全自主掌控的编辑、制作、发布、销售全流程系统,为产业数字化转型升级提供了强有力的技术支撑。

"一项技术创新有可能催生一个新产业,一项产品创新有可能壮大一家小微企业,一项模式创新有可能开辟一片新天地。""创新是新闻出版行业生存与发展的根基,新理念、新技术、新产品、新模式是数字出版产业可持续发展的关键,是新闻出版企业转型升级的内在动力和外在标志。"[①]在我国出版和相关领域科研工作者的不懈努力下,ISLI 的理念和关联标识符的创新产业应用已经展现出了良好的发展前景,我国已经成为全球新闻出版产业关联应用的引领者。新闻出版业"十三五"科技发展规划总体思路已经明确提出,要大力推进 ISLI 标准在国内外的产业应用。以 ISLI 国家标准发布为契机,应大力开展 ISLI 标准的宣传贯彻工作,广泛宣传 ISLI 标准的理念和实际应用,引导新闻出版企业利用 ISLI 创新产品和服务。"十三五"将是关联产业应用快速发展的黄金时期,ISLI 将助力我国出版产业早日实现转型升级,走出产业创新发展的中国特色之路。

(人民教育电子音像出版社　蔡　逊)

参考文献

1.《ISO 17316:2015 International Standard Link Identifier (ISLI) 国际标准关联标识符》。

2.《GB/T 27937.1 MPR 出版物　第 1 部分:MPR 码编码规则》。

3.《ISO 导则》。

4.《ISLI & OID 标识符在现代物流领域的推广应用研究(初稿)》。

5.《ISLI 综合标准体系表研究报告》。

6.《ISLI 与现有标识符互操作规则及模式预研究报告》。

7.《ISLI 使用手册》。

[①] 《融合发展是新闻出版产业做大做强的必由之路——访国家新闻出版广电总局数字出版司司长张毅君》http://www.cien.com.cn/content-133491.html。

CNONIX 国家标准应用实施工作

我国新闻出版业正处于完善体制改革，实现机制创新、技术升级和生产方式转型的重要时期，传统出版和发行方式正遭遇新技术、新媒体、新传播渠道的挑战。因此，标准化和信息化可以作为进一步提高产品质量、服务和管理水平、工作效率，促进事业发展的重要手段。

CNONIX 国家标准不仅是出版物发行标准体系中基础核心关键的标准，而且对加快出版与科技的深度融合、构建现代出版供应链体系、推动新闻出版产业转型升级具有重要意义。

一、启动 CNONIX 标准制定

基于图书 ONIX 标准在全球书业上的重要影响，结合我国出版发行业迫切需要解决出版物产品信息共享的现实问题，全国出版物发行标准化技术委员会（以下简称"全国发行标委会"）依据采标政策，在新闻出版广电总局的指导下，于 2009 年向国家标准化管理委员会提出拟采用国际图书 ONIX3.0 标准制定我国 CNONIX 国家标准的项目申请，11 月底获得批准，列入 2009 年第二批国家标准制修订计划。项目主要承担单位为中国出版集团公司、浙江省新华书店集团有限公司、中国建筑工业出版社、中国科技出版传媒股份有限公司、人民邮电出版社、上海世纪出版股份有限公司、中国标准化研究院、中国电子技术标准化研究所等。2010 年 7 月，CNONIX 标准制定工作正式启动。

二、加入 EDItEUR 国际组织

为保障 CNONIX 国家标准制定的顺利进行，贯彻实施"走出去"战略，

2011年，经新闻出版广电总局外事司同意并报外交部批准，全国发行标委会作为中国国家工作组代表正式加入ONIX标准维护管理机构——EDItEUR国际组织成为会员，并参加了国际ONIX国际指导委员会（ISC），积极争取国际ONIX标准的表决权、话语权。

三、推进标准研制

2012年，总局数字出版司启动了关于推进CNONIX标准应用的调研工作。发标委先后组织六批专家走访调研了三十多家出版、发行、图书馆等有关单位，最后形成了《中国出版物在线信息交换应用与推广工作调研报告》。在此基础上，总局数字出版司会同财政部文资办、总局产业司等有关部门进行了论证，形成了从试点到示范，最终到推广的三步走推进策略，确定由总局论证并推荐有基础的、有积极性、有合作协同意愿的单位向国家财政部立项并申请有关资金扶持。

2013年，按照CNONIX国家标准应用与实施的需求，发行标委会牵头组织各有关单位在基于CNONIX标准的电子单证、采集规范、机构分类等方面开展新的研究工作，这 系列标准都将围绕着CNONIX国家标准形成一个丰富的CNONIX应用与实施的规范体系。

四、标准颁布实施

2013年6月和12月，CNONIX行业标准和国家标准分别获得新闻出版广电总局、国家标准化管理委员会的批准。其中CNONIX行业标准为方便使用，共分为三个部分，于2013年8月举行了首发式，国家标准于2014年7月1日正式实施。出版的CNONIX标准保持了国际图书ONIX标准数据元素、代码表架构不变，屏蔽了ONIX发展的痕迹和不合国情的数据元素，申请增加了适应我国国情的代码。

五、成立支撑机构

标准制定完成后，全国发行标委会委托北方工业大学启动了配套的标准实施指南编制工作，2013年3月双方共同成立了"中国ONIX标准应用研发联合实验室"，作为我国在线信息交换标准的技术研发基地，积极组织业内有关单位参与标准应用示范项目申报和研究工作。

CNONIX联合实验室不仅更好地同步了国际ONIX标准，满足了CNONIX国家标准各应用单位的技术需求，并多次组织专家研究有关CNONIX的定期审查机制、动态发布机制、动态维护工作流程、动态维护的基本内容以及CNONIX核心数据项等工作。目前，实验室已经完成22家示范单位的数据样例的采集与符合性测试工作，同时这些数据也得到了国际ONIX组织的验证和通过。

按照总局数字出版司的要求，决定2016年正式组建动态维护机构。目前全国发行标委会正在草拟有关建设方案和工作计划。

六、建立应用试点

2013年，按照产学研用相结合的原则，形成了中南传媒湖南省新华书店、发行标委会、北方工业大学和北京中启智源公司的四方合作协议，以中南传媒为试点，确立了行业首家CNONIX应用试点单位。同时正式向财政部提交了项目报告书。

2014年1月，全国发行标委会邀约了行业内具有一定影响力和代表性的12家出版发行单位、技术公司作为CNONIX标准应用与推广战略合作单位，战略合作单位在"提供信息、数据交换、应用研究、推广示范"等方面积极发挥本单位的组织优势、资源优势，为实现我国书业数据信息的管理、整合、共享与分析，搭建"走出去"战略国际化信息通道做出了有益探索。

七、开展宣传培训

2013年8月、2014年1月、2016年1月发行标委会结合大数据时代下的行业背景，以CNONIX标准应用为主题，在北京举办了三期全国出版物供应链论坛。2013年、2014年论坛期间还邀请了国际ONIX组织的首席技术专家出席会议，并与行业内各有关出版发行单位进行了沟通，使更多的单位了解到国际ONIX标准应用的现状和发展趋势。2016年论坛紧紧围绕总局提出的"新闻出版数据体系构建"的总体目标，围绕"共享共治、关注出版业数据治理，构建数据资产"的主题进行了沟通研讨，在总局数字出版司的支持和全国出版物发行标委会的指导下，CNONIX应用示范单位及相关单位自发组建了出版业数据治理行动推进工作组，24家出版发行支持单位现场完成了倡议书的签约。

2014年和2015年，在总局数字出版司的指导下，发行标委会开展了一系列CNONIX标准的培训宣传贯彻工作。先后在北京、山东举办了7期培训班，累积培训人次700次，参会的出版单位、发行单位、技术公司及其他相关企业110家。

2014年8月和2015年8月北京国际图书博览会BIBF期间，发行标委会在展会上举办了CNONIX标准宣传展和CNONIX应用示范成果展。2014年宣传展上推出了CNONIX专刊杂志，在现场走访了近200家国内外出版单位，使得更多的出版企业认识到CNONIX标准的重要性，为下一步的应用推广打下了基础。2015年成果展检阅了近两年来行业各应用示范单位在CNONIX国家标准实施工作中的发展成就，对新闻出版数据体系建设具有里程碑的意义。展览内容包括CNONIX工作历程、国际ONIX标准的研究成果、CNONIX应用示范标准体系规划、相关政策解读、总局关于应用示范的工作部署等。

八、重要进展

通过借鉴国际通用和成熟完善的图书 ONIX 标准，结合我国国情，CNONIX 标准实现了图书产品数据信息的一次制作、多次多方应用，其对新闻出版业的重要影响不言而喻。为了更好地贯彻实施 CNONIX 国家标准，实现规范引导出版行业信息化建设，对出版业全产业链上各环节的信息进行整合，构建出版物信息数据交换平台，打造出版业综合性信息服务平台体系的目标，总局数字出版司经过两年的努力，协调中宣部、财政部以及各有关部门，在营造应用和实施 CNONIX 国家标准的政策环境和重大国家项目上取得了一系列进展。

2014 年年初，国家"中央文化企业数字化转型升级"项目中，首先明确将 CNONIX 标准列入了央企转型的重点标准，同时在即将启动的二期项目中，还提出了采购基于 CNONIX 标准的软件工具的要求。央企转型项目正式开启了 CNONIX 国家标准在行业应用的帷幕。

2013 年，加强 CNONIX 标准的应用推广被列入了新闻出版广电总局新闻出版改革发展当年重点工作内容之一，2014 年 3 月，中宣部、新闻出版广电总局和财政部三部委联合发文《关于推动新闻出版业数字化转型升级的指导意见》，支持 CNONIX 国家标准的应用推广工作被列为 2014 年度文化产业发展专项资金申报项目的首项工作内容。2014 年至 2015 年，行业内已有十三家单位获得财政部文资办有关 CNONIX 标准应用的资金扶持，财政扶持资金达 1.37 亿元，地方扶持资金达 620 万元，撬动企业资金 3.5 亿元。

2014 年 9 月，新闻出版广电总局启动了"十三五规划"的软课题研究工作，其中"物联网课题组"以及"云计算课题组"都分别在草案提出了构建基于 CNONIX 国家标准的行业信息平台建设工作。

2014 年 10 月，印发的《深化新闻出版文化体制改革实施方案》中，提出了五个重点方面的改革任务，其中明确提出建立全国统一的出版产品信息交换平台，着力推动出版信息标准化建设。

2014 年 11 月，《国家复合出版工程》招标工作启动，在涉及信息数据采集、传递等分包方案中，也明确提出必须按照 CNONIX 国家标准的要求执行。

九、应用示范工作

按照总局数字出版司的"统一标准、统一工具和统一平台"的三统一建设原则，2014年12月，CNONIX国家标准应用示范工作正式启动。总体目标是全面部署产业链上各协同单位的信息交换与服务工作，构建基于CNONIX国家标准的数据服务体系，实现行业上下游之间统一的信息传递与共享，形成以政府、公共服务机构、市场化服务机构、新闻出版企业参与的信息数据服务生态圈，从而促进生产、销售、监管等各产业环节信息价值的提升。

示范工作开展以来，取得了一系列的进展。目前，各示范单位围绕着标准进行了出版端系统改造、出版与发行环节数据采集、加工与交换、规范化数据整理等工作内容；各技术服务商完成相应工具的改造与研发，并在行业内进行部署。

遵循CNONIX国家标准，应用示范工作相继推出了一系列项目标准。2015年6月试点示范标准项目正式启动，共计19项标准，其中试点标准10项，示范标准9项。发行标委会按照总局要求，组织了行业22家示范单位和7家技术服务商共同参与完成。目前，19项标准均已完成专家评审，进入报批工作。试点示范标准的发布将指导具体工作的实施，为CNONIX实施工作提供规范性、技术性指导。

十、社会效益和经济效益

（一）社会效益

经过三年的标准应用实施，特别是应用单位的实践证明，CNONIX国家标准成功地解决了困扰出版业多年的出版物信息重复制作，消除了图书申报、出版、发行和市场等信息孤岛问题，对出版业全产业链上各环节的信息进行整合，促进了出版物信息的顺畅流通，逐步实现了全产业链的信息共享。各示范

单位一致认为,CNONIX国家标准适用于我国出版发行行业的现状。标准的应用示范成果体现在以下几个方面:

1. 支持宏观调控科学化,推动政府治理精准化

CNONIX国家标准的应用实施,能够加强出版发行数据资源的整合与共享,最大限度地进行数据资源的开发利用,帮助政府直观地了解行业情况,从行业信息化全局出发,统筹做好整体规划和顶层设计,实现资源优化配置、信息互联互通、政务公开透明,切实加强和改进出版发行市场监管,维护出版发行市场正常秩序,促进出版发行市场公平竞争,为行业信息化跨越式发展奠定坚实基础。

2. 创新出版单位服务模式,推动出版产业高速发展

通过CNONIX国家标准的实施,为出版发行单位创新服务模式、扩展内容传播渠道、为拓展新技术新业态提供可靠、准确的数据保证。针对出版物选题数据、出版物发行流通过程数据,挖掘出版大数据价值,也将推动整个中国出版产业提升经营能力,促进产业升级、繁荣发展出版文化,从而帮助中国文化产业大发展大繁荣。

3. 促进出版发行产业创新驱动和融合发展

CNONIX国家标准的实施对于我国出版发行产业、出版信息化产业都具有重大和深远的战略意义,增强了出版界的行业影响力、话语权和控制权,帮助传统出版迅速向数字出版、新媒体介质出版融合升级,抢占下一个传统文化行业与信息行业跨界合流衍生形成的全媒体产业高地。

4. 推动中国出版走出去提升国家软实力

在文化市场、文化资源和文化阵地的激烈争夺下,CNONIX国家标准的普及和应用,提升了中国出版物信息服务能力,促进了与国外出版行业的对接,繁荣出版物出口,提高中国在国际文化传播中的影响力;将CNONIX国家标准内容转化到国际ONIX标准中,有助于中国文化在世界范围的传播,提升国家软实力。

(二) 经济效益

CNONIX国家标准的应用与实施,解放、释放了出版与发行企业的生产力与传播力,提高了出版业生产效率,增强了出版业内生动力,从而推动了以市

场需求为导向的转型升级，取得了重大的社会经济成果。

目前，国内出版发行行业应用 CNONIX 国家标准的经济效益已初见成效，主要体现在以下几个方面：

各示范单位积极申报财政部文化产业专项资金关于 CNONIX 标准应用项目，形成良好的示范规模。

经总局数字出版司与财政部文资办商议，确定将 CNONIX 国家应用示范工作纳入到财政部支持范围。由总局组织相关单位提出应用示范项目，纳入到 2014 至 2016 出版业数字化转型升级项目中，由文化产业发展专项资金予以扶持。

1. 按照 CNONIX 标准转化数据，进行数据的清洗与加工

以往的出版单位、发行单位、书店和电商都在对出版物信息根据各自需求做信息化加工，严重造成了人力物力的浪费。CNONIX 国家标准的应用实施规范了出版物信息加工标准，其中江苏凤凰出版传媒公司开发完成 CNONIX 数据转换平台，并进行了历史数据的清洗工作，加工完成 CNONIX 格式数据 68 万条；浙江新华书店打造完成了出版物标准基础数据库，实现初编 300 万条，精编 170 万条，CNMARC 数据 185 万条。此外，平均每家单位按照 CNONIX 国家标准加工新书品种数近 21 万种，占全年新书总量的 87.5%。

2. 社店信息对接，全面实现行业数据共享

目前，在示范范围内已经实现上下游数据交换的有 5 家，分别是建工社、化工社、外研社、人民邮电出版社、科学出版社；研究启动社店对接工作的有 2 家，分别是社会科学出版社和高教社。全行业社店对接数量达到了 80%，有效解决了出版产业链上下游信息对称，避免了信息重复加工，提高了行业生产效率。

3. 数据交换平台建设，全面实现信息系统互联互通

目前实现数据交换平台建设的有 4 家，分别是江苏凤凰出版传媒股份有限公司、浙江省新华书店、四川新华文轩公司、中南传媒湖南省新华书店。其中，新华文轩的供应链协同平台已经与 750 家出版单位开展业务；江苏凤凰出版传媒的社店通平台实现了 830 多家出版单位的数据对接工作；浙江省新华书店信息交换平台实现对接的单位为 1 344 家；中南传媒湖南省新华书店的 B2B 平台对接用户为 1 142 家。

（三）成本节约

在 CNONIX 国家标准推广实施的两年中，平均每年每家单位节约成本约为 980 万元，由此推算，在示范规模下，成本节约高达 1.96 亿元。

至此，在我国，CNONIX 应用示范工作取得较为注目的成效，逐步形成了从试点到示范，最后到推广应用的三步走战略，逐步形成以试点覆盖区域，由区域辐射全国的行业应用格局，为下一步产业化推广奠定了基础。

（全国出版物发行标准化技术委员会　陈银莉）

绿色印刷行业标准的研制与实施

一、绿色印刷的基本概念

绿色印刷是指采用环保材料和工艺，印刷过程中产生污染少、节约资源，印刷品废弃后易于回收再利用、再循环、可自然降解，对生态环境影响小的印刷方式。绿色印刷标准体系的建设有丰富的含义，包含多个方向的内容。绿色印刷既包括印刷产品本身的环保性，也涵盖印刷企业在加工制造印刷产品中承担的保护环境的社会责任，绿色印刷标准体系的建立既包括绿色印刷产品标准，也包含绿色印刷企业标准的建设。绿色印刷产品标准制定，包含对印刷成品重金属的限量要求，对材料、辅料、加工工艺的要求，以及印前、印中、印后各环节中材料处理、废水、废物、废气的排放要求，成品回收等。印刷产品的生产，从原辅材料的采购开始，即印前、印中、印后三个生产环节都达到环保具体指标要求，才能称其为"绿色印刷产品"。

二、绿色印刷标准概述

（一）主要标准

（1）《绿色印刷 标准体系表》（制定中）；

（2）CY/T 129—2015《绿色印刷 术语》（2015年3月颁布）；

（3）CY/T 130《绿色印刷 通用技术要求与评价方法》多部分标准，按照印刷工艺进行分类。包括但不限于以下部分：第1部分 平版印刷（CY/T

130.1—2015，2015 年 3 月颁布），第 2 部分 凹版印刷（制定中），第 3 部分 凸版/柔性版印刷（待制定）和第 4 部分 孔版印刷（待制定）；

（4）CY/T 131—2015《绿色印刷　产品抽样方法及测试部位确定原则》（2015 年 3 月颁布）；

（5）CY/T 132《绿色印刷　产品合格判定准则》多部分标准，按照印刷品类型进行分类。包括但不限于以下部分：第 1 部分 阅读类印刷品（CY/T 132.1—2015，2015 年 3 月颁布），第 2 部分 包装类印刷品（制定中）。

（二）标准制定原则

（1）充分考虑标准的前瞻性、先进性，对行业能起到引领和导向作用；

（2）在借鉴、消化和吸收国际国内相关标准的基础上有所创新；

（3）在可操作性和可验证性方面，能满足企业进行自我提升、自我声明以及认证等多种形式绿色印刷合格评定的需求；

（4）标准制定本着急用先行、分步实施的原则，重点解决基础性标准和绿色印刷推进过程中有关抽样、检验及判定依据标准。

以 CY/T 130.1—2015《绿色印刷 通用技术要求与评价方法　第 1 部分：平版印刷》为例，制定过程中以国内现有绿色印刷标准（例如 HJ 2503—2011《环境标志产品技术要求 印刷 第一部分平版印刷》）为基础，结合国外先进的绿色印刷标准（例如日本印刷产业联合会"胶版印刷"绿色标准（2006 年修订版））的内容进行制定；"可操作性"体现在本部分的技术要求按照印刷工艺流程分类为：原辅材料采购、平版印刷工艺过程（印前、印刷、印后加工、交货）和企业环境保护管理六部分分别加以描述，所涉及的绝大部分技术参数和指标可根据使用量（百分率形式）的多少进行量化和追溯；"整体性考核"原则规定在使用过程中企业应根据自身状况，选出全部实有考评项，要求所有的实有工序和项目皆应纳入考评范围，并按照原辅材料采购、印刷过程（印前、印刷、印后）加工、交货和企业环境保护管理分模块进行考评，并提出"绿色达成度"的概念。方便各种规模、各种业务范围不同的企业合理使用本部分；"具有引导性"即对现有的工艺技术和材料按照环境保护贡献度进行分类，分为鼓励项目、禁止项目和既不禁止也不鼓励项目三类，前两者纳入绿色印刷的考核范围。其中，绿色考核的鼓励项目又按其程度（用基础分值差异来体现）分为：全部绿色、部分绿色和对禁止项的替代项目，从而引导印刷企业进行转型升级和技术水平提高。

（三）与国内其他现行绿色印刷标准的比较

以 CY/T 130.1—2015 与 HJ 2503—2011 为例，说明两者的异同：

（1）CY/T 130.1—2015 是重点考察已经颁布十余年且较为成熟的日本"胶版印刷"绿色标准的实施情况，在国内现有标准 HJ 2503—2011 的基础上发展出来的，与其相比，CY/T 130.1—2015 更注重整个新闻出版行业系列绿色印刷标准体系的建设，重点关注印刷生产过程的绿色化，将对印刷产品的评价部分，交由系列绿色印刷标准中的其他部分进行规范，对印刷过程的绿色程度的规范更细致，更具有可操作性。

（2）指标的评价方法不同：按照使用率进行分值分配的方法代替 HJ 2503—2011 百分制评分方法、评价结果以"绿色达成度"代替 HJ 2503—2011 合格线的评价方法，使标准的实施具有更大的弹性空间，也更有利于引导整个行业逐步实现绿色化。

（3）指标的具体内容有调整：保留 HJ 2503—2011 对指标类型的分类方法（资源节约、节能、回收利用）和部分技术指标，增加新的绿色印刷相关技术指标，增加了对企业环境保护管理方面的指标要求。

（4）没有对印刷企业的"绿色达成度"规定"一刀切"的合格线标准，而是可以在行业的具体管理制度中加以规定。因此在标准的使用过程中可充分考虑各种地区差异和实施现状，以满足行业绿色印刷阶梯式发展的需求，逐步引导整个行业向绿色印刷方向进行全面转型升级。

三、对企业和产品的主要要求

以已经正式颁布的 CY/T 130.1—2015（平版印刷）和 CY/T 132.1—2015（阅读类印刷品）为例加以说明。

（一）主要污染源分析及应对策略

平版印刷是工序众多、涉及材料广泛的印刷方式。因此，要实现工艺的绿色化，首先必须了解工序中的主要污染源，并提出相应应对措施。

1. 在印前制版过程中的主要污染源和应对策略

主要污染源为胶片、传统 PS 版、CTP 版的化学显影剂和定影剂的废液（其中含有对人体和环境有害的化学物质，属于危险废液）等。

应对策略是采用免处理 CTP 或低化学处理 CTP 制版工艺和材料，或采用废液浓缩技术进行废液减量和废水循环利用等。

2. 在印刷过程中的主要污染源和应对策略

（1）油墨。

应采用符合环境保护需要的油墨；对于含有有机溶剂的热固型轮转胶印油墨，在使用过程中，含有 VOC 的干燥废气需要使用 VOC 排出处理装置（二次燃烧装置）经过燃烧的无害化处理后才允许排放；针对金属废墨罐这种危险固体废弃物的产生量减少和处理，可以采用中央管道集中供墨系统，由专业公司统一回收处理废墨罐。

（2）纸张。

纸张是印刷中使用最多最广泛的承印材料，从环境保护方面来分析，纸张的环境保护关系到整个产业的环境保护问题。因为大部分造纸的纸浆来源于森林中的树木，纸张含木材纤维越高则意味着砍伐森林木材越严重，会造成森林面积锐减、环境恶化。

应对策略是鼓励使用通过可持续森林认证的纸张，鼓励使用废纸浆占 30% 以上的纸张，鼓励使用非木浆含量 50% 以上的纸张等。

（3）润湿液。

醇类作为润湿液的辅助添加剂，可大为减少水的用量，避免了因水过量引起的纸张变形和油墨的过量乳化问题，并可较大提高印刷效果。但是，由于醇类在使用和保管过程存在着安全隐患，挥发后产生微毒和不良气味，会对人体健康造成有害的影响。

应对策略是采用无醇润湿液或低醇含量润版液（异丙醇浓度 <5%）进行印刷，进一步可以采用无水印刷这种更符合环境保护的平版印刷工艺。

（4）印刷机清洗剂。

常用的清洁溶剂包含大量的有机溶剂，在使用过程中污染环境，影响危害人体健康。

应对策略是采用低 VOC 排放的清洁剂，配备胶印机自动清洗橡皮布系统（配备废液循环系统），密封废擦机布容器与洗车水容器以抑制 VOC 挥发，印刷设备清洁抹布通过专业机构集中回收等。

（5）喷粉。

在单张纸印刷过程中使用的喷粉会导致印刷机的磨损，污染车间环境，影响人体健康。

应对策略是采用植物型喷粉，加装喷粉收集装置等。

（6）印刷机的噪声问题。

在印刷过程中，印刷机的高速运转，加上输纸和收纸采用大量的吹气和吸气操作，卷筒纸印刷机的联机折页等，产生非常大的噪音。

应对策略是采用压缩空气集中供应管理，采用中央真空泵闭环系统，给轮转车间加装隔音吸音材料及双层门窗，以及给轮转机械设置防音盖罩等措施抑制噪声的影响。

3. 在印后加工过程中的主要污染源和应对策略

（1）覆膜。

覆膜会给环境带来污染：一是覆膜工艺中的黏合剂如果使用有机溶剂类胶黏剂，会产生大量的 VOC 排放，污染环境、危害人体健康；二是覆膜后的制品由于存在塑料薄膜而无法完全降解，成为白色污染，并造成资源浪费。另外覆膜后的产品中还会残留有害物质，对消费者也会产生不良的影响。

应对策略是覆膜采用水基胶黏剂，推广预涂膜工艺，使用可降解的薄膜材料或采用环境保护型上光工艺替代覆膜工艺等。

（2）油性上光材料。

油性上光材料的稀释剂主要是甲苯，而甲苯是有毒的挥发物质，人体一旦吸入一定量的甲苯会导致呼吸系统和血液系统病变。因此，油性上光工艺不符合环境保护的要求。

应对策略是采用环境保护型的水基上光油替代溶剂型上光油。

（3）溶剂型黏合剂。

黏合剂材料是包装印刷行业的主要污染源之一。溶剂型黏合剂的排放会造成严重的环境污染问题。

应对策略是采用环境保护型的水基胶黏剂。

（4）印刷后的废物材料。

目前印刷包装中的废弃物主要包括废纸、废塑料、废墨、废墨罐、废抹布、废印版、废化学溶液等。

应对策略是对印刷后的废物材料进行分类、回收和再利用。

（5）印后加工设备的噪声问题。

高速、自动化生产的印后加工设备、气泵等会发出很大的噪声污染。

应对策略是建立针对设备环境负荷（如电力、噪声和排放等）的评估方案并落实持续改善措施。

（二）对平版印刷企业的要求

1. 印刷原辅材料的要求

印刷企业不仅作为印刷产品的制造者，同时也是纸张、油墨等各种相关材料的消费者。印刷企业在生产经营时，应积极主动选择重视实施环境保护措施并具有社会责任感的材料供应商和环境保护型原辅材料。

（1）油墨、上光油、橡皮布和胶黏剂等原辅材料中邻苯二甲酸酯类物质的限制要求。

邻苯二甲酸酯是一种增塑剂。有研究表明邻苯二甲酸酯对人体和动物存在不同程度的危害，是全球性的环境污染物。为确保安全，欧盟1999/815/EC、2005/84/EC 邻苯二甲酸酯增塑剂指令，美国 H. R. 40402008《美国消费品安全改进法案》、美国加州众议院 AB1108 法令等都对其进行了限制。

（2）润湿液中的甲醇、环己酮物质的限制要求。

供应商提供不添加的声明文件。

（3）洗车水、橡皮布清洗剂中甲苯、二甲苯的含量的限制要求。

含量总和应符合 CY/T 87—2012 表 1 中的 B 类指标。

（4）胶黏剂的限制要求。

绿色印刷要求禁止使用溶剂型胶黏剂，从而极大减少胶黏剂在生产过程中的 VOC 排放可能性。水基胶黏剂有害物质限量应符合 CY/T 87 的要求。

（5）胶印油墨的限制要求。

应符合 HJ/T 370 中的环境保护技术要求。油墨对环境的污染问题主要来源于两个方面，一是重金属，二是有机溶剂。重金属主要来源于油墨制造过程中所使用的颜料，有机溶剂是 VOC 排放的根源之一，主要来源于油墨的连结料中。标准中对胶印油墨中的苯类溶剂、重金属、挥发性有机化合物、芳香烃化合物、植物油提出了控制要求，从而可以有效减少油墨对环境的危害和对人体健康所造成的影响。

（6）上光油的限制要求。

溶剂型上光油属于危险品，生产制造过程中会产生大量 VOC 排放污染，因此必须被限制，绿色印刷要求禁止使用。

上光油有害物限量应符合 HJ/T 370—2007 表 2 中苯类溶剂的要求，即苯类溶剂含量≤1%。

（7）纸张的要求。

① 可持续森林认证要求。

纸张是印刷过程中消耗量最大的资源，也是造成森林砍伐的主要原因之一，森林的过度消耗会造成全球性温室效应等严重的环境问题。使用通过可持续森林认证的纸张，可以减低对环境资源的损耗。使用通过可持续森林认证的纸张，是指使用通过了中国森林认证（CFCC）、可持续森林认证（FSC）或泛欧森林认证（PEFC）等森林认证体系的纸张。

② 废纸浆占 30% 以上的纸张（再生纸）要求。

中国是森林覆盖面积较低的国家，造纸的木材纤维资源相对匮乏，如何提高纸张中纤维的再利用率是重大的环境保护问题，使用再生纸则是一种较好的解决方案，它是以废纸为原料，经过分选、净化、打浆和抄造等十多个工序生产出来的纸张可以减少森林消耗。

本项要求是鼓励使用回收废纸浆占纸浆总量 30% 以上所制造出的再生纸张进行印刷。

③ 非木浆含量 50% 以上的纸张要求。

鼓励使用非木浆纤维制造的纸张同样可以有效降低对森林的砍伐数量。

④ 不含元素氯漂白（无元素氯漂白或全无氯漂白）处理纸浆的纸张要求。

在制造白色纸张时需要将纸浆进行漂白工艺处理。如果使用传统的氯化漂白方法则排出的污水会严重影响环境负荷的物质，而且还有可能会产生二恶英。因此纸张漂白工艺需要采用无元素氯漂白方法 ECF 或全无氯漂白方法 TCF。

⑤ 中小学教科书、教辅、作业簿使用不添加荧光增白剂的纸张印制要求。

在纸张中添加荧光增白剂是增加纸张亮白度非常有效的方法之一。荧光增白剂是一种荧光物质，可吸收日光中不可见的紫外光，并将此能量以可见光的形式反射出来，因此可以使纸张显得更白更亮。

荧光增白剂的毒副作用虽然在国际上尚无定论，但过白过亮纸张是影响阅读的光污染的主要原因，有研究表明过白过亮纸张对儿童视力有着较大影响。国内对用于食品和人体直接接触（例如纸巾等）的纸张也不允许添加荧光增白剂。本标准规定在中小学教科书、教辅、作业簿中所用的纸张不添加荧光增白剂成分，以限制其用量和使用范围。

（8）版材的要求。

① 完全免处理 CTP 版材的要求。

普通 CTP 版材在激光制版机上曝光成像后，都要经过化学显影和清水漂洗、上保护胶等处理过程，从而需要相应的显影清洗设备，过程中消耗较多的化学显影液和清水，并且产生污染环境的废液。

完全免处理 CTP 版材在曝光成像后可直接上机印刷，可免去显影和水洗过程，无须显影液和水循环系统，在制版时不产生废液，简化制版流程、提高质量，可实现制版的完全绿色化。虽然完全免处理 CTP 版材本身的成本高于普通 CTP 版材，但同时可节省显影设备投资、显影液和水的成本，节省制版废液排放综合治理的支出，流程简化，从而使制版的综合成本得到有效控制。

② 低化学处理 CTP 版材的要求。

普通 CTP 版材的显影剂是强碱性物质，因此产生的显影废液对环境造成较大影响。

低化学处理 CTP 版材在显影过程中只需要使用弱碱性显影处理液或接近中性的清洁胶进行显影，废液生成量只有普通 CTP 版材的 1/10—1/30，因此能显著减小显影废液对环境的影响，有效降低化学品消耗，很大程度地节约用水，制版质量稳定。目前低化学处理 CTP 版材的耐印力、成像性能和印刷适性等方面与普通 CTP 版材相当。

(9) 润版液的要求。

使用无醇或低醇含量的润版液。不含或少含异丙醇的环境保护型润湿液（例如使用碳酸氢盐作为酒精的替代品）已经成功商业化应用。在必须使用异丙醇的情况下，也应限制其用量，将浓度控制在5%以内。

(10) 喷粉的要求。

使用植物淀粉类型喷粉。植物淀粉类型喷粉在喷粉工艺适应性、环境保护等方面都优于碳酸钙类喷粉。

(11) 装订用胶黏剂的要求。

平装使用聚氨酯（PUR）型热熔胶。其与EVA热熔胶等黏合剂相比具有如下优点：

① 使用EVA胶的温度为170℃，使用PUR胶的温度为120℃，两者加热上胶装置上的功率要求相差约4倍，所以使用PUR更节能；

② 装订同样页数的书刊，PUR胶的使用量只是EVA胶的1/3；

③ 无溶剂，满足环境保护的需要；

④ 黏结工艺简便，适合于滚筒涂敷或喷胶等施胶方法，操作性好，在短时间内即可黏结牢固，适合于快速生产；

⑤ 耐热、耐寒、耐水蒸汽、耐化学品和溶剂；

⑥ 属于反应型交联结构胶黏剂，因此黏结牢固度较高；

⑦ 使用PUR胶装订书册书页间的开合度较高，基本可完全展开，接近于锁线装订方式的书册。

(12) 覆膜材料的要求。

① 薄膜材料使用预涂膜。

预涂膜与即涂膜相比，在覆膜生产现场可完全不使用胶黏剂，大大减少VOC排放。此外，预涂覆膜工艺过程简单，生产效率高，烘干的耗能低，节省能源。

② 胶黏剂采用水基胶黏剂。

目前国内覆膜工艺主要使用两类胶黏剂：溶剂型胶黏剂和水基胶黏剂。其中溶剂型胶黏剂主要使用苯类溶剂，其毒副作用大且存在大量VOC排放，不符合环境保护的要求。而水基胶黏剂具有高固体含量、低黏度、工艺适性好、黏结强度高、无毒无污染和易回收等优点，将全面取代溶剂型胶黏剂。

（13）上光材料的要求。

上光油使用水基上光油。

目前上光油的种类有溶剂型、水基型和 UV 固化型三种，因为溶剂型上光油在使用过程中排放大量 VOC，印刷成品还残留一定的有害物质，在存储和使用过程中存在安全隐患，因此被绿色印刷禁止使用。水基上光油主要由主剂、溶剂（主要是水）和辅助剂组成，具有无色无味、透明感强、无毒性、无 VOC 挥发、成本低、来源广、流平性好（工艺适性好）、成膜性能高、高光泽度、耐摩擦、耐折、耐水、耐热、耐老化、经济卫生等特点。

2. 平版印刷工艺过程的要求

平版印刷工艺过程是本部分标准的重点，规范了印前制版、印刷、印后加工以及交货的过程中的技术要求，每一种工序按照指标类型又划分为资源节约、能源节约和回收利用三大类型。

（1）印前制版工艺过程的要求。

印前工艺按照流程分为图文制作和制版两道工序。

① 图文制作工序使用屏幕软打样技术。

屏幕软打样技术又称虚拟打样技术，它是在显示器上仿真显示印刷品复制效果的打样方法，必须建立在显示技术、颜色管理技术、标准观察环境和专业虚拟打样软件的基础上，通过对显示器进行色彩校正和颜色管理，并以精密的测量设备和软件保证打样质量，最终使样张在显示器上的显示效果与最终印刷品达到一致。

屏幕软打样技术可以大大缩短印刷生产周期、减少重复劳动、减少物料消耗、削减成本、提高效益，而且还带来了一种更为有效的沟通方式以及更有效的生产和流程管理理念，使传统的印刷业务可实现异地分布式模式印刷。

② 制版工序的制版与冲片清洗水过滤净化循环使用或采用无须水洗的制版系统。

清洗水过滤净化循环使用可减少水资源消耗、降低生产成本。

采用无须水洗的制版系统，是在使用过程中完全免除了水洗工序，例如采用完全免处理 CTP 版材的制版系统，可节省显影液、水的消耗，免除废液的处理成本。

③ 制版工序采用废液浓缩技术进行废液减量和废水循环使用。

采用废液浓缩技术进行废液减量和废水循环使用，是使用制版显影液废液净化消减装置，它可将显影液废液经浓缩后分离为蒸馏再生水和浓缩废液的处理装置，能减少最终制版废弃物至原来的1/5—1/8，大幅减少废液的处理量和处理成本，余下被分离出来的再生水可循环使用，能有效节约80%—90%的冲版用水成本。目前显影液废液处理主要采用超滤膜渗透过滤分离技术或减压蒸馏技术等。

（2）印刷工艺过程的要求。

平版印刷工序的技术指标按照纸张类型分为单张纸印刷和卷筒纸印刷两大类，卷筒纸印刷又细分为热固型、冷固型和窄幅三类。

① 单张纸印刷工艺采用无水胶印系统印刷。

传统胶印因为工艺必须使用润湿液，过程中即使使用少量的水和化学原料，也会产生一定量的废液、废气，影响人体健康，污染环境。

无水胶印使用特殊的印版，以斥墨的硅橡胶层（表面层）作为印版的空白部分，制版显影后暴露出来的感光层（底层）作为亲墨的图文部分，使用特殊油墨在一定的温度控制下实现印刷，过程中无须使用润湿液。因而无水胶印免除了水墨平衡控制，避免了润湿液所引起的环境污染，印刷过程稳定性和印刷质量优于传统有水胶印，并可实现快速翻面印刷。

② 单张纸印刷工艺采用压缩空气集中供应管理和废热利用等节能措施。

安装中央空气压缩系统及集中供气网络，取代分散式的空气压缩机供气，增加供气效率、减少环境噪音污染、减少电力消耗。中央空气压缩系统中的主机还可采用变频式工业空气压缩机，进一步降低能耗。空气压缩机工作时产生的废热可采取回收再利用的节能措施。

③ 单张纸印刷工艺采用中央管道集中供墨系统。

"中央管道供墨系统"即通常所说的集中供墨系统，是一种全新的供墨方法：就是将油墨集中供应，并采用管道将所需油墨远距离输送到胶印机台的系统。集中供墨系统可根据用户的使用需求、油墨用量和管理需求等因素要求进行合理配置，采用电子自动称重、仪表自动显示等技术降低油墨浪费与污染。供墨端配备墨量检测传感器以自动控制墨斗中的墨量，可安全、稳定、高效、自动、定量地进行供墨，同时可减轻操作人员的工作强度。

④ 单张纸印刷工艺采用润湿液过滤循环系统。

润湿液过滤循环系统采用过滤技术，对润湿液作联机（或脱机）过滤、去除杂质、循环使用，从而保证润湿液、润湿系统的清洁和稳定，延长润湿液的使用寿命，进而保证印刷品质量的稳定。

⑤ 热固型卷筒纸印刷工艺采用100%设置VOC排出处理装置（二次燃烧装置）并确保其运转。

热固型轮转胶印为了实现高速、高效的印刷作业，需要使用VOC成分含量较高的以挥发干燥为主的热固型胶印油墨。由于挥发干燥时排出的气体中含有VOC和异味，为了避免将未经处理的气体直接排放到空气中污染环境，需要安装VOC排出处理装置。此装置通常集成在热固轮转印刷机中，为了使VOC排出处理装置能够发挥应有功能，需要对其进行定期保养，并确保在印刷生产时，干燥烘箱所产生的油墨废气经过燃烧的无害化处理后再排放到空气中。

⑥ 单张纸印刷工艺采用中央真空泵闭环系统。

安装形成封闭环路的中央真空泵系统取代各自独立的真空泵，由系统统筹调节真空吸力，使整个系统的工作效率得到提高。通过将真空泵搬离车间并建立独立的中央泵机房，并对真空泵机房采用隔音措施，由管道环路输送真空吸力到机台等系统建设，可以有效减低个别独立真空泵处于闲置时所消耗的电力，提高真空泵的工作效率，节约成本（减少独立真空泵数量和维护成本），减少真空泵所产生的热量，降低车间内空调的负荷。

（3）印后加工工艺过程的要求。

按照通用分类方法分为表面整饰、装订和成型加工三大类。

建立针对设备环境负荷（如电力、噪声和排放等）的评估方案并落实持续改善措施，就是根据印后加工设备的产品目录或技术规格说明书中对环境负荷（如电力、噪声和废水废气废物排放等）的内容，以及实际测量等方式，评估设备对环境负荷产生的影响，并采取针对措施持续进行改善。

（4）交货过程的要求。

① 包装材料、捆包材料等的循环再利用要求。

生产过程中涉及的包装材料、捆包材料在印刷产品交付后就成为不需要的东西，即产生了废弃物。为了有效抑制废弃物的产生量，在包装环节应尽可能使用可回收的周转包装箱或集装托板（通用托板）、可再生的包装材料，并注重包装材料的分类、回收和再利用。事先制定完善的废弃物分类回收制度，如保管场地、分类、定期与回收商交易等，另外如果需要，应添置相应的废弃物回收设备，如压缩机、捆扎机、粉碎机等。

② 出货时建立和实施车辆运输负载率管理机制。

公司物流管理部门应根据统筹学原理合理规划送货车辆的分配与行车安排，加强组织管理并形成相应的管理机制。根据送货量、时间要求、里程远近和运输条件等情况，努力做到走最少里程、经最少环节、用最少运力、花最少费用、以最短时间将货物交付客户，尽可能减少车辆运输的空载率和提高利用效率。

3. 企业环境保护管理要求

在环境保护上虽然存在着各种各样的方式和手段，但最基本的还是要落实到各个企业的共同努力当中。为了能够长期有效地推动企业间的整体努力，需要对企业的环境保护管理体制和系统进行相应规范。绿色印刷和环境保护的思想应该体现在企业的日常经营活动中，并融入企业文化建设的范围内。

（三）对阅读类印刷品的要求

结合目前阅读类印刷品的材料选择及印刷工艺等因素，设定需要控制的有害物质种类为：可迁移性荧光增白剂、邻苯二甲酸酯类、可迁移性元素（8 种重金属）、游离甲醛、挥发性有机化合物（16 种 VOC）。

1. 可迁移性荧光增白剂的控制要求

阅读类印刷品与人体直接接触，在阅读过程中，可迁移的荧光增白剂会通过触摸、（儿童）舔食等途径进入人体，对人体健康带来潜在风险。

从绿色印刷对整个行业引导的角度，以及行业目前实际情况，综合考虑了再生纸中废纸浆本身含有荧光增白剂等情况。另外考虑到再生纸在纸张总生产量中占比较高、市场及消费者对纸张亮白度存在的习惯、不同类纸张中荧光增白剂添加量分布存在一定规律、部分彩色印刷品（艺术类画册）本身对纸张亮白度有一定要求、目前的检测数据等相关因素，进行综合分析最终确定可迁移性荧光增白剂指标限量值≤800 mg/kg，较为符合目前本行业的实际情况。

2. 邻苯二甲酸酯类物质的控制要求

通过收集了大量的相关标准，将欧盟、美国、日本、中国对邻苯二甲酸酯类（增塑剂）一项的相关要求进行了比较，最终结合 GB 6675—2014，在实施实验验证的基础上，确定了本部分标准中邻苯二甲酸酯的相关限量指标规定。

3. 可迁移性元素（8 种重金属）的控制要求

锑、砷、钡、镉、铬、铅、汞和硒这 8 种重金属中任何一种都能引起人的头痛、头晕、失眠、健忘、神经错乱、关节疼痛、结石、癌症等。相关指标广泛应用于玩具、日用品当中。本部分标准中所规定的限量指标，与目前所执行的 HJ 2503—2011《环境标志产品技术要求印刷 第一部分平版印刷》保持一致。

4. 游离甲醛的控制要求

阅读类印刷品的制成过程会使用各类的胶黏剂，如覆膜、粘合、复合等工艺或多或少地将引入甲醛。

甲醛为无色水溶液或气体，有刺激性气味。能与水、乙醇、丙酮等有机溶剂按任意比例混溶。它的主要危害表现为对皮肤黏膜的刺激作用，甲醛在室内达到一定浓度时，人就有不适感。大于 0.08m 的甲醛浓度可引起眼红、眼痒、咽喉不适或疼痛、声音嘶哑、喷嚏、胸闷、气喘、皮炎等。新装修的房间甲醛含量较高，是众多疾病的主要诱因。

5. 挥发性有机化合物（16 种 VOC）的控制要求

挥发性 VOC 的危害很明显，当室内 VOC 浓度超过一定浓度时，短时间内人们就会感觉到头痛、恶心、呕吐、四肢乏力；严重时会抽搐、昏迷、记忆力减退。VOC 伤害人的肝脏、肾脏、大脑和神经系统。

本部分标准规定的挥发性有机物限量指标，借鉴了目前绿色印刷认证 HJ 2503—2011《环境标志产品技术要求印刷 第一部分平版印刷》的相关指标。鉴于该指标经过多年实践证明控制有效，且符合印刷行业的发展状况，因此控制限量值与其保持一致。

四、绿色印刷的实施

（一）实施绿色印刷的范围和条件

实施绿色印刷的范围包括印刷的生产设备、原辅材料、生产过程以及出版物、包装装潢及各类印刷品，涉及印刷产品生产全过程。

实施绿色印刷的生产设备覆盖使用平版印刷、凸版印刷、凹版印刷、孔版印刷、数字印刷等印刷工艺及涉及的印刷生产设备。

实施绿色印刷是我国印刷业战略转型的重要抓手，旨在印刷行业建立起绿色印刷标准体系，包括制定符合我国国情的绿色印刷系列标准、扶持引导印刷企业贯彻实施标准的相关政策办法、检验检测方法，建立起覆盖全行业的检测机构体系和认证制度。通过政府政策引导、企业自主自愿贯彻实行标准，通过监测和认证寻求企业符合标准的信息，并以文件化方式自外界表达判定监测获得的结果。

标准是实施绿色印刷的重要评价依据，认证是推动标准实施的工具，而检测方法是有效评价的手段。绿色印刷标准的建立和检测、认证制度建设是一个科学的整体，缺一不可。

（二）绿色印刷产品检测

完善绿色印刷产品监督检测方法和程序，健全检测机构职能是推动绿色印刷实施的又一个重要方面。根据国际惯例，任何一项标准体系是否能够成功在行业或企业建立并实施，最终有赖于第三方检测机构的认定，这就要求第三方检测机构必须具有绝对的权威和公信力。目前我国有10万多家印刷企业，分布在全国各地，这一数量庞大的企业群体要建立起标准化的环保体系是一个巨大的工程，与之相适应的检测机构的配合，对于快速推动绿色印刷标准体系的全面建立将起到至关重要的作用。

（三）绿色印刷认证

绿色印刷认证是实施绿色印刷的重要途径。绿色印刷认证对企业而言本着自愿、公开、公平、公正的原则进行。

开展绿色印刷认证是国家实施绿色印刷的重要手段和方式，这也是国际上通行的做法。印刷企业通过认证，标志着企业在环境保护方面已经达到目前国家实施的环境标准规定的先进水平，是值得社会和政府信赖的印刷产品生产者。对于这些通过绿色印刷认证的企业，一方面政府在采购印刷产品时，如中小学教科书、政府采购等方面可以采取强制手段实施绿色印刷要求，强令这些产品必须在有绿色印刷认证资质的企业印制；另一方面，政府将在"绿色环保印刷体系建设工程"中对通过认证的企业给予支持。

（四）实施绿色印刷基本情况

2010年9月，环保部与新闻出版总署签署了《实施绿色印刷战略合作协议》，标志着我国推进绿色印刷实施工作的正式启动，2011年10月，两部共同发布了《关于实施绿色印刷的公告》，对我国认证绿色印刷做出了基本全面的部署和安排。

1. 2011年为启动试点阶段

标准先行，经过调研和广泛征求印刷企业意见，于2011年3月，环保部发布了《环保标志产品技术要求 印刷 第一部分 平版印刷》（HJ 2503—2011）关于印刷的国家环保标准，标准确定了对印刷产品8种重金属和对印刷产品及生产过程中三废排放的控制标准。通过标准宣传贯彻推广，广大印刷从业人员了解掌握了绿色印刷的基本要求，政府加大了政策支持，鼓励骨干企业积极申请绿色印刷认证，在中小学教科书印刷中率先进行试点。

2. 2012—2013年为深化拓展阶段

陆续制定和发布了《环境标志产品技术要求 印刷 第二部分商业票据印刷》（HJ 2503—2012）、《环保标志产品技术要求 印刷 第三部分凹版印刷》（HJ 2539—2014）等绿色印刷标准，逐步在票据印刷、食品药品包装等领域推广绿色印刷，建立了绿色印刷示范企业，出台绿色印刷的相关扶持政策，基本实现中小学教科书绿色印刷全覆盖，推进了绿色印刷政府采购。

3. 2014—2015年为全面推进阶段

总局主要制定完善绿色印刷系列标准，绿色印刷基本覆盖印刷产品类别，总局还编制了《绿色印刷手册》加强了分类指导，全面推进绿色印刷。十二五末，基本建立起绿色印刷环保体系。

4. 实施绿色印刷取得成效

实施绿色印刷5年来，全行业在绿色印刷理念、环保体系建设、环境改善、条件打造、绿色化等方面都取得了成效。绿色印刷成为全行业共识，并扩展到出版、发行产业链，采用绿色印刷的图书涉及全国35%的出版社，绿色印刷材料供应平台基本建成，基本构建了绿色印刷供应链。2013、2014年两年中央财政专项支持绿色印刷 5 亿元，撬动社会投资 150 亿元。总局培育认定了 95 家印刷示范企业，全国通过绿色印刷认证企业近千家，通过清洁生产审核 200 家。实施绿色印刷促进了产业结构调整和技术升级，加快了传统印刷与数字网络的融合，惠及了民生和青少年健康成长，改善了印刷企业的社会形象，为持续发展奠定了良好基础。

（全国印刷标准化技术委员会　胡桂绵）

DCI 体系及其标准化研究与实践

前　言

在日新月异的数字化、网络化时代背景下，数字作品越来越成为各类作品存在和呈现的新常态，数字作品全面介入社会生活已是大势所趋。数字作品具有复制便捷、传播迅速、数据海量、易于篡改以及隐蔽性强等特点，因此相应的版权保护工作面临着严峻的挑战。面对数字版权保护的难题，世界各国在立法、执法、司法、技术和商业层面进行了不断的创新和突破。通过各国的实践可以看到，法律、技术或商业模式任何一种手段都不能单独解决数字版权保护的问题，综合手段的运用才是最可行的出路。遵循这一思路，作为我国唯一的国家级版权公共服务机构，中国版权保护中心（以下简称中心）经过多年的研究和探索，提出了基于版权登记制度的数字版权公共服务新模式——DCI（Digital Copyright Identifier，数字版权唯一标识符）体系，立足产业需求，顺应发展趋势，力争实现数字网络环境下版权公共服务创新和应用的重大突破。DCI 体系以标准为先导，贯串着相关标准的研究、制定和实施，DCI 体系建设和应用的过程也是 DCI 体系标准化建设的过程。因此，本报告以 DCI 体系的提出、建设和应用为线索，对 DCI 体系标准化研究与实践进行梳理，从标准化建设的角度展示 DCI 体系的基本轮廓。

一、DCI 体系的提出

（一）当前互联网版权保护面临的突出问题

当前，随着数字网络化的发展兴起的数字版权产业在创造巨大社会经济价值的同时，也面临着日益突出的问题，对产业的健康发展乃至文化安全都产生着巨大的影响。

1. 互联网的虚拟性和自由性决定了侵权的低成本与无节制，网络版权侵权问题极大地破坏了原创作者的积极性，损害了数字版权产业健康发展的根基

信息网络传播具有便捷、高重现、易篡改等特点，由于互联网的开放性和互动性以及信息资源的共享本质，作为版权核心的复制权也受到挑战，数字作品不仅可以被很方便、精确、逼真地进行复制，而且很可能被任意删改或者移植，由此引发的盗版行为不仅使作者利益受到严重侵害，也对提升全社会的创造、创新、创作能力产生着负面影响，制约着网络环境下版权产业的健康发展。

2. 数字版权产业缺乏公平、公正、透明的利益分享机制，尤其是著作权人应得的获酬权得不到切实的保障

创新是数字版权产业快速发展的关键和原动力，当前我国的产业环境不容乐观，创作人的创新积极性没有被充分调动起来。根本原因是著作权人在产业链中处于弱势地位，著作权人对其作品在网络的传播情况缺乏透明化的跟踪和了解，利益分配不能透明化、公平化，合法权益得不到保障。这也导致了版权授权的不畅，阻碍了产业发展。当前网络环境缺乏中立、公正、透明的第三方版权费用结算机制，无法保障利益分享的实现。

3. 传统纠纷处理机制无法根本解决侵权问题，快速高效的版权维权机制亟待建立

由于网络版权侵权的便利性和隐蔽性，网络内容极易修改，证据易于灭失，导致侵权行为大量发生。同时由于网络上作品署名通常是缺失或不真实的，这就给权利人的权属证明带来现实困难。侵权案件面临调查取证难、事实认定难、维护权益难等诸多问题。而对侵权证据保全所采用的公证途径，成本过高，维权结果大多是得不偿失，导致众多权利人无计可施，助长了侵权者的违法行为。因此需要创新版权快速维权机制适应互联网时代的版权保护需求。

（二）世界各国互联网版权保护的第二次革命

如何更便捷高效地实现版权确权以解除作品传播的后顾之忧，如何保障版权授权流转过程中产业链各参与者的利益分享，如何建立快速高效的维权机制

为权利人提供更加切实有效的保护，已成为互联网版权保护与治理的核心命题。美国、韩国、法国和新西兰等国家依据互联网版权保护的特点，纷纷通过制度创新、机构创新、模式创新和技术创新应对互联网版权保护的挑战，推动了互联网版权保护的第二次革命，其主要内容如下：

1. 以标识技术为核心的数字版权技术创新成果被广泛采用

由被称为互联网之父的鲍勃·卡恩[①]负责，CNRI研发的Handle系统采用一个分布式名称服务系统，提供基于互联网数字资源唯一标识符的注册和解析服务。美国出版协会以该系统为支撑建立的DOI体系，已经在美国和欧洲国家得到了广泛应用。在法国，HADOPI采用了创新的指纹技术，由版权人提供作品唯一指纹，形成作品指纹数据库，并要求网络服务商安装指纹甄别系统，通过指纹锁定作品的权利状态、使用情况和非法上传/下载行为，从而建立了扼制网上侵权盗版行为的有效防线。

2. 更加重视和充分发挥版权登记制度的版权确权等基础性作用

版权登记制度是指作者或者其他权利人将版权产生或变更的事实向法律规定的国家机关提出申请，法定机关根据申请进行审查，通过之后将这种事实登记在案的一种法律制度。纵观世界各国的版权登记模式，主要有权利取得模式、权利行使模式和初始证据模式三种。以美国为例，美国的版权公共服务主要体现在对版权登记的规定和执行方面，其版权登记虽然不是获得版权的前提，但却是在诉讼中维护该权利的前提，即将登记作为行使起诉权和请求法律制裁侵权行为的程序之一。

在我国，《作品自愿登记试行办法》自1994年发布实施以来，在为解决因著作权归属造成的著作权纠纷提供初步证据，维护作者或其他著作权人及作品使用者的合法权益，推动版权产业健康发展等方面发挥着越来越重要的作用。在我国取得著作权虽然并非必须履行登记备案手续，但登记证书在著作权人授权使用作品和追究侵权责任时能够发挥关键的证明证据作用，这一作用也得到了司法机关和行政管理机关的认可。在以版权为基础的文化创意产业蓬勃发展的今天，版权登记更加凸显出版权公共服务基础设施的作用。因此，需要进一

---

① 鲍勃·卡恩是TCP/IP协议的主要制定者之一，现任美国全国研究创新联合会（CNRI, Corporation for National Research Initiatives）主席。

步探索版权登记在新的数字网络时代条件下更加便捷、普适地支撑版权产业发展的新模式和新途径。

3. 突破传统著作权制度，创新制定更加严格高效的互联网版权规制法案

随着数字技术不断发展，网络上未经权利人许可的"点对点"（P2P）文件共享盗版现象开始在全球蔓延。为解决盗版问题，美国唱片业协会率先与几个主要的互联网服务商（ISP）达成协议，借 ISP 的管理优势向侵犯他人版权、非法进行文件共享的用户发出警告，如果用户继续从事该行为，ISP 将会中断用户的服务，这即"三振出局"的雏形。在韩国、我国台湾地区、新西兰和法国等地都出现了与之相关的立法动态。

2009 年韩国国会通过反盗版法案，新修订的韩国《著作权法》正式实施。本次修法特别设计了"三振出局"模式。我国台湾地区 2009 年新修订的著作权法也引进了三振条款。2009 年法国国民议会通过了《促进互联网创造保护及传播法》（HADOPI 法案），建立了法国特色的"三振出局"模式。根据该法案，法国成立"互联网作品传播及权利保护高级公署"（HADOPI）这一具有法人资格的政府独立机构。2011 年新西兰"三振出局"法案即《版权（侵权文件共享）修订法案》也开始正式实施。

4. 以机制创新为目的的互联网版权保护专门机构的产生

为推进版权保护新法案的顺利实施，加强互联网版权保护的模式创新，法国建立了专门的"网络著作传播与权利保护高级公署（HADOPI）"，韩国重组了韩国著作权委员会，新西兰设立了版权特别法庭，均以专门机构为支撑，推动了利益分享机制的形成，采用快速高效灵活的维权举措，大大增强了互联网版权保护的力度。

通过以上分析可见，进入 21 世纪后，数字网络环境下的版权保护及治理模式亟须重大变革。部分国家和地区开始创新版权公共服务理念，尝试用积极的管理机制及法律制度构建版权治理新模式。这些努力以及取得的成果值得借鉴，但是我们更应该看到，单一地通过法律制度、技术措施或商业模式来解决现实问题还是不够的。融合法律制度、创新技术和商业模式的综合手段的运用才能更好地解决互联网版权治理的一系列难题。

对于我国而言，要在充分借鉴国际上成功经验的基础上，根据国情建立相应的互联网版权治理新机制，为我国数字版权产业的长远发展做好顶层设计。

从版权公共服务的角度，以设立版权保护专门机构为支撑，配合法律制度和版权技术的创新，深入产业内部提供适应产业各类主体、各种运营模式的版权公共服务，构建互联网版权治理的基础设施，应是在新的时代环境下促进版权产业健康有序发展的有效途径。

（三）我国数字版权公共服务新模式——DCI体系的提出

中心作为新闻出版广电总局（国家版权局）直属的国家级版权公共服务机构，一直在谋求数字网络环境下促进我国版权公共服务体系发展的新机遇，以互联网版权公共服务的体系化创新推动版权产业的跨越式发展。经过深入地研究国内外现有相关理论、技术、模式、法规和标准，中心从当前互联网版权保护及治理面临的突出问题入手，提出了以"数字版权唯一标识符"为基础的数字版权公共服务新模式——DCI体系，建立"利益分享机制+快速维权机制"，迎接互联网版权保护的第二次革命。

所谓DCI体系，是以数字版权唯一标识符为内核，以版权综合服务平台的嵌入式服务为基本服务模式，以版权的确权、授权、结算认证与快速维权机制为基本功能，以全国版权基础信息数据库及大数据为支撑的数字版权公共服务新模式。DCI体系以创新的在线版权登记模式为基本手段，为互联网上的数字作品版权分配永久的数字版权唯一标识符并颁发数字版权登记证书，并利用电子签名身份认证建立起可信赖、可查验的认证体系，从而实现数字版权登记、版权费用结算及版权侵权监测取证等基础公共服务。

DCI体系引入具有中立性、权威性的国家级版权公共服务专门机构作为第三方版权服务主体，从产业全局的高度提供数字作品版权登记、版权费结算认证和侵权监测快速维权三大服务功能。DCI体系以数字作品版权登记为基础，以版权登记的证明效力和公示作用为关键，促进产业各主体厘清版权关系，引导产业规范有序发展。在此基础上，还注重解决版权产业链条上的利益分配不公和取证维权困难的问题，相应提供了版权费结算认证和侵权监测快速维权服务，以三大服务功能支撑起网络环境下的数字版权公共服务体系。

上述三大功能的实现，还需要以数字作品版权的唯一标识为核心技术，通过对数字作品版权赋予唯一的编码和标识来实现对作品的识别、监测、跟踪和证明等。DCI体系的顺利实现，还在于这种服务模式对产业的适应性，即在不影响产业基本结构的情况下，以嵌入式的方式接入，逐步推进这一新模式的全面实现。更进一步地，DCI体系可通过将现实世界中的自然人、法人及其他组织及其著作权法意义上作品创作及传播（或帮助传播）行为与网络空间的作品内容之间一一对应起来，完成互联网环境下一体化的版权确权、授权及维权服务体系，形成互联网上版权服务的中枢神经系统，实现全流程、全生命周期的互联网版权治理。

DCI体系的提出，提供了数字网络环境下数字版权标识和版权管理及保护的解决方案，可推动形成以技术和法律的综合性手段解决数字版权问题，进而完善我国数字版权产业健康有序发展的保障体系。因此，DCI体系是互联网版权保护第二次革命的体系化创新，能够有效解决互联网版权治理的一系列难题，带动以版权相关产业的长足发展。DCI体系提出后，中心在国际交流中向鲍勃·卡恩介绍了DCI体系的总体框架，对方对此十分赞赏并表现出了极大的兴趣，认为这是在互联网版权治理领域的又一大创举。

二、DCI体系标准的制定

当前，世界主要发达国家已经将标准的研发和实施提升到国家战略高度，标准已经是全球科技、经济竞争的制高点之一。党的十七届六中全会就明确提出"推进文化科技创新要加强核心技术、关键技术、共性技术攻关，以先进技术支撑文化装备、软件、系统研制和自主发展，重视相关技术标准制定"。如何运用标准化手段引领产业秩序重构，在新的国际竞争版图中拥有更多的话语权，既是我们面临的巨大机遇，也是巨大挑战。

DCI体系是以技术标准为引领、模式创新为动力、技术创新为支撑、机制创新为保障的数字版权公共服务体系。因此，DCI体系标准化建设是引领DCI体系规范化发展的重要支撑，也是促进版权产业快速发展的重要保障，DCI体系的建设要深入贯彻实施DCI体系标准化战略，使我国版权产业在激烈的国际竞争中处于主动地位，实现产业的跨越式发展。

（一）数字版权唯一标识符（DCI）标准

2013年12月中心推动成立了全国版权标准化技术委员会（以下称版权标委会），并承担秘书处工作。版权标委会成立后，立即承接开展了行业急需的关键基础性标准研制工作，重点围绕数字网络环境下的版权服务标准体系进行研究，提出了多维度版权标准体系模型，并攻关完成了《数字版权唯一标识符》等DCI体系关键标准的编制，以及标准应用与符合性验证的基础工具研制工作。经过前期大量的工作，《数字版权唯一标识符》于2015年1月19日经国家新闻出版广电总局发布并实施，是DCI体系的核心标准。标准的编制遵循了实用性、简明性、通用性和可扩展性原则，规定了数字版权唯一标识符的语法结构以及标识符分配的原则和方法，规定了DCI元数据的创建及元数据功能，并确定了数字版权唯一标识符的核心元数据信息，规定了DCI的管理机制，适用于互联网环境下数字作品版权标识符的分配、标识、验证、解析、查询管理等。

《数字版权唯一标识符》的创新之处在于，其明确了DCI是对数字作品版权而不是对作品本身进行的唯一标识。依据该标准，对每一数字作品的版权在进行登记时赋予相应的DCI码，可使互联网上所有经过登记的版权都具有唯一的标识。以此为基础，可以开展版权登记、结算、监测及贸易、信息检索和版权管理等。通过DCI对数字作品版权的标识，运用信息技术手段验明数字作品的版权信息，即可达到明确版权归属的目的，从而实现真正意义上的数字作品版权的网上巡查、跟踪、取证、证据保全等监管工作，为互联网版权治理提供基础设施和公共服务支撑。因此，DCI标准不仅填补了我国版权领域标准的一项空白，在国际上也具有领先水平。

（二）DCI体系系列标准

就DCI体系而言，仅有《数字版权唯一标识符》标准是远远不够的，还需要建立起完善的标准体系，逐步多层次地制定一系列的相关标准，为版权产业提供一系列配套标准的规范与支持。近年来，中心一直致力于推动版权标准化工作，在DCI体系正式提出之前就开展了版权相关标准的研究。随着中心信息化建设工作的开展，在著作权登记系统以及版权公共信息服务平台的建设过程中，制定了大量的业务发展、行业急需以及版权公共服务建设需要的技术标准，对提高版权公共服务及市场服务业务水平，推动中心业务的规范化起到了很好的作用。具体编制的工程标准如下：

著作权登记信息系统建设标准包括：

（1）著作权登记代码集；

（2）著作权登记管理数据元；

（3）著作权登记电子表单规范；

（4）计算机著作权作品登记管理规范；

（5）作品著作权登记管理规范；

（6）著作权登记档案管理规范；

（7）著作权登记管理信息系统数据接口规范；

（8）著作权登记管理信息系统安全管理规范。

版权公共信息服务平台建设标准包括：

（1）版权公共服务基础数据元；

（2）版权公共服务信息分类与编码；

（3）版权公共服务信息系统数据交换接口规范。

DCI 体系正式提出后，得到了科技部等国家有关部委及产业界的高度重视，"十二五"时期中心牵头联合北方工业大学、中科院自动化所、A8 音乐网及九月网等 8 家单位，共同承担了国家科技支撑计划项目——《基于版权的数字内容服务平台及应用示范》。该项目是科技部 2012 年首批启动并下拨资金的 14 个项目之一，为 DCI 体系的全面研发提供了关键性支撑。中心承担的该项目中"第三方版权服务模式与标准研究"课题包括了三项重要标准的制定，分别是：

（1）数字版权唯一标识符标准；

（2）版权信息核心元数据标准；

（3）嵌入式版权服务接口标准。

与此同时，中心还完成了 9 项企业标准的起草制定工作，分别是：

（1）ISRC 与数字版权登记系统数据交换接口规范；

（2）数字作品版权登记电子证书规范；

（3）数字作品版权登记基础数据元；

（4）数字作品版权登记信息元数据规范；

（5）数字作品版权登记业务基础代码集；

（6）平台外部数据交换接口规范；

（7）嵌入式版权服务流程规范；

（8）数字作品版权登记档案数据规范；

（9）数字作品版权登记业务流程规范。

上述标准充实了DCI体系标准化建设的内容，对DCI体系嵌入式的版权标识应用、版权监测取证、版权登记备案、版权费结算认证服务等业务开展具有重要意义。通过已完成以及正在研究各项目中的标准化内容的实施，中心培养了一批既具有版权产业从业经验又具备标准化建设经验以及项目管理经验的专业技术人才，为版权标委会的建设及相关工作的顺利开展奠定了基础。

（三）DCI体系标准化的发展

DCI体系标准化发展的最终目标是建立一个完备的版权标准体系。版权标准体系是一个应用领域宽、覆盖范围广、专业性强的复杂体系，是多项标准组成的有机整体。版权标准体系所包含的标准既具有相互的逻辑关系，又具有各自的层次结构。我们将版权标准体系按照标准内容、标准等级、应用领域、覆盖范围四个维度进行划分，并分别进行分析说明。

从标准内容看，版权标准体系按照版权产业特点可分为：基础类、应用类、单证格式类、技术方法类、管理类、服务类和其他类等七项相互制约、相互作用、相互补充的类别，既便于使用，又避免重复。

从标准等级看，版权标准体系与其他标准体系没有区别，按照标准使用范围可分为：国际标准、国家标准、行业标准、企业标准等。

从应用领域看，版权标准可划分为电子政务、电子商务、公共服务、市场服务等几项内容。电子政务领域包括版权监管等相关标准；电子商务领域包括版权贸易、版权交易结算、版权代理等相关标准；公共服务领域包括版权登记、合同备案、质权登记、版权监测、侵权取证等相关标准；市场服务领域主要包括版权价值评估、版权资产管理、版权投融资、版权产业经济贡献率调研及统计等内容。

从覆盖范围看，可以划分为文化艺术、广播影视、新闻出版等相关类别，涉及的行业不限于新闻出版，还包括了广播影视、文化艺术等多个行业，这是版权标准和现有其他标准最大的不同。在国家"十二五"时期文化改革发展规划纲要中明确提出建设涵盖文化艺术、广播影视、新闻出版等领域的版权公共服务平台和版权交易平台，扶持版权代理、版权价值评估、版权资产管理、版权产业经济贡献率调查统计、版权质押登记、版权投融资活动，推动版权贸易常态化。

在版权公共服务层面，一套规划统一的标准体系有助于我国版权保护机制的健全和发展，确保各类版权公共服务的规范化，提高服务水平。版权产业的发展离不开版权公共服务，而版权公共服务体系的健全和发展，离不开版权标准体系的支撑。建立版权标准体系可以建立统一的版权登记和版权保护的服务规范，使版权公共服务更加透明化，促进版权产业的发展。

在版权市场服务层面，版权中介服务、版权鉴定服务、版权咨询服务、纠纷调解服务、区域版权产业研究及版权价值评估等版权服务都需要独立的标准进行规范，这些标准形成标准化体系，支撑着各项版权服务的顺畅开展，以更好地服务产业发展。

三、DCI体系标准化平台的建设

（一）DCI体系标准化服务模式

DCI体系的基本服务模式是嵌入式，即在不影响产业主体原有业务形态和商业模式的前提下，版权公共服务机构将服务前移，深入产业并以独立于产业链上下双方的第三方身份提供"嵌入式"服务，为产业发展和版权保护提供支撑，促进版权秩序从"事后纠纷处理"向"事前利益分配"转变，创新解决互联网时代的版权治理问题。

DCI体系支持包括各种类型作品及各种版权运营平台与DCI体系基础服务平台对接，为版权运营平台提供快速高效的数字版权登记、授权合同备案、版权验证、登记信息查询等版权服务。进一步通过向多平台的嵌入，为版权确权、交易、质押、取证、维权、执法等提供全方位的支持，为版权保护提供必要的法律、技术和信息支持，从而打造跨领域的标准化版权服务平台。

（二）DCI体系标准化平台的功能

DCI体系是为了适应互联网环境下数字作品传播、使用、管理和保护所产生的版权确权、授权和维权问题提出的整体解决方案。它覆盖了数字版权产业运营的全流程，其功能包含了产业中版权运营的主要关切内容，为各类不同角色的用户提供相应版权服务。因此，其不仅包含了传统的版权确权服务，同时还囊括了创新的版权授权和版权维权服务，整合为以版权确权为基础核心，版权授权和版权维权为延展的完整体系。

DCI体系通过权威性的版权公共服务机构在企业版权运营过程中提供基础性版权服务，强化版权登记，实现版权权属的可验证和版权交易的可追溯，提升版权确权的便捷高效性。通过DCI体系的版权费结算认证服务，实现数字版权产业链各参与主体的利益分享，增强版权人等权利主体对运营主体的信任，提升权利人创作和授权的积极性。通过DCI体系的在线版权监测取证等服务，为权利人提供维权证明及快速维权服务。

DCI体系标准化平台为数字版权产业提供版权确权、版权授权、版权维权等核心服务，对应不同的服务场景和对象，具象化为版权登记、版权合同备案、版权信息查验、分发认证、费用结算、特征提取、监测取证、快速维权功能的有机组合，具体如下：

1. 版权确权服务

指在确认数字作品的权利来源和流转是否清晰合法，使用途径和方法是否符合授权范围。版权确权服务根据权利人类型和版权运营场景的不同，可以分为版权登记和合同备案两种。

当然，版权登记和合同备案是版权确权的基础工作，在实践中还面临着查询核实这些登记和备案信息的问题，因此版权信息查验自然也属于版权确权的一项重要内容。版权信息查验是对版权登记和合同备案的结果提供查询和验证服务，通过DCI码、DCI标可以对公示信息进行查询，通过数字版权登记证书可以进行版权验证。

2. 版权授权服务

指数字作品在分发和使用过程中，针对版权人、版权运营商、消费者等各方进行利益分配，提供第三方的版权交易费结算认证服务，根据不同使用场景和需求分为分发认证和费用结算。

分发认证是指版权人通过版权交易将其数字作品提供给运营平台，在运营平台销售和分发的过程中，通过DCI体系嵌入的分发认证功能模块进行分发验证，以已有的版权合同备案信息为依据，对不同版权人各类差异化许可要求，判断分发行为是否符合授权范围，提供第三方的具有公信力的版权分发认证服务。

数字版权产业中关于版权交易的另一个难点是版权费用结算问题。数字版权运营改变了传统出版的印刷、销售模式，变为多平台投放、多形式展示，让公众用户带来多元化、更便捷的获取和更好的用户体验，但其无形中也加大了版权费用结算的难度。DCI体系提供了一种更权威的费用结算认证功能，以保障和平衡各方的合法利益。

3. 版权维权服务

指依据版权拥有者的申请或委托，监测其版权作品是否在互联网上出现被他人盗版使用，通过DCI体系提供具有证据效力的调查取证文件，以供版权拥有者进行维权。根据数字作品的特点和运营场景，版权维权分为特征提取、监测取证、快速维权三部分。

版权维权服务作为DCI体系在互联网环境下反盗版的重要手段，既可将功能组件嵌入运营平台进行版权监测维权，也可以通过独立监测取证平台实现。其容纳了海量、完备的数字作品特征基因库，可以针对各个类型的主流网站进行盗版监测，并将监测结果整合为证据文件提交给版权拥有者，或由中国版权保护中心提供快速维权服务。

（三）DCI体系标准化平台的架构

1. DCI体系标准化平台总体技术架构

DCI体系标准化平台总体技术架构划分为基础设施层、数据资源层、支撑软件层、SOA服务层和用户层五层，各层协调工作为用户提供WEB方式和嵌入式方式版权服务，通过接口与使用者融合。DCI体系相关标准是整个架构的支柱，贯穿于DCI体系标准化平台的始终。

2. 数据交换机制

DCI体系在数字作品版权元数据库、数字作品版权登记数据库、数字版权费用结算认证数据库、数字作品内容特征数据库构成平台的核心资源数据的基础上，结合数字版权服务业务流程控制，为用户提供相应的服务。

依据DCI体系标准化平台的管理方式，平台数据交换包括：平台用户数据与系统数据中心的数据交换；第三方版权服务单位与系统数据中心的嵌入式方式数据交换；侵权检测系统与系统数据中心的数据交换。

3. 数据指标体系

DCI体系数据资源包括数字作品版权元数据库、数字作品版权登记数据库、合同备案数据库、数字版权费用结算认证数据库、数字内容作品内容特征数据库以及数字作品文件数据。各数据库数据元素属性遵循相应数据指标要求，同时按数据的逻辑关系在数据库中构建数据，使各数据库之间数据建立起有机联系，为数字版权管理服务提供支撑。

各数据库中数据不是孤立存在的，相互之间存在逻辑关系，数据描述严格按数据规范标准进行描述，数据关系要满足版权服务业务的需求，基础数据按通用国标或行标描述，为系统进一步扩展提供保证。

4. 安全体系

DCI体系标准化平台是基于互联网的开放式管理信息平台，面向全国范围提供公共服务。由于计算机互联网络自身的匿名性和开放性，使平台面临着非法用户伪造身份进入系统、重要数据在传输中被非法窃取或篡改、重要操作行为抵赖等安全威胁，必须构建完整的应用安全支撑体系。

基于PKI技术体系及数字证书的应用，已经成为当前解决信息化系统应用安全问题的有效途径，也具有充分的法律依据。通过引入数字证书以及应用安全技术，设计DCI体系标准化平台数字证书应用安全解决方案，在安全、实用、具有法律效力的数字证书应用基础上，保证业务平台各类用户身份的真实性，保证核心业务数据的真实性、完整性并构建业务环节中可靠的抗抵赖机制。

5. 关键支撑技术

为了实现平台业务的稳定运行，平台设计和开发中采用先进并且成熟的技术手段，保证平台安全可靠运行，为用户提供新模式下的版权服务。平台建设中应用的关键支撑技术包括：

（1）计算机网络技术；

（2）面向服务的软件技术；

（3）电子签名安全认证技术；

（4）数据库技术；

（5）数字作品特征提取技术。

电子签名安全认证技术和 DCI 标识的放置和查验技术贯穿整个 DCI 体系的版权确权、版权授权和版权维权的三大核心内容。版权登记、合同备案、分发认证、费用结算以及监测取证等功能组件，支持本模式于互联网环境下与运营平台的身份认证和安全交互，版权信息的数字化承载、关联和查验，是 DCI 体系不可或缺的重要部分。

四、DCI 体系的标准化推广和应用

DCI 体系标准化与 DCI 体系的建设是一体发展的，在《基于版权的数字内容服务平台及应用示范》项目中，A8 音乐网和九月网分别作为音乐领域和文字领域的版权运营平台开展了应用示范，实现了全流程的 DCI 体系服务，包括数字作品版权登记、版权合同备案、DCI 码分配及加载、DCI 标展示、数字作品版权登记证书签发、版权费用结算认证和在线侵权监测取证等。项目共累计完成了版权登记服务 14 万余次，版权查询验证 510 万余次，为 11 家单位提供了版权费用结算认证服务，监测视频、音频、图片及文字网站 52 个，提供版权监测服务 11 万余次，全面应用和验证了上述 DCI 体系系列标准，取得了良好的效果。

随后，财政部支持建设的《中国 ISRC 业务与数字作品版权登记管理信息平台项目》于 2015 年也顺利通过专家验收，该项目在前期科研成果研究的基础上，结合业务开展的实际需要，建立了数字作品版权登记基础业务平台。以该平台为依托，中心的 DCI 体系推广工作已经全面展开，在 DCI 体系面向产业全面推广的过程中，DCI 体系系列标准也起到了关键的支撑作用。目前已经为新华金融信息交易所、百度糯米网、华云音乐等近 10 家互联网版权各细分领域的代表性平台提供了多样化的 DCI 体系嵌入式服务，为 DCI 体系的进一步发展打开了局面。

新华金融信息交易所采取 DCI 体系对金融信息专项保护，凸显出在线数字版权登记、在线发放数字登记证书带来的登记效率高、成本低等优势，极大地解决了其金融信息版权保护难题。目前，已为多家证券公司的研报作品登记版权20 000余件，这是 DCI 体系在金融信息版权服务领域应用推广的重要进展。

百度糯米网作为国内领先的 O2O 平台，每天产生大量的商品及服务类图片，针对这些图片作品数量大、传播速度快、网络环境中作品易篡改、被侵权的特点，百度糯米网与中心进行 DCI 体系应用合作，在摄影图片发布的同时即通过平台对接的方式提出版权登记申请，实现使每年产生的约1 000万张图片得到有效的版权保护及管理。

华云音乐是由中华版权代理中心合作建立的专门面向数字音乐领域的版权费结算平台，这是 DCI 体系的第三方版权费结算认证机制的重要应用。华云音乐开展面向互联网及手机网络数字音乐的版权登记、版权集成与销售结算、在线监测维权、ISRC 编码申领等一站式版权服务，核心是为音乐著作权人提供更加客观、透明和便捷的版权费结算服务，保护音乐著作权人的合法权益，促进数字音乐产业的有序繁荣发展。

目前，中心正在进一步推动 DCI 体系在移动 APP、自媒体、摄影作品和美术作品等领域的深入应用，以 DCI 体系系列标准的规范性和统一性为保障，DCI 体系的全面推广应用必将建成产业的版权公共服务基础设施，有效地解决版权产业的版权治理问题，为互联网新经济的发展提供支撑和保障。

（中国版权保护中心　张建东、单润红、刘　计）

以知识服务标准体系为引领，推动出版机构知识服务转型[①]

导 语

2015年11月12日，在国家新闻出版广电总局的统筹下，在全国新闻出版标准化技术委员会和中国新闻出版研究院的指导下，由出版机构主导研发的8项专业数字内容资源知识服务模式试点通用标准，全部通过评审。八项标准分别为：《知识服务标准体系表》《知识资源建设与服务工作指南》《知识资源建设与服务基础术语》《知识资源通用类型》《知识元描述通用规范》《知识应用单元描述通用规范》《知识关联通用规则》和《主题分类词表描述与建设规范》。2015年11月23日，上述八项标准正式批准发布。

就知识服务与大数据战略的结合点而言，在2015年的9月份，国务院印发了《促进大数据发展行动纲要》，提出了政府治理大数据等十大工程，其中涉及教育文化大数据、服务业大数据、新兴产业大数据等与知识服务密切相关的大数据应用布局和规划，在万众创新大数据工程中专门提到了要建立"国家知识服务平台与知识资源服务中心"；2016年1月，国家发改委下发了《关于组织实施促进大数据发展重大工程的通知》，为国务院的促进大数据发展行动纲要提供了落脚点和配套政策，由此可见，知识服务已经上升到了国家级战略的高度，并有大量的政策和资金予以支撑和推动。

[①] 本文曾以"出版机构知识服务转型的思考与构想"为标题，载于《中国出版》2015年第24期。收入本书时进行了体例扩充和修改。

一、出版机构知识服务解析

2000年，张晓林教授发表了《走向知识服务——寻找新世纪图书情报工作的生长点》一文，提出把知识服务作为新世纪图书情报工作的生长点、突破口和核心能力。该文在国内学术界产生了重大影响，并由此拉开了国内图书情报界研究图书馆知识服务的序幕。较之于图书情报界的知识服务，新闻出版界的知识服务系统工程，发端于专业出版机构知识服务模式试点单位的遴选和确定。2015年3月，新闻出版广电总局办公厅发布了《关于开展专业数字内容资源知识服务模式试点工作的通知》，并在经过专家评选之后，选取了28家单位作为知识服务模式探索的试点单位，紧接着启动了出版机构知识服务通用标准的研制工作，在2016年又拉开了知识服务模式探索的大幕。

相对于图书馆机构的知识服务模式而言，我国的出版机构所要开展的知识服务具有很大的不同，一则是因为图书馆是非盈利的机构，而出版社要考虑到社会效益和经济效益；二则是因为图书馆本身并不生产知识，而出版社承担着知识资源的编辑、加工和生产的职责；三则是图情界的知识服务最早是由学术界发起的，而出版机构的知识服务是由政府主管机构自上而下推动开展的，体现了政府推动文化产业发展的前瞻性和指导性。

（一）出版机构知识服务的基本含义

出版社所开展的知识服务，是指出版社围绕目标用户的知识需求，在各种显性和隐性知识资源中有针对性地提炼知识，通过提供信息、知识产品和解决方案，来解决用户问题的高级阶段的信息服务过程。

出版社所开展的知识服务分为三层：第一层为信息服务，是指出版社为目标用户提供书讯、图书基本信息、数字产品信息等服务；第二层为知识产品，是指出版社根据目标用户的需求所提供的数字图书馆、条目数据库和以知识体系为核心的知识库等产品；第三层为知识解决方案，是指出版社根据用户个性化、定制化的知识需求，为目标用户提供点对点、直供直连直销的知识化的问题解决方案。

（二）出版机构知识服务的主要特征

出版社的知识服务，其主要特征有：

其一，知识服务注重社会效益，同时也注重经济效益。该点与图书馆所提供的图书情报信息服务有着显著性的差别，图书馆的图书情报信息服务公益性色彩较重，基本不涉及依靠图书情报信息服务来提高经济效益的目标，所提供的图书情报服务以无偿服务为主；而就出版社而言，长远地看，出版社未来的业务发展，出版社将来生产和发展的主体业务，应该是提供知识服务，并且多数情况下提供的是有偿的知识服务。

其二，能够提供多层次、跨媒体、全方位的知识服务。相对于图书馆知识服务而言，出版社所提供的知识服务更加全面、立体和丰富。首先，出版社所提供的知识服务可以包括信息资讯服务、数字产品和知识解决方案，信息服务、数字产品、解决方案的层次性差别明显，既能够满足一般用户的大众化的、扩展知识的需求，也能够满足特定用户个性化的、解决特定知识问题的需求。其次，出版社能够提供包括纸质介质、网络介质、终端介质等在内的多介质、跨媒体的知识服务。最后，出版社所提供的知识服务既能满足特定专业、特定领域的用户需求，也能满足普通社会大众的知识需求，服务范围囊括整个社会，属于全方位的知识服务，而图书馆知识服务往往只能面向特定专业群体或者特定社区，具有服务范围特定性的特点。

其三，知识服务是出版社转型升级的最终目标。我国的数字出版转型升级工作推行了数年，部分出版社已经实现了一定程度的业态转型，但是国内出版单位目前主要的经营主业仍然是提供纸质的图书产品。从转型升级的最终目标来看，包括但不限于纸质图书的知识服务应当是出版社经营发展的最终走向。总局关于转型升级的部署，无论是数字化软件、硬件的配置，还是数字资源库项目的启动，抑或是行业级数字内容运营平台的搭建，其初衷和归宿都在于让出版社具备提供数字化、信息化的数字产品与服务的能力，推动出版社具备开展互联网、移动互联网知识服务的能力，最终实现出版社由单一的提供纸质图书产品向提供全方位、多媒体的知识服务的角色转型。

（三）出版机构知识服务战略转型的国内外现状

而在关于出版机构自身定位的调研中，笔者查阅了数十家出版单位的企业介绍，发现无论是专业类、大众类、教育类还是综合性出版社，其定位大多是"出版机构、图书出版商、信息服务提供商、图书提供商、出版公司"等，旗帜鲜明地指出向服务方面转型的只有外语教学与研究出版社，在其企业简介中指出："为教育机构以及学习者提供全面的教育解决方案，发展为国际化的、领先的教育服务提供商。"而国外的出版机构，其大多定位于信息服务、知识解决方案。例如，励德·爱思唯尔的企业介绍定位于"励德·爱思唯尔已全面转向信息服务，离传统的出版越行越远"；汤森路透的定位是"商务和专业智能信息提供商，提供智能信息及解决方案"。相比而言，境外的出版传媒集团很早就意识到知识服务是转型升级的方向和目标，而国内大部分出版单位仍局限于纸质产品的经营和销售范围内。实践证明，知识服务是新闻出版业高水准满足信息消费需求的必然发展方向，率先思考知识服务转型、率先开展知识服务工作的外研社、知产社等国内社都取得了较好的转型效果。

二、出版机构知识服务标准体系的价值分析

由地质出版社等28家出版单位牵头制定的《知识服务通用标准体系》，具有以下几个方面的特征和价值：

首先，锻炼了出版企业的标准化队伍，提升了出版人的知识服务理论素养。在标准的撰写主体方面，一改过去的由技术企业牵头的做法，转而由出版单位牵头制定。在标准制定之初，所确定的28家出版单位，在标准人才储备方面略显不足，标准起草的经验也不丰富，这种人才和经验的欠缺曾一度引起质疑。而经过长达5个多月的专业训练和认真学习研究后，所制定的8项通用标准得到了业界专家的一致认可和高度肯定。这项标准撰写工作，一方面为出版企业开展知识服务提供了依据和准绳，使得知识服务的开展有章可循、有据可依；另一方面，推动和促进了一批新闻出版标准化人才的成长，锻造和提升

了一支出版企业成长起来的标准化队伍。

其次，涵盖了知识服务的基本理论、基本经验、基本方法和基本流程。8项标准由《知识服务标准体系表》统领，包括基础术语、知识资源类型、知识元描述规范、知识应用单元描述规范和知识关联规则等通用性的理论型标准，同时也包括知识资源建设与服务工作指南这一最具实务指导性的应用型标准。八项标准大多包含了所在领域的基本概念和经验，而《知识资源建设和服务工作指南》则囊括了知识资源建设的基本条件、基本流程和基本方法，对于广大出版企业开展知识资源数字化、碎片化和数据化工作具有较强的指导意义，对于出版机构探索知识服务模式、应用不同的知识服务形态实现自身的转型升级具有较高的借鉴价值。

再次，借鉴和吸收了图书情报界的成熟经验做法，同时开创性地融合了新闻出版界知识服务的新技术、新业务和新业态。图书情报界关于信息、数据和知识等知识服务的基本范畴大多被此次知识服务标准体系所吸收，而那些晦涩、繁杂的专业性观点则较少被采纳；而新闻出版界正在开展的数字图书、知识库、专题数据库、MOOC课程、SPOC课程等知识服务的形态多数都被囊括在标准体系中。

最后，确立了知识服务的基本阶段，厘清了知识服务的基本形态。本着删繁就简、求同存异的原则，此次知识服务标准所确立的基本阶段包括知识服务战略规划制定、知识服务模式策划、知识资源的获取、知识资源的组织和资源的应用；而知识服务的基本形态则包括基于满足大众求知欲的扩展性知识服务和基于满足小众个性化知识需求的定制化知识服务。例如，MOOC是典型的扩展性知识服务形态，而SPOC则是较为新兴的定制化知识服务形态。

三、出版社开展知识服务的流程

出版社开展知识服务，需要在统一的知识服务战略的指引下，在充分调研市场的基础上，以目标用户公共性、特定性的知识需求为导向，围绕着知识资源的获取、知识资源的组织、知识资源的管理进行，最终实现知识资源的应用，对外为目标用户提供各种层次的知识服务。

（一）知识服务战略规划

在开展知识服务以前，出版单位应该组建知识服务领导小组，由社领导层担任领导小组组长，定期制定、修改知识服务总体战略规划、阶段性发展规划，检查、督促知识服务工作整体进度，建立、健全知识服务评估体系，确保知识服务长期、稳定地开展和进行。

出版单位应该制定并落实前瞻、务实的知识服务战略规划，在充分调研目标用户市场的基础上，形成自身的知识服务产品研发策略、技术应用策略和市场运营策略。战略规划需要立足行业发展现状和出版社实际情况，要有配套的体制机制，要有知识服务团队加以实施，要推行绩效考核，责任到人，只有这样，才能够切实有效地将战略规划落实到日常的经营管理实践中去。

（二）知识服务模式的策划

出版社知识服务模式的策划，是指根据目标用户的知识需求的不同，而确定采取信息服务、知识产品抑或知识解决方案，以及采取具体哪一种信息服务、知识产品和解决方案。知识服务模式策划是策划人员根据用户需求及调研结果明确其市场定位，确定知识资源，并据此确定服务模式。知识服务模式策划由用户需求分析、资源可行性分析、技术可行性分析、市场可行性分析、撰写产品计划书等基本步骤构成。

在上述可行性分析之中，目标用户类型分析、同类竞争性产品分析和目标用户购买力分析显得至为重要。用户目标是个人用户还是机构用户，决定了出版社是采取在线提供还是镜像安装，决定着出版社是提供单一性数字产品还是提供综合性数字产品。同类竞争性产品是否存在、数量多寡，引导着出版社是采取蓝海战略还是红海战略，是填补市场空白还是提供更优质、更便捷的知识产品。值得一提的是，目前，我国知识产品市场的竞争不充分，存在着许多市场空白，尤其是在专业性数字产品和解决方案领域，这便为出版社开展知识服务提供了有力的市场先机。目标用户的购买力分析，直接决定着出版单位的知识服务价格策略体系，仅以政府机关用户为例，出版社所提供的数字图书馆、数据库产品的价格要符合目标用户的年度预算和决策机制，否则将会严重干扰价格策略的稳定性和有效性，出现要么销售打不开局面，要么销售周期人为延长的不利后果。

就 2016 年而言，知识服务模式的策划与创新是出版机构知识服务的主题建设年，如何找寻合适的知识服务模式，是否能够争取到财政项目资金的支持，对于出版机构而言显得特别重要。自 2013 年中宣部、财政部和国家新闻出版广电总局联合启动中央文化企业数字化转型升级项目以来，出版机构先后在基础软硬件配置、特色资源库建设和行业级运营平台等方面获得了中央财政国资预算金的大力支持；而到了知识服务"最后一公里"的阶段，如果财政资金能够继续给予支持，将会大力推动出版企业由传统的图书提供商向知识服务提供商转变，对出版企业而言，这意味着锦上添花甚至是雪中送炭。

（三）知识资源获取

在经过充分的市场调研、制定知识服务模式之后，出版社应该尽最大可能去采集和获取相应的知识资源。知识资源获取的过程就是把用于问题求解的专门知识从某些知识源中提炼出来的过程。关于知识资源的获取，经过这几年的转型升级项目实施，出版社并不陌生。知识资源获取的方法主要有三种：存量资源的转化、在制资源的建设和增量资源的发掘。

第一，存量资源获取。存量资源的获取，主要采取纸质产品形态转化的手段，对出版社既存的知识资源进行数字化、碎片化，进而获得所需的各种类型的知识资源。各出版社的历史有长短，所积累的存量图书少则千余种，多则数万种，这些存量资源的数字化、碎片化是很重要的知识资源积累。

第二，在制资源获取。在制资源的获取，是指针对出版社日常编辑出版过程中的知识，通过流程同步化的手段，进行数据的标引、加工，以获得所需的知识资源。通过 2013 年第一批数字化转型升级项目的有效实施，出版社基本具备了在制资源的获取能力。

第三，增量资源获取。增量资源的获取，是指在出版社主营业务之外，通过资源置换、资源购置、网络抓取等方式和手段，获得所需的知识资源。增量资源获取能力的高低，是出版社开展知识服务，与民营企业、海外出版机构竞争的关键所在，也是目前各出版社正在着力解决的难题。

(四) 知识资源组织

在实现知识资源获取之后，出版社需要根据目标用户的知识需求或者知识服务的类型开展知识资源的组织工作。知识资源组织的路径主要有三种：基于知识体系、基于行业应用和基于用户定制。

1. 基于知识体系的资源组织

基于知识体系的资源组织，是指根据各学科领域的细分不同，在抽取和建立知识元的基础上，形成各个学科领域的知识体系，根据知识体系的逻辑层次对文字、图片、声音、视频、影像等各种类型的知识资源进行聚类和重组。基于知识体系组织资源，主要可面向高校、科研机构和科研工作者，提供满足扩展知识面、查阅参考相关资源的知识服务类型。

基于知识体系组织资源，出版社需要做好知识元的建构和知识体系研发两项准备性工作。关于知识元的建构，根据用途不同，出版单位可分别建构概念型、事实型和解决方案型的知识元，为知识服务的有效展开奠定逻辑基础。关于知识体系的研发，在知识元建构的基础上，理清知识元相互之间的知识逻辑层次，分别就学科、领域而制定知识体系，将知识体系作为知识标引的依据和参照。

2. 基于行业应用的资源组织

基于行业应用的资源组织，是指根据目标用户的行业应用需求不同，围绕特定行业、特定领域用户的业务流程、工作环节组织文字、图片、声音、视频、影像等各种类型的知识资源。随着知识服务向专业化、行业纵深角度开展，越来越多的出版社根据所服务的国民经济行业的业务流程、工作环节来组织相应的资源，提供相关的知识服务，例如社科文献出版社的皮书数据库、法律出版社的中国法官数字图书馆等产品，均取得了较好的社会效益和经济效益。

3. 基于用户定制的资源组织

基于用户定制的资源组织，是指根据特定用户的具体知识需求不同，围绕特定知识问题，对相关知识资源进行重组、聚类和关联，向特定用户进行推送或者交付。基于用户定制的资源组织往往适用于较高端的知识服务，为了满足特定用户的个性化需求，而提供定制化的知识解决方案，例如，励德·爱思唯尔的数字决策工具产品。

（五）知识资源应用

在采集、组织好相应的知识资源以后，便步入到知识资源应用的环节。知识资源的应用，分为内部应用和外部应用，内部应用包括知识的共享和交流，外部应用就是出版社用之以开展知识服务了。

知识共享是指员工彼此相互交流的知识，使知识由个人的经验扩散到组织的层面。这样在组织内部，员工可以通过查询组织知识获得解决问题的方法和工具。反过来，员工好的方法和工具通过反馈系统可以扩散到组织知识里，让更多的员工来使用，从而提高组织的效率。出版社进行知识资源的共享管理，一方面可以通过人与人之间的交流，将技能、经验等隐性知识进行传递和共享；另一方面可以通过文档、邮件、数据库录入等方式对开展知识服务的显性知识进行上传和分享。

四、出版社开展知识服务的基本形态

出版社开展知识服务，大致包括两种形态：扩展性知识服务和定制化知识服务。

（一）扩展性知识服务

扩展性知识服务，针对无具体问题，以学习知识、拓展知识面为目的的用户，针对用于意欲拓展的知识领域提供较为科学的研究方向和相关数据资料。扩展性知识服务的主要形态有：

1. 数字图书馆

数字图书馆，是指出版社以学科体系或者行业应用为分类标准，提供综合型、全面性或者特定行业、特定领域的数字图书、期刊、报纸，及其检索、复制、粘贴、关联等多项服务。如中国法学院数字图书馆、中国少年儿童数字图书馆等。

2. 专业数据库

专业数据库,是指出版社按照特定行业或者特定专业,以海量条目数据作为基本知识素材,以提供检索、查询、复制、粘贴、推荐、关联等各种服务。如北大法宝数据库、皮书数据库等。

3. 知识库产品

知识库产品,是指以知识体系为内核,综合采用文字、图片、音视频等多种知识素材,围绕特定领域、特定行业甚至是特定问题,提供一站式知识服务。知识库产品是新兴、先进的知识服务类型,融入了知识体系的内核,能够满足特定领域的知识需求,目前正处于探索和建设阶段。

4. 大型开放式网络课程MOOC（massive open online courses）

MOOC,是指出版社按照学科领域的不同,集中拍摄、制作各个领域权威教授的网络课程,通过互联网传播的手段,面向规模巨大的学生受众群体进行开放和提供服务。例如,人民卫生出版社的人卫MOOC联盟产品。

（二）定制化知识服务

定制化知识服务,是根据用户需求,以用于欲解决的问题为目标,不仅为用户检索并提供数据,更要根据相关知识对提供的数据进行筛选、清晰、拆分、重组,提供解决问题的产品或者方案。定制化知识服务的主要形态有:

1. 个性化知识解决方案

通过用户特定类别、特定领域的个性化知识问题需求,提供点对点的直联、直供、直销的知识解决方案,以满足用户的个性化知识需求。例如,励德·爱思唯尔的数字化决策工具。

2. 移动型知识服务平台

遵循移动互联网传播规律,以知识元数据为资源基础,以通信技术为支撑,针对用户个性化、定制化的知识需求,采取模糊匹配、语音回复等方式,提供个性化的知识解决方案。法律出版社正在研发的手机律师产品便属这种类型。

3. 小规模限制性在线课程（Small Private Online Course, SPOC）

SPOC,是指根据企业需求,创建小规模限制性在线课程,为特定用户提供服务。SPOC将课堂人数控制在一定数量,并对课程活动做出明确规定,如在线时间、作业完成情况和考试及格线等。需要指出的是，SPOC 课程产品是对 MOOC 产品的改进和扬弃，它能够有效提高出版机构和目标用户的互动性，并且能够提高课程的完成率和通过率。

结　语

结合目前国内出版业的现状来看，部分出版社已经在扩展性知识服务方面研发了相应的知识产品，并且取得了一定的社会效益和经济效益，尽管这种效益比例占出版社整体收入还相对较低；但是，仍然有大部分出版社在知识服务方面还没有形成清晰的知识服务战略规划，没有完成相应的知识积累、知识资源的转化与应用，还缺乏一支了解知识服务原理、通晓知识产品研发、洞察知识服务规律的复合型出版人才队伍。

同时，还应该看到，尽管我们的出版单位已经在知识服务方面进行了探索和试点，但是我们目前所取得的成果仍然局限于扩展性知识服务范畴，对于如何针对特定群体、特定个人的目标用户提供定制化的知识服务，出版单位还没有产生示范性、引领性的服务模式和服务案例。一言以蔽之，知识服务转型之路，还有很长的道路要走。

（地质出版社　张新新）

参考文献

香江波. 专业数字内容资源知识服务模式试点 8 项通用标准通过评审 [EB/OL]. 中国出版网，2015 年 11 月 18 日.

张晓林. 走向知识服务——寻找新世纪图书情报工作的生长点 [J]. 中国图书馆学报，2000（5）.

冯宏声. 出版的未来：从"互联网+"到"内容+" [J]. 出版人，2015：05.

董金祥. 基于语义面向服务的知识管理与处理 [M]. 浙江：浙江大学出版社，2009：08.

张新新. 数字出版产业化道路前瞻——以专业出版为视角 [J]. 出版广角，2014（9）.

岳高峰. 知识管理良好实践指南——GB/T 23703 知识管理国家标准解读［M］. 北京：电子工业出版社，2014：05.

（英）维克托·迈尔-舍恩伯格（英）肯尼思·库克耶著；赵中建，张燕南译. 与大数据同行——大数据与未来教育［M］. 上海：华东师范大学出版社，2015：01.

出版变化趋势与标准化

在十三五规划期间，要建成若干百亿的出版集团，从目前传统出版业营收构成来看是一个巨大的挑战。首要的问题就是传统出版是否有机会在主业上突破百亿，出版集团如何把握好机会。其次是这些机会涉及的标准规范和技术是否有所准备。本文主要从新兴的数字内容产业对出版的变化趋势进行总结。同时，在这些变化趋势下，指出应该关注的标准化的方向。

自20世纪90年代中期互联网进入大众生活以来，短短的二十多年，对人们的社会活动、学习、生活、工作等传统习惯产生了巨大的影响，也颠覆了很多传统的生活、学习、工作的模式。最主要的就是数字化的传输（分组交换和TCP/IP构成的全球互联网、移动通信数据网）、数字化的内容（网站内容、电子书、数据库）、数字化的智能设备（计算机、笔记本、平板电脑、智能手机等）高科技手段和技术推动了互联网的发展和现代社会（人与机、机与网络的社会模式）的建立。

与出版关系最紧密的，是数字化内容和数字化的智能设备。新兴数字内容产业主要包含了（http：//www.econtentmag.com/菜单中的主题［Topics］）：分析、大数据、内容创建、内容交易、内容分销、内容代理、内容管理、内容市场、内容安全、数字市场、数字出版、本地化与全球化、新媒体和传统媒体、移动内容/标签/应用程序、在线视频、增值内容服务、隐私问题、科学技术/医学/教育出版、搜索/搜索组织/搜索管理、社会媒体和社区、互联网服务等数字内容相关的主题。

根据新兴的数字内容产业的主题来看，数字出版、科学技术/医学/教育出版是出版的传统领域，其他的部分则是全新的，预示着出版发展趋势。

一、EConent 100 报告

电子内容（Econtent.com）公司在快速变化的市场中专注于数字出版商业、媒体、市场领先的研究机构。专门针对数字内容生态系统中的思想、最新工具和策略进行研究。

从 2001 年开始的 EContent 100（The Top Companies in the Digital Content Industry）统计分析，至今已经有 15 期（http：//www.econtentmag.com/Previous_EContent100_Winners），值得学习与研究。

在最新的 2015—2016 EContent 100 的报告中，对数字内容产业赋予了不同的主题标签。主要有：互联网内容管理（Web Content Management）、内容交易（Content Commerce）、分销和代理（Distribution & Delivery）、内容创建（Distribution & Delivery）、内容全球化和本地化（Content Globalization & Localization）、数字市场技术（Digital Marketing Technologies）、分析（Analytics）、大数据（Big data）、移动内容（Mobile Content）、社会媒体（Social Media）。（2014—2015 EContent 100 的主题中的搜索分析（SEO & Search Analytics）、2013—2014 Econtent 100 的主题中的搜索与分析（Search & Analytics）、数字内容提供（Digital Content Provider）等已经不是独立的主题。）

2015 年全球出版业排名前十的出版商在 Econtent 100 的 2013—2014，2014—2015，2015—2016 报告中，出现并给予主题标签，见下表 1：

表 1 国际排名前十的出版商在三年报告中的主题

出版商	2013—2014	2014—2015	2015—2016
Pearson	数字内容提供	N/A	N/A
Thomson Reuters	数字内容提供	N/A	N/A
Relx Group	分销与代理	分销与代理	分销与代理
McGraw-Hill	数字内容提供	N/A	N/A

由表 1 可见，在数字内容产业中，出版商被赋予的主题标签是数字内容供应和代理与分销商，2013—2014 年，数字内容提供还榜上有名，到 2014—2015，2015—2016 就只保留了分销与代理的主题，所以传统出版者在数字内容

产业变化中处于劣势。

大家熟悉并与出版相关的企业在 EContent 100 的 2013—2014，2014—2015，2015—2016 报告中，出现并给予主题标签，见表2：

表2 与出版相关的企业在三年报告中的主题

出版商	2013—2014	2014—2015	2015—2016
Amazon	分销与代理、移动内容	大数据、分销与代理、移动内容	大数据、分销与代理
EBSCO	分销与代理	分销与代理	分销与代理
Google	内容创造、移动内容、搜索与分析	内容创造、社会媒介、移动内容、搜索与分析	内容创造、分析、内容国际化与本地化、移动内容
Ingram	内容交易、分销与代理	N/A	N/A
O'Reiiiy Media	数字内容提供	N/A	N/A
ProQuest	数字内容提供、分销与代理	分销与代理	内容交易、分销与代理

从表2中，Amazon 公司在大数据、分销与代理上稳固，在移动内容上退化。EBSCO 和 ProGuest 是老牌的出版与信息服务商，在数字内容产业中地位牢固，同时，ProQuest 赋予了内容交易新的标签。

尽管中国在2015年世界出版五十强中占据了多个名额，特别是前十的名额中就有两位，但是没有一个进入了数字内容产业的前100的名单中，由此可见中国的出版业距离未来的数字内容产业有较大的差距。

二、数字内容产业主题

社会媒体、媒体、社会网络、社区、人群、个人之间涉及各种数字内容的领域（见图1）。

1. 只要面对互联网的，例如社会媒体、媒介、社会网络、分享等都涉及互联网内容

即传统的离线的、封闭的内容管理，演变到开放的互联网内容管理和内容服务中去，这个是数字内容产业的基础之一，融入互联网内容管理和内容服务

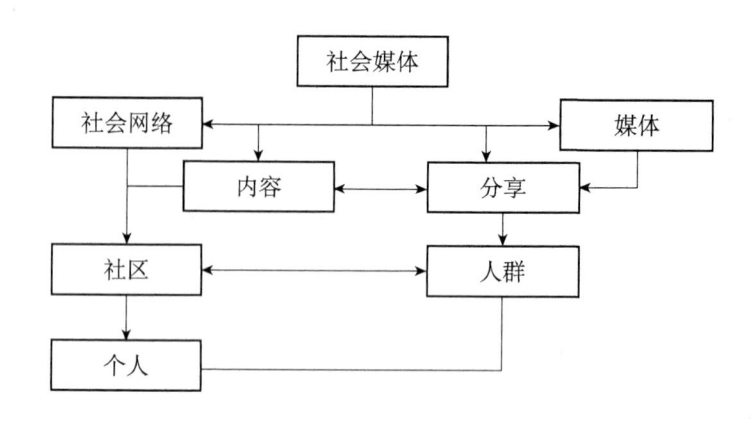

图1　数字内容涉及的各要素示意图

是出版机构今天就需要去思考、创建的问题。

2. 内容通过社会网络或者媒介进行分发到社区、人群和个人的，都会涉及分销和代理

由此可见分销与代理无论在传统模式还是在互联网模式都是必不可少的。传播内容无论互联网还是传统的社会传媒都是必不可少的，尽管亚马逊以电商为主，但是也开始参加到了库房、物流、实体店的建设和竞争中来了。传统出版机构和信息机构多数为内容的分销和代理，而出版的发行、零售等传统市场，除了被电商蚕食以外，已经开始被京东、亚马逊等这类以电商起家的现代服务业蚕食，同时，以必不可少的门店为基础的经营者（例如加油站点）也开始参与到物流的竞争中来了，所以守住发行与零售的渠道、用户是出版机构必须要面对的现实之一。否则分销与代理的主要营销模式也会失去。

3. 内容创作，主要是指人群、个人等产生的内容，强调创造内容而非内容加工、制作出版

而传统出版机构在2013—2014年中，不属于内容创造者，仅仅属于数字内容提供者，证明了出版业是服务业的说法。在短信、彩铃时代，出版者失去了最大的音乐制品复制与营销的音像出版的主业之一。在互联网时代，在社区、社会媒体的自媒体模式下的作者群，基本不在传统出版机构的掌控之中，由此，出版者也可能会失去大众作品的作者群和大众出版的机会。出版者需要在社区、社会媒体中，有意识地按照主题去组织、培训、挖掘大众作品的作者群和新颖内容的机会，逐步占据内容创作的源头。盛大文学就是一个范例，当

某个作品有很好的读者群时，这个作品的内容交易机会就随之而来，可以转换成电视剧。例如《甄嬛传》《琅琊榜》等都是从大众文学转变成电视剧的典范。《人体使用手册》最早就是一个网络流传的作品，后来被编辑出版印制成书，多次再版多次印刷，已经有数百万销售量。所以，抓好作者群和作者的作品、代理内容、当作者的经纪人、进行内容的交易都是以内容创造为源头的。

4. 内容的国际化与本地化，主要是指把外来的内容进行本地化，对于本地的内容进行国际化。

让世界了解中国的历史、文化、教育、科技、医学等内容，中国内容的国际化的机会已经逐步开始出现了，特别是利用国际化机构和人才进行内容国际化转换是必不可少的。例如，莫言的许多作品已被翻译成英、法、德、意、日、西、俄、韩、荷兰、瑞典、挪威、波兰、阿拉伯、越南等多种语言，在国内外文坛上具有广泛影响。这是获得诺贝尔文学奖的基础。对于国际内容，多采用的是影印（很多原版的书获得授权进行影印）、翻译（获得版权授权后进行翻译，好的文学作品和技术专业类为主）、编译（对多种出版物获得授权，进行编译。主要以专业类为主），目前这个部分是以作者驱动为主的出版机构本地化处理。出版机构如何更多地发现这些机会，值得思考与布局。

5. 内容交易，一个内容的表现形式不发生变化时，是分销与代理

当内容购买者改变了内容的表现形式时，就属于内容交易。对于出版机构，称之为版权交易。而这里谈的内容交易，实际上是早期的音乐人经纪公司、演员经纪公司，需要办作者的经纪公司才是内容交易的核心，并非一个作品的交易

例如，大连出版社，每年进行幻想系列的主题写作比赛，和作者签署了书的作品的出版权。同时，授权给主题公园、主题表演（演出）等形式推广品牌、作品、作者的经营模式。出版机构演变成经纪人公司是大众出版机构需要布局和尝试的机会。

6. 数字市场技术，这是一个全新的主题，对于科技发展的今天，内容的想象空间、内容的表现空间、内容的制作空间等都离不开相关的数字市场技术了

例如，VR 虚拟现实，需要专门的头戴装备（内容的表现空间）、三维建模和实现（内容的制作空间）、创作的想象力（内容的想象空间）。例如，最近谷歌公司颠覆了传统的 VR 技术，头戴装备、把想象变成动作（内容的想象空

间与内容的制作空间合并了），不再需要专门的三维建模等繁琐的过程。对于数字市场的技术，涉及内容的写作、内容的加工与制作、传播与使用的结合、数字化的智能终端各个方面。出版机构简单的内容出版与制作，已经无法满足现代社会高科技结合的用户需求了，所以需要积极探索数字市场技术，利用高科技保持未来的市场占有率。

7. 分析，也是一个既传统又新颖的主题。直接把数据、信息、知识推送给使用者，这类叫内容服务者。从数据、信息、知识中进行分析、总结、报告等的结果给使用者，这类叫分析服务者。称为传统，是因为二次文献的分析早在 20 世纪 60 年代就开始了，而新颖就是很多内容分析刚刚开始进行，医学档案分析、金融票据分析、数据出版等。例如，北京万方数据创新助手产品就是利用二次文献对主题、作者、项目、机构等进行分析、汇聚、统计报告类的产品，使用者获得的是分析结果，不再是原始内容。再例如，爱思唯尔公司利用医学档案进行分析，为医学保险的险种、理赔等提供事实依据、分析服务等是全新的分析服务领域。

8. 大数据，这是全新的标签

异构、大容量、隐性的关联关系三个条件并存才能称之为大数据。亚马逊被赋予了大数据的标签，而谷歌没有被赋予大数据的标签。亚马逊涉及的商品类型广泛而谷歌主要是文本类型的内容，所以从异构的角度，谷歌没有被赋予大数据的标签。目前国内谈的很多大数据，实际是商业智能（BI）而非真正的大数据。脚踏实地探讨出版大数据的采集、利用、商业等机会远比空谈大数据要有意义。

9. 移动内容，这个主要是针对移动智能终端专有内容的称谓

一般的互联网内容，可以在大的屏幕、有供电的情况、高带宽的前提下去利用。而在移动内容，特指的是适合智能终端较小屏幕、电池供电能力弱、移动信道（成本高）和 WI-FI（成本低）信道灵活切换；适应智能终端各种功能（文本语音转换、照相机、震动传感器、位置传感器、GPS、触摸屏等）应用的内容。

10. 社会媒体，互联网问世以来，社会媒体欣欣向荣

传统出版只在用社会媒体做营销宣传，还没有从社会媒体中培养作者，获得更有价值的商业机会。

三、出版在数字内容产业中的机会

面对数字内容产业的主题，传统出版有很多可以拓展自身业务和进行融合的机会（见表3）。

表3 出版在未来的数字内容产业中的机会

主题标签	机会率	说明
分析	100%	数据、信息、知识的分析处理服务和结果服务。不出售数据、信息、知识的增值服务
社会媒体	50%	利用社会媒体培育作者群、读者群、服务的对象的增值机会。利用社会媒体创造机会
内容交易	50%	经纪人的角色，发现作者、培育作品、转变作品的表现形态。就像很多经纪人公司一样
内容国际化与本地化	50%	挖掘本地有影响力的内容，拓展内容国际化的市场。发现对本地化的需求，挖掘国际的内容进行内容本地化转换
分销与代理	100%	保持内容分销与代理的优势。
内容创造	50%	众筹模式的内容创作、主题式的内容创作模式的建立、作为出资人的内容获取
数字市场技术	20%	针对内容创造、内容表现力、内容制作的需要，积极地进入数字技术市场，使得内容与数字市场技术平滑过渡到高科技的应用
移动内容	50%	移动通信网、智能终端上移动内容的使用的基础，拓展与开发移动内容是未来一段时间不可缺少的服务方式
互联网内容管理	100%	利用互联网和云技术进行全媒资管理与服务是大势所趋
大数据	50%	首先利用好商业智能（BI），逐步积累异构、大容量、隐性关系的数据，挖掘大数据的机会。数据的出版与利用
数字出版	100%	数字出版转型中获得利润
科学技术/医学/教育	100%	传统的出版市场，保持

传统出版目前在数字出版、分销与代理、科学技术医学教育专业出版这三个方向机会率是100%。传统出版机构需要努力保持住这三个方面的优势。否则，分销与代理、数字出版的营销收入会进一步下降，保持销售额是根本。目前数字出版的营收是出版机构努力的方向之一。

出版机构在数字内容的提供、分销与代理和专业出版三个方向，利用分析、互联网内容管理实现增值是专业出版实现进一步增值的机会，也是数字出版获取利润的机会。从国外60年代开始的引文数据分析与服务，到70年代的二次文献分析与服务，到80年代末90年代初的各种专业数据库、文献库、知识库的销售与服务，已经证明了这个增值服务是出版机构的机会，所以这三个方向上，出版机构有100%的机会。

利用社会媒体，比如微信公众号等，出版机构已经参与。但是，如何利用微博、微信按照一个主题培养读者群、培养作者群，培育作者和发现作品是出版机构特别是大众出版机构应该注重经营和挖掘的机会，已经参与但是还没有获得更多的作品和作者机会，机会率50%。通过微博、微信高的粉丝群，挖掘出群主的关注点和言论帖子的特点，重点进行挖掘和培养，因为这个群主有粉丝群，所以，一旦有作品和内容出版，自然这些粉丝会成为产品的消费者。微信群，微信的参与者众多，如何培训这些群主和参与者变成潜在的作者，需要有主题、有针对性地培育这些群主和参与者：注重培养写作内容创作的基础能力，写作知识、版面版式知识、基本的写作修养；注重培养与挖掘创作能力，积累素材、抽取多素材的关联关系、写实与虚构训练等的结合。

内容交易、内容创作两个方向，出版机构已经具备与作者签署出版合同的能力，如何转变成作者的经纪人，机会率是50%。而在移动内容上，自媒体的机会率很大，对于出版的机会率也只有50%。在唱片、音乐、演员等方向，都出现过成功的经纪人公司，出版与作者的机会，如果得到作者的认可，也可以成为出版的经纪人公司。关键是出版机构要培养经纪人，对内容的交易，从出版机构的版权交易（国内出版物授权给国际出版机构）变成作者信任的经纪人。对作者和作品进行包装与宣传（投入），积极挖掘作品转换成电影、电视、文艺表演、游戏、主题公园等的机会（产出），使得内容权益最大化。积极地发现和签署潜在的作者，使得作品为本机构最先享用，大众出版需要稳定的作者群和读者群是同样重要的。适合移动中的移动内容需要人群很大，具有碎片化利用为主、屏幕小、电池储能差、移动通信成本较高等特点，开发与利用移动内容的机会存在。目前出版主要是把内容转移给运营商和变成语音书两个模式提供移动内容并不进行移动内容服务。在广告模式为主的网络盈利中，出版机构失去的是用户群体和广告增值两个部分。特别是失去准确的用户群体信息，明天精准性的营销依然没有机会，如何利用移动内容和移动服务获取精确的读者群和广告投入机会，出版机构到了需要考虑和布局的阶段了。

内容的国际化和本地化，对于大众出版、专业出版、教育出版主要由作者驱动的本地化和由外国相关机构驱动的国际化已经具备一定的能力，如何更好地进行本地化和国际化，出版机构有50%的机会。需要保持个人和国外机构的驱动，同时应该建立本地化和国际化常态的组织机构，与专业、教育、大众等机构配合，由于机构能第一时间发现可以本地化的内容，使得国际的内容进行本地化的时间更短，赢得好的内容的国内市场。同时要调研国际需求，积极地在中国历史、文化等方面体系化地、国际机构化地介绍与推荐国内内容进入国际化。特别是科学技术与经济社会发展过程中的经验和教训的内容，对于第二世界和第三世界的发展、引用具有特别的意义，需要挖掘当地国的团队一起进行国际化的工作。

数字市场技术，对于出版机构相对的机会率较低，只有20%，原因在于传统的出版机构一直缺少高水平的科学技术与出版相结合的研发机构和队伍。新闻出版广电总局，在"十三五"科技规划中，要建立新闻出版科技与标准实验室，希望产学研结合在一起，利用科技和标准实验室为新闻出版未来的发展提供储备、验证和研究成果。试验转化科研机构已有的科研成果与新闻出版应用相结合；对于一些新出现的技术和方法是否适用于新闻出版进行科学验证；发现与研究新闻出版需要的新的科学技术和方法并进行开发验证；对于标准的执行进行测试验证；跟踪相应的标准和规范研究；在数字化的传输、数字化的内容、数字化的智能设备与新闻出版的结合上进行相关标准和规范的研究等是未来数字市场技术等主要工作的着眼点。

大数据，这个命题对于出版人是一个挑战。在出版人手中有大量的出版内容，在大数据上具备50%的机会率，这个是不容置疑的。但是，在发行、零售、电商等服务中使用者的信息、使用者的习惯、使用者的消费倾向等，并不在出版人手中，今天的出版人还不具备在大数据上获得商业的机会。首先就是出版机构如何聚集内容和内容服务，成为汇聚使用者信息、习惯、消费倾向的机会，目前这种分散的营销模式，不利于聚集相关的消费数据；其次，出版人需要对用户的需求进行充分的了解，如何把内容细分，变传统的内容服务为数据、信息、知识的服务，对变卖内容为卖服务等进行理解，变成有收益的数据服务机会。

四、关注相应的标准及其发展方向

1. 数字市场技术相关的部分

VR 虚拟现实、AR 增强现实都将是内容呈现、制作需要的新的数字市场技术。

作品创造需要的辅助写作的相关技术。

2. 分析相关的部分

数据的采集、管理、分析模型的建立、报告体系等相关的技术、规范。

3. 社会媒体相关的部分

主流社会媒体的相关技术、规范与内容创造、内容交易结合部。

4. 移动内容相关部分

对于智能设备相关的技术和规范与内容结合部。

五、结束语

关注数字内容产业的主题方向的目的，是在传统出版的数字内容提供（数字出版、科学技术医学教育出版）与分销代理的优势以外获得更多的商业机会的探讨，这有利于实实在在地找到传统出版在数字内容行业中新的增长点，并且可以在转型中进行精确定位。在传统出版机构的主营业务中，应该在数字内容产业的各个主题上去思考可能的商业机会，并非只强调数字营销收入和数字化转型，而是要有细分战略，为明天的数字内容产业获得更大的产值去谋略、投入。

大数据、云计算等都是一个上位的概念，具体针对出版机构，如何利用数字化的传输，做好数字化的内容，适应数字化的智能设备，满足使用者的需求，融入使用者的学习环境、工作环境和生活环境，才是出版立于不败的根本。

跨界思维，在数字内容产业中，很多其他行业的标准和规范需要研究与利用，才能满足数字化的传输、数字化的内容、数字化的智能设备相结合的需要。

（新闻出版总署信息中心　孙　卫）

国际标准跟踪研究

国际标准化组织 ISO 和主要发达国家新闻出版标准介绍及分析

一、与我国新闻出版业相关的 ISO 标准化技术委员会情况

国际标准化组织（ISO），是一个全球性的非政府组织，也是国际标准化领域中一个十分重要的组织。ISO 的宗旨是在全世界范围内促进标准化及有关活动的发展，以便于国际物资交流和服务，并扩大知识、科学、技术和经济领域中的合作。ISO 并没有专门对应我国新闻出版业的标准化技术委员会，但 ISO 的一些标准化技术委员会的范围涉及我国新闻出版业的标准化工作领域，如目前涉及新闻出版业的标准化工作的技术委员会有信息与文献标准化技术委员会（ISO/TC 46）、术语和语言内容资源标准化技术委员会（ISO/TC 37）、印刷标准化技术委员会（ISO/TC 130）和信息技术标准化技术委员会（ISO/IEC JTC1）等。

（一）ISO/TC 46

ISO/TC 46，负责制定和推广信息与文献有关的国际标准，致力于出版社、书商、图书馆、档案馆等整个产业链条的信息与文献的标准化。法国标准化协会（AFNOR）承担了 ISO/TC 46 的秘书处，该技术委员会下设 5 个分技术委员会，SC 4（技术互操作）、SC 8（质量统计和绩效评估）、SC 9（识别与描述）、SC 10（文件储存和保存条件的要求）和 SC11（档案/报告管理）。TC 46 直接组织制定的国际标准32 项，TC 46 与其下设的 5 个分技术委员会（SC）一共组

织制定了国际标准 115 项①。

1. TC 46/SC 4

信息与文献标准化技术委员会技术互操作分委员会（TC 46/SC 4），创建于 1981 年。其标准化工作范围为：实现计算机技术在信息和文献里应用的方法和程序的标准化工作（包括与 ISO/IEC/JTC 1 的合作领域）。主要包括：

①通信，包括应用协议和格式；

②数据元素目录，包括馆际互借和获取；

③电子稿件和电子出版物的计算机技术；

④信息和文献的数据库管理标准，包括公共命令语言；

⑤字符集；

⑥计算机使用代码②。该技术委员会的秘书处现由芬兰标准协会（SFS）承担。

目前该技术委员会有 26 个积极成员，20 个观察成员，下设 5 个工作组：SC 4/WG 1 字符集、SC 4/WG 4 文献目录信息交换格式、SC 4/WG 6 电子出版、SC 4/WG 7 数据元素、SC 4/WG 8 图书馆代码和 SC 4/TC 37 SC 2 联合工作组语言代码。

该技术委员会共发布 24 项国际标准，正在制定国际标准 3 项。发布的国际标准包括 21 项信息技术在信息、文献与出版中的应用（35.240.30）国际标准，6 项字符集和信息编码（35.040）国际标准和 1 项信息学（01.140.20）国际标准③。正在制定的 3 项国家标准都是技术在信息、文献与出版中的应用（35.240.30）类标准。其出版的标准中，与新闻出版相关的标准有 ISO 12083：1994《信息与文献 电子稿件的准备和标记》（2016 年已经复审）和 ISO 15836：2009《信息与文献 都柏林元数据集》（2014 年已经复审）等。目前该标准化技术委员会启动了一些新的标准项目，如 ISO 15831—1《信息与文献 都柏林元数据集 第 1 部分：核心元素》和 ISO 20614《互操作和保存数据交

---

① 以上数据来源于 http://isotc.iso.org。

② 同上。

③ 国际标准化组织 ISO 根据其编制的标准分类法（简称 ICS），将标准按照三级类目分类，其中第一级 41 个大类，再细分成二级类目 387 个，三级 789 个，主要用于标准的编目、订购与建库，从而促进标准在世界范围的传播。

换协议》等。

2. TC 46/SC 8

信息与文献标准化技术委员会质量统计和绩效评估分委员会（TC 46/SC 8）成立于 1987 年。现秘书处由韩国技术标准局（KATS）承担。

该技术委员会目前共发布 9 项标准，正在制定 3 项国际标准。已经发布的标准都是信息学（01.140.20）类标准。目前该技术委员会有 27 个积极成员，14 个观察成员。该标准化技术委员会制定的与出版相关的国际标准有 ISO 9707：2008《信息与文献——图书、报纸、期刊和电子出版物的出版和发行统计》等。

3. TC 46/SC 9

信息与文献标准化技术委员会识别与描述分委员会（TC 46/SC 9）成立于 1987 年。秘书处由美国国家标准协会（ANSI）承担。目前该标准化技术委员会有积极成员 31 个，观察成员 15 个。

目前该委员会共发布了 24 个国际标准，正在制定的国际标准有 4 项。已经发布的标准中，出版类（01.140.40）国际标准 2 项、信息学（01.140.20）类国际标准 22 项。与新闻出版领域相关的标准有 ISO 2108《国际标准书号》、ISO 3297《国际标准连续出版物号》、ISO 3901《国际标准录音作品编码》、ISO 10957《国际标准乐谱作品号》、ISO 15706《国际标准视听作品编码》、ISO 17316《国际标准链接标识符》、ISO 21047《国际标准文本编码》和 ISO 27729《国际标准名称标识符》等。

4. TC 46/SC 10

信息与文献标准化技术委员会文件储存和保存条件要求分委员会（TC 46/SC 10）成立于 2005 年。其标准化领域是开展对文献的储存和使用及维护的标准化工作，不包括在 ISO/TC 42 工作范围的摄影和其他媒体文件储存和保存条件要求的标准化工作，也不包括 ISO/TC 171 范围内的缩微和光存储器的文件储存和保存条件要求的标准化工作。目前该标准化技术委员会的秘书处由德国标准化协会（DIN）承担。共有 13 个积极成员，8 个观察成员。

目前该标准化技术委员会共发布了 8 项国家标准，正在制定的国际标准有 3 项。已经发布的标准中，出版类（01.140.40）国际标准 3 项、信息学类（01.140.20）国际标准 5 项、纸和纸板类（01.140.40）国际标准 1 项。与新闻出版领域相关的标准有 ISO 9706—1994《信息和文献 用纸的耐用性的要求》、ISO11108：1996《信息和文献 档案纸 稳定耐久性的要求》、ISO11798：1999《信息和文献 纸上书写、印刷和复制的永久性和持久性要求和试验方法》、ISO11800：1998《信息和文献 图书生产中使用的装订方法和装订材料的要求》等。

5. TC 46/SC 11

TC 46/SC 11 档案/报告管理分技术委员会秘书处由澳大利亚标准协会（SA）承担。共发布 18 项国际标准，正在制定 2 项国际标准。其中已经发布的标准都是信息学类（01.140.20）标准，正在制定的国际标准也都是信息学类的（01.140.20）。

（二）ISO/TC 37

术语和语言内容资源技术委员会（ISO/TC 37），成立于 1947 年。其标准化领域为协调在多语言交流和多文化背景下的术语和语言内容资源的标准化活动。ISO/TC 37 秘书处设在中国。该技术委员会下设五个分技术委员会，SC 1（原则与方法）、SC 2（术语与工具书编纂工作方法）、SC 3（术语、知识与内容管理系统）、SC 4（语言资源管理）和 SC 5（翻译及相关术语）。

目前已经发布了 45 项国际标准，正在制定国际标准 23 项。已经发布标准中，信息学类（01.140.20）标准有 10 项，术语（01.020）32 项，信息技术在文献与出版中的应用（35.240.30）1 项，信息技术在交通和贸易中的应用（35.240.60）1 项，文字字体与文字转写（01.140.10）2 项。尤其是 SC 2 的范围涉及辞书编纂工作方法，SC 3 涉及术语、知识和内容管理，与我国的出版业密切相关。目前该技术委员会制定了 ISO 12199—2002《用拉丁语字母表示的多语种术语和字典编辑的数据的字母顺序》、ISO 30042：2008《术语、知识和内容管理系统 术语库信息交换（TBX）》和 ISO 26162：2012《术语、知识和内容管理系统 术语管理系统的设计、实施和维护》等国际标准。

（三）ISO/IEC JTC 1 国际标准化组织/国际电工委员会第一联合技术委员会

国际标准化组织/国际电工委员会的第一联合技术委员会（ISO/IEC JTC 1）

主要负责制定信息技术方面的国际标准。该标准化技术委员会是在原 ISO/TC 97（信息技术标准化技术委员会）、IEC/TC 47/SC 47B（微处理机分委员会）和 IEC/TC83（信息技术设备）的基础上，于 1987 年合并组建而成的。目前该标准化技术委员会已经发布 2950 项国际标准，秘书处设在美国标准化协会（ANSI）。

ISO/IEC JTC 1 下设 17 个分技术委员会（SC），其中 ISO/IEC JTC/SC 34（文件描述与处理语言）与新闻出版业最相关。该标准化技术委员会主要负责有关描述和处理复合文件和超媒体文件所用的文件结构、语言及相关设施领域的标准化工作。其制定的技术在信息、文献与出版中的应用（35.240.30）国际标准就多达 77 项。与新闻出版业相关的国际标准主要有 ISO 8879：1986《信息技术　文本和办公系统　标准通用置标语言》（SGML）和 ISO/IEC TS 30135《数字出版　EPUB3》系列标准等。

二、主要发达国家新闻出版业标准化情况介绍

（一）美　国

美国标准体系大致由二部分组成：（1）联邦政府标准体系或公共领域（public sector）标准体系，主要涉及制造业、交通、环保、食品和药品等。（2）非联邦政府标准体系或民间领域（private sector）标准体系，即各专业标准化团体的专业标准体系，一般为自愿型标准。联邦政府曾经是制定和使用标准最多的机构，但随着 1995 年美国国家技术传播和发展法案（NTTAA，公共法 104—113）的通过，联邦政府被要求在可行范围内使用自愿型标准体系的标准或参与自愿型标准的制定。以上两部分标准被美国国家标准学会（ANSI）评审会审议通过后冠以 ANSI 代号的标准为美国国家标准。美国新闻出版标准一般都属于自愿型标准，由国家标准、协会标准和企业标准三个层次组成。

美国国家标准学会（简称 ANSI）是受政府的委托管理美国国家标准的非营利性质的民间标准化团体。该组织负责协调和推动国内标准化活动，发布美

国国家标准，代表美国参加国际标准化组织和活动。该协会下又按不同产品细分形成众多专业协会，例如与出版业标准化密切相关的美国全国信息标准化组织（简称 NISO）就是获得 ANSI 认证的制定国家标准的标准化机构。

NISO 属于非营利性质的协会组织，目前有来自出版业、图书馆业、IT 业和媒体领域以及美国某些政府部门等 70 多个组织作为其投票成员。该组织主要负责制定与信息系统、产品（包括硬件、软件）和出版商、图书馆、书目和信息服务所使用的业务有关的自愿型一致性标准。NISO 还被美国国家标准化协会指定代表美国参加国际标准化组织 ISO/TC 46 的工作，目前 NISO 是 ISO/TC46 秘书处的具体承担机构。除了采用国际标准，如 ANSI/NISO Z39.9—1992（R2001）国际标准连续出版号（ISSN）ANSI/NISO Z39.29—2005 书目参考文献等，该组织还制定了一系列有关出版业、图书馆业、IT 业和媒体领域的标准。

对出版业行业标准化起着组织和协调作用的主要是出版业的协会，如美国书业研究会（简称 BISG）和美国出版商协会（简称 AAP）等。出版业的某项标准一旦被美国国家标准学会冠以 ANSI 代号即成为美国国家标准。出版业的标准一般都属于自愿型标准。

美国书业研究会是美国书业标准研究、制定和推广的主要机构。该组织是一个非营利性的协会组织。它目前的主要工作包括进行书业市场研究、ISBN 修订、EDI 标准推广、ONIX 标准完善推广等。BISG 的成员来自作者、出版商、印刷厂、分销商、零售商、图书馆及其他相关领域的企业或协会，覆盖整个书业链条的各个环节，目前拥有超过 200 个会员。美国出版商协会、美国书商协会、基督教出版者协会等一直是 BISG 的积极会员。BISG 为书业链条的成员提供了坐在一起交流讨论技术发展及标准应用问题的一个平台。从建立之初，BISG 就在组织和引导行业标准化中担任领导角色。BISG 通过下属的书业标准与通讯委员会（简称 BISAC）制定了一系列条码技术标准和电子贸易通讯标准，极大提升了整个美国出版业供应链条的电子化水平。

美国出版商协会是代表美国出版商利益的最大的协会组织。目前，美国出版商协会的成员大约有 350 家公司，遍布全国各地。其宗旨是解决与出版商共同利益的相关问题。该协会也积极推动出版业标准化的发展，尤其关注电子出版的标准问题。目前，该协会与几家大出版商以及安德森咨询公司开发了"电子图书开放标准"工程，该工程的目标是"在数字版权保护、元数据和编号方式领域推荐标准,以在更大范围内创造一个开放的、竞争的电子图书市场"。AAP 在数字版权保护领域与一些大出版商共同开发了数字对象识别系统(DOI)等标准,元数据领域对原来的 ONIX 元数据标准进行了扩展。

(二) 英 国

在英国,标准被分为三级:国家标准、专业标准和公司标准。英国标准学会(BSI)负责管理英国国家标准。该机构是世界上最早的全国性标准化机构,是英国政府承认并支持的非营利性民间团体,负责推动、起草、出版和销售英国标准和其他指导方针。其宗旨是为增产节约努力协调生产者和用户之间的关系,促进生产,达到标准化;制定和修订英国标准,并促进其贯彻执行;以学会名义,对各种标志进行登记,并颁发许可证;必要时采取各种行动,保护学会利益。BSI 下设标准化技术委员会负责国家标准的起草。

在英国,行业协会在新闻出版的标准化中承担着重要角色。英国书业通讯委员会(简称 BIC)是由英国出版商协会、英国书商协会、英国图书馆协会和大不列颠图书馆主办的书刊业电子数据交换促进组织,其任务是推动书刊业的电子通讯和电子贸易。

由于英国出版业的国际化特性,BIC 的主要任务不是制定英国国家标准,而是从一开始就瞄准国际市场,开发国际出版产品与信息的贸易和交换的国际化标准。BIC 是泛欧书业 EDI 组织的创始成员之一,也是目前该组织的积极推动者。BIC 的主要工作包括:与美国书业研究会(BISG)合作开发书业 EDI + XML 电子交易标准,推动 ONIX 产品信息传递标准在英国书业的应用,实施产品信息标准化鉴定、通过支持基于标准的产品和服务来扩展电子商务在书业的应用,跟踪无线识别标签和数字化版权管理的发展,开展 ISBN 修订有关的研究宣传。此外,BIC 还建立了一个数字出版产业链工作组起草数字内容的查找和贸易标准。

(三) 日 本

日本的标准分为三个层次,国家标准、行业部门标准和企业标准。日本工业标准调查会(JISC)是发布工业产品和矿产品国家标准的机构。新闻出版业的国家标准也由日本工业标准调查会发布。在日本工业标准调查会下没有负责新闻出版的标准化技术委员会，但日本工业标准调查会下设有信息技术标准化技术委员会，主要负责制定信息技术类的标准，但该标准化技术委员会也负责制定一些信息学和出版类的标准如 JIS X0305 国际标准书号（ISBN）、JIS X0306 国际标准刊号（ISSN）和 JIS X0308 国际标准记录码（ISRC）等。

日本行业协会在制定行业部门标准中发挥重要作用，如日本信息科学和技术协会下设信息技术研究和标准化中心（JSA），主要负责国内外信息技术（包括出版、信息与文献）相关标准的研究和起草。日本电子出版协会也积极制定行业标准，对行业进行规范，如目前该协会制定了电子出版物的交换标准"JepaX"等行业标准规范。

三、国际标准化情况分析及借鉴

国际标准化机构如 ISO、IEC 等首先是由西方发达国家倡导和主导建立的，其目的是推广本国标准，为本国的技术和产品出口清除障碍。这些国际标准化机构的决策机构长期由这些国家操控，这些机构的标准化技术委员会和分委员会秘书处也长期由发达国家承担，大多数国际标准由这些国家提出和主导制定。在西方发达国家国内已经建立了适应市场经济发展要求的国家标准体系和工作机制，并达到比较完善的阶段。在我国的标准化工作中，我国可以有所借鉴。

（一）行业协会负责各行业的标准化工作

在主要发达国家，政府一般授权并委托标准化协会统一管理全国的标准化工作，规划和协调标准化事务，政府负责监管和财政支持，如美国标准化学会、英国标准化协会、法国标准化协会、日本工业标准调查会和日本农业标准调查会等。在主要发达国家一般标准被分为国家标准、协会或团体标准和企业标准。行业协会、学会在标准研究和制定中起着很重要的作用，如美国的全国信息标准化组织（简称 NISO）、美国书业研究会（简称 BISG）和美国出版商协会（简称 AAP），英国书业通讯委员会（简称 BIC），德国的出版商和书商协会，澳大利亚出版商协会等都负责出版行业的标准化工作。一般行业协会制定的标准通过国家标准化管理机构的审查，即上升为国家标准，发达国家一般对通过审查的协会标准采用双号制如 ANSI/NISO 表示由美国全国信息标准化组织制定的标准被上升为国家标准的代号。

协会组织充分发挥了在出版标准化中的组织和协调作用，政府只是作为一方参与标准的发展，这不仅为政府减轻了工作负担和节省了公共开支，同时协会组织在标准的制定中，充分根据市场需要，按照有关各方广泛参与、透明公正、协调一致的原则，最大限度地满足了各方面利益和需求。行业协会在发达国家代表会员利益，承担着行业利益代言人的角色，并承担着与政府和其他行业进行协调的任务。行业协会通过制定标准，协调行业内部或与其他行业的利益。由于行业协会在发达国家的角色任务，行业协会制定的标准很容易得到执行。在标准起草、审查、发布、出版和发行以及信息服务等方面具有充分的自主权。

（二）标准制定有一套完善的运行机制和配套体系

发达国家标准的立项主要来自三个方面：一是用户、专业团体或行业协会、国有企业、政府各部门、大中专院校提出项目建议；二是在国际标准中发达国家准备采用的国际标准；三是根据发达国家3—5年复审后要修订的项目。这些项目的提出主要是企业、行业或国家根据市场需求设立；有严格的科学公正的标准制定程序，标准制定过程要求广泛参与、协商一致、透明和公正，最大限度满足标准有关各方的利益和要求；标准的起草一般委托专门的技术委员会，标准的编制严格按照国家标准编写的有关标准和规范；标准维护机制健全，一般标准发布3—5年就复审决定修订或废止；技术法规、标准与合格评定程序紧密结合。发达国家的标准研制经费主要有四个方面的来源：一是会员会费和捐款；二是标准和出版物销售收入；三是政府资助；四是来自相关组织或个人的赞助。标准化团体可通过标准版权、销售标准文本和相关服务，取得经济回报。在发达国家一般技术法规与标准相配套，标准与认证相结合。这一套完善的运行机制和配套体系保证了标准制定的积极性、科学性和广泛参与性。

（三）标准的自愿性和市场性

主要发达国家，如美国、法国、德国和日本等，对出版业标准化实行自愿型标准体系。在发达国家，标准的编制是一种建立在市场经济基础上的自愿行为。任何一个组织包括出版商、书店、学会、协会等，都可以由自己投资编制那些有市场需求的技术标准，作为任何一项标准，在得到标准化学会或其他权威性机构的认可前，实际上是一种技术资料，在企业和团体内部使用。如数字对象识别系统（DOI）标准的制定就是首先由哈泼·科林斯出版社、霍兹布林克出版公司、霍顿·米夫林出版公司、麦克劳希儿、培生、兰登书屋和安德森咨询公司联合美国出版商协会发起和共同制定的。这些标准主要是由企业、行业或国家根据市场需求设立的。这种自下而上的标准制定模式充分调动了出版行业有关各方的积极性，体现了标准应尽快反映技术进步和市场需求的原则。

2015年国务院印发了《深化标准化工作改革方案》提出培育发展团体标准，就是借鉴主要发达国家的自愿性标准体系，发挥行业协会组织制定团体标准的作用，增强我国标准的市场适应性和应用性。

（四）标准紧跟数字化发展趋势

由于国际数字出版的广泛展开，领先的出版商，包括 Thomson、John Wiley、Springer、Reed Elsevier 都已经转向数字化出版、网络化传播的方式运营，并基本完成向数字内容服务商转型。近几年，这一趋势越发明显，速度也在加快。发达国家行业协会和相关标准化组织，紧跟内容数字化发展趋势，已经把制定数字出版的相关标准作为主要工作。如美国先后发布的国家标准如 ANSI/NISO Z39.84 数字对象标识结构、ANSI/NISO Z39.85 都柏林核心元数据元素集等数字出版相关的国家标准。美国出版商协会开发了"电子图书开放标准"工程也是基于数字出版的。英国书业通讯委员会也专门建立一个数字出版产业链工作组，负责起草数字内容的查找和贸易标准。日本电子出版协会制定了电子出版物的交换标准"JepaX"等行业标准规范。

5. 标准的国际性定位

发达国家在标准的定位方面始终坚持"通过对标准的发言权，争取标准的制定权,通过标准的制定权,实现产业领域的领导权"的战略思想,具体表现在:极力将国内标准推广为国际标准,追求对国际标准的控制权;标准研究与国际科技产业政策的有机结合,为标准水平的不断提高奠定基础。对于高新技术产业,发达国家普遍实行标准化战略和知识产权战略相结合,极力促进科技成果专利化—专利标准化—标准国际化,通过技术垄断、标准垄断来达到国际市场的垄断。

如英国、法国、德国和美国等将其多项国家标准直接转化为 ISO 标准。日本积极争夺 ISO 3166《国家和地区代码》和 ISO 5776《文字校对符号》等信息领域的国际标准制定权。此外发达国家还自己成立所谓的国际化组织,如国际书业标准化组织、国际数字出版论坛、国际 DOI 基金会来使自己制定的标准成为国际事实性标准。

(中国新闻出版研究院　张书卿)

国际标准化组织印刷标准化技术委员会 ISO/TC 130 情况综述

一、历史背景

(一) ISO

国际标准化组织（International Organization for Standardization，简称 ISO），是一个全球性的非政府组织，是国际标准化领域中一个十分重要的机构。ISO 成立于 1947 年，当时来自 25 个国家的代表在伦敦召开会议，决定成立一个新的国际组织，以促进国际合作和工业标准的统一。于是，ISO 这一新组织于 1947 年 2 月 23 日正式成立，总部设在瑞士的日内瓦。

1947 年 ISO 成立时只有 25 个成员团体，但经过 60 多年的发展，现有（截至 2016 年 4 月）成员 161 个，其中正式成员 119 个，通讯成员 38 个、订阅成员 4 个，现有技术委员会（TC）和项目委员会（PC）共计 303 个，截至目前已发布 21000 余项国际标准。

(二) ISO/TC 130

1969 年，ISO/TC 130 正式注册成立，ISO/TC 130 是 ISO 下设的第 130 号技术委员会——印刷技术委员会，主要负责印刷技术领域的国际标准化工作。所负责的领域是从原稿到成品的过程中，有关印刷和图文技术方面的术语、测试方法和各种规范的标准化活动，主要包括排版、还原制作、印刷工艺、印后加工（如装订等）和印刷技术中油墨的适性、承印物的适性和其他所用材料的适性等方面。

从 1989 年第 4 次全会开始，ISO/TC 130 形成第一次正式决议的记录，并坚持一年召开两次国际工作组会议及一次全会。截至 2016 年 4 月，ISO/TC 130 已颁布了 84 项有关印刷技术的国际标准。

（三）我国承担 ISO/TC 130 秘书处及主席职务

2013 年 5 月，经 ISO 中央秘书处及国家标准化管理委员会批准，中国印刷技术协会作为全国印刷标准化技术委员会（SAC/TC 170）秘书处承担单位和新闻出版广电总局管理的印刷行业协会，成为秘书处承担单位。ISO/TC 130 秘书处此前由德国标准化协会（DIN）承担，2012 年德国在全球经济危机背景下提出无力支撑秘书处的运作，ISO/TC 130 遂在成员国范围内征集秘书处承担单位。中国积极申请，经由成员国投票胜出，ISO/TC 130 的承接工作对我国在印刷标准化领域所扮演的角色有着极其重要的意义。

ISO/TC 130 秘书由 SAC/TC 170 秘书崔远超担任，负责 ISO/TC 130 秘书处日常工作。SAC/TC 170 是国家新闻出版广电总局、国家标准化管理委员会领导下从事全国性印刷技术标准化工作的机构，负责全国印刷技术领域的标准化归口管理工作，并作为 ISO/TC 130 对应的中国国内技术委员会，以积极成员身份参与国际印刷标准化活动。

自 2015 年 1 月 1 日起，北京印刷学院教授、中国印刷技术协会副理事长蒲嘉陵出任 ISO/TC 130 主席，任期三年。

（四）我国主导的印后工作组

我国通过多年参与 ISO/TC 130 工作组会议及全会，发现对应 ISO/TC 130 工作范围，并无印后相关工作组，而我国作为印刷大国，在印后领域积累了相当丰富的经验，为弥补国际印后工作领域的空白，发挥我国在印后领域的优势，加强我国在国际舞台上的话语权，2009 年 9 月，在北京召开的 ISO/TC 130 第 23 届工作组会议及全会上，SAC/TC 170 向全会提出了"关于组建印后标准联合工作组的提案"，得到全会的一致认可，2010 年 11 月，经 ISO 批准，ISO/TC 130/WG12（国际印后标准工作组，以下简称 WG12）正式成立，由北京印刷学院副教授何晓辉担任召集人，中国提供秘书处支持。同时，WG12 向 ISO/TC 130 提出两项国际标准新工作项目提案：ISO 16762《印刷技术 印后加工 一般要求》和 ISO 16763《印刷技术 印后加工 装订产品要求》。

二、重要标准

（一）我国主导制定的两项印后标准

印后加工是印刷生产流程的最后阶段，只有经过印后加工，才能使印张成为具有所要求的形态和功能的制成品。从某种意义上说，印后加工过程决定了印刷品的最终质量。在 ISO/TC 130 印刷技术标准体系中，已有各种印前和印刷的标准来满足印刷工业发展的需要，却没有印后方面的标准，我国主导的 ISO 16763 的发布和 ISO 16762 的制定填补了印刷领域国际标准的空白。

1. ISO 16763

2016 年 3 月，由我国主导制定的首个印刷领域国际标准 ISO 16763《印刷技术 印后加工 装订产品要求》由 ISO 正式发布，成为我国印刷领域主导制定的首个国际标准。ISO 16763 规定了装订产品印后生产过程中的质量要求和允差值，适用于需进行工业装订的产品，如书籍、杂志、目录和手册等。我国专家何晓辉和刘霞担任项目负责人，来自中国、美国、德国、英国、瑞士、巴西、日本、瑞典、意大利等国家的多位专家参与制定工作。

2. ISO 16762

由我国担任项目负责人并主导制定的 ISO 16762《印刷技术 印后加工 一般要求》规定了在印刷和印后工艺之间，对已印刷产品的处理、储存和运输要求，指明了有助于完成印后加工的必要信息（工单等），并规定了印后加工材料的处理。目前该标准正处于 DIS（最终国际标准）投票阶段，预计可于 2017 年正式发布。

（二）ISO 12647 多部分标准

ISO/TC 130 制定的国际标准主要可归纳为以下几大类：术语标准、印前数据交换格式标准、印刷过程控制标准、印刷原辅材料适性标准、人类工程学/安全标准等。其中，印刷过程控制标准是印刷生产广泛应用的基础标准，主要规定了印刷生产过程中各关键质量参数的技术要求和检验方法，ISO 12647《网目调分色样张和印刷成品的加工过程控制》多部分标准就是按照胶印、凹印、网印、柔印、数字印刷的工艺方法划分，针对不同印刷方式的质量控制，规定各自的技术要求和检验方法，是建立在包括油墨、纸张、测量和视觉观察条件标准之上的标准。在ISO/TC 130中占有重要的地位。

ISO 12647多部分标准是在世界范围内多个国家的综合数据基础上发展而来的。它是一系列标准包装防伪，为各种印刷工艺（胶印、凹版印刷、柔性版印刷等）制作的技术属性和视觉特征提供最小参数集。该标准向制造商和印刷从业者提供了指导原则，有助于将设备设定到标准状态。来自这些印刷厂的测量数据可以用来创建ICC色彩描述文件并生成与印刷色彩相匹配的打样样张。ISO 12647由8个部分组成，分别为：

ISO 12647—1：网目调分色样张和印刷成品的加工过程控制：参数与测量条件；

ISO 12647—2：网目调分色样张和印刷成品的加工过程控制：胶印；

ISO 12647—3：网目调分色样张和印刷成品的加工过程控制：新闻纸的冷固型胶版印刷；

ISO 12647—4：网目调分色样张和印刷成品的加工过程控制：书刊凹版印刷；

ISO 12647—5：网目调分色样张和印刷成品的加工过程控制：网版印刷；

ISO 12647—6：网目调分色样张和印刷成品的加工过程控制：柔性版印刷；

ISO 12647—7：网目调分色样张和印刷成品的加工过程控制：直接来源于数字数据的数码打样；

ISO 12647—8：网目调分色样张和印刷成品的加工过程控制：数字印刷。

2011年，ISO/TC 130通过决议，修订ISO 12647第1至7部分，现除第7部分处于DIS投票阶段，其他各部分标准均修订或制定完成，我国将持续跟进该系列标准的制定及今后的修订工作。

（三）ISO 2846 多部分标准

随着生活水平的改善，大众对印刷产品质量的要求也在不断上升，尤其体现在印品色彩的饱和度、图像的一致性和清晰度方面。而印刷油墨是影响色彩饱和度、图像清晰度的主要因素，因此满足 ISO 2846 有关四色印刷油墨的颜色和透明度标准要求的印刷油墨成为获得高质量印品的关键。ISO 2846 多部分标准共有 5 部分，分别为：

ISO 2846—1：2006 印刷技术　四色印刷油墨的颜色和透明度　第 1 部分：单张纸和热固型卷筒纸胶印

ISO 2846—2：2007 印刷技术　四色印刷油墨的颜色和透明度　第 2 部分：冷固型胶印

ISO 2846—3：2002 印刷技术　四色印刷油墨的颜色和透明度　第 3 部分：出版物凹版印刷

ISO 2846—4：2000 印刷技术　四色印刷油墨的颜色和透明度　第 4 部分：网版印刷

ISO 2846—5：2005 印刷技术　四色印刷油墨的颜色和透明度　第 5 部分：柔性版印刷

但是，虽然油墨标准对印刷质量控制至关重要，该多部分标准多在十年前制定完成，部分内容已不能满足现代印刷的要求。2015 年，ISO 根据导则对 ISO 2846—3：2002 和 ISO 2846—5：2005 进行了系统复审，即由国家成员体投票决定保留、修订还是废止此两项标准。由于这两项标准的附录中都有对标准纸的要求，规定了其色度值、吸水性、光泽度、定量、灰分、pH、粗糙度，但这种标准纸并无供应商，以前的供应商也已停产，所以标准难以保持一致，经过各国投票，确认废止此两项标准。2015 和 2016 年，ISO/TC 130 WG4 工作组相继提出在不改变范围的前提下，对 ISO 2846—1 和 ISO 2846—2 进行修订，修订其中涉及承印材料（标准纸）的内容，增加颜色以改进新闻纸印刷。与此同时，我国前期等同采用了 ISO 2846 多部分标准作为国家标准，也应考虑适时修订或废止。

三、现状特点

(一) 现有工作组

ISO/TC 130 现有 25 个积极成员（P 成员，有表决权），19 个观察成员（O 成员，无表决权），迄今为止，已经制定并颁布了 84 项有关印刷技术的国际标准，并正在对 23 项标准进行制修订。ISO/TC 130 根据其工作范围，组建了相应的工作组，目前处于活跃状态的包括 8 个工作组（WG），5 个联合工作组（JWG）和 1 个任务组（TF），各组信息如下：

序号	工作组	工作范围	负责人
1	第1组（WG1）	术语	组长：Dr. David Penfold /英国 秘书：无
2	第2组（WG2）	印前数据交换	组长：Mr. Steve Smiley/美国 秘书：Ms. Debbie Orf/美国
3	第3组（WG3）	过程控制和相关度量衡	组长：Mr. Andreas Krauhaar/德国 秘书：Mr. Andreas Lamm/德国
4	第4组（WG4）	介质和材料	组长：Dr. Uwe Bertholdt/德国 秘书：Mr. Andreas Lamm/德国
5	第5组（WG5）	人机工程/安全	组长：Mr. George V. Karosas/美国 秘书：Ms. Debbie Orf/美国
6	第7组（JWG7） ISO/TC 130 与 ICC 组成的联合工作组	色彩管理	组长：Mr. William Li/美国 秘书：Ms. Debbie Orf/美国
7	第8组（JWG8） ISO/TC 130 与 ISO/TC 42 组成的联合工作组	对 ISO 13655 的修订	组长：Dr. Danny C. Rich/美国 秘书：Ms. Orf, Debbie /美国
8	第10组（JWG10） ISO/TC 130 与 ISO/TC 247 组成的联合工作组	安全印刷过程管理	组长：Mr. Marc Been /荷兰 秘书：Mr. Hans Weber/荷兰
9	第11组（WG11）	印刷产品对环境的影响	组长：Ms. Laurel Brunner/英国 秘书：Ms. Debbie Orf/美国
10	第12组（WG12）	印后	组长：Ms. He Xiaohui（何晓辉）/中国 秘书：Ms. Li Meifang（李美芳）/中国

(续表)

序号	工作组	工作范围	负责人
11	第13组（WG13）	印刷认证要求	组长：Mr. Robert Chung/美国 秘书：Ms. Viviane, Pereira /巴西
12	第14组（JWG14）ISO/TC 130 与 ISO/IEC JTC 1/SC 28 组成的联合工作组	印刷质量检测方法	组长：Mr. Frans Gaykema/荷兰 秘书：无
13	第15组（JWG15）ISO/TC 130 与 IEC/TC 100 WG 组成的联合工作组	制定 ISO 20294	组长：Mr. Nakamura, Hiroyuki /日本 秘书：Ms. Fedorovskaya, Elena /美国
14	TF 3 第3任务组	工作流程标准规划	组长：Mr. Beltrami, Alessandro/意大利 秘书：Ms. Cui Yuanchao（崔远超）/中国

ISO/TC 130 还与其他技术委员会建立了以下联合工作组，ISO/TC 130 专家可以参会并获取资料，但这些联合工作组由其他委员会主要负责，信息如下：

序号	联合的其他技术委员会	工作范围
1	ISO/TC 6/SC 2/WG 39	印刷适性测试
2	ISO/TC 42/JWG 20，IEC WG	数码相机
3	ISO/TC 42/JWG 22，IEC/TC 100	色彩管理
4	ISO/TC 42/WG 23，CIE WG	数字图像储存、处理和交换的扩展颜色编码
5	ISO/TC 42/WG 25	使用 XMP 的数字照相
6	ISO/TC 42/JWG 27，JTC1/SC 28	图像持久性和耐久性测试方法和商业应用中的数码印刷规范
7	ISO/TC 171/SC 2/WG 5，TC 42，TC 46/SC 1	文件管理应用　PDF/A 的应用问题

另外，ISO/TC 130 与其他 ISO 技术委员会和国际电工组织（IEC）下设的技术委员会建立了联络关系，可以相互查看技术委员会内部文件，这些联络组织涉及的领域包括办公设备，音频、图像、多媒体和超媒体信息的编码，纸、纸板和纸浆，油漆和清漆的一般测量方法，有色纺织品和着色剂的测试，照相，包装和环境，文件管理应用，环境管理技术委员会、温室气体管理等，并与国际照明委员会（CIE），国际色彩联盟（ICC）和 CIP4 等组织建立了联络关系。

（二）工作组特点

ISO/TC 130 处于活跃工作状态的工作组有 15 个，其中十余个工作组秘书处承担国及召集人为美国、德国、英国、荷兰等欧美发达国家，中国仅承担印后工作组秘书处及召集人。在很多国际标准的制修订中，这些国家的专家所提出的技术意见普遍占主导地位。

在 ISO/TC 130 制定的国际标准中，由 WG3 过程控制和相关度量衡工作组提出并制定的标准数量最多，WG3 也是目前 ISO/TC 130 中注册专家最庞大、内容讨论最激烈的工作组，各国专家均积极参与该组会议，过程控制是印刷标准化领域至关重要的环节，也是印刷标准化工作的重点。

四、趋势分析

（一）重视印刷国际标准体系的建设

2012 年 10 月，ISO/TC 130 成立了 TF3 工作流程标准规划任务组，旨在梳理 ISO/TC 130 标准制定结构，系统分析印刷领域已有及未来需要制定的国际标准，该任务组明确了以下工作目标：

（1）制定技术报告 TR19300《印刷技术 印刷产品工作流程标准使用指南》，描述 ISO/TC 130 所制定的标准之间的关系，印刷领域标准的功能，以及商业用途与制造工序之间的关联；

（2）TF3 将制定一份 ISO/TC 130 内部文件，表明在 ISO/TC 130 中需要制定和加强的标准或多部分标准中需要补充的部分，由于 ISO/TC 130 中一些重要标准处于修订阶段，这份文件的起草相当复杂。

（3）制定 ISO/TC 130 未来标准之间关系的总体规划，以便创建未来标准工作流程框架蓝图。组内起草了文件《对 ISO/TC 130 标准框架的改进建议》，目前中国专家在任务组中领取了任务，主要负责这份文件的研究与修改。

（4）建立 ISO/TC 130 商业计划提案，以便在实施规划蓝图时反映相应的工作。

ISO/TC 130 建立 TF3 任务组，表明其对印刷领域国际标准体系建设的重视，TF3 任务组的建立引起了 ISO/TC 130 内各个成员国和专家的高度重视，其工作内容不仅反映了 ISO/TC 130 过去所制定标准之间的关联，加强了对已制定的国际标准的梳理，更指明了今后印刷领域国际标准发展的方向以及需要填补空白的领域，关注 TF3 的工作内容，对我国研究及跟踪印刷行业国际标准的制修订有着非常重要的作用，同时，在我国提出新标准提案时也可作为参考。

（二）标准复审进入高峰期

从 1993 年开始，截至 2016 年 4 月，23 年来，ISO/TC 130 共有 84 项国际标准发布实施，根据 ISO 导则，国际标准的系统复审时间是 5 年，即国际标准发布 5 年后，需要各国投票决定该标准是继续保留、修订还是废止。在 ISO/TC 130 发布的 84 项标准中，仅 2010 年和 2011 年发布实施的标准数量就为 12 项，均需要经过系统复审，如复审结果为修订，则有大量标准需要进行修订，而随着印刷领域的不断发展，原有国际标准的修订和废止问题也被提上日程。

在 ISO/TC 130 下一步工作中，修订原有标准将逐渐成为重点，与此同时，我国国家标准中，等同或修改采用了一些国际标准，这就需要我国在积极参与国际工作的同时，及时获得国际最新信息，对于已修订或废止的标准，应及时修订或废止我国对应的国家标准，以保证我国国家标准的实用性与时效性。

（三）我国话语权逐步增加

我国作为印刷大国，印刷行业规模飞速发展，印刷标准化日益受关注并成为在国际市场竞争中的重要砝码。2013 年，我国正式承担 ISO/TC 130 秘书处及秘书职务，2015 年起我国专家担任主席并主持 ISO/TC 130 一年一次的全会，使得我国印刷业在国际印刷标准化舞台上获得了更多主动权和话语权。同时，我国积极组织国内专家参加 ISO/TC 130 一年两次的国际会议，参与各个工作组会议，我国专家逐渐熟悉各个国际标准的制定。在近几年的工作组会上，我国专家越来越多地在国际会议上发表意见，并领取任务，将我国意见深入国际标准。但是，在印前、印刷过程等领域，我国与发达国家的差距还很大，需要我国投入更多精力，发掘国内印刷领域国际人才，深入跟进国际标准的制定，从而进一步加强实质性地参与国际标准化工作。

（全国印刷标准化技术委员会　李美芳）

数字时代标识标准的推进
——识别与描述分技术委员会（ISO/TC 46/SC 9）标准工作介绍

ISO/TC 46/SC 9 是 TC 46 信息与文献技术委员会下的识别与描述分技术委员会，其业务范围覆盖包括图书馆、博物馆、档案馆在内的信息化机构，以及内容产业（如出版业、其他内容生产方和提供方）的信息标识符、描述与相关元数据和使用模式等标准化工作。其秘书处现设在美国，由美国国家标准学会（American National Standards Institute：ANSI）承担。美国国家标准学会成立于 1918 年，是非营利性质的民间标准化团体。当时，美国的许多企业和专业技术团体已开始了标准化工作，但因彼此间没有协调，存在不少矛盾和问题，为了进一步提高效率，数百个科技学会、协会组织和团体，均认为有必要成立一个专门的标准化机构，并制订统一的通用标准，于是美国国家标准学会诞生。

一、SC 9 整体情况

SC 9 秘书处共发布了 24 项国际标准（见表 1），拥有 10 个国际注册机构（见表 2），以及包括美国、英国、中国等在内的 32 个积极成员国，13 个观察成员国和 23 个 A 级联络组织，其中中国信息内容产业联盟（简称 ICIA，同时也是 ISLI 国际标准的国际注册权利机构承担单位）也于 2016 年成为其 A 级联络组织。

表1　SC 9发布的24项国际标准

序号	标准名称	中文译名
1	ISO 4：1997, Information and documentation-Rules for the abbreviation of title words and titles of publications	信息与文献 出版物标题和标题编写的规则
2	ISO 690：2010, Information and documentation-Guidelines for bibliographic references and citations to information resources	信息与文献 目录参考和信息资源引文指南
3	ISO 832：1994, Information and documentation-Bibliographic description and references-Rules for the abbreviation of bibliographic terms	信息与文献 目录描述和参考文献目录术语的编写规则
4	ISO 999：1996, Information and documentation-Guidelines for the content, organization and presentation of indexes	信息与文献 索引的内容、组织和编排指南
5	ISO 2108：2005, Information and documentation-International standard book number (ISBN)	信息与文献 国际标准书号
6	ISO 3297：2007, Information and documentation-International standard serial number (ISSN)	信息与文献 国际标准连续出版物号
7	ISO 3901：2001, Information and documentation-International Standard Recording Code (ISRC)	信息与文献 国际标准录音制品编码
8	ISO 5963：1985, Documentation-Methods for examining documents, determining their subjects, and selecting indexing terms	文献 检查文档、确定其题目和选择索引术语的方法
9	ISO 7220：1996, Information and documentation-Presentation of catalogues of standards	信息与文献 标准目录格式
10	ISO 7220：1996/Cor 1：2001	勘误表1：2001
11	ISO 10324：1997, Information and documentation-Holdings statements-Summary level	信息与文献 馆藏描述——概要级
12	ISO 10957：2009, Information and documentation-International standard music number (ISMN)	信息与文献 国际标准音乐编号
13	ISO 15706—1：2002/Amd 1：2008, Alternate encodings and editorial changes	其他编码和编辑修改
14	ISO 15706—1：2002, Information and documentation-International Standard Audiovisual Number (ISAN) -Part 1：Audiovisual work identifier	信息与文献 国际标准试听资料号——第一部分：试听作品标识符
15	ISO 15706—2：2007, Information and documentation-International Standard Audiovisual Number (ISAN) -Part 2：Version identifier	信息与文献 国际标准试听资料号——第2部分 版本标识符
16	ISO 15707：2001, Information and documentation-International Standard Musical Work Code (ISWC)	信息与文献 国际标准音乐作品编码
17	ISO 17316：2015, Information and documentation-International Standard Link Identifier (ISLI)	信息与文献 国际标准关联标识符

（续表）

序号	标准名称	中文译名
18	ISO 21047：2009，Information and documentation-International Standard Text Code（ISTC）	信息与文献 国际标准文本编码
19	ISO 25964—1：2011，Information and documentation-Thesauri and interoperability with other vocabularies-Part 1：Thesauri for information retrieval	信息与文献 叙词表和其他词汇的互操作——第一部分：信息检索用叙词表
20	ISO 25964—2：2013，Information and documentation-Thesauri and interoperability with other vocabularies-Part 2：Interoperability with other vocabularies	信息与文献 叙词表和其他词汇的互操作 第2部分 与其他词汇的互操作
21	ISO 26324：2012，Information and documentation-Digital object identifier system	信息与文献 数字资源标识符
22	ISO 27729：2012，Information and documentation-International standard name identifier（ISNI）	信息与文献 国际标准名称标识｛plus COR 1：2013｝
23	ISO 27729：2012/ COR 1：2013	勘误表1：2013
24	ISO 27730：2012，Information and documentation-International standard collection identifier（ISCI）	信息与文献 国际标准采集标识符

注：统计截至2016年5月10日

表2　SC 9国际注册机构列表

标准号及名称	国际注册机构名称	机构网址
ISO 2108 ISBN	International ISBN Agency	http：//www.isbn-international.org
ISO 10957 ISMN	International ISMN Agency	http：//ismn-international.org
ISO 3901 ISRC	International ISRC Agency	http：//www.ifpi.org/isrc.php
ISO 21047 ISTC	International ISTC Agency	http：//www.istc-international.org/html/
ISO 17316 ISLI	International Information Content Industry Association（ICIA）	http：//www.icia-international.org
ISO 15706—1 Alternate encodings and editorial changes 和 ISO 15706—2 ISAN	ISAN International Agency	http：//www.isan.org
ISO 4 Rules for the abbreviation of title words and titles of publications 和 ISO 3297 ISSN	ISSN International Centre	http：//www.issn.org

(续表)

标准号及名称	国际注册机构名称	机构网址
ISO 27729 ISNI	ISNI International Agency	http：//www.isni.org
ISO 15707 ISWC	ISWC International Agency	http：//www.iswc.org/
ISO 26324 DOI	The International DOI Foundation	http：//www.doi.org/

二、SC 9 目前工作项目

我国国内出版领域与 ISO/TC 46/SC 9 关系密切，在 ISO/TC 46/SC 9 已经发布的 24 项国际标准中，应用于出版及版权领域的标准达到 20 项，由国家新闻出版行政主管部门组织采标和发布实施的标准共 7 项，包括《国际标准图书书号（ISBN）》《国际标准连续出版物号（ISSN）》《国际标准录音作品号（ISRC）》《数字资源标识符（DOI）》《国际标准音乐编号（ISMN）》《国际标准名称标识（ISNI）》《国际标准关联标识符（ISLI）》。这些标准不但在我国新闻出版领域得到广泛应用，部分标准还发挥着重要的行政管理职能。

近几年，SC9 重点标准工作项目如下：

1. ISO/TC 046/SC 09/WG 02 国际标准音乐作品编码 International standard work code（ISWC）

2008 年 ISWC 国际中心 CISAC（国际作者作曲者协会联合会）开始对 ISWC 数据库进行清理，实施完全自动分配国际标准音乐作品编码。各地区、国家的注册代理中心的数据库都并入"中央搜索检索（CSI）"中央系统。CISAC 确定了 3 个自动分配内容标识符的主要原则：建立集中数据库确保唯一性，实现跨行业价值链中的可操作性，要求在多商业过程中必须使用 ISWC 标准的强制性。2012 年对 ISWC 进行系统评议的结果是要求对该标准进行修订，但由于一直未达到 ISO 要求的工作组注册专家数量，工作组一直没有正式开始工作。

2. ISO/TC 046/SC 09/WG 04 国际标准书号 International standard book numbering（ISBN）

ISBN 自 1970 年颁布为国际标准以来，目前已在 166 个国家和地区广泛应用。经历了四次修订之后，2014 年启动了第 5 次修订工作。此次修订是对 2005 年版本的标准进行的修订，修订的原因是数字出版的发展给 ISBN 带来的冲击。除了标准文本，修订工作还包括用户手册和其他指南。修订内容包括：附录中给出出版者的责任；增加一些应用实例；元数据的内容要更丰富；注册机构的权利和责任等等。保持不变的是：ISBN 用于专题出版物的应用原则不变，每个产品都有独立的 ISBN；13 位的结构和运算法则不变；10 位的 ISBN 不再放在使用手册中。同时，规定了 ISBN 如何注册为 ISBN-A，以便在网络上实现对数字资源的"可操作"，以及在供应链上的应用；其他与相关元数据和 ISBN 分配有关的规定，特别是对于数字出版物的内容，如数字出版物 ISBN 的分配，也纳入此次修订中。2016 年 2 月 11 日 ISO 发起的对 ISBN 国际标准 DIS 草案的投票结果是 100% 同意通过。如果进展顺利，修订后的标准将于 2016 年年底出版。

3. ISO/TC 046/SC 09/WG 10 国际标准录音作品号 International Standard Recording Code（ISRC）

《国际标准录音作品号》于 1986 年发布为国际标准 ISO 3901，作为辨识唱片等录音资料及影碟片等音乐性录影资料的一种国际标准。之后，由于原国家码根据 ISO 3166—1 分配，存在一定缺陷——如 SU，GB，另外部分国家出现了可发放的 ISRC 编码数量无法满足市场需求的情况，如巴西和法国，因此时任国际 ISRC 中心执行主席的 Paul Jessop 提出国际 ISRC 标准的修订提案，但由于没有按照 ISO 规范及时组建工作组，在 2013 年法国巴黎 TC 46 年会上该修订项目被取消。2014 年 1 月修改提案再次提交，ISRC 修订工作重新启动。此次修订旨在在总结旧版本问题的基础上，结合数字信息时代的特点，促进 ISRC 编码与其他国际编码体系的融合。2016 年 5 月份，标准文本进入 DIS 阶段，但两个问题成为目前标准修订工作的核心问题：①关于是否建立统一集中的中央数据库有两种不同的观点；②关于"Registration Agency"（注册代理，即国际注册机构下面的地区或国家注册机构）的描述是否应该在 DIS 文本中出现，出现则违背了 ISO 的现行政策——不支持"Agency"的描述出现在标准文本中，无法成为国际标准。目前工作组正在与 ISO 就此事进行磋商。

4. ISO/TC 046/SC 09/WG 11 国际标准关联标识符 International standard link identifier（ISLI）

《国际标准关联标识符》是一项全新理念的信息时代的标识符，也是信息与文献标识符家族的最新成员。与其他标识符不同的是，ISLI 并不标识一个单一的实体对象，而是标识两个实体之间的关联关系。该项标准从 2011 年 5 月标准开始编制，历时 4 年，于 2015 年 5 月 15 日正式发布。几乎同时，2015 年 3 月，ISO 完成了对 ISLI 标准实施所需的国际注册机构征集和认定，任命我国国际信息内容产业协会（ICIA）为 ISLI 国际注册机构。ISLI 国际标准是我国新闻出版业首次向 ISO 提交的国际标准项目，也是我国首次主导制定一项国际通用标识符标准。可以说，这项工作在创新方面的挑战，超越了以往的新闻出版标准化工作项目，为我国参与国际标准化工作积累了丰富的经验，为我国新闻出版产业走向世界在标准化方面奠定了坚实的基础。

5. ISO/TC 46/SC 9/WG 12 索引与索引标注 Indexes and indexing

2014 年对两个标准：

ISO 999：1996，Information and documentation-Guidelines for the content, organization and presentation of indexes 信息与文献 索引的内容、组织和编排指南。

ISO 5963：1985，Documentation-Methods for examining documents, determining their subjects, and selecting indexing terms 文献 检查文档、确定其题目和选择索引术语的方法。

2014 年对两个标准进行系统评审后发现，两个标准都面临时效性的问题。因此，SC 9 决定修改这两项标准，建立一个工作组（WG 12），要求该新工作组分析这两个标准之间的差异，如能解决两个标准所有利益攸关者的需要，则确定是否有可能合并这两个标准；同时工作组的任务还要在修订的标准中包含数字内容的索引编写。2016 年 WG 12 递交分析报告（N901），报告中称 ISO 5963：1985 的主要内容已经被 ISO 999：1996, ISO 25964—1：2011 和 ISO 25964—2：2013 替代。SC 9 将在发布修订后的 ISO 999 的同时就 ISO 5963 的废止问题进行投票。

6. ISO/TC 46/SC 9/WG 13 国际图书馆项目标识符 International library item identifier（ILII）

这是 2014 年以日本为主导提出的一个新项目提案，主要应用于图书馆业，标准本身不涉及注册管理的问题。2016年5月份，项目进入CD投票准备阶段。

7. Ad hoc Identifiers Interoperability Group 标识符互操作协同工作小组

2010年SC 9成立标识符互操作协同工作组[①]，旨在定义与描述SC 9不同标识符间的互操作。当时SC 9认为，不同类型的资源标识符有很多，但是没有好的机制可以为相关资源的标识符间提供关联。比如书，根据这本书创作的电影，其电影原声带，其他相关的各项内容的创建者（作者、作曲者、导演）和不同的载体和表现方式之间。协同工作组的工作是从语义上将这些不同的标识符元数据结构和所需要的连接联系起来。2012年SC 9认为LCC（链接内容联盟）有专业能力定义与维护这样的语义呈现，同时LCC也愿意承担这一工作。因此，SC 9委托Norman Paskin（国际DOI基金会的委任代理人）对LCC和SC 9之间的合作框架进行研究以完成这一工作[②]。

近两年来，LCC就这一工作提出的《标识原则》文件一直是历次SC 9会议关注的焦点。《标识原则》是LCC在数字权利供应链内的数字网络设计和使用标识符方面提出的规范建议。他们认为《标识原则》的八项建议支持最高水平的自动化，是在（数字权利）供应链和网络上的信任和准确性的最佳实践的典范。他们不是"强制性"规范，并非对所有类型的标识符在法律上或在系统内强制实施。不遵循该规范通常也不会阻碍整个供应链，但会使其耗费更多的时间，致使劳动强度更大，更容易出错。工作组一直希望推动这一《标识原则》文件成为ISO正式的技术报告。但直到2016年当前版本的《标识原则》文件在SC 9范围内仍然有很大的争议。同时，如何具体实现标识符间互操作的方式也一直为小组所关注。在2016年工作组会议上，ISLI作为"关联"标识符，被提出或许可以成为SC 9范围内"对象间关系词（Relators between referents）"标准的一个解决方案。

8. Ad hoc Registration Authorities 国际注册机构协同工作小组

国际注册机构协同工作通常都是讨论影响国际注册机构的重要议题。SC 9是ISO框架中最为特别的一个分技术委员会，其国际注册机构数量是各分技术

---

① ISO/TC 46/SC 9 N552，2010 - 04 - 23。
② ISO/TC 46/SC 9 N662，2012 - 05 - 21。

委员会中最多的，因此，其注册代理中心（二级注册机构，亦称区组注册机构）也是各分技术委员会中数量最多的。因为这些代理中心分解了国际注册机构的多项编码管理职能。如 ISBN 国际注册中心拥有 151 家注册代理中心，ISRC 国际注册中心拥有 60 家注册代理中心，因此，国际注册机构与其相关代理中心的关系非常紧密。历届的国际注册机构协同工作会议就是在这样的背景下召开的。但 2014 年开始，ISO 中央秘书处对于标准文本内容有了新的规定，要求新制定或者修订的标准中不能再出现注册代理中心相关内容，原因是近些年来个别注册代理中心的不当经营和管理为 ISO 带来了很大的风险。因此近两年的工作组会议，都是针对这一问题，讨论如何向 ISO 中央秘书处（ISO CS）发出请求，要求特别批准已拥有注册代理中心的国际标准在修订中提及注册代理中心的相关内容。

三、趋势分析

数字产品、数字内容和数字信息采用唯一标识的方式早已获得全世界的广泛认同和应用。数字对象唯一标识的实施，对于便捷、快速、准确、关联、解析、检索和复用数字内容十分有效，成为数字内容标注不可或缺的工具。标识标准成为世界各国比拼的新的竞技场，尤其是发达国家，他们利用现有的领先技术和事实上的标准制定者的身份，无疑要夺取最大的市场份额。

纵观新闻出版相关的各种标识符发展历程，我们可以看到对象标识符已经越来越适应数字时代的特点，并已从单纯的标识功能、分布式管理方式逐渐向集中（集权）式管理模式方向发展，标识符的管理也越来越趋向于由国际注册中心在网络环境下进行统一管理。

（一）标识符制定修订均为顺应数字时代带来的变革

事实上，ISBN 标准诞生于在 20 世纪 60 年代末图书仓库率先使用计算机的时候，可以说正是数字化给 ISBN 这一国际标准的诞生提供了前提。今天，信息时代的发展使得互联网上的数字内容市场在不断扩大，这对数字内容的复制、传播与保护提出了更大的挑战，对数字内容的唯一标识从来都是识别与描述领域的一个重要议题。在从 2012 年 5 月 1 日 ISO 正式发布标准 DOI[①]（Digital Object Unique Identifier，数字对象唯一标识符）之后，SC 9 范围内陆续发布、修订了突出反映数字内容变化情况的多个标准元素。如 ISBN 在修订中加入了 ISBN-A，索引与索引标注工作组在修订的标准中包含数字内容的索引编写，即将启动修订工作的 ISTC 等标准也是因为数字内容变化的挑战对标准提出了新需求，这些工作组的工作都反映了数字时代给标准工作带来的新变革。

（二）集中式数据库或成趋势，信息掌控成为各方关注焦点

是由国际注册中心建立统一的数据库和登记平台，实现标识符的全球集中管理与服务，还是使用各个国家中心或区域代理机构均独立的注册平台，不建立统一的数据库和登记平台？这是 SC 9 的各标识符注册机构或标准制修订工作组目前面临的一个重大问题。DOI 的解析系统以 Handle System 为主要技术支撑，为 DOI 提供了从单一解析到多重解析的应用，而多重解析正式为 DOI 系统提供多种丰富的功能奠定了基础；目前正在修订的 ISRC 标准虽然还只是建立一个只是收入一些基本、必要数据的中央数据库；即将修订的 ISTC，据工作组专家介绍也倾向于使用中央数据库的方式加强管理……这些动向在一定程度上表明数据库管理的安全性、数字内容信息的垄断权、数据服务的完整性可能已成为其中最核心的问题。

（三）实现标识符间互操作成为 SC 9 一大挑战

如何实现标识符间的互操作一直也是 SC 9 关注的问题，ISO/SC 9 标识符互操作协同小组正是为了推动 SC 9 框架下各标识符之间展开互操作而成立的。但就目前情况来看，LCC 的工作一直没有得到有效开展，当前版本的《标识原则》文件内容难以获得 SC 9 的认可。但 SC 9 秘书处在 2016 年也提出，SC 9 自身也在考虑出台关于标识符、元数据等的框架性文件，不再单纯依赖 LCC。另外，我国

---

① DOI 是数字对象唯一标识符（Digital Object Unique Identifier, DOI），是一套识别数字资源的机制，涵括的对象有视频、报告和书籍等等。它既有一套为资源命名的机制，也有一套将识别号解析为具体地址的协议。

主导提出的 ISLI 标准，其"关联"标识符的性质，被提出或许可以成为 SC 9 范围内"对象间关系词（Relators between referents）"标准的一个解决方案。而所谓"对象间的关系词"，就是指表明事物间的关系和关系性质的关系词，它可以用"片段、组成部分、关联、创建者"等关系词表明两者事物（包括文本、录音、数据帧）之间的关系性质。现已由相关专家成立工作组研究这一问题。

（中国新闻出版研究院　香江波）

国际数字出版论坛（IDPF）及其标准化工作

一、简要发展历程

国际数字出版论坛（International Digital Publishing Forum），简称IDPF，是数字出版业和电子书产业知名的标准化组织，该组织是全球数字出版主流格式之一EPUB格式的技术标准制定者，同时也致力于发展和提升电子出版产业，促进和推动电子出版应用软件和产品的技术应用。国际数字出版论坛的前身是开放电子书论坛（Open eBook Forum），简称OEBF，成立于1999年。为了反映更加广泛的领域以及满足日益增长的全球化成员的需求，2004年更名为现在的国际数字出版论坛（IDPF）。

IDPF推动EPUB标准的行业应用可分为三个阶段时期：诞生期、快速成长期和全球扩张期。

1. 诞生期（1999年）

EPUB在诞生的第一天起就具备了开放获取和公共使用的特征。1999年IDPF推出了一套开放式电子书出版结构规范（Open eBook Publication Structure，简称OEB 1.0版），作为电子书内容描述的标准。该标准由包括兰登书屋、哈珀·柯林斯、电子设备生产商、电子书概念商、在线图书经销商、多媒体厂商和软件商等在内的40多家机构共同制定。目的是为在不同阅读系统（Reading System）间均能实现电子书互通阅读，避免像早年录像带出现的标准大战，引起受众使用和交流障碍。在标准制定早期，该标准就具备了广泛的市场使用基础。后该标准经过不断修改和升级，分为3部分，开放式出版物结构（简称

OPS），开放式包装结构（简称 OPF）和开放式电子书容器格式（OCF），统称为 Epub 格式标准。

2. 快速成长期（2000—2009 年）

2000—2010 年是 IDPF 的黄金成长期，也是 EPUB 标准在行业中推动普及较快速的时期。EPUB 电子书格式市场快速推广的主要原因是，IDPF 与美国行业协会组织和书业研究集团开展了全面合作。美国书业研究会（简称 BISG）成员囊括了全球各国大部分主要出版商机构和出版商协会组织，在合作过程中，美国书业研究会不但要求这些成员单位每年提供有关出版数据和信息，为 IDPF 的 EPUB 标准研究提供支持，而且积极在其会员中协助 IDPF 推广 EPUB 标准。使 EPUB 标准为国际主流出版业界很快接受并得以广泛使用。譬如，一向保守且采用自己私有企业格式标准的索尼公司就在 2009 年 8 月宣布放弃其专有开发的 BeBB 格式，转用 Epub 电子书格式。此后从索尼电子书店购买的图书也能在其他厂商推出的阅读器上进行阅读。

3. 全球扩张期（2011 年至今）

2010 年后，IDPF 加大了全球扩张力度，实现了 EPUB 在全球数字出版领域的快速扩张。主要的扩张方式是通过建立会员组织并加大会员招收力度来实现的。仅 2010 年一年就有 55 个机构加入 IDPF。目前 IDPF 的机构会员已经囊括了世界上主要出版大国的出版协会组织，如美国出版商协会、加拿大出版商协会、法国图书出版联盟、意大利出版协会、日本电子出版商协会等。通过各国权威出版协会组织和其成员，IDPF 已经在全球建立了成系统、网络化、庞大的标准推广体系。其会员数量也从 2011 年的 280 余家，快速增长到 2016 年的近 1000 家。目前，中国也有三家公司加入了 IDPF 成为其会员，分别是：北京欣博友数据科技有限公司、北京品冠天成科技有限公司和上海世纪创新科技有限公司。

二、IDPF 现状介绍

（一）组织运营

IDPF 的运营费用和 EPUB 标准的推广主要来自于其会员缴纳的会费，此外还有少量会员的无偿经费赞助。

目前，IDPF 有来自世界各国近 1000 个会员。其全球会员不但包括兰登书屋、皮尔森、斯普林格、牛津大学出版社、阿歇特等国际知名出版企业，也吸引了苹果、三星、IBM 等国际大型数字科技产品公司加入其中。

IDPF 会员在 2011 年、2016 年会员费缴纳标准如下表 1、表 2 所示。

表 1　IDPF 会员费缴纳标准表（2011 年）

机构类型	年销售额	会费额度
公司	500 万美元以下	1 000 美元/年
公司	500 万美元—2.5 亿美元	1 750 美元/年
公司	2.5 亿美元以上	3 000 美元/年
非营利性组织	—	650 美元/年

表 2　IDPF 会员费缴纳标准表（2016 年）

机构类型	年销售额	会费额度
公司	100 万美元以下	775 美元/年
公司	100—500 万美元	1 295 美元/年
公司	500 万—2.5 亿美元	2 250 美元/年
公司	2.5 亿—20 亿美元	3 850 美元/年
公司	20 亿美元以上	5 750 美元/年
非营利性组织	—	775 美元/年

通过表 1 和表 2 的缴费标准，可以看到随着 IDPF 会员数量的迅猛发展，其对会员缴费的划分层级也在增加，缴费标准总体平均提高了约 25%。

会员向 IDPF 缴纳会费后，将享有如下权利：

（1）享有免费或优惠参加 IDPF 会议的权利。过去的会议包括教育类电子书会议和公共图书馆电子书会议；

（2）获得 IDPF 会员才能看到的调查、产业报告和包括季度产业销售——数据报告和电子书畅销榜名单资料的数据；

（3）进入 IDPF 邮箱列表和获取会员指南；

（4）对技术规范和组织文件的投票权利；

（5）进入工作组或特殊兴趣组领导层的权利；

（6）加入工作组和特殊兴趣组的权利；

（7）对标准草案和信息文献的修改权利；

（8）在 IDPF 董事会进行管理和服务的权利；

（9）在 IDPF 董事会选举中投票的权利；

（10）进入 IDPF 会员区和 IDPF 工作组和特殊兴趣组内网的权利。

（二）EPUB 3.0 版本标准技术特点分析

EPUB 现在的版本为 3.01（为与 3.1 版本区分，以下简称 3.0 版本），公布于 2011 年。

1. EPUB 3.0 版本的结构

EPUB 3.0 版本包括以下四个部分：

第一部分为 EPUB Publication 3.0（Publication30），此规范定义了 EPUB 出版物（EPUB Publication）的出版物层级的语义和整体符合性要求。

第二部分为 EPUB Content Documents 3.0（ContentDocs30），此规范定义了 XHTML、SVG 和 CSS 用于 EPUB 出版物（EPUB Publication）环境下的设定档。

第三部分为 EPUB Open Container Format［OCF］3.0（OCF3），此规范定义了一种档案格式与处理模型，以封装一组相关资源到一个单一档案（ZIP）的 EPUB 容器（EPUB Container）。

第四部分为 EPUB Media Overlays 3.0（MediaOverlays30），此规范定义了对同步文字和音视频文件的格式与处理模型。

2. EPUB 3.0 版本的格式功能

EPUB 3.0 版本标准在原有 EPUB 2.0 版本的基础上添加了诸多新特性，包括对视频、音频、MathML 和全球性语言的支持，增强了交互功能，以及在样式和布局上进行完善。与旧标准相比，EPUB 3.0 版本具有的新特性主要有以下几点：

（1）支持更多的文件格式和多媒体技术。

与 EPUB 2.0 版本比较，EPUB 3.0 版本可以满足阅读多媒体电子书的需求。EPUB 3.0 版本增加了下列功能：

①支持多媒体格式，在电子书中嵌入了视频、音频内容的播放；

②支持文字朗读技术；

③支持 MathML 语言（Mathematical Markup Language，数学置标语言），可以借助 MathML 工具，直接显示各种结构复杂的数学公司和逻辑结构图，这对数学、物理、化学类的专业电子书而言，EPUB 3.0 版本具有很好的用处，也

为教材类的电子书或"电子书包"内容的制作，提供了重要的技术支持；

④支持非罗马文字格式；

⑤支持 DAISY 有声书标准，为盲人提供听书服务。

（2）支持更多的显示技术和标准。

从技术上说，EPUB 3.0 版本具有如下特性：

①对 HTML5、CSS3 的支持，从 EPUB 3.0 版本开始，内容描述则基于严格的或者扩展的 HTML5 语言，这个变化降低了学习成本，与功能强大的可扩展的置标语言 XML 相比较，HTML 是 SGML 语言更为简化的子集，对于使用者更加易学易用；

②支持 EPUB 内嵌字体；

③支持 SVG 图形格式（Scalable Vector Graphics，可缩放矢量图形格式），SVG 是基于可扩展标记语言 XML，用于描述二维矢量图形的一种图形格式，具有颜色、形状、轮廓、大小和屏幕位置等属性，在保持清晰度的同时，可以多次移动、放大缩小而不会影响质量，此外文件占用空间较小，特别适用于三维建模、图形设计、文字设计和一些标志、版式设计等；

④支持 Metadata；

⑤支持 MathML 语言。

（3）脚本与交互功能的提升和跨平台终端的运用。

EPUB 3.0 版本支持 JavaScript 语言，这使采用 EPUB 3.0 版本格式的电子书可以和网页一样，支持更丰富的内容和交互功能，用户的体验感更好。读者不仅可以给书籍内容添加下划线，还可以给某个段落打分或加星标等。此外，与 PDF 等版式文档的属性不同，EPUB 采用的是流式文档格式，因此它有很好的屏幕自适应功能，使得同一内容可以在不同的终端设备上阅读。这种功能不仅能适应不同平台和不同终端设备，更能降低出版企业的生产成本，使电子书内容一次生产多次使用，实现数字出版内容制作上真正意义的一次加工多重复用。

（4）EPUB 3.0 版本提供多种媒体技术支持。

这项技术支持包括视频、音频、脚本、互动、样式和布局的增强、竖排版式、辅助功能的改进、数学符号和公式的支持等。虽然 EPUB 3.0 版本界面中没有定义核心的媒体类型，但其为出版商和阅读系统开发者提供了一份信息充足的开发指南和技术说明书。EPUB 3.0 版本给电子书的未来带来了更多的表现空间，使未来电子书的展示更加接近电视节目、动画作品、游戏作品等动态呈现效果。一本优秀的电子书设计不仅需要规定字体和行间距，还要考虑图片、视频、音频等各种内容的展现形式。这给出版商带来很大的机遇，同时使数字出版年领域的角色定位也发生了潜移默化的改变，如今数字出版商的工作正越来越接近电影制片人。

3. 小　结

EPUB 3.0 版本的这些特征彰显着全球电子书产业的走向。使内容提供商、平台运营商和终端设备商对电子书的设计、生产、传播和使用进行重新考量，随着即将到来的 EPUB 3.1 版本，未来电子书出版业必将迎来更大的变革，出现更大的机遇。

三、发展趋势分析

（一）进一步加深与中国的合作

近年来，中国在文化政策推动下，数字出版产业大发展、大繁荣的趋势日渐明显，IDPF 也在谋篇布局，注意逐步加紧与中方建立多层次的合作关系。2014 年，IDPF 首次登陆中国与北京国际图书博览会深度合作，在第 21 届北京国际图书博览会上举行了为期一天的专业会议，聚焦讨论快速增长的数字时代中出版业所面临的关键问题。随后的两年中，IDPF 通过各种渠道和宣传口径，意图与中方接触，表示希望提供中方与国际出版同行交流联络机会及商业拓展的数字知识工具。这些合作的目的当然是在中国推广其 EPUB3.01 的标准。当前，EPUB 标准在中国国内的数字出版市场尚未形成主流，未来 IDPF 必然会进一步加大公关力度，与中国方面进行多渠道接触和沟通，将 EPUB 推向中国大陆数字出版市场。

（二）加大国际标准化组织合作力度

IDPF 与其他国际标准化横向合作力度显著增强，特别是近年来，其面向特定市场应用推动 EPUB 标准的行为日渐频繁。表现在几个领域。

一是与万维网联盟（W3C）的合作。2016 年 5 月 10 日，W3C 与 IDPF 在美国芝加哥举行的 2016 北美图书展期间，联合宣布双方即将进行机构合并，合并于 2017 年 1 月完成。IDPF 所开发的 EPUB 技术标准工作将在 W3C 继续进行，新的相关标准工作将从广泛的角度改善开放 Web 平台对出版的支持，W3C 在全球拥有的超过 400 多家会员单位将在全球推动 EPUB 的使用和发展。

二是与 ISO/IEC/JTC 1/SC 34 和 ISO/TC 46 合作，推动 EPUB 3.0.1 及未来的 EPUB 3.1 发布为 ISO 的技术规范。

三是与 IMS Global 合作，促进 EPUB 标准与网络教学（eLearning）标准的融合，推动 EPUB 在 e-Learning 和电子课本等专业教育领域中的应用。

（三）EPUB 标准持续快速升级

多年来，IDPF 推动的 EPUB 标准始终保持着较快更新速度，从近两年的态势看版本更新速度将更快捷。通常，一般技术标准版本更新周期为 5 年，而 IDPF 正在尝试加快 EPUB 版本的更新周期，从 2011 年的 EPUB3.0 版本公布之后，仅 3 年多时间，IDPF 就建立了 EPUB 3.1 版本工作组，并在内部开展了深入的技术讨论。目前，EPUB 3.1 版本已经进入标准工作组讨论稿。

近一年来，EPUB 3.1 已经历过两次内部版本更新，最新的第二版工作组稿已于 2016 年 4 月向所有工作组成员单位和其内部会员征求意见。与第一版工作组稿相比较，第二版妥善处理了第一版中存在的争议，并加入了草案修改期间会员单位提出的意见。

（数字出版标准符合性测试北京市重点实验室、中国新闻出版研究院标准化所　陈　磊）

链接内容联盟（LCC）

一、LCC 机构概述

2010年，金融危机肆虐全球，对欧洲经济造成重创。为此，欧盟在2010年3月3日公布指引欧盟发展的2020战略，提出以智能型、可持续和包容性发展为目标，确立包括"欧盟数字议程"（A Digital Agenda for Europe）在内的7项实施方案。欧盟数字议程指出数字技术作为商务活动、工作、娱乐、交流和自由表达等社会和经济活动的重要中介，在促进社会和经济发展方面大有潜力。然而，投资缺乏性、标准冲突性等问题仍为制约数字市场发展的阻力[1]。对此，欧盟出版者理事会（European Publishers Council）做出回应，在2012年倡导提出了名为"Linked Content Coalition"（链接内容联盟，以下简称LCC）的著作权管理标准化进程，集合全球创意领域版权产业，协调现存标准化组织，促进著作权管理标准共融。

LCC支持所有数字网络合法参与者的计算机系统之间的互操作性，是一个拥有来自于媒体与创意产业的40多家跨媒体、跨国界的机构联盟，其参与者不仅由标准组织和注册机构组成——他们制定并管理一种或多种内容的数据标准（尤其是针对标识符、元数据和通讯），同时也包括创作者、版权持有人、出版商、集体管理组织、版权及内容交易所、零售商、消费者、文化机构（包括图书馆、博物馆和档案室）以及它们的代理商和协会。

LCC的总目标是通过更好地管理与网络权利相关的数据从而更有效地合法

---

[1] European Commission. *A Digital Agenda for Europe*, COM（2010）245 [R]. Brussels：European Commission, 2010.

使用数字内容。它认为授权的自动化程度越高，越能降低进入供应链的门槛、降低成本，扩大使用，并鼓励创新。①

LCC 的项目与其成员的活动不存在竞争关系，但推进一些共同利益事项，包括：

（1）现有标准之间的互操作性；

（2）特殊全媒体标准或工具的制定；

（3）对其他域中相关活动的集中投入和与该等活动之间的相互协作。

LCC 框架文件是其重要文件之一，它自创立后发布并不断完善着框架文件。目前，LCC 框架文件包括 LCC 的权利参考模型（RRM）、常见权利格式（CRF）、可扩展标记语言模式和两大"最佳实践"指南（标识原则和通讯原则）；并按照免费使用许可协议促使这些规范普遍可用。

LCC 针对版权数据网络制定了十大目标，这十大目标描述了标识符和元数据互操作性的发展。LCC 坚信这些发展成果是数字网络在未来将尽可能有效运营的最佳保证。LCC 的项目普遍与一个或多个该类目标的进展有关，并支持其他机构积极地采取相同的行动。

2014 年，LCC 宣布已经成立 LCC 新实体，负责进一步统筹相关工作，并与 LCC 实施机构，如版权集成中心（Copyright Hub）以及版权数据集成（RDI）等保持联络。该实体的六大创始成员包括 EDItEUR 公司、国际数字对象标识符基金会、国际新闻电信理事会（IPTC）、电影实验室（Movielabs，包括娱乐业标识注册［EIDR］）、美国国家信息标准协会（NISO）以及 PLUS 联盟。

二、LCC 的框架文件

LCC 在初始阶段着手定义了以下内容：

（1）网络上的事物类型及其关系（权利参考模型 RRM）；

（2）如何识别网络上的事物（识别原则）；

---

① *The LCC Framework for the Rights Data Supply Chain*，v1.0，2013 年 4 月。

（3）权利数据如何在网络上传递（通讯原则）；

（4）用户如何获得这些数据（用户界面原则）。

1. LCC 权利参考模型 RRM

LCC 权利参考模型 RRM 是一个正式的、可扩展的、可以普遍适用的参考数据模式，呈现出知识产权和任何媒体或内容的授权。RRM 标识了八种类型的实体，其核心属性及它们间的关系。其中，一个非常重要的属性是单一权利实体，通过这种实体各种许可和授权（包括所有权主张和许可）都可以用他们相关的限制和条件信息表述。这弥补了其他权利模型缺少的广度和简便程度。

（1）权利参考模型 RRM 使用案例。

RRM 是一组模式与基础标准集合中的一个，与 Idecs 元数据框架（2000）一致，该框架包括音乐与文本出版领域的 DDEX 与 ONIX 信息标准。通过定义，RRM 的语义要比映射的任何架构（schema）都要丰富，因此预计可以涵盖至少所有其标识的权利架构中的权利信息。

因为 RRM 设计了很多使用案例纳入其中，因此它是有效的，它选择涵盖了很大范围的权利数据类型。这种有效性将在 RDI 项目中以正式的方式推进。

（2）常见权利格式（CRF）。

RRM 是一个抽象的数据模式，可以以多种不同的语法形式表述或实施（如关联的数据库架构，目标模型、RDF 或 XML 架构或正式的本体论）而不改变其含义。例如，常见权利格式（CRF）被提供为一个 XML 架构（XSD），这使得以 XML 表达的数据可以符合 RRM 的方式。CRF 或它的一些变体可以在 RDI 项目中使用。

2. LCC 标识原则

因为 RRM 标识了存在于网络上的八种主要的实体，所以 LCC 的标识原则文件包括了建议这些实体被更好地标识的方法。这八个建议支持最高水平的自动化，并认为是在（数字权利）供应链和网络上的权威和准确性的最佳实践的典范。

3. LCC 通讯原则

数据域标识符通过 RRM 权利数据供应链中所谓的数据流。LCC 通讯原则规定了在这一链条中的三个基本的作用，提供和分析其中通过的信息流。该文件描述了基本的通信架构和一般的信息要求，用来规定信息格式、信息交换协定和编排。

4. LCC 用户界面原则

潜在的内容使用者最后如何获得网络中的数据呢？LCC 开始时建立的最终工作流程就已参照了下一阶段将作出定义的用户界面原则和有可能提出的服务类型标准以及用户研究。[1]

三、LCC 的标识原则[2]

LCC 在数字权利供应链内的数字网络设计和使用标识符方面提出了规范建议，即《标识原则》。他们认为《标识原则》的八项建议支持最高水平的自动化，是在（数字权利）供应链和网络上的信任和准确性的最佳实践的典范。它们不是"强制性"规范，并非对所有类型的标识符在法律上或在系统内强制实施。不遵循该规范通常也不会阻碍整个供应链，但会使其耗费更多的时间，致使劳动强度更大，更容易出错。

《标识原则》八项建议如下。

1. 标识必不可少

（1）在数字网络环境下，每一个需要被清晰地识别的实体，至少应该有一个公共的或共享的标识符。

（2）这里提及的实体的类型包括 LCC 权利参考模型中被标识的类型，如参与方，智力产品（创新作品），地点，背景，权利，权力分配，（权利）维护，权利冲突。

（3）尤其包括，内容中的每一项（不论需要从哪种颗粒度［分割时］）都需要被标识的情况，以及每个人或组织被标识为（或声称自己是）内容的提供者或者权力所有者（"有兴趣"的一方）。

（4）一个公共标识符不一定需要具有人类可识读性："公共"的意思是它在数字网络中可被人或机器访问。

---

[1] *The LCC Framework for the Rights Data Supply Chain*, v1.0, 2013 年 4 月。
[2] Norman Paskin: *Principles of identification*, Version 1.0, 2013 年 4 月。

2. 标识符不应该包含动态的或令人困惑的"情报（信息）"

（1）在一般情况下，"哑巴"标识符（即没有本意或指向的字符或元素的标识符）是最好的。因为它们避免了一些明显的缺陷，但少量的"情报（信息）"是安全的，有益的，有时是必要。

（2）关于标识符类型的信息是安全和有益的。例如，一个国际标准书号前的"ISBN"前缀。

（3）如果可能的话，在人类可识读的内容标识符中，标识符本身最好不要包含有关（标识符）分配机构及分配日期的信息。因为（这些信息）通常很容易被误解为是该内容所有者或者该内容出版商的信息，以及该内容创作或出版的日期。然而，许多标识符标准中包含了一个或两个这些参考信息，他们往往已是既成事实。所以标识符分配机构或者分配系统应承担相应的责任，保证使用这些标识符时不会做出错误的推断。

（4）实体的持久性信息（即不应该变动的信息）不应该被写入标识符的编码中，因为：

①像所有的元数据，它在不同的上下文中可能有不同的解释。

②日后可能会发现这些信息是不正确的。

（5）在那些可以被解析的标识符中，所有这些信息应该记录为元数据。一些现有的标识符标准（如 V-ISAN）确实把相关实体的信息编入编码或记录为元数据。（例如，它是某种类型或具有一定的属性）。所以再次说明，这些信息必须尽可能地简单化管理。

（6）实体的动态信息（即有时间限制的元数据，如状态码或所有权），永远不应该被编入标识符。

（7）这些原则适用于数字指纹或从数字结构性资料（例如，用于识别的特定图像或音轨）自动创建的二进制标识符，以及独立创建的标识符。数字指纹当然需要将其需要标识的实体的信息写入标识符，但是这些信息不是人类可识读的内容，而且其所提供的被标识物的内容本身也不是动态的。这种"情报（信息）"通常是良性的，而且在内容识别过程中有巨大的价值。

3. 标识符应可解析

（1）在数字网络中一个可解析的标识符能够使系统定位所标识的资源的位置，或者找到一些在网络上其他地方的相关信息（如元数据或相关的服务）。

（2）由于万维网（WWW）在使用互联网的过程中是占主导地位的网络，那么一个最起码的要求是支持 WEB，潜在的需求是支持其他网络。这实际上是承认 URI 作为全球数字内容识别的主要实用共同框架。非 URI 标识符可能在适当情况下仍然可用，但在必要时应该可以表示为（转化为）URI 或内嵌入 URI。

（3）URI 的语法结构可以合并（兼容）现有的标准或专有权标识符（所有权标识符）并保证其全球唯一性，也可以兼容许多通过各种方法识别和解析 URI 的现有技术。解析是必要的，但是许多现有的 ID（标识符）标准（制定时还没有进入数字时代，如 ISBN，ISRC 和 ISWC）本身并不支持解析，而需要加一个 URI 的"前缀"。

4. 标识符应该能够被多种解析

（1）标识符应该能够针对不同的类型或者元数据实例被解析到一个以上的位置。例如，找到至少一个基本的描述和已主张（声明）的权利。

（2）在多种解析的选择上可以由人来选择或由机器按照下面的规则来选择。

（3）多种解析应该能够根据数据源的变化改变相应的解析管理，灵活的解析是必不可少的，以便使遗产（legacy）和专有权系统（proprietary）能够进行交互处理。

（4）除了使用标准的技术协议进行通信的能力外，标识符的多种解析应该不需要其他专门的知识。

（5）多种解析需要一个基础的和可扩展的关于"输入"被解析词汇的标准。这样不同的服务（在本例中，不同的元数据类型）可以自动找寻其解析系统。这种方法很常见，而且通常是隐含在专有的（所有权的）封闭系统内，但尚未被普遍视为解开被链接的数据的必然要求（open linked data）。

5. 标识符应该可访问

（1）内容标识符应该是可以被用户访问的。如在可能的情况下，可以将它们嵌入内容项（载体）或者内容交换过程中附带的信息里；将相关信息写入元数据；或将标识符写在网页上，以支持各种解析服务等。

（2）不同的方法用于不同的目的，我们的目标应该是提供可访问的永久性标识。

6. 标识符注册应根据明确的注册操作手册和政策（规范）进行注册

（1）"被链接的数据"技术本身并不足以建立一个值得信赖的标准的数据交换行业。被分配标识符的资料（Material）必须是"值得链接"的（如被组织（curated），价值增值，数据，被管理，被纠正，被更新），而且通常由登记管理机构和代理机构维护。LCC 规范应使用"被组织的数据"，即一致的，被管理的，有效链接可以链接到其他"优质数据（quality data）"的链接，同时仍然能够使用现有的被链接的数据技术。

（2）为便于查找和避免产生歧义，大量的标识符相关的描述性元数据和权利元数据应该和被注册的标识符一起公布。元数据必须根据已定义的服务类型，按照一定的管理模式进行登记（如一个注册表，或者注册流程），以确保其权威性和在其可能被解析的位置上进行日常维护。

（3）一个实体的元数据通常由一个以上的相关方提供，因此可以采用不同的方法标识提供不同的特定元数据项的相关方，以便于解决（不同相关方提供的）不同元数据的冲突。

（4）相信标识符的准确性和持久性，以及它们的后台元数据的权威性是至关重要的。只有通过一个管理性的注册协议才能保证持久性。协议中应包含当原来的（权利）主张者已无效、死亡或因其他原因不愿承担责任时，仍应维护元数据的条款。这并不一定意味着需要一个中央存储库存储元数据，但它需要一个注册程序来支持识别。需要建立一些机制，在内容的创作和首次出版都不是一方单独进行的时候，可以将不同相关方对同一内容分配（不同）标识符的情况减小到最低。还需要建立一些机制，以防止重复（如对同一个实体分配一个以上的标识符）和产生歧义（如将同一个标识符分配给 2 个或以上不同的实体）。

（5）在识别的过程中，在以下几个步骤，信任是必要的：

①标识符标识的是你认为已经被标识的东西；

②你所使用的解析器正是你认为你所说的那个解析器；

③你认为你所说的那个解析器正是完成这项（解析）工作的正确的解析器；

④解析器中的数据与你问及的东西相关；

⑤解析器中的数据已经由一个有权（在该解析器中）录入数据的机构录

入的；

⑥解析器中的数据自录入（登记）以来没有被破坏。

7. 被标识的实体的相关元数据应该以标准格式予以公布

（1）被标识的实体的相关元数据应该以可扩展的和可互操作的语法格式公布（如 RDF，JSON 或 XML），使用格式化的图表和规定的要素，并尽可能使用受控词表。元数据架构和词汇的规范和定义应该是免费提供给那些需要解释的元数据的（机构）。

（2）标准可能是公开的，正式的，事实上的或专有的，总是会有各种各样的为不同部门和不同的功能服务的不同的元数据架构，而且这一趋势很可能继续增加。

（3）任何良好的架构之间的语义映射（如在 LCC 元数据互操作规范中描述的那样）也不能弥补不清晰的定义或含糊不清的源的数据（带来的问题）。

8. 权利元数据的主张者（声明者）应该被标识

（1）与一个标识符相关的可靠的权利元数据应该被正式主张（声明拥有），这样可以明确它的出处。该主张者（声明者）不一定与该元数据的供应商或出版商或权利人相同

（2）例如，一个中间机构（如集体管理协会，代理或持证中介人），可以代表扩展的供应链中的某一方（如创作者或出版者）创造或传播元数据。而中间机构所代表的相关方，正是这些权利元数据说明的权利主张者或权利所有人。

（3）因此，中间机构有时可能会合法地或有必要发布来自不同权利主张者的相冲突的元数据，尤其是关于所有权的（元数据）。这就需要制定元数据整合的相关政策和方法，以管理来自不同来源、有时甚至是来自同一来源的彼此冲突的数据。①

以上八个原则，也与 LCC 从项目一开始就采用的在 Indecs 项目中描述的确定原则一致。而 Indecs 元数据框架文件对网络环境中的电子商务内容的元数据（知识产权）要求进行了早期分析，侧重语义上的兼容性，是在一个简单的通用商务模型上建模，与 RRM 的背景方法采用相同的基础。

---

① Norman Paskin：*Principles of identification*，第 1.0 版，April 2013。

2013年ISO/TC 46信息与文献技术委员会标识符互操作特别会议同意审查LCC《标识原则》文件，作为国际标准化组织白皮书或技术报告，并发起新项目，以修订LCC《标识原则》文件，作为国际标准化组织白皮书或技术报告。该文件的第1.0版于2013年6月的会议上分发，与会人员对其进行了讨论，并最终建议进一步推广该文件，令其所涉原则不仅仅应用于产权交易，也应用于所有标识系统。同时，LCC以组织的身份进入了全新阶段。

四、LCC构建数字标识符网络的十大目标

2013年，以创建、出版和使用任何商业模式（或无）内容的个人或组织，研究数字网络有效运作所需的驱动因素为目标，LCC项目开始进入实施阶段。2014年，LCC（如今为所有内容领域标准机构的持久性联盟）发布了以下信息：

数字内容市场的有效运营取决于全球标识符网络的建设；在全球标识符网络中，通过互联网，以使版权持有人自动发现和使用许可及报告成为一种可能的方式，确定实体方、作品、版权和使用并将它们关联起来。

LCC已确定其所知内容将作为该系统的必要元素，并针对数据标准提出了以下十大目标；这些数据标准如能充分实施，将会提供必要的基础设施。2014年初，大多数（尽管不是全部）数据标准已部分落实。LCC的主要职能是促进这些标准被充分地实施。

1. 全球实体方标识符"集成中心"

应向"版权持有人"和"维护者"分配关联至国际标准名称标识符"集成中心"的标识符。

"实体方"指的是某个人或某个组织（包括不同"公共身份"的各实体方，如创建者采用的假名）。版权持有人和版权申明维护者的明确标识是版权数据网络最基本的组成部分。国际标准名称标识符是相对较新的国际标准化组织标准标识符之一，本身可用作标识符，但其主要作用是将同一实体方不同标识符关联在一起的全球性"集成中心"，以便其自动匹配或者（必要时）在系统中相互替代。国际标准名称标识符不会因此替代其他标识符，但使它们能够实现相互操作。

2. 所有类型的作品标识符

所有类型的作品标识符应标识为任何所需的粒度级别。

以最小元数据支持的公共标识符对于所有类型的作品标识符而言至关重要，它们的版权得到维护（实际和抽象作品，以及数字，因为数字网络中为它们分配了版权）。分配特定版权的任何粒度级别（套、件、片段或派生物）均需要标识符。并非所有类型的作品均具有公共标识符标准，且并非所有具有公共标识符标准的作品均根据需要得以全面实施。

3. 版权标识符

内容版权的标识应使之与相关作品有明显的区别，但彼此关联。

"版权标识符"旨在将版权标识为独特的数据实体，与之适用的作品以及使之成立的协议或政策分离开来，是网络数据中最重要的差距。由于版权数据具有可变更性，因此无法可靠地嵌入数字内容本身，但应能够通过关联标识符分别访问。

4. 可解析标识符

标识符应具有统一资源标识符形式，令其得以持续和可预见性地解析为互联网内的多个服务。

可解析标识符有助于系统定位网络中其他地方的已标识资源，或者一些相关信息，例如，元数据或者与之相关的服务。某些标识符（如数字对象标识符［DOI］和娱乐业标识注册）已经解析，但许多标准标识符仍然缺乏有关统一资源标识符的表述。

5. 关联标识符

标识符之间的"交叉标准"关联应使用可互操作术语，同时在关联的两端获得有关各实体方的授权。

倘若某作品（例如，由国际标准音像制品编码标识的一段录音）与另一个作品（例如，其包含一个由国际标准音乐作品编码标识的音乐作品）之间具有依赖关系，那么应对描述该等关系的词表术语进行一些公共架构的标准化处理，使得任一经标识作品的创建者或版权持有人能够根据注册程序同意或驳斥该关联的有效性。

6. 可互操作元数据

标准内容和版权元数据架构和词表应具备经授权的公共映射，使得术语和数据能够被自动地从一种标准转化成另一种标准。

就其他标识符而言，虽然越常见的使用可能越好，但所有人既不可能也没有必要使用相同的架构及术语。我们需要的是可用作支持元数据自动"转化"之服务的权威性映射（经管理架构之相关人士授权）。

7. 版权数据的出处

应明确版权声明的出处（"维护者"）。

在如互联网般的分布式数据网络中，版权声明的出处必须是明确的，前提条件是系统或用户能够相信（或者不相信）它。版权声明的维护者可能是也可能不是版权持有人。倘若没有标识版权维护者的能力（通过国际标准名称标识符），就没有依据对网络中的版权进行自动安全标识，或没有依据进行标识或对冲突进行管理（请参阅目标9）。

8. 数字内容声明

任何人均应能够就作品、版权以及适用权限做出机器可读的标准化公开声明。

采用前文目标1至目标7所述的内容，版权持有人及其代理人需要一种手段，使得任何实体方能够在网络或者其他网络环境下简单地标识和描述自己、相关内容以及版权。这对于大量的"直接网络"出版而言十分有用。当前存在的，正是这种大量出版的情况，且任何人都可以应用。应将这样的标准纳入服务之中，用以对出版和管理网络中的内容和相关知识产权提供支持。

9. 争议管理

公共版权声明之间的冲突应得以自动标识，以便管理其相关解析。

由于收到来自不同实体方的冲突版权索赔，版权冲突或争议管理一直是集体版权管理组织（CMO）的一项重要任务。由于版权数据成了更为"开放"的关联数据，出现了相同的问题，但规模更大，且不总是处于单一组织的控制之下。对此，需要采用标识和跟踪的标准方法。

10. 关联指纹

应将数字"指纹"映射到经注册的作品标识符。

专有数字内容识别系统（例如，内容标识符、Picscout、Soundmouse以及Attributor）提供用于多种功能的方法，包括对数字使用的跟踪。将上述标识符关联至经注册作品标识符，以确保上述功能能够与版权数据网络充分集成。

五、LCC 提出的互操作类型

LCC 提出可以区分至少三种标识符互操作性[①]：

1. 句法互操作性

句法互操作性是指系统处理语法字符串并识别其（和初始行动）为标识符的能力，即使系统出现了多个语法字符串。句法互操作性相对简单而琐碎："条码扫描器"级别的交互作用。

2. 语义互操作性

语义互操作性是指系统确定两个标识符是否精确地表示了同一个指示对象，若没有，那么这两个指示对象是如何建立相关性的能力。

相同实体的标识符应能够互换。

数字网络中的一个重要互操作性工具是具体实体的备选标识符的映射。这在计算机系统中是一个常见的程序，将一个系统（该系统使用标识符 IA 表示实体 A）中的数据整合到另一个系统（该系统用标识符 IB 表示实体 A）中去。系统记录 IA = IB，且其他备选标识符可添加到这个集合。

例如，版权管理组织可拥有其自己的特殊作品内部标识符，而作品的版权持有人也可拥有其自己的标识符，版权持有人已将其拥有的标识符告知给组织，并希望因此能获得已报告的版税。当两个标识符在组织的系统中被映射时，该组织可向使用适当标识符的版权持有人报告版税。

在某些情况下，可创建被映射标识符的注册表，从而使备选标识符的多对多映射成为可能（实体方身份的国家标准名称标识符便是一个典型的实例）。这种注册表具有一个"枢纽"标识符，该标识符与其他所有备选标识符形成映射。于是，该注册表便可提供使人们或机器查找标识符且将标识符"翻译"为另一特定类型的标识符的服务，使标识符可以有效地互换。"枢纽"标识符（比如国际标准名称标识符）可以是（或者不是）可公开使用的标识符：其主要目的是为了支持映射，从而使人们可以为了其他目的而把一个标识符替换为

[①] "标识符互操作性"：http://www.doi.org/factsheets/Identifier Interoper.html。

另一个标识符。

3. 团体互操作性

团体互操作性是指系统就标识符的使用进行合作并沟通，同时遵守系统中这些标识符相关数据的使用的版权和限制因素。团体互操作性是业务级别的互操作性：标识符可很好地共享相同的句法和语义，但如果花费了较高的成本来收集并管理相关元数据，或者该等相关元数据需要在商业上或其他方面对受限制的受众保密，那么在免费向公众提供该等相关元数据时可能会遭遇合法障碍。然而，可解析标识符的实际使用却要求某些极小集合的元数据应可以普遍用来促进第三方的使用①。

六、LCC 与其他标识符互操作信息

2014年，LCC 宣布成立 LCC 新实体，负责进一步统筹相关工作，并与 LCC 实施机构保持联络。例如，版权集成中心（Copyright Hub）以及版权数据集成（RDI）等。该实体的六大创始成员包括 EDItEUR 公司、国际数字对象标识符基金会、国际新闻电信理事会（IPTC）、电影实验室（Movielabs，包括娱乐业标识注册［EIDR］）、美国国家信息标准协会（NISO）以及 PLUS 联盟。随后，国际标准名称标识符（ISNI）、国际标准图书编号（ISBN）、国际标准文本编码系统（ISTC）、国际标准音像制品编码（ISRC）、（国际唱片业协会（IFPI）、国际标准乐谱号（ISMN），以及国际作者作曲者协会联合会（CISAC，负责共同作品登记［CWR］标准）等相关机构均表达了加入意愿。各成员支付 500 欧元。所有工作的实施均基于自愿。

（中国新闻出版研究院　香江波）

---

① 实际的例子请参见数字对象标识符要点之数字对象标识符系统概念，网址：http://www.doi.org/doi_handbook/4_Data_Model.html#4.3.1。

国际信息内容产业协会（ICIA）

一、协会背景及其业务介绍

随着数字技术、网络技术等信息技术的发展，以信息技术为代表的新技术对内容产业的发展产生了深刻影响，内容产业正面临着全方位、深层次的变革，数字化浪潮正在席卷整个内容产业。

国际信息内容产业协会（International Information Content Industry Association，简称ICIA）正是在这样的背景下成立的非营利性国际化社会团体。

ICIA成立于2013年，总部设在香港。其现有会员单位为各个国家和地区的书、报、刊、音像、影视等内容出版和生产经营企业，以及与之相关的信息技术企业和相关实体、机构。

（一）ICIA的宗旨与目标

ICIA的宗旨是在新技术环境下，通过不断寻找新的解决方案，应用高新技术提升信息内容生产力，创建信息内容产业与信息技术产业连手实现"文化+科技"的新型合作共赢模式，推动国际信息内容产业可持续发展。

ICIA的总目标——提高信息内容的价值；促进信息内容产业与信息技术产业的融合；推动信息产业的整体良性发展，以促进信息社会走向更加符合全人类利益的未来。

具体目标——探讨并建立信息产业新规则，以推动信息产业健康发展；

关注并推动保护内容价值的法律制度，以鼓励信息内容创造；

发现并推广适合的技术解决方案，以提高信息内容生产力；

发现并推广具有产业应用价值的相关国际标准，以提高信息内容产业的标准化水平；

催生并孵化新的市场模式，以促进信息内容产业的可持续发展；

设计并搭建内容企业和技术企业的沟通、交流、合作平台，以促进内容与技术的融合；

设计并搭建基于新技术的版权贸易体系，以创造更多的版权贸易机会。

（二）ICIA 的业务

ICIA 开展以下业务：

（1）开展研究工作，通过学术研究和实务研究等方式，从理论到实践，从法律、政策、管理、技术、标准等多角度拓展信息内容产业与信息技术产业的产业链通道，促进信息内容产业的内部融合，推动信息内容产业与相关产业的外部融合，探讨国际信息内容产业发展的新模式。

（2）开展交流活动，通过协会年会、专题论坛、业务培训、互访参观等方式，搭建信息内容产业经验交流和信息共享平台，为其会员创造跨区域、跨国界、跨媒体的业务拓展与版权贸易机会。

（3）开展游说工作，通过游说国际组织、各国政府机构、各国行业协会，为信息内容产业谋求国际层面和国家层面的政策支持。

（4）促进技术研发与应用，通过搭建信息内容产业支撑技术展示平台，提高信息内容产业对信息技术产业的认知度，为信息内容产业的生产需求找到技术解决方案。

（5）促进标准化工作，通过大力推广 ISO 标准，特别是信息与文献领域的相关系列标准，提高信息内容产业对国际标准的认知度与应用水平，为 ISO 相关标准的广泛应用奠定基础，重点履行好 ISLI RA 的 ISLI 编码注册管理与产业应用推广职责。

（6）促进产业与金融资本的对接，通过与国际、地区及各国金融机构和投资机构的合作，提高信息内容产业与资本的融合度，促进国际资本市场对信息内容产业的不断关注与投入。

二、ICIA 重要标准

ICIA 是国际标准化组织（ISO）授权的 ISO 17316 国际标准关联标识符（ISLI）的国际注册权力机构，负责 ISLI 标识符的注册管理和应用推广工作。

国际标准关联标识符（ISLI）是基于 MPR 关联标识符编码并首次由中国提案并主导编制的一项国际通用标识符标准。它从提案到被正式颁布经历了数轮 ISO 成员国投票及 ISO 技术管理局的严格审核，从 2011 年 4 月在 ISO 获准立项，到 2015 年 5 月标准被正式颁布，ISLI 标准编制工作历经了 4 年多的时间。在国际信息与文献标识符标准领域，此前已有的 10 项标识符标准由美、英、德、法等欧美国家分别创建和管理。ISLI 国际标准的产生，使中国在国际信息与文献标识符标准领域实现了"零"的突破。

（一）什么是 ISLI 国际标准

ISLI 是信息与文献——国际标准关联标识符的标准简称，ISLI 的英文全称是 Information and documentation — International standard link identifier。ISLI 标准是 ISO 制定并发布的一项国际通用标识符标准，它适用于对信息与文献领域的实体之间的关联进行标识。

ISLI 是一项开放的标准，它对信息与文献范畴内的实体构建关联没有任何的限制，也不限定实现关联应用何种技术。ISLI 鼓励在信息与文献范畴内的所有关联，并希望通过构建关联使信息与文献范畴内的资源产生更广泛的应用，促进人类的信息交流和社会发展。

在现代信息技术环境下，信息与文献资源的应用日趋多样化，孤立的内容产品已经不能满足用户需求。用标识符系统建立信息与文献资源之间的关联，可以为内容资源的多媒体、碎片化组合应用提供支持，为多方协同创作和系统间的数据互操作提供支撑。ISLI 系统在实现信息与文献资源之间准确关联的同时，可以有效识别多个权利方，从而实现交叉版权信息跟踪，更好地保护合法权利人的权益。ISLI 系统所具有的开放性，将有效地促进多媒体领域和其他领域中新应用的出现，使信息与文献资源通过关联构建产生更高的价值。

在 ISLI 国际标准中，规定了构建信息与文献领域中可被关联的实体可以是计算机文档等媒体资源，也可以是自然人或团体机构，还可以是时间、地点之类的抽象内容，所有这些实体都是能够被标识的对象。ISLI 系统通过对每一个包含关联信息（元数据）的标识符进行注册来实现关联功能。ISLI 系统并不改变这些被关联实体的内容、所有权、访问权和已有的标识。

国际通用标识符具有若干相同的属性，包括在全球范围内具有唯一性等。ISLI 与现有大多数标识符不同的是，它不是对单一对象的标识，而是标识两个或多个对象之间的关联。"关联"是根据某种需要而人为设立的两个或多个实体之间的一种确定关系，并非所有实体之间已经存在的相关性都需要使用 ISLI 标识，仅当"关联"的定义者需要唯一登记实体之间的"关联"用于某种应用时，才需要为这个"关联"分配 ISLI 编码。

为满足各种关联应用需求，关联的标识被分类为不同的特定应用类型，每种特定应用类型的关联字段编码都可以单独定义字段的编码结构和字长，ISLI 系统引用了源和目标的概念，用来识别一个关联的起点和终点。每种特定的关联应用类型都应明确源的类型、目标类型和关联类型，与其特定的关联应用服务相匹配。

在信息与文献范围内，国际标准标识符几乎提供了所有资源的唯一标识，这些标识符将优先采用。例如，将一篇乐谱和用该乐谱演奏的音乐建立关联，就可以引用 ISWC 和 ISRC。ISLI 将促进已有标识符之间的互操作，并将与已有标识符之间相互协调、相互促进、共同发展，不断丰富与完善信息与文献领域的标识符体系。

（二）ISLI 国际注册权力机构

ICIA 于 2014 年 8 月向 ISO/TC 46/SC 9 秘书处提交了 ISLI 国际标准注册权力机构申办的报告；2015 年 3 月 12 日，ISO 技术管理局发布 2015 年第 52 号决议，任命 ICIA 作为《ISO 17316 国际标准关联标识符（ISLI）》国际标准的国际注册权利机构（ISLI RA）。2015 年 5 月 15 日，ISO 17316 国际标准正式颁布实施。

根据《ISO 导则》的规定，ISLI RA 是为 ISLI（ISO 17316）标准的实施而设立的专门机构，是负责 ISLI 标识符注册管理的唯一法定实体。ICIA 获得 RA

承办授权后，在协会内部组建了内设机构专项负责履行 ISLI RA 的职责。

ISLI RA 依据 ISLI 标准 ISO 17316 附录 C 的要求，建立了一个完整的、统一的 ISLI 注册管理系统，所有的编码分配都在该系统内实现，相关元数据也将汇总到该系统内的 ISLI 全球数据库中。

ISLI RA 通过 ISLI 注册系统实施 ISLI 编码的唯一性注册管理。在 ISLI 标准注册管理体系中，只有 ISLI 注册机构与 ISLI 登记者两类角色。所有 ISLI 编码注册、分配与管理业务均由 ISLI 注册机构面向登记者实现直接分配。这种机制可以确保出现问题时能够及时得到纠正，每一个 ISLI 都能够被正确使用，不会出现重复编码等问题，使应用 ISLI 的各方的利益得到充分的保障。

ISLI RA 同时向 ISLI 系统用户提供各种相关的培训与技术支持服务。

ISLI RA 对所有合作方秉持开放性的政策，它鼓励更多商业公司或团体参与到 ISLI 体系建设中。ISLI RA 制定了一系列具体政策，包括保证 ISLI RA 提供的服务遵守相关国家和地区的相关法律（尤其是反竞争法和数据保护法）、符合 RAND 原则（即采用"合理的及无歧视"的原则）以及向 ISLI 用户提供实施 ISLI 标准所需准确最新数据或信息的获取和使用渠道的保障政策。以此来促进和发展 ISLI 系统的应用，保障 ISLI 用户尤其是 ISLI 服务提供商用户的权益。

ICIA 通过对 ISLI RA 的承办，实现了对 ISLI 关联标识符标准的有效管理和实施，越来越多的企业实体正在参与到该项标准的体系建设与产业应用中来，这为推动国际信息内容产业的可持续发展发挥了积极作用。

三、现状特点

ICIA 是汇集信息内容产业实体精英的高地，它为全球信息内容生产企业共享信息资源并开展广泛的合作提供了平台，有效推动了信息内容产业与信息技术产业的融合。自 2013 年成立至今，ICIA 不断加强与各个国家政府部门与机构的合作，与信息内容和信息技术相关企业进行广泛交流，先后举办了"加强国际出版同业合作，促进数字出版产业发展""关联：信息内容产业的未来"等论坛，参与各大相关国际展览和会议，在全球范围积极推广 ISLI 国际标准。目前，ICIA 的会员已经遍布全球多个国家与地区。

ICIA 现状特点如下：

（一）双重角色

促进标准化工作，提高信息内容产业对国际标准的认知度与应用水平是 ICIA 的一项重要工作之一，其对 ISLI 国际注册权力机构的承办使得该项工作得以快速推进，行业协会与国际标准注册权利机构的双重角色将会为 ICIA 在全球信息内容产业建立标准的、高效的、安全的国际社会广泛认可的行业秩序提供便利。

（二）全球化

ICIA 是为面向全球的信息内容与信息技术产业提供咨询与服务，有着高度的国际意识和开阔的全球视野，它的会员企业已经遍布多个国家和地区，随着协会与 ISLI RA 也在全球范围业务的不断开拓，其国际地位及影响力会日益提高，立足中国、服务全球是其显著特点之一。

（三）非营利性

ICIA 是在香港注册的非营利性的国际化社会组织，它是由国际信息内容产业中的相关实体，为了谋求产业自身的发展和维护产业自身利益而自发建立的。它不以获取利润作为运营的目的，而是在产业与政府之间发挥重要的协调与服务功能，追求整个信息内容产业的健康与可持续发展。

（四）服务性

ICIA 通过定期举办交流论坛、会议、协会年会、展览，以及通过官网和社交网络等为会员之间、产业与产业之间、产业与政府之间加强相互交流提供一个灵活、便捷、高效的服务平台。

ISLI 国际注册权利机构管理的 ISLI 注册系统是面向内容产业、应用开发企业、以及最终用户提供服务的基础性平台。为促进各层级用户使用该平台充分开展 ISLI 标准的应用，ISLI 国际注册机构为用户提供各种相关的培训与技术支持。这些都是其服务于产业属性的具体体现。

（五）创新与融合

技术与内容是现代信息内容产业不可分割的两个部分，在经济全球化的背景下，创新是信息技术行业发展的鲜明特点，各种新技术呈激增式发展态势。但是，内容产业由于历史原因往往难以适应新技术、新产品更新换代的速度，面对信息化的浪潮经常显得力不从心。ICIA持续关注信息技术发展潮流，着眼于内容产业的真实需求，与信息技术企业密切合作，依托ISLI国际标准及相关应用技术服务系统，促成技术与内容的深度融合，为内容产业的发展提供解决方案。

四、趋势分析

近年来，国际信息内容产业越来越受到关注，数字出版、信息内容、信息技术、全媒体技术应用、信息内容版权保护等仍然是行业关注的焦点。相信在未来几年内，信息内容产业仍将呈现高速发展并不断融合的态势。但是，与此并存的是信息内容产业仍然面临着资源分配不合理、内容资源利用率低、企业间沟通不畅、版权贸易复杂烦琐、版权保护困难、缺乏统一标准等问题的现状，这为信息内容产业的发展带来了挑战，但同时也为ICIA今后的发展提供了契机与空间。

通过多年的运营，ICIA已经在协会运作与ISLI国际注册权利机构的运营工作上积累了丰富经验，相信它能继续发挥协会的优势，不断吸收全球范围内有实力的内容企业实体加入，通过组织的各种活动加强行业内交流，推动产业规则的制定以及标准化进程；利用其ISLI国际注册权利机构承办人的双重身份，加大力度推广ISLI国际标准的产业化应用，积极开展与信息技术企业的合作，促进技术研发与应用，催生各种新型应用模式的出现，提高信息内容产业对信息技术产业的认知度，最终营造信息内容产业与信息技术产业双赢的良好发展局面。

（国际信息内容产业协会　吕迎丰）

ONIX 标准对书业的作用及影响

ONIX 是 Online Information Exchange 的缩写，意即图书在线信息交换标准。它是一种以电子形式获取、传输出版物产品信息的国际标准，是一种描述、传递和交换丰富出版物元数据的国际标准，是用于图书、连续出版物以及各种媒体电子出版物信息的基础标准和贸易标准，可供出版商向批发商、全球电子购物市场和零售商、其他出版商，以及其他涉及图书销售的任何人传递图书电子信息。

一、ONIX 标准简介

ONIX 标准是 1999 年由美国出版商协会提出、15 个国家参与撰写的图书产品在线信息交换标准，其目标是使出版者能够将图书产品信息迅速有效地传递到流通供应链各个环节，以促进产品销售。它是一套覆盖多种媒体产品（包括数字产品）为一体，适应不同市场、不同营销策略，可实现出版物在线发行的系统性解决方案。经过十几年的不断修改完善，ONIX 已成为欧美地区的通用标准，日本、韩国也完成了本国的标准采用并即将投入使用，我国的部分涉外出版机构也开始按照对方的要求使用 ONIX 交换数据。

ONIX 标准包括《ONIX for Books》（图书在线信息交换）、《ONIX for Serials》（连续出版物在线信息交换）、《ONIX for Publications Licenses》（出版许可在线信息交换）、《Licensing Terms & Rights Information》（许可条款和版权信息）等多项标准。《图书在线信息交换》是第一个，也是目前在全球应用最广泛的 ONIX 标准。

所有的 ONIX 标准均基于 XML，支持出版供应链参与各方对实体出版物和数字出版物元数据进行计算机与计算机之间的交流。有必要强调的是，ONIX 本身并不是数据库，也不是一种应用软件，只是为数据库之间的数据交流提供了一种标准的方式，为组织数据储存提供了一种标准的 XML 技术模板，这对理解 ONIX 标准非常重要。

二、ONIX 标准制定背景

ONIX 标准的出现是为了解决两个问题而研制的：

第一是丰富在线图书信息的需要。互联网的发展和网上出版物销量的增加，大量的实体书逐渐被网上图书网页所取代，研究证明顾客拥有更多出版物的网上信息，就越可能购买，这信息包括音频、视频信息。出版商困惑于如何迎合书商的需求，以及如何提供信息给潜在购买者有关出版产品的信息。

第二是满足大型图书批发商和零售商使用的数据接收格式需求。如美国英格拉姆公司（Ingram）、鲍克公司（Bowker）和亚马逊（Amazon），都有各自不同的数据接受格式，这使得出版商同贸易伙伴交换图书信息时费力费时。而传统出版界一直没有严格的贸易标准可供依循，为此特别制定的 ONIX 标准能使图书产品信息传输标准化，提供的 XML 工具让批发商、零售商及在供应链的其他相关单位能够以电子方式接受 ONIX 传送而来的信息。

1999 年，美国出版商协会（AAP）提出开发一种产品信息标准，旨在让各个出版商能以一致的格式发送丰富的产品元数据给零售商，特别是开展网上零售业务的电商。2000 年 5 月，ONIX 标准 1.0 正式面世，由欧洲的欧洲电子数据交换组织、美国书业研究集团 BISG、英国的书业交流会 BIC 负责维护更新。该标准以 XML 语言作为交换语法形式，通过特定的文件类型规则来定义字段属性，并有指引手册详述每一字段的标准定义，是一套专业性较强的标准技术规范。2001 年发布了 ONIX 标准 2.0，2009 年 4 月重要的 ONIX 标准 3.0 发布，ONIX3.0 可以对数字产品进行全面和连续的描述，提高了数字产品的处理能力，并且数字产品被作为 ONIX 范畴中的"核心"元素来对待。

ONIX 标准 3.0 经过几年的修改、完善，已经发展到 ONIX3.0.3，配套的代码表基本以每三个月更新的速度公布到了第 34 期。据了解，截至 2014 年年底 ONIX3.0 以前的所有版本将不再提供技术支持。

三、ONIX 标准主要内容及应用

ONIX 标准每个版本的发布都会提供一个经过不断完善的核心文件——《图书产品信息格式规范》及其配套的不断升级的代码表，多样的 XML 工具（如 XSD schema、RNG schema 和 DTD）及 ONIX 标准应用指南、长短标签转换工具和大型 ONIX 文件分解工具等也随着 ONIX 标准的发展可以在国际欧洲电子数据交换组织官网上下载获得。

ONIX 标准看上去既庞大又复杂，原因在于它所需描述的产品太过复杂，产品元数据十分丰富，必须满足不同市场产品供应链中的不同生产商和经销商的不同需要。在核心文件《图书产品信息格式规范》里包括了消息头描述部分和产品记录本身，其中产品记录的开始部分是一些记录元数据的元素（或称"管家"），其余部分由产品描述（数据块1）、产品营销（数据块2）、产品内容（数据块3）、产品出版（数据块4）、相关资料（数据块5）、产品供应（数据块6）六个数据块组成，每个数据块里又包括了一个或一个以上的经过编号的数据组。其中数据块1到5只能出现一次，数据块6则可重复。

在一个完整的 ONIX 产品记录中，数据块1和数据块4最好能够出现，数据块6至少出现一次。换言之，一个完整的 ONIX 产品记录应该至少能够对产品进行描述，说明谁是出版者，并且针对一个或者一个以上的市场提供供应细节。在实际操作中，发送一个完整的产品记录时，没有数据块2的情况非常少见，因为对于大多数采用 ONIX 标准交换数据的用户来说，丰富的营销附属内容的传递十分必要。当然，在持续更新时，ONIX 产品记录可以仅对相应的数据块进行更新，而不用全部内容更新。

各国国家小组负责 ONIX 标准在本国的应用推广和技术支持，并编写相关应用指南，如美国国家小组 BISG 的元数据委员会在其最佳实践指南中就规定了 ONIX 字段的 31 个核心元素，包括题名、著者、出版商及主题代码等。日本国家小组 JPO－FBIC 在建议提供的 50 条新书数据条目中要求至少提供 21 条必要信息。

对于那些想开始发送 ONIX 标准信息的出版者来说，有三种选择：自行开发或委托制作定制软件；购买第三方产品数据管理系统；签约使用一种基于 web 的服务，该项服务支持在线数据输入，并将 ONIX 输出的信息发送给指定的接收者。这三种选择的可用性和实际操作性因国家的不同而不同。

在实际应用中，出版领域与图书情报部门就元数据的最佳使用也进行了积极探讨，如 2009 年 3 月，世界著名的联合编目中心 OCLC 举办了"出版者与图书馆员学术研讨会"（Symposium for Publishers and Librarians），主题是对图书元数据的讨论，会后发布了白皮书，名为《简化图书元数据工作流程》（Streamlining Book Metadata Workflow）。这里的元数据指的就是 ONIX 及 MARC 标准，白皮书重点分析了图书供应链中元数据创建、交换与使用的现状，以及未来的机会，指出图书供应链中元数据的利益相关人，也就是拥有图书元数据的机构，包括出版社、元数据供应商、批发商、书商、国家图书馆、本地图书馆与谷歌。得到的结论是，出版界和图书馆界有必要由两个不同领域研究在分享元数据的方式上如何均质化（homogenize）。未来的机会，包括标识符（identifier 或译为识别码）、主题表及最佳实践 14 条建议。这对我国未来推广使用 ONIX 标准并参与国际书业贸易流通有着很好的借鉴作用。

四、ONIX 标准对全球书业的重要影响

ONIX 标准为出版供应链各方所起的促进作用显而易见。对于出版者而言，有两个重要的商业利益，一是可以利用 ONIX 这种标准的信息交换格式，将丰富的产品信息轻松地发送到供应链各参与方：批发商、发行商、大型零售商、数据集成商以及各有关公司。二是通过提供这种产品记录的内容和结构模板，ONIX 有助于促进内部信息系统的优化，进一步整合各种用于描述和推广新书作品和重版作品所用到的元数据信息，而且相同的核心数据还可用来制作促销清单、书目以及其他宣传促销材料。

对于中下游供应链中的合作伙伴来说，ONIX 标准可以让他们以更快的速度将最新产品信息上载到面向客户的服务系统中，既降低了数据制作成本，又减少了手动干预程度，降低了出错风险。

经过长期实践，ONIX 标准已成为世界范围内广泛应用的书业产品与贸易标准，极大地提高了书业供应链管理效益和信息共享程度，为出版物发行建立了国际通用的信息交换标准，解决了行业各机构间信息交换多种数据格式并存的困扰，因而得到欧美主要发达国家如美国、英国、德国、荷兰、加拿大、法国、意大利、澳大利亚及亚洲的中国、日本、韩国等 20 多个国家的大力支持和广泛采用。

五、ONIX 标准对我国书业的影响

基于 ONIX 标准在全球书业的重要影响，我国结合出版发行业迫切需要解决出版物在线信息交换的现实问题，全国出版物发行标准化技术委员会于 2009 年获得向国家标准化管理委员会提出制定拟采用国际图书 ONIX3.0 标准制定我国《中国出版物在线信息交换 图书产品信息格式规范》（CNONIX）国家标准的项目申请，当年 11 月底获批立项，于 2014 年 7 月正式发布。

（一）采标内容

《中国出版物在线信息交换 图书产品信息格式规范》通过对 377 个数据项的复用和 99 个代码表的组合调用，实现以选题为起点、读者为终点，涵盖传统发行和电子商务不同分销模式的图书产品信息交换。

《中国出版物在线信息交换 图书产品信息格式规范》的信息规范内容分为八部分：第一，消息头。描述文件交换层面的属性，包括数据的发送方和接收方、文件标志、语种和货币等。第二，产品记录。描述产品的数据特征和属性，包括记录号、数据的类型和来源等。第三，产品描述。描述产品的客观呈现形式和内容。第四，产品营销。描述支持产品营销的信息和资源。第五，产品内容。以结构化方式描述产品的各个章节或部件。第六，产品出版。描述出版者、出版状态和产品销售权利。第七，相关资料。描述产品与其他相关产品或作品的关系。第八，产品供应。描述分销市场、不同市场的出版和供应状态。并按照信息类型将这八部分数据细分为 1 个描述文件属性的数据组，以及

26个描述图书产品的数据组。

《中国出版物在线信息交换 图书产品信息格式规范》数据项与99个代码表中的1126个代码组合运用，极大地增强了处理各种常规业务和个性化业务信息的能力。

（二）ONIX国际标准的国有化特征

第一，版本选择。《中国出版物在线信息交换 图书产品信息格式规范》选择了最新版本的ONIX3.0国际标准作为编制的参考依据。虽然ONIX3.0兼顾了旧版本的应用，并包含了旧版本的部分内容，目前也有一些国家仍在使用旧版本。但鉴于国际ONIX维护机构已给出了终止3.0之前版本使用的时间点，从长远来看，我国的标准化应该直接按照3.0版的应用方式建设，而不必兼顾老版本，这可以避免在未来的使用中因新、旧版本的切换所带来的麻烦。因此，《中国出版物在线信息交换 图书产品信息格式规范》的编制不仅以ONIX国际标准的3.0版作为参考，还针对3.0版本的实质，废弃了ONIX3.0中兼容老版本的内容，如标识符体系、数据项和代码选用、DTD定义等，从根本上杜绝了旧版元素在中国的使用，防止未来国际化应用可能出现隐患。

第二，业务特征。着重从"可用性、易用性和现实性"方面体现我国的行业特征。可用性是增加了中国特有的业务元素，并纳入ONIX国际标准体系；易用性是将ONIX国际标准引用的ISO标准置换为我国的相应标准；现实性是从国内实际出发，屏蔽不合国情或不适用于行业的数据内容。

第三，语言表述。《中国出版物在线信息交换 图书产品信息格式规范》针对中西方的语言差异，将西方的语言表述转换为汉语的表述；对于业务描述和专用词汇，转换为我国的行业用语习惯。增加了标准的可读性和可操作性。

第四，文本样式。ONIX是侧重实践的技术规范，其非标准化的文本样式在体例、格式和表述上都与我国的标准化工作要求具有很大偏差，《中国出版物在线信息交换 图书产品信息格式规范》按照GB/T 1.1—2009《标准化工作导则 第1部分标准的结构和编写》的要求，形成了符合我国标准化格式要求的文本样式。

(三) ONIX 标准对国内书业的重要作用

采用 ONIX 标准，对国内书业的发展作用体现在如下八个方面：

（1）有利于促进传统观念转变，提高行业对发行信息标准化的认识。通过出版物发行信息的基础研究、标准化开发和利用，提高对出版物信息价值、地位、作用的认识，认识出版物信息加工工作在出版发行中的基本地位，认识出版物信息组织管理标准化的必要性，促进传统观念转变，树立从客户和读者需要出发的理念，既注重出版物内容的编辑加工，又重视出版物发行基础信息的加工；既注重专业人员的信息需求，又重视非专业人员需求；既注重硬件和软件等信息基础设施、技术等硬环境开发和维护，又重视信息资源标准化等软环境的开发和维护；既注重出版物销售物理网络的开发和维护，又重视出版物信息网络的开发和维护等。有利于实现出版物发行信息资源整合。通过标准化手段，改变出版物发行信息资源零碎和分散的局面，整合多种传统介质出版物信息，如图书、期刊、报纸、音像制品、电子出版物；整合出版物的形态特征信息、内容特征信息和可获得性信息；整合出版物从选题策划、编辑加工、市场供应、营销、退出市场等供应链各环节的信息；整合出版发行单位内部分散的信息，整合整个行业的出版物信息。

（2）有利于实现信息资源共享、网络互联互通。通过标准化的信息描述，实现信息数据的标准化。而信息数据标准化又是实现各种各样的信息技术设备协同工作的基础和前提，是保障电子商务各方面业务的信息基础设施的基石，是信息能够互连互通、信息资源得到有效应用的保障。

（3）有利于优化作业流程，提高信息资源的利用效率。将为我国出版物信息加工提供规范化依据，保证出版物描述和记录结果的一致性。为出版物信息的一次加工、重复利用的机制创新，奠定技术基础，优化了出版物供应链上信息加工作业流程。

可通过一组数字来说明标准化作业前后信息加工量的变化。以我国 2005 年出版数量为例，根据有关部门统计，当年全国共出版图书 222 473 种，其中新版图书 128 578 种，出版录音制品 16 313 种，出版录像制品 18 648 种，出版电子出版物 6 152 种。2005 年全国共有出版社 573 家（包括副牌社 34 家），音像制品出版单位 328 家，电子出版物出版单位 170 家。当年新版图书、录音制品、录像制品、电子出版物品种数为 169 691，即当年的信息加工总品种数，每家出版社平均加工图书约 224 种，每家音像制品出版单位平均加工音像制品约 107 种，电子出版物出版单位平均加工电子出版物约 36 种。在标准化之前，由于出版社未能向中下游客户提供加工好的出版物信息，各大总发行商、批发商、连锁书店总部、图书馆供应商、网上书店、专业书目数据公司，各自不得不加工所采购的新版出版物信息。如果一家批发商将 169 691 种图书、音像电子出版物全品种购进，它就要对 169 691 种出版物信息进行加工，那么 30 家这样的批发商，其信息加工量累计就是 500 多万种。由于记录的不一致和可能的差错，出现一个品种多条记录，行业交换的品种记录就不止是 169 691 种，无疑给整个供应链管理增加了难度，带来了混乱。如果有了可以依据的标准，作业标准化，通过市场化机制，必然催生信息的一次加工、重复利用机制的建立。所谓一次加工、重复利用，就是在出版物供应链源头，按照标准格式，对出版物发行基础信息随发生随加工记录，并向中下游客户读者传递，中下游客户读者不再自行加工数据，而是通过网络直接自动接收、转换上游提供的信息，加速信息的流动，保证上下游信息的一致性。一方面将有利于把中下游从事出版物信息加工的劳动力从低效重复的劳动中解放出来，中下游可以把人力资源放在开拓市场、扩大销售、侧重信息的分析、整理和挖掘从而为科学经营决策提供依据；另一方面减少出版物信息组织管理的各项成本。保守估计行业将节约因减少信息重复录入而造成的人力成本数以亿元。

（4）有利于促进流通，增加销售，降低库存，减少浪费。标准化的信息数据通过互联网传播，能跨越时空的局限，有利于发展连锁经营和电子商务现代商业模式，打破垄断和地方保护。信息畅通是商流、物流、资金流和信息流四流一体化的前提条件。科学组织、管理有序的信息是信息畅通的基础

现在出版发行单位大多实现计算机信息系统管理。如果信息系统中有关出版物信息记录不全面、不充分、不准确及更新维护不及时，客户和读者就有可能从系统中查不到该书的信息，而放弃购买打算，因而失去销售机会。在实际发行业务中通常会遇到这样的情况，有的书明明有库存，却因系统数据库信息记录不完整和不规范，业务员按欲买书的读者提供的信息线索，在信息系统中搜索不到该书，事后却发现那书躺在库房里。这种潜在的损失是惊人的。如果因减少销售机会流失而带来库存减少 10%，若以 2005 年库存总数 480 亿元为

参数，那么会带来销售增加 48 亿元、库存降低 48 亿元。

（5）有利于提高行业整体服务能力、质量和水平。在国际经济贸易交往中，出版发行业属于服务贸易。向客户和读者提供出版物发行基础信息是服务的主要形式之一，也是发行单位竞争力的一个基本要素。信息服务质量是衡量发行单位服务能力、竞争力的一种重要尺度。出版物是一种特殊的商品，且品种繁多。如何让读者找到合适的书，让书找到合适的读者，在两者之间搭建沟通的桥梁，是出版发行业的一个难题。解决的办法是利用信息化技术手段，出版物发行基础信息的标准化为满足客户和读者多层次、多样化、多方面信息需求提供了技术基础。

（6）有利于为"走出去"战略提供技术基础。采用国际出版业通用的国际标准，能促进出版物信息的国际化交流，为中国出版物走向世界，传播中国文化架设信息通道；能加快我国出版与国际市场接轨，沟通与国际市场的联系，提高产品和服务在国际市场的竞争力，提高中国出版的国际竞争力和中国文化的国际影响力，加强对外宣传、展示、推广、销售工作，扩大我国出版物出口。

（7）有利于出版物发行行业标准化工作与国际接轨。我国发行行业标准化虽刚起步，但定位高，从开始就瞄准国际水平。如通过引进、消化、吸收、再创新，将 ONIX 转化成我国发行行业的《出版物在线信息交换标准》，以此为契机，开展书业标准化的国际交流与合作，对国外书业先进标准进行研究，追赶国际书业标准化水平，学习借鉴国外书业标准化工作方法和标准化市场化运行机制，提高行业标准化水平。出版物发行基础信息的标准化是中外书业共同面对的问题，是标准化对象之一。通过采用国际上成熟的标准，将其转化成我国的行业标准，可以缩短自主研制的时间，减少费用，避免设计开发的技术力量跟不上的局面。

（8）有利于推动行业标准化的基础研究。对 ONIX 的研究，必将推动相关课题研究，如中外书业的比较研究，出版发行信息资源价值、作用、重要性研究，国内出版发行业信息资源开发利用现状调查，国外书业标准化研究，出版发行行业相关领域信息资源组织管理标准研究，出版物发行元数据研究，XML 技术及应用的研究，经济效益和社会效益的分析，采标工作经验调查和交流等。

（全国出版物发行标准化技术委员会　塔　娜）

全球出版业第一个主题分类体系
——全球图书贸易主题分类表

欧洲电子数据交换组（EDItEUR：European Electronic Data Interchange group，以下简称"EDItEUR"）在成功实施国际图书在线信息交换（ONIX for Books）标准后，于2013年10月在法兰克福书展期间又正式推出全球图书贸易主题分类表（Thema-the subject category scheme for a global book trade，以下简称"Thema"）联盟标准。Thema是一个适用于全球图书出版、电子商务以及互联网和实体店零售等领域，适用于数字出版产品和物理出版产品的书业主题分类国际性标准。

Thema基于英国书业联合会（BIC：Book Industry Communication）国际化的一次尝试。2012年初，为了国家间的平衡和更多利益相关者，提出研制Thema，其试用版正式发布于2012年10月法兰克福书展的"Tools of Change"会议。Thema试用版受到包括北美和欧洲书商超过12个国家图书贸易组织的支持和关注。2013年10月在法兰克福书展期间，发布了Thema1.0版。2014年10月在法兰克福书展期间，发布了Thema 1.1版。2015年10月发布了Thema 1.1.2版。2016年5月发布了Thema 1.2版。

2013年10月在法兰克福书展期间召开了第一次Thema国际执委会工作会议。中国代表分别参加了2014年和2015年Thema国际执委会工作会议。

一、Thema标准概述

Thema是一项新的全球图书主题分类体系，具有广泛的国际性，它与其他主题分类体系不同，其目标为全球所适用。Thema与国际各种图书馆主题分类词表相比，它是专为图书商业贸易而生，具有良好的灵活性，允许每个国家保持其独特文化声音；它统一提出学科层次并使其分类合理化，以减少不同国家的主题分类表的重复。从主题分类表到主题分类表的映射必然降低分类的准确性，为了消除词表间的映射，Thema 提供了统一的国际方案。它以零售商的图书贸易为目标，支持全球所有物理和数字出版产品贸易分类。Thema 的实施目标是要建立全球化的，满足多文化、多语言需要的主题分类标准。Thema 是一项适用于全球图书贸易整个供应链的先进性的国际联盟标准。

二、Thema 标准的历史

图书和电子书的主题分类是促进、发现、销售和市场信息的关键。各国都有本国的主题分类体系，例如美国书业研究会（BISG：Book Industry Study Group）采用 BISAC scheme；英国图书贸易使用英国书业联合会（BIC：Book Industry Communication）的 UKSLC（UK Standard Library Categories）主题分类词表。法国采用 CLIL 主题分类词表，德国采用 WGS 主题分类词表，有些国家甚至还有多种主题分类词表同时使用的现象，就此增加了图书贸易主题分类的成本和复杂性。国际图书馆界普遍使用的杜威分类法（DDC：Dewey Decimal Classification）和国际十进分类法（UDC：Universal Decimal Classification），都是以满足图书馆学科分类或排架需求为目标。

直到 2010 年，欧美一些国家的图书贸易机构认识到，任何一个国家的词表都需要完善、细化和优化，统一主题分类方法已势在必行。事实上，为了满足图书贸易的要求，出版者和书商实际上都在使用着从一个分类表映射到另一个分类表的国际性的"躲猫猫"式的解决方案，每一本图书的分类都因映射受到影响，况且主题分类词表的映射还需要大量的维护和更新工作。此时，一个类似图书 ONIX 的国际元数据表，一个允许跨越组织机构、跨越国家和跨越语言障碍的主题分类词表应运而生。全球图书主题分类方案将减少多个方案的使用重复，消除高代价的和不精确的映射过程，其价值和特点显而易见。

Thema 的诞生很快受到各国的关注和研究，截至 2016 年 4 月，Thema1.1 版已翻译有丹麦文、法文、德文、意大利文、挪威文、波兰文、瑞典文和中文版。

三、Thema 标准的内容

（一）Thema 基本框架

Thema（1.1.2 版）由主类表和复分表两大部分构成，其中主类表包括 20 个大类，144 个简类，共计 2 619 个细类；复分表包括地理、语言、时代、教育目的、兴趣和风格 6 个表，共计 2 353 个类目。Thema 基本结构如图 1 所示。

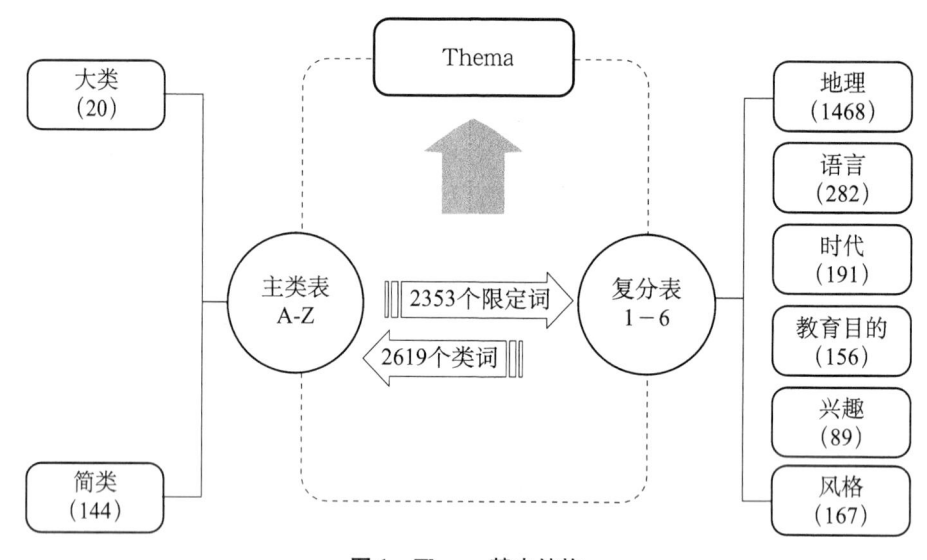

图 1　Thema 基本结构

（二）Thema 表达形式

1. 主类表

Thema 主类表由类号、类目和注释 3 部分组成，表达形式如下：

（1）类号：类目的代码，1—4 级类号采用大写英文字母表示，5—6 级类号采用阿拉伯数字表示。

（2）类目：由该领域系统性的概念词汇集组成。

（3）注释：类目使用的说明性文字和解释性文字。

2. 复分表

Thema 复分表由代码和类目两部分组成，表达形式如下：

（1）代码：采用一位阿拉伯数字 + 大写英文字母组成。

（2）类目：由该领域系统性的修饰词汇集组成。

（三）Thema 内容概述

Thema 主类表在使用时为必选，复分表为可选。复分表与主类表应结合使用。复分表用于补充、说明主类表的相关类目的含义。一本书可以给单一主题分类号，也可以给出多个主题分类号，而复分表则不限制数量。每一个主题分类都包括一个代码和一个主题词，包括多种语言的主题、同义词和注释。Thema 可以与 ONIX 代码表配合使用。

1. 主类表

Thema 的主类表包括 20 个大类（一级类目）和 144 个简类（二级类目），一级类目类号采用大写英文字母，26 个英文大写字母不含 B、E、H、I、O、Z。中英文 Thema 大类见表 1。

表1　中英文 Thema 大类

序号	Code	English Heading	英文标题
	A	The Arts	艺术
	C	Language & Linguistics	语言与语言学
	D	Biography, Literature & Literary studies	传记、文学和文学研究
	F	Fiction & Related items	小说及相关款目
	G	Reference, Information & Interdisciplinary subjects	参考材料、信息和跨学科主题
	J	Society & Social Sciences	社会与社会科学
	K	Economics, Finance, Business & Management	经济、金融、商业和管理
	L	Law	法律
	M	Medicine & Nursing	医学和护理
	N	History & Archaeology	历史和考古
	P	Mathematics & Science	数学和科学
	Q	Philosophy & Religion	哲学与宗教
	R	Earth Sciences, Geography, Environment, Planning	地球科学、地理、环境和规划

(续表)

序号	Code	English Heading	英文标题
	S	Sports & Active outdoor recreation	运动与户外休闲活动
	T	Technology, Engineering, Agriculture	技术、工程和农业
	U	Computing & Information Technology	计算与信息技术
	V	Health, Relationships & Personal development	健康、人际关系和个人发展
	W	Lifestyle, Hobbies & Leisure	生活方式、兴趣爱好和休闲
	X	Graphic novels, Comic books, Cartoons	绘画小说、漫画书和动画片
	Y	Children's, Teenage & Educational	儿童、青少年和教育

2. 复分表

Thema 复分表包括地理、语言、时代、教育目的、兴趣和风格6个表，每个复分表又由成体系结构的修饰词汇集组成。

（1）地理复分表。

Thema 地理复分表以"1"开头（第1位），按五大洲及所在国家，地区及其地区海洋的顺序给出。Thema 地理复分表的一级类目见表2。

表2 Thema 地理复分表一级类目

Code	English Heading	中文标题
1D	Europe	欧洲
1F	Asia	亚洲
1H	Africa	非洲
1K	The Americas	美洲
1M	Australasia, Oceania & Other land areas	澳大拉西亚、大洋洲及其他陆地地区
1Q	Other geographical groupings, Oceans & seas	其他地理分组、海洋和海

（2）语言复分表。

Thema 语言复分表以"2"开头（第1位），按世界十大语系给出各语系的语种。Thema 语言复分表的一级类目见表3。

表3 Thema 语言复分表

Code	English Heading	中文标题
2A	Indo-European languages	印欧语系的诸语言

(续表)

Code	English Heading	中文标题
2B	Indic, East Indo-European & Dravidian languages	印度语，东印欧语和达罗毗荼诸语言
2C	Afro-Asiatic languages	亚非诸语言
2F	Ural-Altaic & Hyperborean languages	乌拉尔语及极北的诸语言
2G	East & Southeast Asian languages	东亚和东南亚诸语言
2H	African languages	非洲诸语言
2J	American indigenous languages	美国原住民诸语言
2P	Oceanic & Austronesian languages	海洋与澳斯特罗尼西亚诸语言
2Z	Other languages	其他诸语言

（3）时代复分表。

Thema 时代复分表以"3"开头（第1位），将时代划分为史前、公元前、公元1500年、1500年后到今的4个时段，每个时段按顺序给出具体时代。Thema 时代复分表的一级类目见表4。

表4　Thema 时代复分表

Code	English Heading	中文标题
3B	Prehistory	史前
3C	BCE period - Protohistory	公元前时期—原始
3K	CE period up to c 1500	公元1500年
3M	c 1500 onwards to present day	大约公元1500年至今

（4）教育目的复分表。

Thema 教育目的复分表以"4"开头（第1位），分为4个部分。Thema 教育目的的一级类目见表5。

表5　Thema 教育目的复分表

Code	English Heading	中文标题
4C	For all educational levels	全部教育水平
4G	For international curricula & examinations	国际课程和考试
4L	For language learning courses & examinations	语言学习课程和考试
4T	For specific educational purposes	特定教育目的
4Z	For specific national educational curricula	特定国家的教育课程

（5）兴趣复分表。

Thema 兴趣复分表以"5"开头（第1位），分为兴趣年龄（包括0—14岁和成人)、节假日与季节(包括参与国的节日、假日、重要活动日、四季)、特定群体(包括男孩、女孩)、有关特定群体和文化(少数民族及团体、宗教团体等)和其他5个部分。Thema兴趣复分表的一级类目见表6。

表6 Thema兴趣复分表

Code	English Heading	中文标题
5A	Interest age / level	感兴趣年龄/水平
5H	Holidays, events & seasonal interest	节日、事件和季节性兴趣
5J	Intended for specific groups	面向特定群体
5P	Relating to specific groups & cultures	有关特定群体和文化
5X	Contains explicit material	包含明确的材料

(6) 风格复分表。

Thema风格复分表以"6"开头(第1位),一级类目由22个类目构成,分别采用6A(抽象主义等),6B(巴洛克艺术等),6C(古典风格等),6D(达达主义等),6E(帝国风格等),6F(野兽派等),6G(哥特等),6H(重金属摇滚乐等),6J(印象主义等),6K,6L,6M(风格主义等),6N(自然主义等),6P(流行艺术等),6Q,6R(浪漫主义等),6S(超现实主义等),6T(探戈舞等),6U,6V,6W,6X表示各艺术流派和艺术风格等。

四、Thema的主要特性

(一) 国际性

Thema立足于国际应用,正如元数据具有国际性一样。目前Thema已翻译有9个文种的版本,欧洲国家正在积极推进,美国和加拿大等国正在通过映射本国所使用的主题表方式,或开发映射工具,支持Thema在本国的实际应用。

(二) 简易性

Thema以图书零售商为目标所建立的一种图书主题和附加主题的分类体

系，类目学科覆盖全面而且十分简洁，总共只有 2 600 多个类目。BookNet Canada's 的 Tom Richardson 先生将 Thema 比喻为"一个小山丘，不是一座山（It's a molehill, not a mountain）"。Thema 无论与国际各个分类体系相比，还是与我国的《中国图书馆分类法》等分类体系相比，类目的设置数量都是最少的，因此具有简易性。

（三）动态性

2013 年 12 月 EDItEUR 正式推出 Thema 1.0 版，并根据各国应用情况不断进行更新。截至 2014 年 12 月底，Thema 又分别发布了 1.08 版、1.09 版和 1.10 版，2015 年 10 月发布了 1.1.2 版，2016 年 5 月发布 1.2 版。每一版本整体结构没有变化，但是，会根据各国的应用需求或增加或调整复分表的相关类目，不断进行动态维护和更新使其更加完善，更加满足各国的应用需求。

五、Thema 的国际应用

（一）维护管理

Thema 国际维护管理机构由 EDItEUR 负责。EDItEUR 是一个书业贸易标准化机构，负责图书 ONIX、EDItX 元数据、标识符和电子商务等标准的制定与维护，是一个致力于全球图书贸易的非营利组织。EDItEUR 现有 100 多个成员，覆盖了 20 多个国家。沿着成功的 ONIX 模式，EDItEUR 建立了 Thema 执行委员会，指导 Thema 的未来发展。执委会会议每年在伦敦书展和法兰克福书展期间召开两次会议。与其他 EDItEUR 标准相同，Thema 在 EDItEUR 许可授权情况下实行免费使用，特别对 EDItEUR 的成员无任何要求并均受到欢迎，成员对 EDItEUR 标准的未来发展有直接的利益关系。Thema 的管理方式与图书 ONIX 管理方式相同，设有国际执委会、国家组和技术委员会，如图 2 所示。

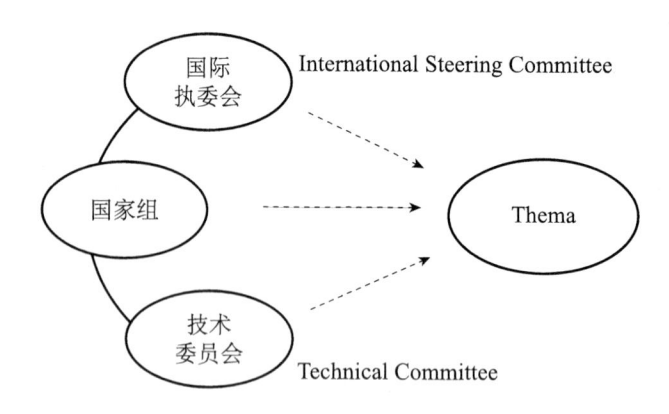

图 2 Thema 管理结构

（二）主要成员

截至目前，Thema 的国家组成员有 16 个，中国于 2014 年正式成为 Thema 国家组成员。Thema 国家组成员及信息见表 3。

表 3 Thema 国家组成员

序号	国家名称		机构网站
1	Australia	澳大利亚	
2	Canada	加拿大	Booknet Canada and BTLF
3	China	中国	
4	Denmark	丹麦	Forlæggerforeningen
5	Egypt	埃及	El Kotob
6	France	法国	CLIL
7	Germany, Austria and Switzerland	德国等	MVB
8	Italy	意大利	Informazione Editoriali
9	Japan	日本	JPOIID
10	Norway	挪威	Bokbasen
11	Poland	波兰	
12	Spain	西班牙	DILVE
13	Sweden	瑞典	Bokrondellen
14	Turkey	土耳其	
15	United Kingdom	英国	BIC
16	United States	美国	BISG

（三）实施步骤

在国际层面上，Thema 的宗旨是各国可以保留本国的主题分类体系，可以在提供给供应链合作伙伴的元数据中植入 Thema 代码。全球性的 Thema 适用于图书或电子书零售商，在国际贸易中可以使用 Thema 作为信息资源"主题浏览"，可用于网络或信息资源或产品检索，引导出版产品的销售。Thema 的各国用户（出版者或书商及其他相关图书贸易组织）都可以成为 Thema 的成员或者国家组成员。国家组成员的工作之一是在执行委员会派代表指导下，修改完善 Thema，扩展本国特征等部分，翻译成本国语言版本，完成与本国词表映射等。目前，各国主题分类表向 Thema 的映射工作在进行中并将会持续一个时期，相信未来 Thema 一定会取代世界各国所用的主题分类表，实现全球书业主题分类的统一化。

六、我国采用 Thema 意义

（一）与全球同声高唱主题分类的同一首歌

在数字环境下多种语言、不同体系主题分类词体系成为图书贸易国际化的主要障碍，世界各国书业分类标准各行其是，无法在同一语境下对话成为世界性问题，分类表的映射和互操作增加了成本，降低了贸易效率。Thema 的问世解决了跨越语言、跨越不同分类体系障碍。我国应用 Thema 可与全球主题分类表同唱一首歌，在与国际同唱主题分类这首歌中，可有效推动我国图书贸易国际化，推动中国出版产品"走出去"，因此我国采用全球图书贸易主题分类表具有重要意义。

（二）消除歧义避免映射降低成本平滑传递

Thema 的主要特征是具有全球性并专为电子图书贸易而生，具有良好的针对性。我国出版发行机构在使用"中国图书馆分类法"和"图书、音像制品、电子出版物营销分类法"的实践中遇到很多问题，难以满足出版贸易需求。直接采用国际性的主题分类体系，对于促进图书产品在世界各个机构间的平滑传递，对于跨越国家和语言屏障，对于减少和简化重复性工作，对于根除高成本的和不精确的映射工作，对于保持数字出版产品与国际导航检索体系的一致性具有重要作用。

（三）中国出版产品搭乘直航班机飞往全球

Thema 统一了全球图书贸易主题分类体系的语境和语义。中国采用 Thema，不仅让中国在全球主题分类体系中具有了话语权，而且同时解决了我国分类体系与国际的接轨问题，降低因分类体系不一致给出版产品销售带来的影响。中国出版产品"走出去"需要渠道，数字出版产品"走出去"需要国际化平台。Thema 好像一架可以通往全球的直航班机，可以搭载世界各国的"旅客"（出版产品）飞往世界各地，飞往 Thema 可以到达的各个角落。我国采用 Thema，将促进中国出版产品在国际统一分类体系下走向世界。

（四）弥补我国出版业主题分类体系的缺憾

Thema 的采用可以解决我国长期没有一套理想的，专为出版、贸易、书业电子商务所适用的书业主题分类体系；Thema 应用可以实现全球图书电子商务的统一分类，实现全球实体书店及零售书店的统一分类，实现全球数字出版产品和纸质出版产品的统一分类；Thema 的推广将有助于我国数字出版的国际化发展，提升出版内容资源检索效率，促进我国出版国际贸易。

（北京拓标卓越信息技术研究院　安秀敏）

W3C 及其在数字出版方面的标准化工作

一、万维网联盟（W3C）概况

万维网联盟（World Wide Web Consortium，简称 W3C）是万维网技术领域最具权威和影响力的国际中立性技术标准机构，该联盟于 1994 年由万维网技术发明人 Tim Berners-Lee 发起并成立，由设立在美国麻省理工学院、北京航空航天大学、欧洲数学与信息学研究联盟以及日本庆应大学的四家总部机构联合管理运营。W3C 在全球 19 个国家和地区设立了办事处机构，并拥有来自各国政府、行业、标准化组织、科研机构等 400 多家会员单位，覆盖了互联网、软件、电信、制造、金融、出版、娱乐、汽车、金融、航空等众多领域。

W3C 的核心工作是开发 Web 通信协议及 Web 应用的核心构建模块（如样式、交互、语义、数据、安全及信息无障碍）等 Web 规范（称为 W3C 推荐标准，即 W3C Recommendation）。到目前为止，W3C 已发布了 300 多项影响深远的 Web 技术标准和实施指南，以及 1000 多份技术文档，如超文本标记语言（HTML）、可扩展标记语言（XML）以及帮助残障人士有效获得 Web 内容的信息无障碍指南（WCAG）等。W3C 同时也积极参与教育科研、推广软件开发与应用、促进 Web 技术与生产力的结合。W3C 的技术和标准有效促进了 Web 技术的互相兼容，保证了 Web 信息访问的相互协同，对互联网技术的发展和应用起到了基础性和根本性的支撑作用。

2006 年，W3C 在北京航空航天大学设立了 W3C 中国办事处，积极推动中国 ICT 相关行业参与 Web 标准制定。2013 年 W3C 将中国办事处升级为全球总部，北京航空航天大学作为 W3C 第四家总部机构与美国麻省理工学院、欧洲数学与信息学研究联盟和日本庆应大学联合运营并管理 W3C，这对于推动我国信息技术标准化的发展，帮助我国 ICT 行业参与国际合作及竞争，抢占万维网技术制高点具有重要意义。

二、W3C 在数字出版标准方面的工作

经过 26 年的发展，Web 的基本架构通过 URI schemes、HTTP headers 以及丰富的内容类型等不断延伸，Web 的概念不断丰富，已经远远超越了从个人电脑阅读静态内容的阶段。今天，在 Web 上已经出现了大量不同用途的应用，通过不同设备、不同平台、不同操作系统，为各类 Web 用户提供服务。今天的 Web 已经成为一个以开放标准为基础，以用户为中心，以开放式信息（日志、图片、音视频文件等）作为数据源，并提供二次开发 API 的资源整合系统以构造各类应用的全分布式的平台。在开放 Web 上，应用开发者编写可以跨平台运行的应用程序。这些技术可以被不同的行业定制并创建适合其行业产业发展的技术平台，帮助这些行业以更低的成本去覆盖更多的设备，免安装免插件，并方便地连接到广大开发者群体。

数字出版是与 Web 技术结合非常紧密的一个应用领域。过去十年，建立在 Web 技术、计算机技术、通讯技术、流媒体技术、存储技术、显示技术等基础上的数字出版已经成为传统出版产业的重要补充并推动出版产业的新一轮变革与产业升级。在这一产业升级过程中，开放 Web 平台及其标准技术扮演了重要的作用。（X）HTML、CSS、SVG、SMIL、MathML 及其他各种 Web API 等技术已经广泛应用于电子书内容、电子书阅读设备及在线阅读内容服务，商业出版社也在电子书的后台加工过程中大量采用 W3C 技术，在数字出版领域广为使用的 EPUB 系列标准是由国际数字出版论坛（IDPF）制订的，而该系列标准在内容及格式方面正是基于 W3C 所发布的 HTML、CSS 以及 SVG 等 Web 标准。出版产业已成为 W3C 标准技术的最大受益者之一。

为了使开放 Web 平台更加适应数字出版行业的发展，W3C 自 2013 年开始，不断加强与 IDPF、BISG、EDitEUR、IPTC、Daisy Consortium、MathML 联盟以及 NISO 等国际机构的沟通与合作。

（1）2013 年 2 月，W3C 与 IDPF、BISG 以及 O'Reilly 在美国纽约联合举办

了"电子图书与开放 Web 平台"研讨会，汇聚出版商、标准组织、技术开发者、图书分销商、信息无障碍组织及其他技术社区，共同识别了一系列与在电子出版领域采用 Web 标准相关的技术问题，并确定了一个包括表现、布局、字体、可访问性等在内的优先级列表。

(2) 2013 年 6 月，W3C 在日本东京举行了"电子图书与国际化"研讨会，探讨开放 Web 平台所需要的国际化功能，其目标是使各种电子图书的阅读平台能够更好地支持不同文化的印刷和排版惯例。参会者讨论的内容包括 CSS Paged Media 规范如何支持电子图书、如何处理表意文字中没有的字符编码、如何基于 JavaScript 实现电子图书的特性并支持国际化要求，以及如何在电子图书中增强远东字体的可用性和易用性等议题。

(3) 2013 年 9 月，W3C 在法国巴黎举行的"商业出版与开放 Web 平台"研讨会重点关注了开放 Web 平台如何更好地支持商业出版行业。

基于上述讨论，W3C 于 2013 年 6 月 25 日启动了数字出版标准计划（Digital Publishing Activity），支持面向数字出版产业的 Web 平台，在开放 Web 平台的开发者和出版产业之间搭建桥梁，以实现开放 Web 平台需要为数字出版行业提供在高质量的排版、多语言的呈现、文本和音频的同步、基于页面的导航、容器格式、页眉和页脚的处理、先进的文档内链接、元数据发现，以及便携式注释等方面的良好支持。

W3C 数字出版标准计划以 W3C 数字出版兴趣组（以下简称兴趣组）为依托，通过技术讨论获取用例和标准需求，将现有格式和技术与开放 Web 平台有机结合。兴趣组将识别出来的标准化需求分解到多个特别任务组，包括开放 Web 平台便携式 Web 出版物、元数据、Web 注释、版式和样式、无障碍、内容与标记（如脚注、索引词的概念等）以及科技文献出版（STEM，Science, Technology, Engineering, and Mathematics）等。

（一）开放 Web 平台便携式 Web 出版物特别任务组

该任务组致力于梳理关于便携式 Web 出版物（Portable Web Publications，简称 PWP）的愿景、术语和概念，基于服务器线程的 PWP 阅读器体系结构草案等。

2015 年 10 月 15 日，W3C 的数字出版兴趣组发布了开放 Web 平台便携式

Web 出版物文档（Portable Web Publications for the Open Web Platform），提出了一种基于开放 Web 平台技术的实现离线文档表示的数字出版前景，即便携式 Web 出版物。便携式 Web 出版物实现了在线与离线/可携式文档出版之间的完全融合：出版商与用户将无须面临在线与离线文档之间的选择，而是可以在两者之间随意地进行动态切换。

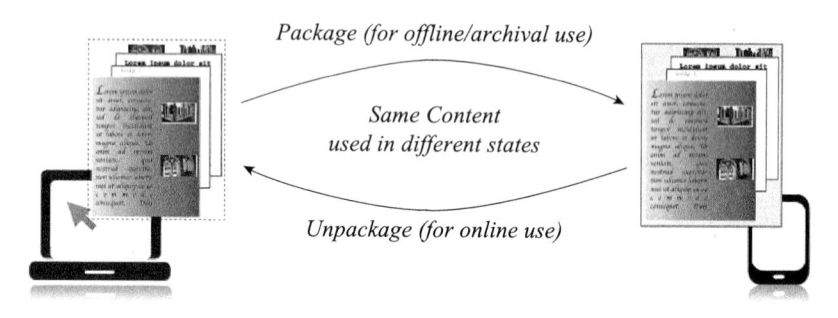

图1　基于开放 Web 平台的便携式 Web 出版物工作原理

（二）元数据特别任务组

该任务组通过对出版生态系统的各类参与者的深入访谈，整理这个领域在元数据管理和使用方面所面临的问题。

目前出版领域普遍缺乏对开放 Web 平台的理解，以及应用已有 Web 相关技术解决这些问题的技术实现。在一些特定的出版领域（如科学出版、图书馆等）广泛使用的元数据及相关技术，并未在整个出版领域得到广泛应用。在调研过程中，该任务组识别了一系列应当优先开展的工作，如帮助出版领域更好地理解通过 URI 表达标识的重要性；在出版生态环境的参与者中更广泛地使用 RDF 及其序列化方法；开发真正可互操作的、跨不同领域的元数据，并保留不同出版子领域的词汇表和表达子领域特殊需求的能力等。

任务组发布了作为工作组备忘的元数据特别任务组报告，详细阐述了提出的这些问题，提供了从一般介绍性内容到详细技术细节等不同粒度的内容，介绍如何利用 RDF 表达出版生态系统的元数据。并表示 W3C 处在一个独特的位置上，在今天各类独立开展的元数据实践中建立桥梁，并帮助实现不同领域元数据的交换和互操作。

（三）Web 注释特别任务组

Web 注释（Web Annotation）通常用于为资源提供补充信息，或在资源与资源之间建立联系。Web 注释的例子，包括阅读电子图书时增加的批注，在一段文字上圈点来标出重点，在查看在线照片、图片、视频及音频时提供的注释，以及对在线数据的问题、电子地图、社会媒体（如论坛、博客、微博等）等的注释。该任务组通过收集行业反馈，区别出关于 Web 注释和社会化阅读中的应用场景，向 W3C 注释工作组不断提供更新版本的用例及需求。

W3C Web 注释工作组重点开发开放的 Web 标注方法，并使开放的 Web 标准在浏览器、阅读系统（电子书阅读器及各类客户端软件）、JavaScript 库或其他工具上成为现实，帮助构建一个支持开放 Web 注释的生态环境。

2015 年 10 月 15 日，该工作组发布了 Web 注释数据模型（Web Annotation Data Model）推荐标准工作草案。Web 注释的数据模型规范描述了支持这些注释在不同的软硬件平台上共享和重用的、一致的结构化模型及数据格式。常见的用例已经以一种简单便捷的方式建模，同时也可以采纳更为复杂的需求，包括将任意内容链接到一个特定数据点或多媒体资源的时间段。该标准提供了一个概念模型以便容纳这些用例以及表达的术语库。建议使用一个特定的 JSON 格式来创建和使用注释资源。

2015 年 12 月，W3C 作为发起单位之一加入了由 W3C 会员 Hypothes.is 组织的学术注释联盟（scholarly annotation coalition）。该组织的目的是推进 Web 注释在科学文献出版和学术知识共享领域的应用和创新。

（四）版式与样式特别任务组

版式与样式特别任务组：该特别任务组聚焦基于 CSS 等技术的数字出版版式与样式相关内容，非西文文字的 Web 表达，收集科学与工程技术领域（STEM）以及高等教育出版相关需求、分页问题等。

目前，已经或正在开展的工作包括为实现 Web 上高质量排版而发布的 Web 字体格式（WOFF2）规范，面向分页媒体的 CSS 生成内容（CSS Generated Content for Paged Media）、CSS 网格布局（CSS Grid Layout）、符合国际化书写模式的 CSS 书写模式等。其中，CSS 书写模式重点支持全球语言的不同书写模式及其混合排版，如面向拉丁文字、汉字及印地语言的从左到右书写模式、面向希伯来语及阿拉伯语的从右到左书写模式混合多文种的双向书写模式以及面向东亚语言竖排版的书写模式。此外，该任务组还主导编制了《拉丁文字版式需求文档》，侧重定义传统分页印刷书籍的排版需求。

（五）无障碍特别任务组

该任务组负责审阅 W3C 的用户代理无障碍指南工作组（UAAG WG）发布的开发浏览器、媒体播放器、电子书阅读器及阅读应用等用户代理所应遵循的基本原则，以帮助残障人士更好地使用这些用户代理实现对各类 Web 资源的《用户代理无障碍指南》（User Agent Accessibility Guidelines，UAAG 2.0）及《UAAG 2.0 参考》，EPUB3 文档中与信息无障碍技术相关的特性及指南等内容，特别是媒体覆盖、盲文、CSS Speech 以及 SVG 相关内容。

2015 年 7 月 7 日，该特别任务组与 W3C 协议与格式工作组联合发布了数字出版 WAI-ARIA 模块（Digital Publishing WAI-ARIA Module 1.0）的首个公开工作草案。该规范扩展了无障碍 Web 应用技术（WAI-ARIA 1.1），并针对数字出版定义了一个角色、状态及属性的本体。通过提供不包含在基础语言（如 HTML）中的语义，该规范使得自动化处理与无障碍访问支持变得更为容易。它允许作者传达结构信息及创建并加入辅助技术，实现语义导航、样式处理及交互功能并为读者所使用。

2015 年 11 月 19 日，该特别任务组与 W3C 可访问富互联网应用工作组（Accessible Rich Internet Applications Working Group）联合发布了数字出版 WAI-ARIA 模块 1.0（Digital Publishing WAI-ARIA Module 1.0）的工作草案。该规范扩充 WAI-ARIA 1.1 用以促进数字出版行业的自动化处理以及无障碍支持，补充 WAI-ARIA 1.1，定义了角色、状态、属性的实体，可以允许作者及开发者传达结构信息至辅助工具，也让阅读器可以使用语义导航、样式、交互特性。

（六）内容与标记特别任务组

该任务组负责审阅目前现存的结构化术语词汇表，利用可访问富互联网应用（ARIA）提供的语义扩展描述的机制，向内容中注入更多的结构化语义信息。通过向出版物中注入更丰富的语义数据，可以帮助电子书阅读器及阅读应用更好地理解出版物的内容，并提供更好的呈现和交互方式。

（七）科技文献出版特别任务组

该特别任务组的主要职责是审阅与科技文献、工程出版、数学等科技文献出版所需的特殊出版需求及呈现要求，如数学公式、特殊符号等，收集相关用例，审阅相关 W3C 标准技术（如 HTML 及 MathML）及其他标记语言与数据格式等。

该任务组汇集行业专家意见形成用例集，并通过对从业者的广泛调查后总结并发布报告及用例。

三、中国参与 W3C 数字出版相关工作的情况

中国数字出版同仁近年来在 W3C 平台上积极参与 Web 相关的国际数字出版相关标准工作。目前工作重点为中文（含简体汉字、繁体汉字以及少数民族语言文字）在 Web 上发布的版式需求标准制订工作。

2014 年 9 月 11 日，W3C 中国与电子信息标准化研究院在北京航空航天大学联合举行了 W3C 中文版式标准需求技术研讨会，会议吸引了来自国内数字出版行业的 40 余名技术专家参会，重点讨论了简体中文、繁体中文、维哈柯文、藏文、蒙文等中国境内主要文字在 Web 及电子出版物上正确呈现相关的排版需求，并共同讨论了完成相关版式需求文档的路线图及计划。研讨会明确了编写汉字（含简体中文和繁体中文）、维哈柯、蒙文等文字的 Web 呈现需求文档的总体目标，并将以特别任务小组作为工作载体，与国家相关少数民族语言国家标准工作组的工作相结合，共同推进中文版式需求文档的编写工作。

2015 年 7 月 23 日，W3C 发布了简体及繁体汉字排版需求（Requirements for Chinese Text Layout）的首份正式工作草稿。该文档由 W3C 国际化工作组下设立的中文版式需求特别任务小组编写而成，并得到来自中国大陆、港澳台及海外诸多中文版式专家的积极支持与参与。中文版式需求特别任务小组经过收集

和梳理中文（含简体中文及繁体中文）中对文字书写方式、排版方式（纵向、横向）、版式布局、标点符号、条目编号、插图表格、多文种混排等与文化和文字相关的需求，撰写"中文文字布局需求"系列文档，与 W3C 相关 Web 标准工作组以及其他相关组织协同合作，以实现 Web 对中文表达更好的支持。

与此同时，W3C 国际化工作组及 W3C 中国团队还在继续推进 Web 对中文（含汉字以及蒙、藏、维哈柯等少数民族语言）的支持工作，并逐步启动蒙、藏、维哈柯等少数民族语言排版需求文档的编写。

四、W3C 与 IDPF 的合作计划：IDPF 并入 W3C

无论是基于 EPUB 的内容、社交营销还是读者参与，W3C 所发布的 Web 标准技术对于数字内容的创建、全球分发，以及在多种 Web 可访问设备上阅读都起到了基础性的支撑作用。虽然面向电子书的 PEUB3 标准已经建立在 HTML、CSS 以及 SVG 等 W3C 标准之上，出版行业在学术资料以及内部文档发布等应用领域对电子图书与传统 Web 内容的融合有更高的要求。

为了使得开放 Web 平台能够更深入地满足来自出版行业的需求，2016 年 5 月 10 日，Tim Berners-Lee 代表 W3C 与 IDPF 执行董事 Bill McCoy 在美国芝加哥举行的 2016 北美图书展 IDPF DigiCon 上共同宣布了 IDPF 并入 W3C 的合作计划。本次 IDPF 并入 W3C 的计划将实现 IDPF 在开发 EPUB 标准方面所取得的成功与 W3C 在可访问富媒体 Web 标准技术方面的专长成为互为有益的补充，双方在更深层次共同推进开放 Web 平台出版事业的发展。

两家机构合并程序的下一步计划包括征集双方会员反馈意见以及草拟一份谅解备忘录。在双方会员支持的前提下，经过法务审核备忘录，并完成执行细节的解决方案，双方预计于 2017 年 1 月完成机构合并。IDPF 所负责的 EPUB 技术标准工作迁移至 W3C 数字出版标准计划中继续进行，新的数字出版标准工作将从更加广泛的角度改善开放 Web 平台对出版行业的支持。

（万维网联盟　李安琪）

国际数字出版内容加工标准综述

一、发展沿革

国际数字出版内容加工标准的创立和演进与数字技术发展密切相关。数字出版发展过程催生了不同技术特征的加工标准。从数字出版内容加工发展历史看，标准技术相互联系，形成了系统而严密的体系。如图1所示。

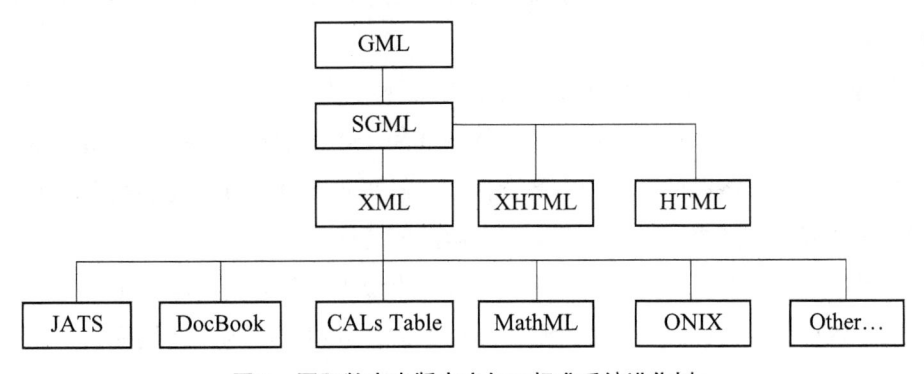

图1 国际数字出版内容加工标准系统进化树

从历史看，数字出版加工标准发展可分为三个时期。

（一）萌芽期20世纪60年代末—80年代末

该时期的特点是数字加工技术单一、应用领域狭窄，数字加工标准大部分空白缺位。这个时期，出版领域的计算机技术应用刚刚起步，少数公司开始尝试将纸质书转变为数字图像进行内部存储。为存储方便，产生了相应的GML语言（General Markup Language，通用标记语言），该语言主要用于文档标记，由IBM公司发明并开始大规模应用。其特征是企业内部应用，采用企业私密性格式，因此在全行业推广上较为缓慢。这个技术特点是使用标记（Tag）来定义文本的格式，比如段、标题、清单、表等，通过一些处理可以转换成排版格式。

SGML（Standard for General Markup Language，标准通用标记语言）是 GML 的升级版，20 世纪 80 年代美国出版商协会（the Association of American Publishers，AAP）的电子手稿项目（the Electronic Manuscript Project）将其应用于电子书籍和期刊等编制的通用文档。这个标准很快就得到了世界多个国家认可，并最终成为国际通用标准 ISO 8879。SGML 的发明奠定了当今几乎所有数字出版内容加工技术标准的基础，其后国际流行通用的存储标准、格式标准、元数据等标准均由其衍生或以其为框架进行构建。SGML 奠定了当今数字加工技术的发展基础乃至产业格局。

（二）发展期（20 世纪 90 年代）

该时期的特点是数字加工垂直专业化、数字出版内容加工链基本成型，标准布局基本完成。

首先，基于 SGML 开发了专业化存储技术 XML（英文，可扩展性标记语言），最终成为 W3C 国际标准。该技术主要用于出版数据的存储和传输，基于文本格式可在网络条件下进行跨平台传输。解决了 SGML 过于复杂而 HTML 功能不全的问题，形成了真正适合数字出版产业的标准。

其次，各种专业化的，应用于不同数字出版加工领域的文本标记语言纷纷出现，各种专业领域的数字出版加工得以实现，其中广泛为行业接受的通用化语言技术形成了国际标准。如表 1 所示。

表1　不同专业领域的加工用语言标准

语言	开发者	具体说明
DocBook	The Davenport Group, OASIS	适合于关于计算机硬件和软件的书籍和论文，它的主要结构符合一般概念所构成的"书"
HyperText Markup Language（HTML）	Tim Berners-Lee	网页格式，及 Epub 数据文件
LilyPond	Han-Wen Nienhuys, Jan Nieuwenhuizen	用于乐谱方面的数据格式

（续表）

语言	开发者	具体说明
Encoded Archival Description（EAD）	Berkeley Project	创建描述档案，类似于一个数据标准，MARC 标准为描述书目材料
Math Markup Language（MathML）	W3C	主要是用于标识数学公式的语言，从 2015 年开始已完全被 HTML5 包含
Scalable Vector Graphics（SVG）	W3C	矢量图标识的标准
Wireless Markup Language（WML）	WAP Forum	用于标识无线应用协议的规范
Extensible HyperText Markup Language（XHTML）	W3C	HTML 的扩展集，介于 HTML 和 XML 之间，主要用于网页使用，及 Epub 数据文件
Open Mathematical Documents（OMDoc）	Michael Kohlhase	数学文档的语义标记语言

除上述语言外，还诞生了一些专门性的语言，主要是一些软件的内部规范语言，比如 Adobe FrameMaker 的 MIF，Office 的 OOXML、ODF、RTF、Python 等。

最后，PDF（便携式文档格式）的出现统一了早期的版式，使编辑、排版、印刷版式一体化，简化了以往因印刷而重新排版的流程，极大降低了错误率，使数字印刷与数字出版之间形成了无缝衔接。

（三）成熟期（2000 年后）

该时期的特点是标准族群不断完善，标准分工更加精细化，标准内容更加开放，推动了更加丰富的阅读体验。

首先，随着数字出版加工技术的发展，各类专业化标准不断涌现，标准体系更加完整。计算机技术的发展使数字出版加工更加专业化，各垂直领域均出现了相匹配的国际标准。如专门应用于数字出版内容在线信息交换的 ONIX，用于期刊标识的 JATs 等，用于音乐文档标识的 MusicXML 等。

其次，大部分企业私有标准转变为开放性标准，新兴标准内容更加开放，推动了数字出版内容加工行业的爆炸性增长。如 PDF，由 ADOBE 公司的私有格式于 2008 年开放公布后，成为了国际标准 ISO 32000—1：2008，并在短期内迅速成为出版业界通用性数据加工标准。这些开放性国际标准的出现推动了数字出版加工技术的快速发展与成熟，使数字出版产业规模不断扩大。

最后，手机出版等全新阅读模式的兴起催生了 epub 等新型标准的诞生。Epub 的特点是文字内容可以根据阅读设备的特性，以最适于阅读的方式显示。开放性是其重要的技术特征，其元数据是 XML，内容是 XHTML，可免费获得其已发布的最新规范。

二、现状和特点

（一）标准产业带动力增强

从国际上看，技术专利化、专利标准化、标准产业化、产业市场化、市场国际化，已经成为技术通过标准形成市场转化的普遍模式。标准引导产业发展能力正在不断增强，特别是数字出版加工标准的发展，使数字出版产品加工成本不断降低，加工质量不断提高，加工速度不断提升，表现形式和阅读体验不断丰富，为产业发展带来了全新的空间，推动了产业规模迅速扩大。这一特征在数字出版加工标准发展的成熟期，即 2000 年之后表现得尤为明显。

如 2009 年，兰登书屋的电子书销售收入仅占其总销售收入的 1%，而到了 2012 年，其电子书 ebook 的销售收入已经占全球销售的 20%，北美市场的 25%。同期，世界各大传统出版巨头，哈珀·柯林斯出版社电子书销售占其全社图书总销售额的 20%，西蒙舒斯特占 23%，阿歇特美国公司数字销售占 26%。2015 年，亚马逊公司总部提供的数据显示，亚马逊目前所销售的图书中，电子书销售册数已经是纸质图书的 1.5 倍之多。而由于电子书销售没有库存、物流以及退货损失的成本，其盈利能力在几家出版社的总利润中占比更高。根据美国出版商协会（AAP）公布的数据，电子书仅用了 5 年时间，就占据了全美图书销售 22% 的市场。可以说，数字出版加工标准的出现完全改变了数字出版产品的加工条件和加工质量，改善了读者的阅读体验，促成了当今电子书全球市场的大发展。

（二）标准化推动高质量低成本出版

国际上的数字出版加工质量标准普遍较高，主要体现在对字符精度要求高，标引、标签定义粒度较低，所有加工必须严格遵循数字内容格式标准要求。

譬如，汤姆森出版公司要求加工差错率不高于万分之零点五，有专人通过抽查章节进行准确率比对，根据抽样核对错误率。同时，电子图书推上市场后，还通过客户的反应对质量进行二次验证。客户抱怨的问题必须找出原因并提出加工制作的质量解决方案，这些方案最终会形成内部全新的数字出版加工企业标准。

通用标准和高质量要求大幅降低了电子图书二次出版成本。同一本图书内容需要增补并再版时，可直接在成品的 XML 上进行修改后，通过 render 方式转换成 PDF 后直接出版，减少了因数字作品再版时的二次加工成本。

（三）新技术推高标准化加工水平

计算机技术的持续发展，不断推出传统出版内容的数字化加工全新技术解决方案，也推动了数字出版内容加工标准水平的自身提高。例如，一个推动数字产业链融合的 docx 标准正在讨论中。该标准主要是将作者提供的 office word 文本直接结构化，格式化的数据将实现同一作品的直接跨平台发布，而避免因格式转换造成的文本信息差错和成本浪费。随着这项标准的成熟，数字内容生产、编辑、加工和分发今后将统一为一体，各数字出版环节之间衔接也将更为合理。

一部分原有的通用数字加工标准在计算机技术的提升下，也将逐步实现标准迭代或逐步退出通用标准池。例如，HTML5（万维网通用描述语言 HTML 技术标准的第五代修订版本）在国际上已被视为 EPUB3 的有效替代选项之一。HTML5 拥有更短的启动时间、更快的联网速度，它可以为跨平台的内容（涵盖但不限于数字图书、数字期刊、数字报纸、富媒体数据库等）提供通用终端显示方案，而且作为一种技术语言和表现容器，它不仅能够表现文字、图片，更能很好地表现动画、视频、音频等富媒体交互效果。HTML5 格式的电子书可以使用 PC、MAC、安卓和 iOS 上任何一种浏览器进行阅读，而不需要采用专门的数字阅读应用软件。目前，亚马逊与 Kobo 已经借助各自的云阅读器完全支持 HTML5。

（四）标准加工工具化特征显著

为提高标准的行业应用率和应用水平，各类符合标准规定的专有数字内容加工工具被大量研发出来，这些工具的特点是集成化程度高，功能全面。采用这些工具进行的数字化内容加工，将完全符合标准要求。如法兰克福书展期间发布的一款软件成为强大数字内容产品制作工具的代表，它提供简单、直观的拖拽操作方式，可以完成诸如添加动画、互动以及多种元素效果，并可实现诸如 EPUB3 等目前主流格式标准的制作和发布工作。北京欣博友数据科技有限公司自主研发的数字加工生产系统软件，实现了电子图书和科技期刊内容标准化加工的高度集成。从原数据的导入，到双 OCR 引擎的自动识别和比对，再到图像处理、内容标引、整合输出等工序全在一个集成化的环境中完成，可以生产出高质量的符合 JATs、DocBook 等特定数字出版领域标准的电子图书和数字期刊。

三、发展趋势分析

（一）一次加工多重复用渐成主流

数字技术的丰富，使数字发布平台和媒体终端越来越多样化，但不同平台与终端往往支持的阅读格式并不相同，导致内容提供商在进行内容制作和加工环节时，需做有针对性的多种内容格式开发，因重复加工而造成资源浪费和成本增加。

因此，国际上的数字出版内容加工领域正逐步向通用、可以实现转换的标准方向发展。即进行一次性内容制作加工，实现数字内容的多渠道多用途使用。如国际上普遍认同以 XML 为核心的数字加工转换模式，根据渠道及终端特性，通过对数字内容进行细颗粒度的精细化加工，辅以相应的格式转换，使得数据内容可以在各种数字媒体和数字平台，如电子书阅读器、PC、平板电脑、手机、国际期刊等发布平台上进行立体发布和呈现。如图 2 所示。

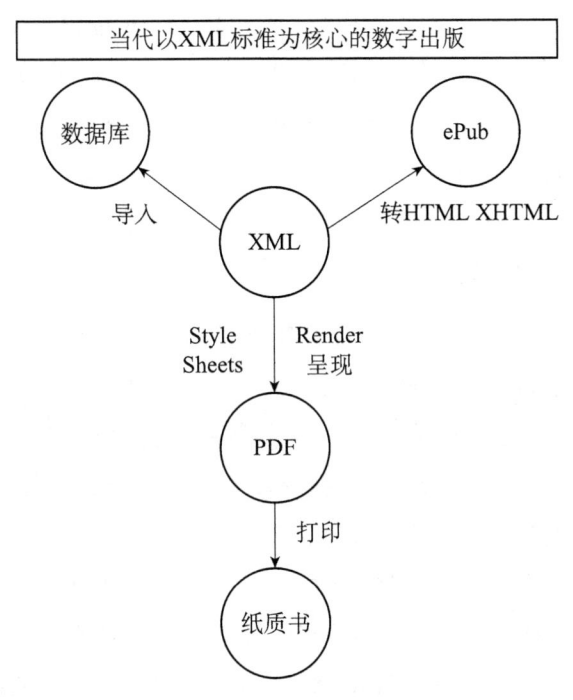

图 2　XML 化加工流程示意图

当前，国际上借助云平台，跨终端的内容分配机制已经形成，网速的提升使大数据、物联网等技术成为现实，高速网络带来的大量数据又使云存储、云计算等数字出版云平台发展更加快速，对出版内容进行一次加工、多重复用的需求将更加迫切。在这个趋势下，按照可随意转换的通用标准进行数据加工，进而融合文字、图像、音频、视频等富媒体内容的数字出版产品也将会迎来更大的市场发展。

（二）流式版式融合化趋势加强

流式特点是指对文档包含的文字、数字、表格和图形图像进行顺序的版排方式处理，版式不固定，可以根据显示页宽自动进行排版。版式特点是版面是固定的，阅读过程中始终以原始编辑版式显示，缩放后不会自动根据页宽进行重新排版。因此，不同的呈现终端适合不同的呈现格式。随着阅读方式更加数字化，阅读载体终端通常是带屏幕显示的电子仪器，如 PC 电脑、PDA、笔记本电脑、平板电脑、电视、手机、电子阅读器等，但终端属性不同，适合于不同属性的格式标准。如以正文为主的，各元素的相对位置不需要精确保证的，更适合于流式，而图文并茂的出版物更适合于版式。而一些数字出版内容已经制作成了流式或版式的产品。为使读者获取便利，越来越多的终端开始同时支持流式或版式格式。

（三）推动大数据集中化

加工标准的统一和一致性增强了后期产品的网络流通，以同一加工标准为基础建构的不同平台间形成的集中化、统一的大数据库。统一输出标准格式，保证了读者在不同平台间阅读的统一体验，平台间内容发布也无须二次加工，可以形成不同平台数据库的数据联通共享，内容跨平台的直接传输和分发，推动出版大数据实现互联网时代下的真正互联互通。

如西方一些国家普遍通过 JATs 建立了期刊平台。巴西的 SciELO（Scientific Electronic Library Online，科学在线图书馆）、牛津大学出版社（Oxford University Press，简称 OUP）、Taylor & Francis 集团、韩国 KISTI 平台、日本 J-STAGE 平台、美国的 ALA、NLM、APS、APA、EBSCO 等，这些平台期刊的底层直接搭建于 JATs 标准。而施普林格公司平台（Springer）、爱思唯尔公司（Elsiver）出版平台采用的也是近似该标准的 XML 编码。读者在不同平台间进行信息查询更加容易便利，信息的联通也避免了抄袭现象的发生。

附录　主要数字出版内容加工技术标准介绍

1. 通用存储标准

（1）SGML。

SGML 是 ISO/ANSI/ECMA 的一个共同标准，一种用来注释文本文档，提供文档片断的类型信息的规范。该标准定义独立于平台和应用的文本文档的格式、索引和链接信息，为用户提供一种类似于语法的机制，用来定义文档的结构和指示文档结构的标签。该标准采用了文档内容和样式分开的思路，在 20

世纪80年代被美国出版商协会（the Association of American Publishers，AAP）的电子手稿项目（the Electronic Manuscript Project）将其应用于编制通用文档，如书籍和期刊等。而且很快就得到了世界上更多国家的认可，成为国际通用标准之一。SGML 是相当成熟的一种通用性标记语言。它具有更加灵活的语法以及更多的深奥参数。可以跨平台使用，可以在不同的计算机硬件或操作系统上被使用，甚至可以被不同的应用软件使用，使文档使用更为合理，而且节省了出版成本，信息可以很容易地重复使用，但 SGML 过于复杂，以至于开发一个能处理 SGML 的程序过于复杂和昂贵。

（2）XML。

XML 是由互联网联盟（World Wide Web Consortium，W3C）的 XML 工作组定义的。是 SGML 的子集，融合了 SGML 的灵活性和 HTML 的简单性，采用了标记和显示分离的方式，文档的显示格式从数据内容中独立出来，保存在样式表文件（Style Sheet）中，保证文档具有最大的输出格式灵活性。通过标记以结构化的方式存储数据，通过开放的自我描述方式定义数据结构。数据以文本方式存储，具有统一的标准语法，可以在不同操作系统上的不同系统之间通信，可跨平台，跨系统进行数据交流，相比于 SGML，XML 只是一个子集，它是一种更小的，却又能保持 SGML 通用性的语言的可扩展标记语言。在国外，从 20 世纪 80 年代开始，电子版的文件已经慢慢取代了纸质版的文档。国外的出版商利用了 XML 跨平台、内容和显示分离的优势，出版采用了 render 的方式（即直接从 XML 对应 XSL）生成排版的 PDF，对于增补版，直接修改原始的 XML 的内容，重新生成新的 PDF 即可，大大节省了出版的费用，内容电子化也可以很方便进行检索和关键内容提取。随着几十年的磨合，电子编码的技术也越来越成熟，现在 XML 已经遍及各种电子内容中。现在使用电子编码的方式对出版物进行标识已经成为国际出版业的主流。

2. 特定领域出版加工标准

（1）DocBook。

DocBook 是一种模式（在多种语言下可用，包括 RELAX NG、SGML 和 XML DTDs，以及 W3C XML 模式），它由 OASIS 的 DocBook 技术委员会维护。它非常适合于关于计算机硬件和软件的书籍和论文，它的主要结构符合一般概念所构成的"书"，所以现在已经被越来越多的图书出版社作为底层数据内容的编码标准。现在很多国外的出版社图书都采用这类标准，比如圣智（Cengage-learning）、Ovid、爱思唯尔（Elsevier）、彭博社（Bloomberg）等。DocBook 的优势是非常符合图书的架构，而且整体规范非常完整，颗粒度足够满足现在图书加工的需要。

（2）JATs。

JATs（Journal Article Tag Suite）是由美国国家信息标准组织（NISO）发布的期刊论文 XML 编码的标准（ANSI/NISO Z39.96—2015），该标准以前是作为 NCBI（美国国家生物技术信息中心）用于归档生命科学期刊的标准，现在由于其标准的完整性，各类内容提取的方便性，现在已经逐渐被世界上大多数期刊平台认可作为其底层数据加工的通用标准，特别是一些国家级的期刊平台大都采用了这个标准，比如巴西的 SciELO（Scientific Electronic Library Online，科学在线图书馆）、牛津大学出版社（Oxford University Press，简称 OUP）、Taylor & Francis 集团、韩国 KISTI 平台、日本 J-STAGE 平台、美国的 ALA、NLM、APS、APA、EBSCO 等，这些平台期刊的底层直接就是搭建于该标准。而施普林格公司平台（Springer）、爱思唯尔（Elsevier）出版平台采用的也是近似该标准的 XML 编码。

（3）CALs Table。

这是一个由美国军方开始使用现在已经推广到世界上大多数出版商的对于表格数据的 SGML/XML 编码标准，和大家熟悉的 HTML 表格项目相比，它的定义更加精细，有足够的属性值来标识各种类型的表格，而且通用性非常强。

（4）MathML。

MathML 是一个用于标记数学表达式的 XML 标准，该标准开始于 1998 年，现在已经到第三版了。它包含两个子语言：Presentation MathML 和 Content MathML。Presentation MathML 主要负责描述数学表达式的布局（因此可与 TeX 或更早的 SGML 标记语言相比较，SGML 用于描述诸如 ISO 12083 之类格式的数学表达式的布局）。Content MathML 主要负责标记表达式的某些含义或数学结构。该标准提供了详尽的各种 Element 和属性可以完整地把各种各样的公式内容编码化、矢量化。

（5）ONIX。

ONIX 是 Online Information Exchange 的缩写，意即在线信息交换。它是一

种以电子形式获取、传输出版物产品信息的国际标准,是一种描述、传递和交换丰富出版物元数据的国际标准,主要用于图书、连续出版物以及各种媒体电子出版物信息的基础标准和贸易标准。

3. 通用显示格式标准

目前国际上流行的主要有下面三种电子图书格式标准。

(1) PDF。

PDF (Portable Document Format 的简称,意为"便携式文档格式"),是由 Adobe Systems 用于与应用程序、操作系统、硬件无关的方式进行文件交换所发展出的文件格式。Adobe 公司设计 PDF 文件格式的目的是为了支持跨平台上的、多媒体集成的信息出版和发布,尤其是提供对网络信息发布的支持。该格式文件还可以包含超文本链接、声音和动态影像等电子信息,支持特长文件,集成度和安全可靠性都较高。对普通读者而言,用 PDF 制作的电子书具有纸版书的质感和阅读效果,可以逼真地展现原书的原貌,而显示大小可任意调节,给读者提供了个性化的阅读方式。PDF 是一个免费的格式标准。

(2) EPUB。

EPUB (Electronic Publication 的缩写,意为电子出版),是一个自由的开放标准,属于一种可以"自动重新编排"的内容;也就是文字内容可以根据阅读设备的特性,以最适于阅读的方式显示。EPUB 档案内部使用了 XHTML 或 DT-Book(一种由 DAISY Consortium 提出的 XML 标准)来展现文字,并以 zip 压缩格式来包裹档案内容。EPUB 格式中包含了数位版权管理(DRM)相关功能可供选用。它是数字出版业商业和标准协会 International Digital Publishing Forum (IDPF) 制定的标准,是一个完全开放和免费的电子书标准。

(3) Amazon 私有格式。

mobi 和 azw 格式的推手主要是 Amazon,这两种电子书格式的发展很大程度上依靠 Amazon 这个巨大的内容提供商及其电子书阅读器 Kindle 的流行普及。它们同属亚马逊的私有格式,没有本质的区别,可以简单地这样理解,mobi 是比较老的一种格式,而 azw 只是 mobi 的另一种形式而已。也可以理解为 mobi 加了个壳,亚马逊利用它对电子书做 DRM 版权保护。目前亚马逊又推出了 azw3 格式,azw3 的本质是 KF8,是随着 2011 年 Amazon 推出 Kindle Fire 平板时一起推出的。它填补了 mobi 对于复杂排版支持的缺陷,支持很多 HTML5(目前尚不支持 HTML5 的视频和音频标签）和 CSS3 的语法，这就大大改善了原来 mobi 或 azw 内容排版上的一些缺陷，单纯从读者的角度来讲，是不输 epub 格式的。目前从 Amazon 购买的书，大部分已经是 azw3 格式了，而以前主流的 mobi 格式则越来越少，它正逐渐取代 mobi 成为 Kindle 电子书的主流格式。

（中国新闻出版研究院　陈　磊

北京欣博友数据科技有限公司　张继国、彭劲松、郭树岐）

前瞻性研究

标准动态维护机制研究

一、引　言

随着信息技术的快速发展以及互联网的普及，对各行业产生了深刻的影响，同时也带来了巨大的发展机遇。标准化工作引领、伴随着各个行业的健康有序发展，当然也避免不了这场挑战和机遇。

以往大家对标准的认识基本上认为标准是一种非常稳定的规范性文件，这种稳定是基于环境、技术、方法的相对稳定，但是信息技术和互联网的发展打破了这种稳定。以新闻出版行业来说，随着出版企业开展的数字化转型升级，出版物的生产过程和生产方法、产品形态和质量验证、工作平台和管理手段等方面发生了巨大的变化，这种变化随着信息技术、移动互联网发展和市场需求的变化，频率更快，周期更短。标准化工作要适应这种变化，就必须研究标准动态维护的创新机制，保持标准的引领、规范和制约作用。

本文重点分析新闻出版行业对标准动态维护的需求，针对性地提出标准动态维护的原则、方法、流程和组织管理架构，目的是进一步推进新闻出版行业标准的应用，提高标准化工作效率，规范标准动态维护的工作过程。使标准具有受需求驱动并对需求做出快速应答的能力。

二、标准动态维护的原则

新闻出版行业标准动态维护的基本原则是标准的内容要实用、过程要严谨、周期要及时、渠道要通畅、管理要规范。

标准动态维护涉及的对象应包括：行业标准、企业标准、工程标准；标准的类型包括：术语类标准、数据类标准、方法类标准、产品类标准、技术类标准、安全类标准等，这些标准的内容都与社会环境、技术发展和管理体制具有密切的相关性，因此特别需要进行持续的、及时的、系统的动态更新维护。

新闻出版行业标准是针对全行业的，涉及出版、印刷、版权、发行、信息化全产业链，产品的形态有传统的书报刊和数字出版物，以及音像制品的全品种；一旦标准发生变化，影响范围广泛，因此行业标准的立项、制定和修订过程都非常严格。新闻出版行业需要进行动态维护的标准类型应包括：术语标准、数据标准、加工标准、产品标准、质量标准、分类标准、代码表、安全和技术类标准。

行业标准动态维护的初始时间点应是标准应用一段时间后，随着标准的应用会发现标准中的错误和疏漏，技术和业务环境变化也是标准动态维护的触发条件。行业标准动态维护对实用性、规范性和及时性要求都比较高，目前在新闻出版行业中尚缺乏标准动态维护的管理规范。

工程标准通常是为了某个工程建设制定的标准，随着工程的建设过程和交付运营，标准的动态维护需要持续不断地进行。通常需要维护的标准大多数为数据类标准、分类标准和代码类标准。因为局限于本工程的范围，影响范围有限，但是对实用性和及时性要求较高。可能出现的问题是对规范性要求会降低，动态维护的管理过程不够严谨。

三、标准动态维护模式研究

（一）ISO/IEC 模式

ISO/IEC 国际标准的维护模式主要有三类：

（1）定期审查是 ISO/IEC 采用的主要维护模式，审查周期一般不超过 5 年，通常由技术委员会组织实施。定期审查的结果主要有三种：继续有效、需要修订、应予撤销。

(2) 缺陷更正也是 ISO/IEC 经常采用的维护模式，缺陷包括编辑性缺陷和技术性缺陷，如果是一般性缺陷，发布技术勘误表或重印；若是技术方面的问题，通常以修正案模式处理，缺陷更正的组织实施者通常是技术委员会。

(3) 对适用范围广、内容更新快的标准，尤其是数据类标准，一般采用 RA 模式进行维护和管理，即在相应的标准文本中明确该标准的维护机构，并鼓励该标准的使用者根据市场和发展需要随时向标准维护机构提出对该标准内容的维护申请：增加、修改、删除；动态维护机构对审查通过的维护申请内容可直接纳入该标准并向外公开。是否对某个标准采用 RA 模式进行维护和管理，由技术委员会或分技术委员会或工作组提出，技术委员会批准，ISO/IEC 理事会确定并任命对应的维护机构。RA 模式的主要目的是避免由于标准制定、修订周期较长而产生的标准滞后和标准不适应需求情形的发生。

（二）UN/EDIFACT 模式

这是应用非常广泛的电子数据交换 EDI 系列标准。为使其快速、有效地反映市场需求并对市场变化做出快速应答，其中的内容最为稳定的部分《EDIFACT 应用级语法规则》由 ISO 按传统方式负责维护和管理；相对稳定的部分《贸易数据元目录》由 ISO 按照 RA 模式负责维护和管理；发展快、更新快的部分则由"联合国行政、商业和运输业程序和惯例简化中心"（UN/EDIFACT）负责维护和管理。为了做好该部分的维护管理工作，UN/EDIFACT 设立了相应的组织，制定了一系列技术文件和工作程序，以动态方式对其进行开发、协调、维护和管理，按照每年两版的节奏以电子文件方式发布，使其内容及时、有效地适应 EDI 应用需求。

（三）美国模式

美国国家标准的维护管理模式与 ISO/IEC 基本一致，所不同的是它将 RA 机制称之为不间断维护机制，并为每个需按照不间断维护方式方可有效应用的标准（尤其是数据类标准）指定专门的维护机构，制定相关的维护程序和技术评审指南，实施不间断维护和管理，确保其国家标准的实时性和有效性。

（四）国内模式

根据《国家标准管理办法》，我国国家标准的维护模式主要有两种：

（1）复审是对已发布的国家标准的主要维护模式。周期一般为5年，通常由该标准的主管部门组织有关单位实施。复审结果主要有三种：无须修改，继续有效；需要修订，并列入修订计划；已无存在的必要，予以废止。

（2）修改通知单是指国家标准出版后，若发现个别技术内容有问题，并且必须做少量的修改或补充，则由该标准的起草单位提出，按有关程序进行审查和报批后，以修改通知单的形式修改后发布。

四、新闻出版行业标准动态维护模式研究

新闻出版行业标准动态维护应分为定期维护和不定期维护，建议由各标委会组织相关的业务专家和技术专家对行业标准逐一评价，确定每个标准的维护方式。

（一）标准维护信息的反馈渠道

标准动态维护的信息反馈渠道应保持畅通，以便及时发现标准应用中出现的问题，采集对标准的维护意见和建议。可行的方案是由行业标准化主管部门指定专门标准动态维护机构，通过信息化手段采集标准应用反馈的信息。任何个人和组织均可以反馈对标准的修改意见和建议。反馈的途径，包括行业标准化工作服务平台、行业标委会网站、E-mail接收、电话、标准化相关的工作会议等。信息反馈需以书面方式，反馈信息单的主要内容如表1所示：

表1 标准动态维护申请单

申请者姓名		申请者单位名称	
电　　话		邮　　箱	
标准名称		标准代号	
维护类型		修改□　增加□　删除□	
维护内容的影响			
标准维护依据/理由（可附加页）			
标准维护建议方案			

（二）标准定期维护和维护流程

定期维护是按照规定的时间周期对标准进行更新，建议分为5年期和1年期。5年期维护适用于稳定性较好的标准，例如ISBN、ISRC等出版产品编码标准，这类标准修改涉及的范围非常广泛，一旦变化可能会对整个行业的业务流程、软件系统产生巨大的影响，这类标准在制定时通常就充分考虑了各种可能的变化，一经公布需要长期稳定，因此这类标准的维护可参照国家标准的制定、修订办法。

有些标准涉及新技术、新政策和新的业务场景，这类标准如不及时维护更新，会影响行业的业务活动，建议每年定期进行维护，例如图书销售分类代码规范、CNONIX标准等。

标准定期维护流程如图1所示：

（1）需求汇总：维护机构秘书处对标准维护申请信息进行汇总，形成标准更新需求，提交到专家组评审；

（2）技术评审：维护机构专家组对秘书处提交的维护建议进行评估，形成评审意见；

（3）评审结果：未通过技术评审的申请，暂缓或否决，将暂缓的申请建立备案，定期检视；通过技术评审的申请，由维护机构秘书处对原标准进行更新维护；

（4）发布结果：维护机构秘书处在维护平台以网页和PDF的形式发布维护内容及最新标准，并上报标准化行政管理部门备案。

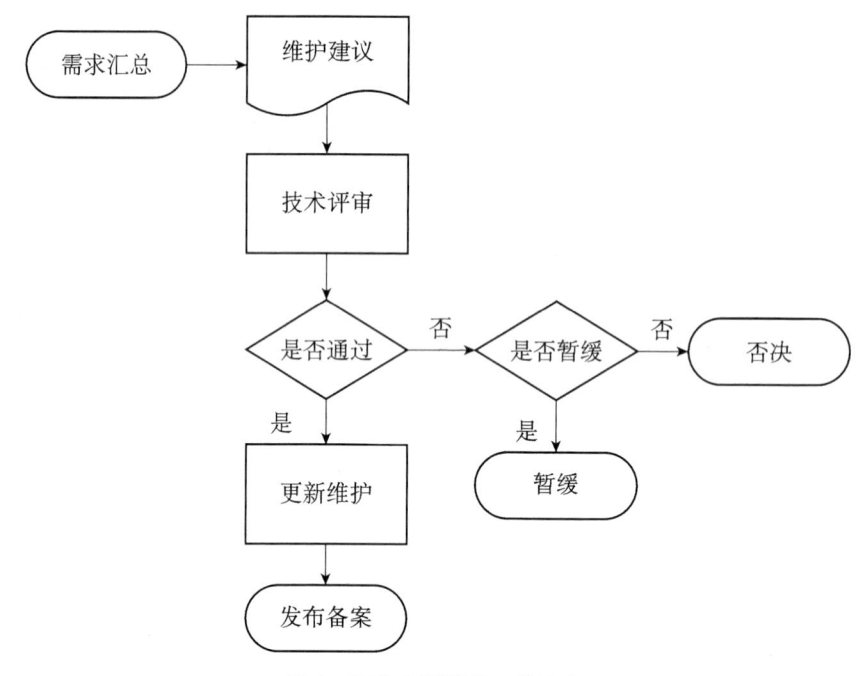

图 1　标准定期维护工作流程

（三）标准不定期维护

针对那些受国家政策变化、技术变化和业务变化影响较大的标准应选择不定期的动态维护模式，不定期维护模式的流程如图 2 所示：

（1）提出申请：用户通过标准服务平台网站填写《标准动态维护申请单》，提交至维护机构；

（2）形式审查：维护机构秘书处受理申请，并对申请内容进行形式审查，对未通过审查的申请，退改或否决，告知申请者；对通过形式审查的申请形成维护建议后提交维护机构专家组评审；

（3）技术评审：维护机构专家组对通过形式审查的申请及秘书处的建议进行评估，形成评审意见；

（4）评审结果：未通过技术评审的申请，暂缓或否决，告知申请者；通过技术评审的申请，由维护机构秘书处对原标准进行更新维护；

（5）发布结果：维护机构秘书处在标准服务平台以网页和 PDF 的形式发布标准维护内容及最新标准，并上报标准化行政管理部门备案，告知申请者。

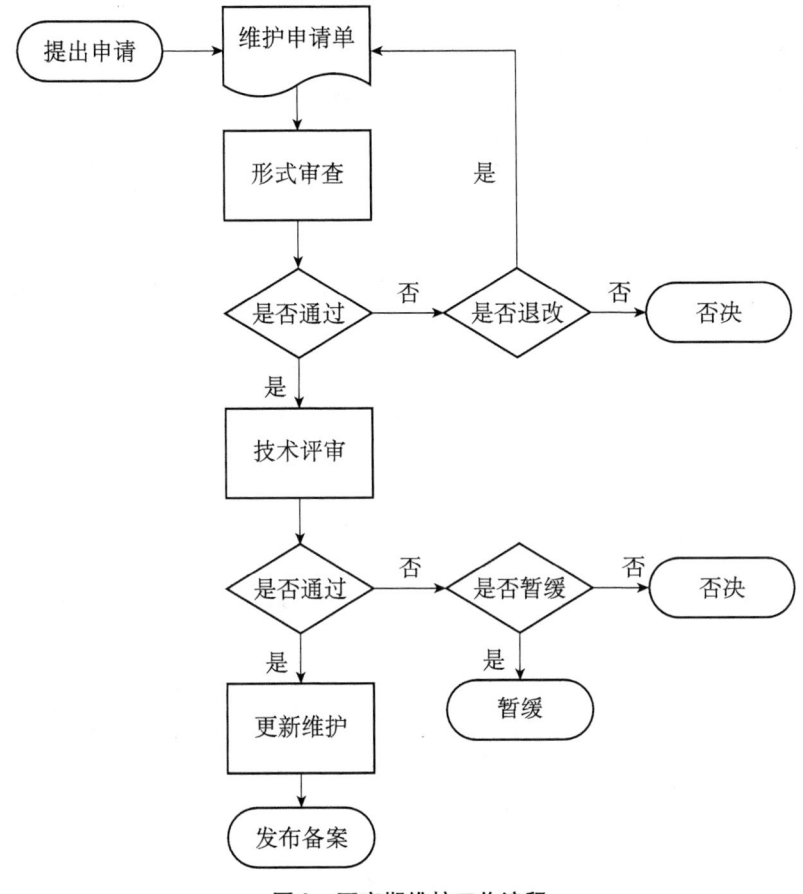

图 2 不定期维护工作流程

（四）标准动态维护机构组织架构

标准动态维护工作涉及的机构包括：

标准化工作行政管理部门：国家新闻出版广电总局数字出版司新闻出版科技与标准处，它负责对标准动态维护机构进行监督管理、结果备案。

标准动态维护机构：指经行业和标准化工作行政管理部门授权实施标准动态维护的组织，是标准动态维护的主体机构，可以由标委会、实验室等机构承担。维护机构下设秘书处和专家组。

秘书处：负责受理用户提出的标准维护请求，提出适当的维护建议供专家组评审。根据维护机构的决定对所维护的标准进行更新，对外发布标准维护的评审意见和标准的最新版本。

专家组：负责制定标准动态维护的技术评审指南，按照评审指南对标准维护请求进行技术评审，形成书面形式的评审意见。

用户：指应用标准的个人或组织。

（北方工业大学　吴洁明、赵文丽）

新闻出版领域开展认证活动的探讨

一、认证与标准的结合已成为当今国际和国内标准化工作的趋势

认证属于合格评定活动。根据《中华人民共和国认证认可条例》第二条中对认证的定义，是由认证机构证明产品、服务、管理体系符合相关技术规范、相关技术规范的强制性要求或者标准的合格评定活动。GB/T 27000—2006《合格评定 词汇和通用原则》（idt ISO—IEC 17000：2004）中对其的解释是，认证为第三方（独立的合格评定机构如测试实验室等）对产品/服务、过程或质量管理体系符合规定的要求给予书面保证的程序。是在评价、检测、检查或评定后，正式确认产品、服务、组织或个人是否符合某个标准的要求，如产品认证机构等。

认证与标准是标准化活动中两个重要环节，二者又密切联系，相互影响。认证活动是以标准或规范性文件为依据来验证对象与标准或规范之间的一致性，简言之就是标准为实证提供了依据，缺少有效的标准，认证活动就难以开展。

认证活动又对标准具有积极作用。一方面，认证是标准实施的有效手段。通过认证活动验证产品、服务、管理是否达到标准所规定的技术要求可以促使企业自觉加强标准实施执行力度，提升标准推广和应用效果。

另一方面，认证对标准具有反馈作用。标准是把双刃剑，标准对提高产品、服务质量，促进贸易等方面产生巨大作用的同时也要看到，如果标准中技术要求和指标设定的不科学不合理，将严重制约技术的发展，限制技术进步。而在认证活动过程中，测试、检验人员依据标准制定测试标准，或按照标准中

的测试部分对对象进行符合性评价，不仅认证对象得以验证，同时提供了标准接受市场和实际需求检验的机会，促使标准改进和完善，避免滞后或限制市场的变化和技术的发展，从而使标准的科学性和适用性得到保证。

认证活动最早在英国诞生，几乎与标准制定活动同步。1903年英国首先依据国家标准对英国铁轨进行认证并授予风筝标志，开启了国家认证的先河。从单纯的民间认证活动逐渐发展为民间与政府认证并存的模式，奠定了今年自愿性认证和强制性认证并存的格局[1]。认证活动经历百年发展，如今已经成为各国规范经济和促进发展的通行做法。国际标准化组织ISO为规范认证等合格评定活动，从20世纪90年代初就着手制定一套通用的合格评定标准和指南。这些标准和指南至今已达27项，形成了CASCO工具箱，得到全球范围内的推广，已成为各国开展认证和其他合格评定活动的指南。近几年，随着社会经济的快速发展，认证活动除了在工业和农业领域开展以外，一些服务行业也开始了认证活动的实践和研究。例如，活动可持续性管理体系（ESMS）的出现；知识产权认证、金融认证、人员认证等活动的开展。

我国真正引入认证等合格评定制度源于加入世界贸易组织。为了全面适应我国加入WTO面临的机遇和挑战，以及市场经济的不断发展，认证认可制度受到党和国家高度重视，2001年在国家质检总局下设国家认证认可监督管理委员会，专门管理和规范我国认证活动。认证活动在我国发展十几年，形成了自愿性认证和强制性认证结合的认证制度，认证活动覆盖工业、农业和部分服务业领域，并积极开展国际互认工作。2015年12月国务院发布《国家标准化体系建设发展规划（2016—2020年）》，再次肯定了认证工作对标准和市场管理的作用，并将其作为当前和今后标准化工作中的一项重要任务。该方案提出："运用行业准入、生产许可、合格评定/认证认可、行政执法、监督抽查等手段，促进标准实施，并通过认证认可、检验检测结果的采信和应用，定性或定量评价标准实施效果。"[2]

在新闻出版领域，2014年1月由国家新闻出版广电总局发布的新版《新闻出版行业标准化管理办法》中规定，新闻出版领域各类产品未达到相关强制

---

[1] 刘宗德：《认证认可制度研究》，中国计量出版社2009年版，第36页。
[2] 国务院办公厅关于印发国家标准化体系建设发展规划（2016—2020年）的通知，国办发〔2015〕89号。

性标准要求的，不得进入流通领域；凡未通过标准检验和标准符合性测试认证的产品不得参评相关奖励。对新闻出版领域开展合格评定活动提出了明确的要求。

二、新闻出版领域引入认证的重要意义

（一）提升出版产品质量，增强出版企业竞争力

认证是出版企业提高出版物质量和服务水平，实现科学管理，促进国际贸易的一种重要途径。一是通过产品认证活动过程中，依据现有标准评价出版产品或服务，及时发现并反馈产品质量或服务中的缺陷。政府、企业和消费者采信认证认可评价结果，可增加出版企业品牌信誉，促进优质产品和服务的销售。二是通过管理体系认证，促使企业不断保持产品质量，提高管理运行能力。三是出版产品参与国际认证可以促进优秀出版物在国际市场的竞争，提高我国出版企业的国际竞争实力和影响力。因此认证认可对出版企业建立和完善质量体系，并以此不断提高产品质量，增强市场竞争力，获得长期的成功和发展十分有利[①]。

随着新闻出版业转型升级以及数字出版快速发展，行业对认证等合格评定的科技需求越来越迫切。一是数字出版的迅速发展已形成产业规模，要保证新兴产业健康、稳定和可持续发展，迫切需要通过标准化建立良好的产业秩序，并通过标准符合性测试、认证等手段来评测标准执行情况，从而维护良好的产业秩序。二是数字技术与新闻出版深度融合，各种终端对数字内容的通用性需求更为迫切，在由参与各方构成的数字内容产业链中，标准作为各参与方利益协调一致的产物，具有显著的行业约束力。但是，判断参与各方是否按标生产、是否正确理解和实施了标准，则需要标准符合性测试、认证等合格评定手段来验证。特别是第三方的认证结果，是参与各方文化生产活动是否符合法律法规、政策、规范和标准要求的权威依据，从而有效地保证数字内容产业链的

---

① 洪生伟编著：《质量认证教程》，中国标准出版社 2008 年 7 月第三版，第 29 页。

互联互通，维护参与各方的利益。此外，数字出版与信息技术密切相关，信息技术领域通常以认证等手段实现数字化产品质量的保持。因此，从提高数字化出版产品自身质量水平来说，认证环节不应被忽视。

（二）增强新闻出版行业监管效果

国际标准化组织和联合国工业发展组织在2012年出版了《产品监管和市场监督的原则与实践》一书。该书中提出"合格评定是政府构建产品监管体系的关键要素"。认证活动的作用之一是通过对认证对象的验证，促使产品、服务和管理体系持续地符合要求，这也是政府在行业管理中加强后续监管的一种有效方式。

我国对出版业的监管主要采用出版单位注册登记、出版物定期审查以及重大选题备案登记等系列制度。当前网络技术与出版的深度融合，出版的形态、发行方式发生变化，出版产品生产与传播的周期大大缩短。并且互联网出版涉及多个部门，仅从出版角度来看，目前监管更多的是依靠市场后管理，即发现问题查处问题。例如对非法出版物的监管中，事后检查是在出现疑似盗版、非法出版物等非法出版产品时才能行施相应的监管权。而面对加工和发布速度快的网络出版产品，仅靠事后检查往往难以彻底消除。认证可以帮助监管机构介入出版产品生产周期中的关键点，及时发现和纠正出版机构和出版产品的偏差，督促企业增强自律意识，从而保证出版产品在加工、发布及后续使用全过程中，持续地符合相应要求，从而弥补管理机构在事前、事中监管的局限。

（三）提高行业标准化水平

前面我们已经提到了认证活动对标准的反馈和促进作用。从我国新闻出版标准化工作实际来看，本领域已制定国家标准、行业标准百余项，但标准的应用效果仍然不够理想，除了标准推广还存在一些困难以外，也反映出了标准自身还需紧跟行业和市场的变化，不断提高适用性。通过认证能解决上述问题。在认证过程中，及时发现标准条款中存在的不足，加快了出版领域标准修订的速度，促进标准正面作用的发挥，对提高本行业标准化质量作用巨大。

三、国内外相关情况和经济

（一）国外出版行业认可活动实践与经验

美国政府部门没有统一的出版管理机构，各州有相对独立的法律法规体系和监管制度，出版业规范和管理是政府通过各类出版行业协会代行职权。美国出版业中的认证活动也因其出版管理体制存在自己的特点。一是认证活动主要由民间行业协会组织，这些开展认证活动的非政府机构首先要通过官方机构的审查、评价等合格评定活动获得政府的认可并注册。例如美国学术联盟协会从事书、报、刊出版认证的资质是经过美国联邦政府、加州政府认可并注册登记。核心期刊国际认证协会是由美国联邦政府、美国加州政府、美国加州公证处公证员三级联合认证的学术期刊认证机构[①]。二是主要采用第三方认证的形式。全美各类出版协会众多，有跨区域性的行业协会，如美国出版商协会和美国书商协会，有各州地区性协会，还有更具专业性的协会如美国学术联盟协会（Association of American Academic Alliance）、美国心理学学会（American Psychological Association）等。这些行业协会既不依赖于政府也不依附于某家企业，成为连接政府与企业之间的纽带。因此这些行业协会本身的中立性奠定了开展独立的第三方认证的基础。三是产品认证使用认证标志。通过评定的产品配备认证标志是美国出版产品认证的显著特点之一，例如通过美国杂志认证机构（BPA）认证的期刊会在刊物上印有 BPA 标志。

从出版业的认证对象来说，主要涉及出版产品的认证和出版从业人员资质的人员认证两个方面，产品认证实践较丰富。既存在对出版物整体质量的认证，如学术类出版物用稿质量认证、中小学教科书认证；也存在出版物在编辑加工、发行、版权等重要出版环节中的认证，如美国学术联盟协会进行的出版物用稿的学术评价以及出版物的版权认证。又如美国杂志认证机构（BPA）从事的期刊发行量真伪认证。这些产品认证活动中对教科书的认证管理较严格。

[①] 美国学术联盟协会 http://www.baike.com。

如加州教科书认证由州政府直接推动，政府职能部门组织当地教育官员、教学专家、教师、学生、家长等成立教科书选用委员会作为审查评定机构。委员会依据法律法规和标准对各出版社提供的教科书进行合格评定，只有通过评定的教科书，才能进入学校选用范围。在人员认证方面，开展了一些编辑资格和等级的认证，如美国学术联盟协会和核心期刊国际认证协会等机构都开展编辑资格认证的业务。

欧洲出版界的认证既存在政府直接实施以强制性特点为主的国家，也有以出版企业自发开展自愿性认证为主的国家，较为典型的是俄罗斯和法国。俄罗斯和法国是欧洲少数几个在政府机构设立专门出版管理部门的国家。尽管两国出版业都受官方管理，但国情不同，出版行业的标准制定和认证活动都存在较大差异。

俄罗斯出版业采取以政府为主导，带有强制性色彩的认证有一定历史原因。苏联解体后，俄罗斯在文化传播方面的行政管理机构继续保留，并改名为俄罗斯联邦新闻出版、广播电视和大众传媒部。其下设出版与大众传媒署，是俄罗斯新闻出版业的国家主管部门。出版与大众传媒署的职能之一是制定新闻出版领域的标准并负责实施认证活动。例如为配合相应的税收政策，该署对各类出版产品是否属于教育、文化和科技领域进行认证。

法国出版业市场化程度高，出版十分自由，出版企业在行业中起到重要作用，因此大型出版企业对标准和认证工作高度重视。大型出版集团，也成为标准和认证活动的主导者。如法国最大的出版企业阿歇特出版集团（Le Group Hachette Livre）在出版标准与认证领域十分活跃，2013年阿歇特出版集团成为W3C组织（World Wide Web Consortium 万维网联盟）成员。除了数字出版方面，阿歇特同样关注传统纸质出版标准化及认证。欧盟因出版物印刷造成高污染，将出版业纳入了应进行减排的范围。应对这种形势，阿歇特出版集团将低碳化作为重要发展策略。2012年法国阿歇特出版集团尝试对自己的出版物在印刷过程中的碳排放进行检测评估，并实施低碳认证，成为全球率先开展出版物环保认证的出版机构。此外，值得关注的是，法国阿歇特出版集团在对印刷过程中的碳排放的认证中引入了工业领域的检测、测试等定量评价方法，使认证结果更为客观、科学，增加了认证的有效性。

在亚洲，日本和韩国出版业开展的认证活动较为典型。两国都采取强制性认证与自愿性认证相结合的模式。日本和韩国出版业中的认证活动虽由取得政府认可的行业协会实施，但在教科书认证、出版物内容质量认证方面带有明显的政府色彩，与美国开展的教科书等认证活动相比，更具严肃性。例如，日本民间出版社组织编写教材后必须先交文部省组织的审定委员会进行认证。韩国教科书正式出版前要通过审查并需要在封面印有认证标志。而韩国国内和引进出版物内容是否具有危害性的认证由政府授权的刊行伦理委员会组织实施。

日本和韩国出版业管理既不同于完全依靠于行业协会代行管理的美国，也不同于全部由政府监管的俄罗斯。政府机构与行业协会密切配合形成互补。政府进行宏观管理，行业协会获政府授权后协助政府从事微观事务管理。因此，行业协会经政府授权，承担大量具体的认证事务，政府采信认证结果，成为管理的依据。例如，韩国文化观光部负责出版业的宏观管理，而将出版物著作权事务、出版物内容的审核、出版物认证等权利下放到行业协会。此外，日本和韩国出版业中也存在企业为主导的认证活动，如期刊广告认证、绿色印刷认证等。

日本和韩国出版业中产品认证实践丰富，认证活动覆盖出版物内容质量、出版物安全环保性、电子出版物、出版物印刷、期刊广告、杂志分类等诸多认证活动。

发达国家出版业开展认证活动较早并发展迅速，已经形成了出版产品认证和人员资质认证两大类型。其中，产品认证实践更为丰富，涉及学术出版、教育出版、数字出版、出版物安全环保、发行、期刊分类等多个方面。尤其是对出版物内容安全性和中小学教科书质量的认证普遍受到各国政府管理部门的重视，而我国在这些方面开展的认证活动几乎为空白。此外，出版产品使用认证标志也是发达国家出版产品认证的一大特色。认证标志是产品符合标准和规范的一种信任保证，也对指导消费者行为有明显作用。在出版产品上施加认证标志，不仅有助于出版企业在读者中建立信任，也便于读者对优秀出版产品和品牌出版企业的甄别和选择，从而有助于促进优秀出版物的传播，这些经验值得我们学习和借鉴。

（二）国内相似行业开展的认证实践

目前，国家认监委与其他行业主管部门建立了部级联席会制度，联合多部门协调各行业的认证认可工作。截至2014年27个部委及国务院直属机构加入联席会议，其中包括教育、司法、人力资源、广播电视等部门。我国的认证活动也从工业领域扩展到教育、医疗服务、旅游、司法、文化、体育等服务业领域。

在教育方面对初等教育、中等教育、高等教育和职业教育等按层次评价教育质量及师资水平。在教育培训行业的组织和质量管理方面发布了《质量管理体系 ISO 9001：2000 在教育领域的应用指南》。

体育服务认证方面，2006年国家体育总局发布了《体育服务认证管理办法》，该管理办法是在国家认证认可条例的基础上，结合体育服务行业特点制定，目前获得体育服务认证证书的体育场馆已遍布北京、上海、浙江、广东等多个地区。[①]

文化领域建立了电影院等文化服务机构评级。广播影视领域为打击互联网侵权盗版和影视剧作品侵权盗版等行为，开始了在广播影视领域建立广播影视版权认证制度和评估体系的探索。

四、新闻出版领域认证活动现状及面临的挑战

（一）现状分析

新闻出版领域认证还处于起步阶段。总体来看，近几年行业内虽在著作权认证、绿色印刷认证和期刊发行量认证等方面有一些尝试，但认证活动比较零散，尚未形成体系。

1. 著作权认证

著作权认证是我国出版行政主管部门对20世纪90年代初期光盘类音像制品盗版严重，尤其是针对境外音像制品未取得正式授权而擅自出版的情况多发，而采取的一种遏制盗版行为的措施。具体操作是出版行政主管部门对境外某些行业协会进行认可，这些受认可的协会成为境外版权认证机构，有权对版权授权主体

[①] 薛守营：《体育服务认证：应运而生乘势而为》，《中国认证认可》，2008年第8期。

（音像出版、复制和发行单位）进行认证并出具认证书。取得认证书的版权授权主体就具有在境内进行音像制品的出版、复制或发行的资质。认证证书和认证资质成为国内出版行政主管部门对其监督管理的重要依据。目前获得认可的境外著作权认证机构主要有国际唱片业协会（IFPI）、美国电影协会、美国软件出版商协会等。这些认证机构在版权认证中发挥了一定作用，但也存在一些问题。

首先，这些作为认证机构的行业协会基本实行会员制，其认证活动开展也是针对其内部会员。随着国内音像制品、计算机软件需求的加大以及引进渠道的拓宽，越来越多的需求是从非会员机构中获取，因而仅依靠这些认证机构对其会员进行认证不能满足现实发展需求。第二，这些认证机构参与我国有关行业标准制定，超过所规定的业务范围[①]，不利于我国行业标准自主制定和行业自主管理。第三，认证机构属于境外机构，既不便于我国行业主管部门对其进行监管，也难实现真正为我国利益服务。最后，也有专家指出，目前国内的著作权认证还不是真正意义上的认证认可活动[②]。一是对认证机构的认可缺少必要的标准和规范，二是认证机构开展认证活动时并非是依据有关标准和技术规范进行的合格评定。因此，在著作权认证方面，仍缺少国内认证机构和完善的认证体系。

2. 期刊发行量认证

出版改革以来，国内期刊市场化程度增强，第三方发行量认证成为行业急需。在借鉴国外经验，并结合国内期刊市场情况的前提下，2005年成立了国新出版物发行数据调查中心。该调查中心是一家非营利性民办机构，受原新闻出版总署和民政部管理[③]，是国内最早成立的第三方期刊发行量认证机构。该调查中心的主要工作是调查并认证报刊的发行量，并将认证的发行量数据信息提供广告客户供其作为投放广告的依据。

3. 绿色印刷认证

自2011年起，原新闻出版总署和环保部共同推进在印刷企业中开展绿色印刷认证活动。具体实施由有关检测机构，依据《环境标志产品技术要求 印

[①] 索来军：《著作权登记制度概论》，人民法院出版社2015年版，第118页。
[②] 索来军：《著作权登记制度概论》，人民法院出版社2015年版，第122页。
[③] 徐刚珍：《建立和完善我国科技期刊发行量认证制度的若干思考》，《中国科技期刊研究》，2006年第5期。

刷 第一部分平版印刷》等国家标准，对印刷企业的印刷过程中资源、能耗、污染物排放、回收利用以及印刷产品中的有毒有害物质进行测试。通过检测认证的印刷产品获得绿色印刷环境标志[①]。

4. 学术期刊认定

近几年我国学术期刊评价、认证受到业界关注，2012年中国学术期刊电子杂志社、中国科学文献计量评价研究中心与清华大学图书馆合作，按照文献计量的方法，以2011年度中国学术期刊被SCI期刊、SSCI期刊引用的总被引频次和影响因子为评价依据认证国内学术期刊的国际影响力，并首次发布了2012年度中国最具国际影响力学术期刊和中国国际影响力优秀期刊。2014年4月起国家新闻出版广电总局组织开展了全国范围内学术期刊的认定及清理工作，11月发布了第一批认定的学术期刊名单。本次认定工作依据总局发布的认定标准，由行政主管部门和各中央期刊主管部门对所辖学术期刊进行初步认定后上报总局，再由总局组织专家进行认定。认定的标准涉及期刊主办单位情况、期刊内容质量、期刊编排格式、编辑加工过程规范性、期刊从业认证情况等几个方面[②]。

5. 管理体系认证

国内不少出版企业已经开始探索对本企业管理体系开展评估工作，如南方出版传媒集团、中原出版传媒集团等[③]。

(二) 困难与挑战

国内真正开展认证认可研究与实践不过十几年的时间，而新闻出版领域的认证更是刚刚起步，不免遇到各方面困难与问题。

首先，新闻出版行业开展认证工作还需要必要的行业法规作为支撑。2014年国家新闻出版广电总局颁布的标准化管理办法中首次提出"数字出版领域开展标准符合性测试"[④]，为行业内开展认证活动提供了一定的法律法规基础。但

[①] 左志红：《绿色印刷路线图绘就》，《中国新闻出版报》，2011.11.1。
[②] 国家新闻出版广电总局办公厅．关于开展学术期刊认定及清理工作的通知，http://press.gapp.gov.cn/reporter/contents/245/201244.html。
[③] 魏玉山：《把社会效益放在首位需要建立考核评估体系》，《出版发行研究》，2015年第9期。
[④] 新闻出版广电总局：《新闻出版行业标准化管理办法》，发布及生效日期为2014.1.1。

是还需要一系列具体实施的细则,作为规范和管理本行业有序开展认证工作的指南。例如,教育领域为开展培训行业管理体系认证所发布的《质量管理体系 ISO 9001:2000 在教育领域的应用指南》,国家体育总局发布的《体育服务认证管理办法》等。

其次,缺少认证活动所需的标准。并非所有标准都可以用于认证,开展认证必须有符合认证目的的产品标准,尤其是标准中具有可量化、可操作的具体指标。但现行标准还不能满足认证的需求。一方面,现行的产品标准中关于检测方法的规定较少,难以作为出版产品符合性评定的依据;例如我国对于学术期刊国际影响力的评价,多以 SCI(科学引文索引)、SSCI(社会科学引文索引)等国际权威检索机构收录与否作为唯一衡量标准,而缺乏国内相应的评价标准,以至于未被收录期刊则不被业界和学界看好,而实际情况是不少未被 SCI、SSCI 收录期刊却在国内具有更高的被引用次数[1]。另一方面,更缺少专门的测试标准,有些产品标准不能够直接作为检测评价依据,需要结合实际检测需求,将原有标准进行再加工,制定出专门的产品测试标准。但现行的大量产品标准中关于定性的规定较多,而定量的规定相对缺乏,不利于标准的转化。因此,实现出版行业的认证认可还需在测试标准方面做大量工作。此外,缺少依据认证认可有关国家标准制定本行业的认证认可标准。体育、教育等公共服务行业已经依据国家质量管理体系标准制定了体现本行业特点的标准,但出版行业仍为空白。标准是开展认证认可活动的依据,但出版领域的产品标准中涉及检测的描述较少,更缺少专门的产品测试标准,这对认证的具体实施带来不小的困难。

再次,缺少新闻出版行业认证理论和实施方法研究。一方面,新闻出版行业认证理论研究较少。2013 年中国新闻出版研究院作为牵头单位申报科技部项目"数字出版标准符合性测试关键技术研究",该项目是首次就新闻出版领域中的标准符合性测试方法和技术进行研究,目前项目已接近尾声,但研究中涉及的理论与技术开发实现等问题仍需在实践中深入。

---

[1] 王保纯:《我国学术期刊有了国际影响力认证标识》,《光明日报》,2012 年 12 月 28 日 01 版,http://epaper.gmw.cn/gmrb/html/2012-12/28/nw.D110000gmrb_20121228_3-01.htm。

五、新闻出版领域认证活动实施的建议

（一）研究建立新闻出版领域认证实施对象框架

我国产品质量认证的业务范围中，已将出版业列入其中（见表1）。

表1　质量体系认证业务范围分类表[①]

大类	中类	小类
8 出版社	8.1 书籍、报纸、杂志及期刊出版与发行	书籍、小册子、传单、工具书（字典、百科全书） 地图和图表的出版 音乐有关印刷品出版 报纸、广告、期刊出版
	8.2 录音制品的出版与发行	唱片、CD和磁带的出版
	8.3 其他出版与发行	
9 印刷业	9.1 印刷及与印刷有关的服务活动	报纸印刷 其他印刷 排版与制版 与印刷有关的其他服务
	9.3 记录媒体的复制	录音制品制作 录像制品制作 计算机软件复制

随着出版业的不断发展，尤其是传统出版向数字出版转型升级，数字出版这一新兴产业已具备产业规模。除了传统的出版方式中存在认证需求以外，一些新的认证需求也不断涌现。为了初步摸清出版参与各方需求，笔者曾在2015年参与了对行业主管部门、出版领域的专业标准化技术委员会以及部分出版机构的认证需求调研，情况如下：

1. 数字出版从业人员资质认证

该需求主要源于行业管理机构对规模越来越庞大的数字出版从业人员的

[①] 洪生伟：《质量认证教程》，中国标准出版社2008年版，第165页。

准入和持续的管理。目前出版行业内已建立了带有一定强制性特点的从业资格认证。主要有国家人事管理部门与新闻出版行业主管部门共同开展的编校资质认证、新闻记者证等方面。但通过调研了解到，以上资质认证适合传统媒体编辑，而当前数字出版越来越广泛的环境下，仍缺少对数字内容编辑加工人员和数字出版技术人员资质的认证。在数字出版领域缺少对人员能力的必要要求，使进入数字出版领域门槛过低，不利于数字出版产品质量提升和持久发展。

2. 产品认证需求

在调研的出版、发行、印刷等出版产业上下游的各类企业中，产品认证的需求较多。一方面，传统出版业中存在一定的产品认证需求，如专业出版物和少儿出版物质量认证、绿色印刷认证、纸质出版物装订质量认证等。

另一方面，数字出版产业链不断延伸，新的内容生产流程相继出现，内容产品与服务覆盖面持续扩大，新的数字出版参与方陆续涌现，数字出版内容通用性、内容质量等关键要素对认证认可的科技需求越来越迫切。例如：

（1）数字产品状态改变后的内容数据可读性、可用性，以及数字产品整体内容质量、格式评价需求。

（2）数字内容资源交换中是否保持其互操作性、兼容性；是否处于可用和可交换状态等评价需求。

（3）数字出版版权认证、版权保护的可靠性认证等方面的需求。

3. 服务认证需求

包括数字内容外包加工服务认证、CNONIX 发行认证、星级书店（实体店）评价认证体系等。

4. 管理体系的认证

随着新闻出版领域重大项目的开展，行业管理机构和一些出版单位认为本领域内重大项目开展中有必要采用管理体系认证的模式，以保证项目进度和质量。还包括对重大项目支持系统、工具、平台等研发机构的认证。

根据上述需求，将认证对象梳理如表 2：

表2　新闻出版业认证对象及内容（据不完全统计）

大类	中类	小类
产品（服务）认证	传统出版产品	专业类出版物质量
		少儿出版物质量
		装订
		印刷
	数字出版产品	内容数据可读性
		数字内容资源交换互操作性
		版权保护的可靠性
		数字资源内容加工编辑质量
	服务认证	数字内容外包加工服务
		CNONIX 发行认证
		实体书店星级认证
管理体系	企业标准化实施效果评价	
	重大项目管理体系	
其他	数字出版内编辑加工人员资质	

（二）新闻出版领域认证标准框架

1. 基础标准

新闻出版开展认证工作除了应遵循我国法律法规及政策要求以外，需要依据开展认证活动的有关国家标准。国际标准化组织发布了有关产品认证、管理体系认证、实验室认可等认证认可活动应遵循的标准，组成了 CASCO 工具箱，是世界各国开展认证活动的指南，我国对此类标准进行等同转化并发布了国家标准，至今已达20余项，包括产品认证、管理体系认证等各方面。这些标准是新闻出版行业开展认证工作的基础性标准。

2. 行业通用标准

国内已开展认证认可的行业，如金融、教育、卫生、体育等都依据国际标准和国家标准并结合本行业特点制定了更适合本领域的认证标准；如教育领域制定的《质量管理体系 ISO 9001:2000 在教育领域的应用指南》等。因此，新闻出版领域开展认证活动应依据国家标准结合行业特点，制定一套行业内通行的认证标准作为指导行业认证工作的依据。例如，新闻出版行业认证术语标准、新闻出版产品测试方法标准、"一次检验，行业通行"等关键技术标准、检测检验标准等。

目前，中国新闻出版研究院、北京信息科技大学等多家单位已经针对数字出版开展符合性测试起草了相关行业标准——《新闻出版标准符合性测试 一般规程》《新闻出版标准符合性测试 标准间测试规范》《新闻出版标准符合性测试 数字出版内容描述》和《新闻出版标准符合性测试 数字版权元数据》，该4项行业标准已经获得正式立项，标准制定完成后将为数字出版产品检测、认证提供科学依据。

3. 专用标准

在认证工作的实际操作过程中，需要依据认证对象的特点或认证的目的、需求，制定针对某类认证对象的认证标准。例如，美国博物馆协会认证委员会将《可认证博物馆特征》这项标准作为所有博物馆应达到的共同要求。但具体认证过程中是将认证对象进行细分，以通用标准为基础，根据不同类型的博物馆，如美术馆与历史博物馆具有不同特点，小型博物馆不必达到大型博物馆的要求等等。专门制定适合某种类型的认证标准，而不是用一套标准衡量所有博物馆。不仅使认证操作更加灵活，保证认证有效性，而且也易于各类博物馆保持自己的特色发展，小型博物馆仅需实现优秀的小型博物馆的要求即可[①]。

出版领域中，同样存在不同的认证需求和各类认证对象。以数字出版为例，开展认证活动需要研究制定数字出版参与各方产品、服务与过程在实现产业链互连互通过程中需要的具体检测检验标准。如数字出版系统及平台的功能、性能评测标准；跨平台、跨系统接口参数标准，接口的连通性测试方法标准等等。

（数字出版标准符合性测试北京市重点实验室、
中国新闻出版研究院标准化所　李　旗）

[①] 美国博物馆协会：《美国博物馆认证指南》，湖南博物馆译，外文出版社2011年版，第98页。

对新闻出版领域标准实施的思考

一、标准实施在标准化工作中的重要性

ISO对"标准化"的解释是标准的编制、发布和实施标准的过程。我国国家标准GB/T 20000.1《标准化工作指南第1部分 标准化和相关活动的通用词汇》中2.1.1条款等同采用了ISO关于标准化的定义。从定义来看,标准的实施是标准化活动的重要组成部分。标准实施的重要意义在标准化理论中也多次提及。曾任ISO标准化管理委员会主席的桑德斯提出:"仅限于制定标准的标准化工作是毫无意义的,标准只有在社会得到广泛接受,并予以实施,才能取得效果。"[1] ISO标准化原理委员会成员松浦四郎在1972年出版的《工业标准化原理》中提到:"标准化是一项社会活动,需要社会各方面相互协作共同推进。"[2]

我国标准化政策中始终重视标准实施问题。首先标准的实施体现在我国标准化法律法规中。1989年发布的《标准化法》中规定:"强制性标准必须执行,不符合强制性标准的产品,不得生产、销售和进口。"并对推荐性标准必须执行的情况做出了规定。2016年3月国务院发布了《标准化法修订(征求意见稿)》,为推动标准实施工作,在标准实施章节中增加了新内容。一是为鼓励企业积极采用标准成果,在第二十四条中提出"国家实行企业产品或者服务标准自我声明公开制度",并提出了企业执行标准的方法和要求。二是鼓励开展认证认可活动推动标准实施。在第三章标准实施的第二十七条中规定国家鼓励

---

[1] 沈同、邢造宇主编:《标准化理论与实践》,中国计量出版社2007年版,第190页。
[2] 国家标准化管理委员会编:《标准化基础知识》,中国标准出版社2004年版,第18页。

依据本法规定的标准开展认证认可。三是鼓励各级政府运用标准实施进行市场监管、提供公共服务、推广标准化经验，体现在第二十八条和第二十九条中。四是鼓励社会团体、高等院校、科研院所等机构开展标准实施的推广、宣传和服务工作，具体在第三十条中提及。

此外，强化标准实施也体现在国家发布的有关标准化文件中。2015年3月国务院发布《深化标准化工作改革方案》，方案中提出："开展标准实施效果评价，建立强制性标准实施情况统计分析报告制度。"[①] 并预计该项工作在2016年年底前完成。2015年12月国务院办公厅发布《国家标准化体系建设发展规划（2016—2020年）》，该文件对推动标准实施提出了"完善标准实施推进机制、强化政府在实施中的作用、发挥企业在标准实施中的作用以及加强对标准实施的监督和评估"等要求。

二、发达国家和国际标准化组织促进标准实施的经验

发达国家的标准化工作起步早，从20世纪初期最早在英、德等国开展标准化活动至今已发展一百年左右，标准化管理和运行模式至今已较为成熟，有力地推动了本国经济和技术的发展。发达国家普遍注重标准实施，在标准化活动初期，标准实施工作就几乎与之同步开展，至今已积累了不少经验，值得我们关注和借鉴。

英国在20世纪初就开始了标准化活动，是世界上最早开展标准化活动的国家之一。英国标准分为正式标准和非正式标准，正式标准是由公认的标准化机构指定，相当于我国的国家标准。非正式标准是在某一行业范围内制定的标准，一般由行业协会、产业联盟等机构制定，类似于我国的行业标准。英国在标准实施方面主要通过三种途径进行。一是通过技术法规引用标准推动标准实施。尤其是在推动行业标准实施方面，也是通过将某些非正式标准引入到政府发布的技术法规中，从而实现标准的强制性实施。二是通过合格评定推动标准实施。英国在开展标准制定之初就几乎同时开展了合格评定活动。1901年英国

---

① 《国务院关于印发深化标准化工作改革方案的通知》，国发〔2015〕13号。

成立世界上第一个全国性标准化机构（ESC），而在 1903 年就建立了 BSI 认证体系，并将 BS 风筝标志作为认证标志①。由于获得认证的商品在市场上获得更高的认可，认证活动刺激企业自愿遵照标准并接受认证，有力地推动了标准的实施。三是建设标准化环境，面向全社会开展宣传。英国除了推动企业实施标准，还将标准化纳入正规教育，以及为政府制定使用标准的指南文件，从而提高大众和政府对标准化的认知度，增强全民标准化意识。

德国标准化活动是由政府授权公益性的民间机构组织开展，如德国标准化协会（DIN）。德国十分重视标准实施。一是建立专门的标准实施机构。德国标准化协会（DIN）成立不久就在 DIN 系统内部设立了标准实践委员会（ANP），作为贯彻标准实施的专门机构。该机构由来自企业、管理、科研等机构从事标准化工作的人员组成，成为标准实践交流和信息反馈的平台，在促进标准实施中发挥了巨大作用。二是与英国相似通过合格评定和技术法规引用标准的方法推进标准实施。三是通过设立各种奖项，促进全社会对标准的应用与实践。

美国的标准制定和标准实施都依据自愿原则。与德国不同，美国没有专门的标准实施机构，标准的实施依靠市场驱动。被市场所接受的标准，自然得到良好的实施效果。然而标准被市场接受的其中一个重要原因是合格评定活动。美国开展认证活动的机构来自民间，但需要获得政府的认可。美国的标准制定与合格评定密切结合，形成循环。通过政府认可的认证机构依据标准开展检验、测试等合格评定活动，在直接提高产品质量的同时，间接反馈了标准实际使用情况，促使标准不断完善，高质量的标准更易于市场接受。从而使标准借助合格评定实现了推广和应用。

日本的标准化管理和运行机制与英、美、德等国不同，是政府主导，民间参与的模式。日本的标准体系包括国家标准、团体标准和企业标准，国家标准由政府主导制定，团体标准由行业协会、学会或联盟制定，企业标准是企业内部制定的规范性文件。日本在标准实施方面，除了采用欧美国家推动标准实施如合格评定和法律法规采用标准等通行做法以外，由于政府和企业重视标准化工作，因此标准实施产生了与欧美国家不同的局面。一方面，政府对标准实施

---

① 刘春青编著：《美国英国德国日本和俄罗斯标准化概论》，中国质检出版社 2012 年版，第 73 页。

监督力度大，并在某些领域设置了处罚措施保障标准的实施。另一方面，日本企业自身对标准制定和实施的主动性较强。企业内部通常实行质量管理制度，企业自发制定标准和规范，并依标生产、依标管理和依标检验，动员企业全员参与到标准化工作中。这些对日本形成良好的标准实施环境作用巨大。

此外，国际标准化组织ISO在推动标准实施方面也有一套策略，ISO采用对标准实施情况进行评价的方法。2000年ISO的信息技术和服务委员会成立了一个特别工作组，研究如何评价标准是否实施。该工作组提出了判断标准得到实施的三个基本原则，即标准是否被技术法规引用；标准推动合格评定程序的情况；标准降低生产和商业成本[①]。

上述发达国家由于各自的标准化管理体制和运行机制不同，在标准实施层面各具特色，但从以上几国和国际标准化组织的标准实施经验来看，有几项是相同的：一是通过合格评定推动标准实施；二是通过法律法规引用标准加强标准实施；三是提高全社会标准化意识，尤其是提高政府和消费者对标准化利益的认识度。

三、新闻出版领域标准实施现状及问题

（一）现行的标准实施机制

当前，新闻出版领域中已制定发布标准345项，包括国家标准、国际标准、行业标准和与项目结合紧密的工程标准，其中以行业标准的数量最多。由于国家标准和行业标准与出版单位关系更为密切，因此本文关于标准实施问题主要针对国家标准和行业标准。新闻出版领域标准实施基本通过行业主管部门下达文件，下属标准化机构和出版物质量检验部门具体组织标准宣传贯彻的形式。

国家标准由国家质检部门和国家标准化管理委员会发布，行业标准由新闻出版行业主管部门直接发布。新标准发布后，为推广实施，通常由行业主管部

[①] 沈同、邢造宇主编：《标准化理论与实践》，中国计量出版社2007年版，第191页。

门向各地管理机构发文，各地管理机构再向地方出版单位下发文件。

具体标准条款的阐释和标准的宣传工作主要在行业主管部门指导下，由行业标准化机构、质检部门进行。目前新闻出版行业已建成5家全国性专业标准化机构，覆盖出版、发行、印刷、出版信息、版权领域。多年来，5家标准化技术委员会在总局的指导下积极开展标准宣传贯彻工作，对促进标准实施发挥了巨大作用。在调研中发现，行业标准化机构和质检部门所开展的标准推广活动中，以组织标准化专家或标准起草人员对参加者培训的模式为主；以组织论坛、借助媒体宣传，以及借助项目建立标准化实施示范单位等方式为辅。

（二）面临的困难和问题

虽然在标准宣传贯彻方面做了大量工作，但标准实施效果不理想的现状依然存在。以出版编辑类标准为例，课题组在调研过程中也发现了一些问题：

从管理部门角度来看，一方面，政府管理部门对标准化对行业监管的支撑作用认识和理解不够。标准引入行业政策、法规文件中的情况不多，尤其是行业标准在行业规范性文件中提及较少。另一方面，政府管理部门对标准实施监督力度不够。根据行业标准化机构、行业质检机构和随机调查的出版单位所反映的情况来看，标准实施整体情况是国家标准好于行业标准。其中重要的原因是管理部门对国家标准更为重视，可体现在几个方面：一是国家标准较多地引用到行业规范性文件中，使标准带有一定强制性色彩。二是年度出版物质量抽查、各类出版物评奖活动更多地以国家标准作为评价依据。比较而言，对行业标准实施的监督成为空缺。从标准的制定来说，行业标准中提出的要求严格程度高于国家标准，国家标准在制定时由于要考虑全国整体情况的，通用性国家标准制定的特点，因此对指标、要求的规定往往是最低要求。此外，从标准的实际应用考虑，行业标准包括各种管理标准、产品标准、技术标准，内容更丰富，更直接满足行业的实际需求。然而，行业标准的特点和作用没有引起足够重视。

从标准化机构来看，一是标准推广途径单一，标准宣传效果不佳。在调研几家行业标准化机构发现，组织培训是最常用的方式。新标准发布后仅靠几次培训、会议难以使标准宣传覆盖整个行业。二是标准化机构在标准实施宣传贯彻方面的人员和经费有限，这使得组织标准宣贯、培训的规模和频率受到一定限制。三是标准化咨询和服务工作薄弱，难以满足出版企业对标准发布实施信息和标准资料获取的需求。

从出版机构方面来说，笔者随机调研了几家出版单位，包括教育类、学术出版类和大众类出版机构，这些出版机构在标准实施方面存在差异，但也存在一些共性的困难和问题：

首先，从标准贯彻落实总体情况看，教育类和学术类出版机构更为重视标准实施工作，这些出版机构不仅专门设有标准和质量检验的部门，如质检部、审读室等等，而且出版机构内部基本建立了企业标准，基本可以做到依据标准管理、生产和检验。但大众类或综合类出版机构在标准落实方面较为薄弱。在标准的选用方面，出版机构采用国家标准作为依据的情况多，而参考和使用行业标准的情况较少。

其次，出版机构在标准落实方面普遍遇到的困难可概括为以下几方面：

一是出版机构从管理层到一线编辑人员，标准化意识不强，对标准的作用和实施标准的重要性理解不到位，个别出版机构和编辑人员还存在出版物检查抽查不到就不用执行标准的侥幸心理。

二是由于标准发布实施和废止信息发布渠道有限，出版机构与标准化机构沟通机会较少等原因，导致出版机构和编辑人员获取标准信息方面存在一些困难。例如，在调研过程中，有些一线编辑反映，尤其是行业标准，由于对新的标准发布信息不能及时掌握，正规标准出版物的获取途径有限，实际工作中难以找到合适的标准作为参考依据，有些甚至还使用已经被废止或处于修订阶段的标准。又由于标准咨询服务工作薄弱，一线编辑人员在对标准条文的学习过程中难以及时找到权威解释，在实际运用标准过程中产生的问题和实际需求难以及时得到回应，由此可见仅靠参加几次培训并不能解决全部问题。

四、新闻出版领域促进标准实施的建议

第一，以合格评定活动推动标准实施。

标准和合格评定是标准化活动的两个重要环节，合格评定对推动标准实施作用巨大。我国标准化学者李春田在谈到标准实施和认证的关系时曾指出，

"认证是实施标准的极好方式，也是普及标准化知识的大课堂，只有它才能做到老少皆知、家喻户晓，这是任何形式的培训班都办不到的"[①]。从发达国家标准实施的经验来看，借助合格评定促进标准落实已经成为各国的通行做法。原因是合格评定活动不仅能够有效提升标准实施主体执行标准的能力[②]，同时有效促进标准不断优化从而进一步推动标准实施。

合格评定是以标准为依据，评价产品和服务是否符合标准的活动。符合标准的产品或企业获得认证标志或认证证书，其产品或服务就具有了较高的市场信誉，自然有助于提高其产品或服务的市场竞争力。因此，合格评定对标准实施主体执行标准具有一定督促作用。同时，合格评定对标准具有反馈作用，当标准作为合格评定依据对产品或服务进行检验、测试时，不仅能够验证产品或服务对标准的符合性程度，而且标准本身的适用性也得到验证。通过合格评定活动能够及时发现标准条款中存在的不足，促使加快标准修订以满足实际需求。标准的完善促进了市场和使用方对标准的接受，最终推动标准的执行。

新闻出版领域的合格评定研究工作刚刚起步，在以合格评定活动刺激标准实施方面还面临不少挑战，任重道远。然而，当前合格评定推动标准实施已成为国际和国内标准化工作的趋势，其作用和意义值得我们重视。

第二，强化政府在推动标准实施中的作用。

首先，强化政府在标准实施中的作用是我国标准化发展改革的基本要求。2015年12月国务院发布了《国家标准化体系建设发展规划》（2016—2020年），该规划中明确提出了加强政府在标准实施中的管理和监督作用。关于政府推动标准实施方面具体提出"各地区、各部门在制定政策措施时要积极引用标准""发布重要标准同步出台标准实施方案和释义"与"采信和应用合格评定结果，评价标准实施效果"。关于标准实施的监督提出"建立完善标准符合性检测、监督抽查、认证等推荐性标准监督机制，强化推荐性标准制定主体的实施责任"和"建立标准实施评估制度"。[③]

[①] 李春田：《标准化是一项科学活动》（续篇），中国质检出版社/中国标准出版社2011年版，第140页。
[②] 王忠敏主编：《标准化基础知识实用教程》，中国标准出版社2010年版，第177页。
[③] 《国务院办公厅国家标准化体系建设发展规划（2016—2020年）的通知》，国办发〔2015〕89号。

其次，从发达国家标准推广实施经验来看，尽管各国采用的标准化体制和机制不同，但政府在推进标准实施方面具有普遍性。以市场驱动制特征最显著的美国为例，尽管标准制定和实施以自愿为主，也没有设立官方的标准化管理机构，但对于某些标准的实施仍带有一定严肃性和强制性。一是联邦政府采用自愿性标准，将标准引用到法律法规文件中。例如《联邦法规法典》（CFR）农业篇中引用农产品标准达350多项[1]。二是联邦政府直接展开合格评定活动以确保政府专用的标准执行。英国、德国、日本等国家在标准实施环节中，政府也都发挥了积极作用。

从新闻出版行业自身特点来看，出版产品不同于一般产品，具有意识形态性，在重点环节上还需要政府的直接管理以有效确保出版产品质量和正确导向。从标准实施的现实情况来看，由于管理部门对国家标准的重视，国家标准的执行普遍好于行业标准。因此，对于关系到整个行业健康发展的公益性国家标准和行业标准都应以政府为主导推动标准落实。管理部门自身应提高标准化意识，在行业规范性文件中引入标准、采信第三方合格评定结果并加快建立标准实施效果评价和监督机制。

第三，激发出版企业和一线编辑人员在执行标准中的积极性。

出版企业和编辑人员是标准的使用者和推广者，然而调研中普遍发现一线编辑人员对标准实施的积极性不高，这与出版机构的管理层到一线编辑人员缺乏使用标准而从中获益的认识有直接关系。因此，一方面，出版机构和出版人员应提高标准执行的自觉性。在出版机构内部建立质检部门，全员参与企业标准制定等。另一方面，建立标准实施激励机制，营造标准实施的外部环境。除了采用政府监督实施以外，管理部门、标准化机构以及行业协会应该增加一些奖励措施，鼓励企业和个人使用标准。尤其是对于与市场联系紧密的产品标准、技术标准，仅靠行政强制性推动难以实现良好效果，而且增加了行政成本。鼓励机制如对出版机构设立"标准化效果"奖项、建立标准实施示范单位、在出版物评奖中加入标准应用的部门等措施，将刺激出版机构和出版人员提高标准应用的积极性，从而推动标准推广。

---

[1] 刘春青编著：《美国英国德国日本和俄罗斯标准化概论》，中国质检出版社2012年版，第46页。

第四，加强标准信息化建设，建立标准实施反馈机制，增强标准咨询服务能力。

实现标准的信息化和建立标准实施反馈机制是《国家标准化体系建设发展规划》（2016—2020年）提出的要求和未来一段时间的主要任务，也是当前本行业标准化工作中的薄弱环节，应引起业界重视，笔者认为应从以下几个方面努力：

一是构建新闻出版领域标准信息交流平台。信息化建设在新闻出版标准化领域尚处于起步阶段，本领域中的5家标准化技术委员会已经建立了网络平台，用于标准制定、修订信息的发布和标准化宣传工作。但笔者认为，标准化机构与标准使用方的互动交流功能应在网络平台中得到体现。标准实施方可以通过平台及时咨询标准实施过程中遇到的问题，同时标准化机构能够掌握标准实施情况，取得一定的反馈信息。

二是扩大标准信息传播渠道。除了网络媒体以外，平面媒体如本行业中的专业性期刊、报纸应及时刊登标准发布信息，扩大标准宣传途径。国家标准的发布除了配发相关文件以外，还刊登在《中国标准化》等核心期刊附录中，方便读者及时了解。新闻出版领域存在多种核心期刊和行业专业期刊，但对于标准信息的刊登尤其是行业标准信息的发布方面仍为空白。

三是开展标准实施效果的统计调查研究。掌握全行业标准实施情况是行业标准化管理和其他工作的基础，而标准实施情况离不开有效的统计调查工作。笔者在本课题研究过程中发现，走访调研个别出版机构能够大致了解标准实施情况，但对于各地区、各类出版产品标准实施的精确信息需要可靠数据的支撑。新闻出版领域对各类出版产品、出版机构、发行机构等情况的统计工作已开展多年，这些统计数据为行业管理提供了有力支撑，但标准实施调查仍处于空白。笔者认为，对各地区、各类出版机构、各种出版产品等各个方面标准应用情况进行细分和统计，虽烦琐耗时，但对于全面而精确地掌握行业标准执行情况和进一步开展标准实施评估工作来说显得十分必要。

（数字出版标准符合性测试北京市重点实验室、
中国新闻出版研究院标准化所　李　旗）

如何做好新闻出版业标准宣传贯彻工作

随着新闻出版体制改革的不断深化和数字出版技术的发展，我国新闻出版行业标准化工作不断加强，制定了新闻出版国家标准、行业标准、行业标准化技术性指导文件以及工程标准300多项。这些标准基本上覆盖了新闻出版行业的各个领域。标准的制定，有利于规范行业秩序、提高管理水平，进而推动整个行业的发展。

一、标准使用中存在的问题

新闻出版业标准数量虽说在不断增加，且覆盖了从传统出版到数字出版领域的方方面面，但这些标准在目前的生产应用中还存在着一些问题：

（1）相关领域有标准，但实际操作中很多出版企业并未依照标准执行。造成这种局面的原因，一是出版企业完全不知道相关标准信息；二是知道有标准，但出版业从业人员缺少标准化意识，认识不到标准的重要性，也不重视标准的发布信息以及标准制定、修订信息等有关内容。

（2）不能准确理解标准。有些出版企业想采用相关标准，但因为标准的条文比较精练，在具体执行过程中，如果没有系统学习，往往会造成对标准理解上的片面和差异，很难做到标准的准确实施。或是对于标准规定的内容，在实际工作中不知如何去遵循，不知道如何查阅标准、采用标准。

出现以上问题，很重要的一个原因就是各方面对标准的宣传贯彻工作不够重视。标准化工作的任务是制定标准、组织实施标准和对标准实施进行监督。标准制定是为了贯彻实施，标准只有通过实施才能真正实现其价值。标准实施就包括标准的宣传、贯彻执行以及信息反馈。而标准宣传贯彻是标准实施中不可缺少的重要环节。

通过标准宣传贯彻，出版业相关人员的编辑出版工作就有了依据，对于一些有分歧的问题，也会找到解决的依据。如在全国新闻出版标准化技术委员会（以下简称"出版标委会"）组织的《学术出版规范》系列标准培训时，第一期报名人数达到了400多人。期刊编辑反映，对于一些"异名使用的要求""尾注、夹注的使用"等问题，以前都有不同的争议，有了标准培训就有了依据，以后再遇到此类问题就可统一解决。此次培训取得了预期的效果，很好地完成了此类标准的宣贯工作。

二、采取多种措施做好标准的宣贯工作

（一）充分发挥标准化技术委员会以及各级领导层的作用

标准化技术委员会作为标准的管理方，是标准宣传贯彻工作的发动者和组织者，宣传贯彻工作能否收到预期的效果，在一定程度上取决于标委会的态度和行动力。标委会可对已有标准尤其是新标准进行分类梳理，了解什么标准是急需的、什么标准宣贯不到位，进而结合业界的实际需求，每年列出详细的宣传贯彻计划，制定好宣传贯彻方案，这将对标准的宣传贯彻起到至关重要的作用。

另外，标准宣传贯彻要想达到一个良好的效果，单单依靠标准管理部门的宣传贯彻是不够的，更重要的是标准的具体执行单位，即所有需要使用标准的单位，都能将标准宣传贯彻工作重视起来，才可能达到预期目标。

（二）结合行政检查，加强企业对标准的认识

新闻出版业的行标，都是结合业界的实际需求，通过新闻出版广电总局数字出版司立项通过的。在对相关领域进行检查时，如果把是否符合标准规范作为其中一个条件，将会促使各出版企业重视标准，进而能依照标准规范企业的技术、生产、管理等。如针对游戏、电子书、学术出版等内容，都有行标，如果能通过检查与宣传贯彻让相关出版企业遵循这些标准，将会促进这个领域的生产与发展。

（三）认真编制标准宣传贯彻教材，科学制定培训计划

标准宣传贯彻教材是标准使用者及时、准确掌握标准的依据，包括标准文本、授课 PPT，以及相关材料案例等。按照标准规范的编写要求，标准条款只强调"做什么"和"如何做"，而对于一些具体指标的依据以及相关案例分析都没有具体讲。因此在宣传贯彻工作中，为了便于标准使用者的实施，编写宣传贯彻教材就需要对这些方面做详细阐述。

每期培训要有不同的侧重点，因为不同人员需求是不同的。如图书、期刊需求不同，发行人员、编辑需求不同，传统编辑、数字编辑、美术编辑需求也不同。在对标准进行分类、整合的基础上，应考虑同一类标准集中宣传贯彻，设计不同的标准培训内容。另外，针对不同的标准，要确定合理的宣讲时间，否则时间太短可能难以讲深讲透；时间太长则会拖沓，学员会感觉冗长乏味，宣传贯彻效果反而不好。

制定培训计划时，既要考虑新闻出版业的发展水平以及重点发展领域，也要考虑基础标准与专业标准的配套性。国家新闻出版广电总局人事司每年会结合各领域的实际需求，对行业标准实行统一规划、统一审查，为总局 5 个标委会顺利开展标准宣传贯彻工作提供了依据。

（四）采取多种渠道、多种形式开展标准宣传贯彻工作

为了便于更多的出版业人员正确地理解标准和实施标准，在标准的宣传贯彻工作中可采取网络宣传贯彻和现场培训相结合等多种形式。

网络宣传贯彻就是通过标准化网络管理平台，及时发布标准动态信息、制修订信息、宣传贯彻信息以及发布实施信息，让想学习、了解标准的出版业人员可以随时方便地得到相关的标准信息。同时，我们可以把标准的电子版放在平台上，让出版企业能够免费或支付少量费用，就能从网上下载到标准的电子版，毕竟推广使用才是标准制定的根本目的。现在国内的标准，普遍是定价高、销量少，出版社不愿出版，需要的单位或个人找不到。有些标准自从制定出来后就束之高阁，完全失去了标准制定的意义。目前全国新闻出版标准化技术委员会标准管理系统已上线，通过此网站可了解出版标委会标准化工作的最

新动态与进展,将对相关标准的宣传贯彻起到有效的支撑。

现场培训就是在固定时间,集中人员、集中教师对标准进行宣传贯彻。这是标准宣传贯彻中,最基本、最常用的一种形式。现场培训,可以让学员、教师面对面地讨论、学习。在老师授课结束后,还可就某些具体问题与学员进行现场交流,进而加深对标准的理解和感性认识,保证了标准在生产中的准确实施。

(五)精心选择宣讲教师

标准宣传贯彻的授课教师,要求由具有较强表达能力的标准主要起草人或相关领域的专家来担任。培训过程中,一定要避免按照标准文本照本宣科。除要求授课老师准备好PPT等相关资料外,还要求老师授课时要结合实际,讲一些标准编写的背景,以帮助学员更深层次地理解标准。对于具体标准条款,要结合实际工作中的具体案例进行宣讲,深入浅出、图文并茂地讲解,对学员理解标准十分有利。除授课外,还要求老师增强与学员间课内、课外的互动,针对具体的问题,可以给出具体的指导,这样才能在有限的时间内,达到良好的培训效果。

三、加强标准宣传贯彻的组织管理工作

(一)选好会议的地点

会场选择首先要考虑交通问题,外地培训时,一定要选择交通方便的会场;其次要看会议室、住宿、用餐等条件是否合适、卫生,培训期间一定要保障学员的安全;最后,会场要有必要的良好的视听教学设备,这样才能有助于全方位培训的效果。

(二)标准宣传贯彻期间,进行考勤与结业考试

为了督促学员认真学习,建议在标准宣传贯彻期间,不定期对学员进行考勤检查,对于2次以上不到的学员,可不予颁发培训证书。另外,为了保障听

课质量，宣贯的最后半天，可由授课老师根据自己课程的内容，出题测试，只有测试合格的学员，才可以颁发总局人事司的继续教育证书。这样一是方便了管理，二是通过略施压力，增强了培训效果。

（三）通过评分机制，对授课老师进行持续筛选

授课老师，对标准宣传贯彻的效果起着至关重要的作用。虽说通过层层选择确定了老师，但其授课情况是否符合学员的实际需求，还需通过学员的反馈对其进行了解。对此，我们设计了《老师授课评价表》（见附件），给出了具体测评项以及测评要求。根据测评结果，每次都会对老师进行一个筛选。这样，多次筛选后的老师，就会成为标准宣传贯彻的主力，进而能保证标准宣传贯彻真正为大家喜欢和接受，让学员愿意来，来后能有所收获。

（四）建立多种联系方式，方便学员间以及学员与老师的沟通交流

标准宣传贯彻是一个长期、待续的过程，而且在实际使用过程中可能会出现各种各样具体的问题。为了保障学员间以及学员与老师在培训会后能持续进行沟通交流，可以申请建立 QQ 群、微信群等。如在第二期《学术出版规范》系列标准培训后，出版标委会建立了两个学术出版的微信群和一个 QQ 群，目前三个群里人数已达到 400 多人。平时，各编辑在工作中遇到什么问题，都会上来与同行进行沟通与交流，目前还不断有新人要求加入。

同时，为了方便资料的共享，出版标委会还申请了云盘，把标准宣传贯彻以及相关的资料存放云盘中，让相关人员可随时上传或下载自己需要的资料，最大限度地实现了资源共享。

（五）做好反馈信息的收集、整理以及回复

在标准宣传贯彻工作中，除现场宣传贯彻外，还需加强后续的检查与处理，了解学员对标准的理解程度及标准实施的情况。出版标委会重视标准信息反馈工作，在每期的标准宣传贯彻活动中，都专门设计了《标准实施信息反馈表》，请标准实施者填写。通过这种形式，除了解标准宣传贯彻的效果外，同时也可收集到标准实施单位存在的具体问题，以及标准实施的其他情况。通过

对反馈信息进行汇总，然后反馈给起草工作组，研究后做出处理。这些信息，不仅是标准修订与完善的重要依据，同时也是新标准立项的依据。

对于一些有热情、有想法、有能力的学员，标委会在制定后续标准时，可考虑将其吸纳进相应标准工作组，这样也培养、储备了标准的后备人才。

标准宣传贯彻是标准实施的重要环节，同时也是一项长期的任务、一个系统的工程，需要一个科学的管理程序，认真做好每一步工作，才能使标准宣传贯彻工作落到实处。做好标准宣传贯彻工作，对已发布的标准进行及时、深入、透彻的宣传贯彻，将有助于标准制修订质量的提高，极大地推动标准的实施，从而使整个标准化工作上一个新台阶。

附 件：

培训班讲师测评表

培训课题：
姓　名：　　　　　　　　　　　单　位：

测评内容	得分
培训课件是否清晰易懂（10分）	
培训是否涉及专业知识（20分）	
讲解的业务是否具有实用性（20分）	
问题讲解是否清晰透彻（20分）	
语言组织和表达能力（10分）	
现场互动协调能力（10分）	
综合能力（10分）	
总分100分	

打分说明：每节课程结束后，学员对该节课程的讲师讲解体验效果进行打分，进行评测。我们将对讲师实行激励约束机制，以优质的教学培训更好地服务广大学员。

您对本次课程讲师及培训有何意见和建议？

（数字出版标准符合性测试北京市重点实验室、中国新闻出版研究院标准化所　张倩影）

团体标准：我国标准化工作改革的创新与突破

我国现行标准体系和标准化管理体制是20世纪80年代确立的，在改革开放初期发挥了重要作用，但在实践中存在政府与市场的角色错位，市场主体活力未能充分发挥等主要问题。这些问题的存在既阻碍了标准化工作的有效开展，又影响了标准化作用的发挥。为此，切实转变政府标准化管理职能，深化标准化工作改革被提上本届政府的议事日程。经过充分调研、酝酿，2015年3月26日，国务院公布了《深化标准化工作改革方案》（国发〔2015〕13号文，以下简称方案）。方案强调改革坚持简政放权、放管结合、国际接轨、统筹推进的原则，明确了6个方面的改革措施。其中，培育发展团体标准作为发挥市场在标准化资源配置中的决定性作用、加快构建国家新型标准体系的重要措施在方案中被突出强调，这是我国标准化工作发展至今一个具有历史意义的新里程碑。

一、鼓励发展团体标准的背景

我国现行的标准体系分为国家标准、行业标准、地方标准和企业标准，这与国际上多数发达国家的普遍做法不同，没有体现出社会组织团体标准的地位和作用。美国、英国、德国、澳大利亚等国均有大量组织编制并发布标准的专业性社会组织，这些组织发布的团体标准是国家标准体系的重要组成部分。例如，美国试验与材料协会（ASTM）发布的标准，不仅在美国应用，在很多领域已成为事实上的国际标准，被国际标准化组织（ISO）及世界各国广泛采用。

我国自20世纪90年代以来，广东、北京、浙江等地出现了《红木家具》等团体标准，但由于管理体制的障碍，这些标准尚不能被我国现行的《标准化法》承认，无法充分发挥它们应有的效能。

随着我国经济的不断发展，全社会对标准的需求不断加大，在新产品、新技术领域需求尤甚。按现行的国家标准管理机制，除企业标准外，其他标准编制的组织与发布几乎都由政府主管部门承担，标准化工作广泛存在立项难、更新周期长、标准化活动社会参与程度不够等问题，并由此压缩了标准的社会供给。标准化工作已不能满足当前市场经济发展的需要，更与全球经济一体化发展大格局下的标准化工作新形势新要求不符，发展团体标准是解决这一难题的有效途径。

鼓励发展团体标准对于我国精简政府职能，打破政府对产业自愿性标准化的垄断，发挥社会团体（后简称"社团"）组织在社会治理中的作用，培育产业标准化的自组织能力，用市场机制推动产业自身的标准化，提高产业创新能力等都将起到非常重要的作用，更有利于把政府单一供给的现行标准体系，转变为由政府主导制定的标准和市场自主制定的标准共同构成的新型标准体系，是标准化工作改革的重大突破口和重要的"破局点"。从某种程度上说，团体标准是我国标准化工作发展进程中的一种创新，将创新性地发挥市场在标准化资源配置中的决定性作用，揭开我国标准化工作市场化改革的序幕，是把标准化改革这盘棋下活的关键举措。这对于我国的标准化体制改革是突破性的，将彻底改变我国原有的标准化体制不承认自己的团体标准，却在国际贸易中承认国外发达国家的团体标准的现状。

二、团体标准的基本定位

团体标准是为满足市场、科技快速变化及多样性需求，由专业领域内具有影响力并具备相应能力的学会、协会、商会、联合会等社会组织和产业技术联盟制定的标准。根据改革方案的要求，在团体标准制定主体上，鼓励具备相应能力的学会、协会、商会、联合会等社会组织和产业技术联盟协调相关市场主体共同制定满足市场和创新需要的标准，供市场自愿选用，增加标准的有效供给；在团体标准管理上，对团体标准不设行政许可，由社会组织和产业技术联盟自主制定发布，通过市场竞争优胜劣汰。国务院标准化主管部门会同国务院有关部门制定团体标准发展指导意见和标准化良好行为规范，对团体标准进行必要的规范、引导和监督；在工作推进上，选择市场化程度高、技术创新活跃、产品类标准较多的领域，先行开展团体标准试点工作。支持专利融入团体标准，推动技术进步。

在市场经济条件下发展起来的发达国家的标准和标准化工作基本不是由政府主导和管理的，他们制定的标准本来就是团体标准。政府部门不制定标准，只制定法规。他们几乎所有的标准都是由标准化团体制定的，只在需要定义为国家标准的时候，由国家认可的标准组织加以认定。在大多数发达国家，标准的层级大多分为国家标准、协（学）会标准和企业标准，与我国目前以政府管理类标准为主，缺乏市场协同类标准层级的局面形成鲜明对照。在标准化工作改革方案出台前，绝大多数人一说到标准，都习惯性地认为是政府用来管理的工具，越统一越好；实际上在市场经济中还有大量的标准是协作相关方用来相互协调的，并非要求全国统一，是可以多种标准并存甚至竞争的。标准的作用从管理拓展到协同，是市场经济发展的必然。把标准作为一种求同存异的方法论去解决市场上大量的协同类矛盾，可以说是团体标准的基本定位。

市场经济条件下，政府主导制定的标准是带有强制性和技术法规性的，应定位在政府职能——监管和公共利益的保护上；市场类标准是利益驱动的，局部的，可以竞争的，自愿的，它事关效率、利益。团体标准绝大多数属于市场协同类标准。市场协同类标准与政府管理类标准有很大区别，它是在利益相关者之间，通过协商制定利益共同体共同遵守的标准。它的特点是与利益相关，凡是遵守这个标准的，就能够获得合作和商业上的回报，因此是市场选择的范畴，不是强求统一的。与政府管理类标准依据于管理的权力不同，市场协同类的团体标准依据于利益，更加"接地气"。这从两类标准的制定和实施的流程中可见一斑。政府管理类标准是制定之后进行宣传贯彻实施；市场协同类的团体标准是以参与者的合作为基础，在协同、博弈、再协同的过程中，针对合作中存在的焦点矛盾，在协作相关方共同协商达成一致后，标准就产生了，同时也被应用了。市场协同类的团体标准从其使用的范围上仅限于协作相关方之间，对不参与协作的其他方无任何约束力。因此，研制市场协同类的团体标准要建立在协同业务的基础之上，没有业务的协同，制定这类标准是没有根据的。

三、团体标准试点工作

为贯彻落实《国务院关于印发深化标准化工作改革方案的通知》要求，进一步鼓励技术创新、解决标准缺失、增加标准有效供给、提升标准竞争力，国家从 2015 年 7 月开始开展为期 2 年的团体标准试点工作。在我国现行的《标准化法》没有修改完成之前，采取试点的办法，主要是为解决团体标准的合法性问题。按照国务院法制办最新公布的《中华人民共和国标准化法（修订草案征求意见稿）》，可以期待新修订的《标准化法》将纳入团体标准，未来团体标准将与国家标准、行业标准、地方标准、企业标准并行发展，在市场主导、政府引导、创新驱动下，所有能够承担法律责任、具备相应专业技术能力的主体，都有制定和参与制定标准的权利。随着团体标准试点工作的逐步推进，会形成一个对标准立法的支撑。

为开展好团体标准试点工作，国家标准化管理委员会于 2015 年 5 月同意与中国科学技术协会联合组织所属 12 家学（协）会开展团体标准试点工作；7 月，国家标准化管理委员会向中国电力企业联合会、国家半导体照明工程研发及产业联盟等 39 家社会组织和联盟分别下达了团体标准试点工作任务，正式启动试点工作。试点工作为期两年，将形成系列标准成果，并为今后我国全面开展团体标准研制、实施以及规范与引导工作总结经验。试点一开始，团体标准就有明确的制定范围，即在没有国家标准、行业标准和地方标准的情况下，制定团体标准，快速响应创新和市场对标准的需求，填补现有标准空白。政府鼓励社会团体制定严于国家标准和行业标准的团体标准，引领产业和企业的发展，提升产品和服务的市场竞争力。试点工作的主要任务是建立团体标准化相关制度（包括建立内部标准化工作机制、制定标准化工作文件），组织制定和实施团体标准，并在实践基础上提出团体标准服务、引导、规范和监督的建议，开展良好行为评价，以帮助政府层面完善团体标准发展的顶层制度设计，推动营造团体标准发展的良好政策环境，支持经济社会可持续发展。

这次试点工作有两个侧重点：一是成果转化，联合中国科学技术协会共同组织全国性学会围绕工业机器人、新能源汽车、3D 打印等科技前沿领域开展团体标准的研制，促进产学研融合，充分发挥标准推动科技成果产业化应用的基础作用；二是提升产业竞争力，将围绕智能交通、物联网等领域开展团体标准的研制，促进优化上下游产业资源形成产业链，助力产业核心竞争力的提升。

四、政府在培育和发展团体标准上的指导与规范

2016 年 3 月上旬，经国务院标准化协调推进部际联席会议审议通过，国家质检总局、国家标准委印发了《关于培育和发展团体标准的指导意见》（以下简称《指导意见》）。《指导意见》以"放、管、服"为主线，从"释放市场活力、创新管理方式、优化标准服务"等三个方面，提出了培育和发展团体标准工作的主要措施，积极营造团体标准宽松发展空间，努力促进团体标准有序规范发展，有力保障团体标准持续健康发展。《指导意见》明确了培育和发展团体标准工作的主要目标：到 2020 年，市场自主制定的团体标准发展较为成熟，更好满足市场竞争和创新发展的需求。

在规范团体标准工作方面，由全国标准化原理与方法标准化技术委员会（SAC/TC 286）提出并归口的《团体标准化 第 1 部分良好行为指南》（项目计划编号 20141509-T-469）国家标准 2016 年 4 月已正式由国家质检总局、国家标准委批准发布、实施。标准适用范围是提供社会团体开展标准化活动的一般原则，以及团体标准制定机构的管理运行、团体标准的制定程序和编写规则等方面的良好行为规范，适用于指导各类团体（如协会、学会、商会、联合会和产业技术联盟等）开展标准化活动。标准内容有关开展团体标准制定的总体原则：涉及开放、公平、透明、协商一致、促进贸易；团体标准的组织管理：涉及组织架构及其功能、工作规则、知识产权管理、文件管理；团体标准制定程序：涉及概述、程序流程；团体标准的编写：涉及概述、与外部标准的协调、编写原则、结构和体例、技术要求的确定原则、有关合格评定内容的处理；团体标准的推广与应用。

毫无疑问，在政府部门的培育、指导和规范下，未来团体标准研制工作在

我国将形成"百花齐放，百家争鸣"的局面。团体标准制定机构将通过社会、政府的评价与监督获得声誉和肯定。中共中央办公厅、国务院办公厅于2015年7月8日印发了《行业协会商会与行政机关脱钩总体方案》。在新的形势下，相信独立发展后的各类社会团体均将进一步重视标准化工作。能否获得社会、行业的认可，将市场推动力转化为团体标准发展的内力并实现标准化工作健康、可持续发展，是每一个开展标准化工作的社会团体都需要面对的问题。被批准试点的机构已经积极开展相关工作，其他有关机构也可以做好准备工作，共同迎接未来在标准化领域的发展与竞争。

当然，在目前阶段政府管理类、市场协同类标准的这个界线还不是很清晰，有些政府还在从事一些所谓推荐性标准的制定，而这些标准所规定的大多是市场协同类标准的范畴，但是改革方向毕竟明确了：政府管理类标准与市场协同类标准是需要分开的。团体标准会朝着市场导向、效率导向、利益导向发展。市场协同类标准将只满足一个局部群体的需求，对政府的管理将是一个有益的补充。

五、我国关于培育和发展团体标准的政策梳理

（一）政策1

2014年全国标准化工作会议明确提出减少政府标准的层级和规模，培育发展按市场机制运行的团体标准（2014年3月）。

（二）政策2

国务院发布《贯彻实施质量发展纲要2014行动计划》，指出加强强制性标准管理，优化政府推荐性标准体系，培育发展团体标准（2014年4月）。

（三）政策3

国务院发布《关于促进市场公平竞争维护市场正常秩序的若干意见》，意见中明确：鼓励行业协会商会制定发布产品和服务标准；加快培育发展团体标

准（2014年6月）。

（四）政策4

国家标准委、商务部联合发布《关于加快推进商贸物流标准化工作的意见》，明确要求逐步形成国家、行业、地方、社会团体和企业标准间层次分明，强制性标准、推荐性标准协调配套，与国际标准接轨，覆盖商贸物流全过程和各环节的标准体系（2014年）。

（五）政策5

国家认监委发布《食品安全管理体系认证实施规则》，中国认证认可协会首次以团体标准形式制定发布22项食品安全管理体系认证技术规范（2014年）。

（六）政策6

国家标准委主任田世宏主持全面深化改革领导小组第5次会议，并对团体标准试点工作提出要求专题研究，推进团体标准试点工作（2014年10月）。

（七）政策7

国务院发布《深化标准化改革工作方案》，方案由李克强总理签批，部署了改革标准体系和标准化管理体制；提出培育发展团体标准；明确对团体标准不设行政许可，由社会组织和产业技术联盟自主制定发布，通过市场竞争优胜劣汰（2015年3月）。

（八）政策8

国家标准委启动了市场化程度高、技术创新活跃、产品类标准较多的中国电子学会等39家社会团体开展团体标准试点。明确试点的主要领域为：工业机器人、新能源汽车、3D打印、智能交通、物联网等领域（2015年7月）。

（九）政策9

中共中央、国务院办公厅发布《中国科协所属学会有序承接政府转移职能扩大试点工作实施方案》，方案鼓励学会面向新兴交叉学科和市场需求空白，协调相关市场主体共同制定满足市场和创新需要的团体标准，促进形成产学研相结合的团体标准研制模式（2015年7月）。

（十）政策10

国务院出台《国家标准化体系建设发展规划（2016—2020年）》，规划明确提出培育发展团体标准，鼓励具备相应能力的学会、协会、商会、联合会等社会组织和产业技术联盟协调相关市场主体共同制定满足市场和创新需要的标准，供市场自愿选用，增加标准的有效供给（2015年12月）。

（十一）政策11

国家质检总局、国家标准委发布《关于培育和发展团体标准的指导意见》，意见指出培育发展团体标准，发挥市场在标准化资源配置中的决定性作用、加快构建国家新型标准体系（2016年3月）。

（十二）政策12

国家标准委举办团体标准试点工作座谈会，会议解读了《关于培育和发展团体标准的指导意见》文件和《团体标准化 第1部分：良好行为指南》国家标准，演示全国团体标准信息平台，交流团体标准试点经验（2016年3月）。

（十三）政策13

2016年4月25日，国家质检总局、国家标准委批准并发布《团体标准化第1部分良好行为指南》等203项国家标准。

（中国印刷技术协会　李永林）

我国新闻出版标准化主体研究
——基于系统论的视角

随着我国新闻出版业的蓬勃发展,"十二五"期间新闻出版标准化工作也得到全面推进,新闻出版标准体系得到进一步完善,我国在国际新闻出版标准化工作中的话语权不断增强。但是,目前新闻出版标准化仍存在一些问题,如缺乏协同高效的工作机制,标准缺失、老化和滞后,标准间重复、交叉、矛盾现象严重,标准实施工作薄弱等。这些问题的存在,阻碍了我国新闻出版标准化工作的发展。

2015年3月11日,国务院印发了《深化标准化工作改革方案》(以下简称《方案》),明确了我国标准化工作改革方向,即以"简政放权、放管结合"为基本原则,充分发挥市场在资源配置中的决定性作用,政府做好相应的公共服务工作,建立完善标准化管理体制机制。我国新闻出版领域标准化也应按照《方案》的要求进行改革。本文旨在通过对我国新闻出版标准化领域主体的研究,有针对性地提出改革建议。

一、系统论视角下的新闻出版标准化的定义和特征

(一)新闻出版标准化系统的定义

系统论在自然科学与社会科学中有广泛的应用,依照一般系统论的观点,系统是普遍存在的,由一系列相互关联、相互作用的要素组成的集合。新闻出版标准化也可以看为是一个系统,是由新闻出版标准化的主体、相应机制与制

度组成的集合：从主体上看，标准化主管部门（包括国家标准化管理委员会、国家新闻出版广电总局、地方政府部门）、标准化技术委员会与企业作为主体共同参与国家标准、行业标准、地方标准与企业标准的制定，但参与程度根据标准层级有所不同；从机制上看，标准立项、研制以及出版的全过程已经建立了相应的统筹协调机制、征求意见机制、专家评审机制、审批机制、复审机制等规范化的工作流程；从制度上看，已经形成了《新闻出版行业标准化管理办法》等一系列行政法规，所规范的对象既包含了图书、报刊、音像制品、电子出版物及互联网等不同介质的出版物，也包含了出版、复制及发行不同环节。

（二）新闻出版标准化系统的特征

系统论中，系统的每一个要素对于其他不同要素所产生的作用也不相同，系统具有整体性、关联性和动态平衡性等特征。新闻出版标准化系统具有系统的一般特征。

1. 整体性

新闻出版标准化系统主体、机制与制度三者缺一不可。没有主体，标准化制度与工作机制无人设定，标准无人研制使用；没有机制，标准化主体无从展开标准化活动，相应制度将被架空，无法被执行；没有制度，标准化主体活动与标准化机制构建将不受制约，系统内部将呈现乱序状态。

2. 关联性

主体、机制与制度三要素相互关联、相互作用，共同构成新闻出版标准化系统。机制需要主体运行，制度需要主体制定；主体的活动与机制的构建要以制度为依据；主体与制度依靠机制衔接，主体通过参与机制运行实现目标，制度通过机制才能实现应用实施。

3. 动态平衡性

在新闻出版标准化系统中，三要素始终是变化的，处于一种动态平衡的状态。一方面主体在现行制度框架下，为实现自身目标会不断参与机制的运行，同时在机制运行过程中主体也会不断产生修订制度、完善机制的需求；另一方面在新的制度与机制下主体会相应调整自身的活动。系统三要素的需求不断发生变化，但系统的整体状态是稳定、平衡的。

综上所述，新闻出版标准化系统是由主体、机制与制度三要素构成的一个整体，任何一个要素的改变都会对其他两个要素产生不同的影响。在该系统运行中，标准化主管部门、标准化技术委员会与企业作为主体会不断产生与调整新的需求以及目标，其能动活动也在影响着系统中相应机制与制度的变化。因此，作者以新闻出版标准化主体研究为切入点，分析主体间的关系、现状以及问题，探寻新闻出版标准化体制机制改革的具体举措。

二、新闻出版标准化系统主体分析

（一）新闻出版标准化系统主体的定义和目标

不同的领域对主体的定义有所不同。在新闻出版标准化领域，笔者将主体定义为新闻出版标准化系统中的各类机构组织，甚至各机构组织中的每个个体，都可被认为是一个主体。新闻出版标准化系统中的主体可以概括为三类：

（1）标准化主管部门。负责制定新闻出版标准化管理政策，落实标准的实施与监督等工作的政府机构。

（2）标准化技术委员会。负责具体协调组织标准起草和审查，以及提出标准制修订计划建议等工作的技术组织。

（3）企业。为提升企业自身管理水平与竞争力，满足市场和创新需要，参与标准制修订过程等标准化活动的单位。

标准化主管部门、标准化技术委员会和企业作为系统中的主体，其目标是不同的：标准化主管部门致力于从宏观角度，构建与市场经济相适应的新闻出版标准体系；企业投身新闻出版标准化活动以提高自身管理水平与市场竞争力为目的；标准化技术委员会作为政府机构的延伸，其目标是服务于标准化主管部门的同时，协调利用市场资源，配合政府建立高效率、高质量、与社会发展相适应的新闻出版标准体系。新闻出版系统中主体的目标不同，也使得新闻出版系统是变化的，同时，各主体也会主动调整、互动，以适应系统的变化。主体间的良性互动，是新闻出版标准化系统不断向前发展的动力源泉。

(二) 新闻出版标准化系统主体间关系

1. 标准化主管部门与标委会的关系

标准化主管部门与标准化技术委员会（以下简称"标委会"）是垂直管理关系。标委会由标准化主管部门组建成立，接受标准化主管部门的指导、监督和管理，为标准化主管部门提供决策支持，分析本专业领域标准化需求，提出标准发展规划建议，协助标准化主管部门建立健全标准体系；同时，标委会要按照标准化主管部门批准的标准制修订计划，组织标准起草、审查和宣贯工作。

2. 标委会与企业的关系

标委会自身拥有强大的信息资源，如标准库、术语库等，是企业了解国内外出版领域标准化动态与发展水平的信息渠道；同时标委会还有委员和专家资源，拥有覆盖出版行政机关、新闻出版产业链上下游、信息技术等行业各方面的专家，可为企业开展或参与标准化活动提供智力支持。同时，标委会工作也主要依托企业展开：一方面标委会分析标准化需求需要建立在与企业充分沟通、了解行业需求的基础上；另一方面标委会组织标准制修订也离不开企业在人力、财力和物力上给予支持；标委会中的委员，尤其是来自企业的委员，在标准化活动中发挥着重要作用。

3. 标准化主管部门与企业的关系

标准化主管部门负责建立与市场经济社会相适应的标准体系，为企业开展标准化工作提供良好的政策环境，按照标准化内在的市场规律管理、推动企业积极参与标准化工作。企业从事的标准化活动需要在既定政策框架内规范有序开展，制定满足企业需求的标准，提高企业的标准化水平。因此，政府在政策上管得越多，给企业自主发挥的空间就越小，政府在标准化管理上如何做到"进退有度"，将直接影响企业作用在我国新闻出版标准化中的发挥；企业能否真正参与，与政府合力共同推进标准化工作，也将影响我国新闻出版标准化的质量与进程。

三、我国新闻出版标准化系统主体的现状与问题

在标准化主管部门的主导下，我国新闻出版标准化水平不断提高，标准体系进一步完善，取得了可喜的成绩，但目前存在的一些问题，如标准实施不力、出版企业标准意识不强等情况也从一个方面反映出系统主体力量不均衡的问题。

1. 强政府，弱企业

我国新闻出版领域标准化管理体制建立在 20 世纪 80 年代计划经济的基础上，市场作用不强。标准化主管部门在新闻出版标准化系统中占据绝对主导地位，力量最为强大，而企业在系统中的声音非常薄弱，缺乏作为主体与标准化主管部门博弈的力量，这直接导致了企业作为新闻出版标准化系统主体的缺位，在制修订过程中积极性不高。而缺少博弈过程的标准不能代表企业利益、切合市场需求，企业也难以应用实施。再加上标准化主管部门在标准执行上缺乏有效监管，导致我国虽然在新闻出版领域每年都有相当数量的标准发布，却出现"没人用""无可用"的局面。

2. 标委会与企业互动较少，缺乏影响力

在我国新闻出版标准化现行管理体制下，标委会的市场竞争意识与行业服务意识薄弱，对其组织起草、制定的标准是否适应市场经济发展需求重视程度不够，即对标准能否真正被行业内企业应用实施不够重视。因此，标委会缺乏与企业主动沟通交流双方需求的动力，在标准制修订过程中对企业利益考虑不充分，导致标委会难以调动企业承担或参与标准制修订工作的积极性。标委会自身也缺乏利用市场资源加强对外宣传的动力与路径，难以扩大其影响力。与此同时，企业并不关注标委会的活动，不了解标委会在行业中的作用与定位，缺乏获取行业标准化动态以及业内最新技术的信息渠道。这些问题都不利于我国新闻出版市场标准化水平的提升。

3. 标委会工作效率较低，委员主动意识不强

标委会秘书处与委员、委员之间的良好互动，是标委会工作正常推进的不可或缺的重要一环，但实际情况并不理想。目前，我国新闻出版领域 5 个标准化技术委员会已有委员 400 余名，其中相当一部分委员是各单位的领导，工作

繁忙，无暇实际参与标准化工作，无法履行在标准立项、征求意见和审查阶段的委员职责。由于在标准审查阶段，标准需要全体委员的四分之三以上同意方为通过审查；当投票率不足三分之二时，秘书处须重新组织审查。委员的积极性和反馈度不高，秘书处与委员之间的信息传递是单向且不畅通的，直接导致标准无法或延期完成，影响标委会的工作效率。

四、对策与建议

笔者认为，标准化主管部门、标委会与企业三主体应在既定政策框架内，通过利益博弈机制与信息共享机制相互作用（其中，标委会还与委员互相影响），共同促进我国新闻出版标准化系统不断向前发展。（如下图）

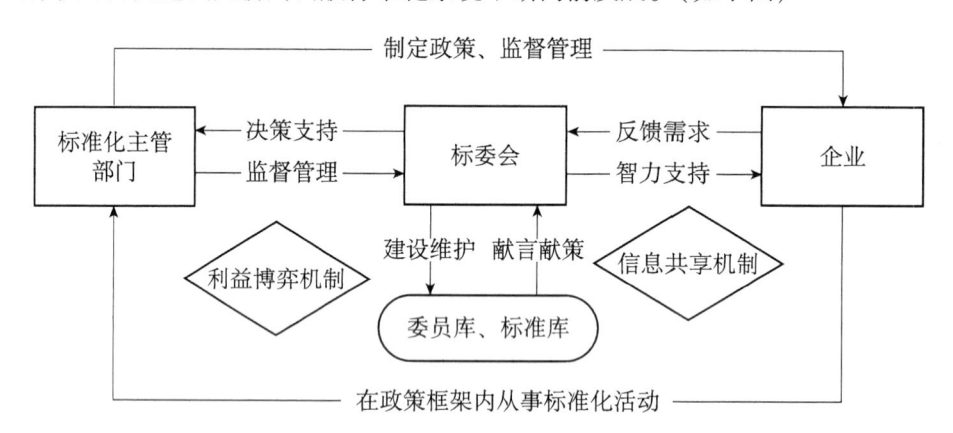

结合上图以及我国新闻出版标准化系统目前存在的问题，笔者提出以下三点建议。

（一）培育企业主体，促进各主体间自由博弈

在信息化时代，数字出版等新技术、新领域和新兴产业尤其需要发挥市场的作用，推动标准的建立，应该以企业为主体参与国际标准、国家标准、行业标准的制定。现行的某些标准化管理体制已经不适应我国市场经济的发展需要，政府应当改革标准化管理体制，把产品标准等应该由市场决定的事交给企业，重点推动基础标准以及社会管理和公共服务相关标准的制定，同时加强对

标准实施的监管，并为企业与标委会的标准化活动提供良好的政策环境。企业只有在既定政策框架内，具备与标准化主管部门、与标委会自由博弈的力量，才会真正参与到标准制修订的利益博弈过程中去，所制定的标准才会是合意的体现，既体现了政府意志，也包含了市场需求，这将是推动我国新闻出版标准化进程，提高标准化工作质量的重要途径。

（二）完善沟通机制，实现主体间信息共享

主体间的"信息孤岛"不仅是对社会资源的浪费，更不利于我国新闻出版标准化的可持续发展。新闻出版标准化要想充分利用市场实现良性运转，主体之间必须相互协作，并且拥有与之相适应的沟通机制，实现信息互通与共享。因此在标准化主管部门、标委会与企业之间建立信息互通渠道，并形成信息资源互通标准格式，将便于企业获取行业动态、已出版标准等标准化资源，进而促进新闻各主体之间协同工作：既充分调动企业参与标委会活动的积极性，也有利于标委会实时掌握企业需求信息，更好地开展工作并且扩大其在业内的影响力，同时又便于标准化主管部门统筹全局，提高公共管理与服务水平。信息资源共享机制需要由标准化主管部门推动建立，在统一规划、规范管理并且做好安保措施的基础上，在各主体间形成相互开放的信息资源系统。

（三）改革委员制度，提高标委会工作效率

根据《全国专业标准化技术委员会管理规定》，标委会由委员组成，标委会的工作程序建立在委员表决制度的基础上，委员是否积极配合将直接影响标委会秘书处工作能否正常展开。当前新闻出版标准化已得到全面发展，改革委员制度，使之与市场经济相适应的必要性凸显：一方面要加强委员的代表性与广泛性，注重增加有兴趣投入标准化活动的企业委员的数量，减少行政人员作为"名誉"委员的数量；一方面引入委员绩效考核机制，促进委员积极参与标准制修订工作，充分履行委员职责，发挥委员作用，从而提高标委会的工作效率。

（中国新闻出版研究院标准化所　郎彦妮）

参考文献

1. 常绍舜．从经典系统论到现代系统论［J］．系统科学学报．2011（3）．

2. 江光华．系统论视野下的文化与科技融合动力机制研究［J］．科技管理研究．2015（20）．

3. 郝振省．加快"两制"改造，培育合格新闻出版市场主体［J］．中国编辑．2014（2）．

4. 柳斌杰．中国出版业的重构与展望［J］．东岳论丛．2009（5）．

国际标准化技术委员会秘书处承担模式研究

2013年5月，经国际标准化组织（ISO）中央秘书处及国家标准化管理委员会批准，中国印刷技术协会成为ISO第130号技术委员会——印刷技术委员会（ISO/TC 130）秘书处承担单位。ISO/TC 130秘书处此前由德国标准化协会（DIN）承担，2012年德国在全球经济危机背景下提出无力支撑秘书处的运作，ISO/TC 130遂在成员国范围内征集秘书处承担单位。中国积极申请，经由成员国投票胜出，ISO/TC 130的承接工作对我国在印刷标准化领域所扮演的角色有着极其重要的意义。

中国印刷技术协会承担ISO/TC 130秘书处的工作是在国家标准化管理委员会及国家新闻出版广电总局的支持下，依托全国印刷标准化技术委员会（SAC/TC 170）秘书处具体实施的。中国印刷技术协会是SAC/TC 170的承担单位，SAC/TC 170长期从事印刷标准化工作，在印刷及相关行业具有广泛的影响力，同时SAC/TC 170具有承担ISO/TC 130秘书处工作的天然优势。SAC/TC 170作为国内唯一与ISO/TC 130直接对口的国内印刷标准化对口组织，在工作中与ISO/TC 130的各成员国技术专家建立了密切的联系，有利于在国际上争取更多的成员国支持我国承担ISO/TC 130秘书处的工作。SAC/TC 170熟悉国际印刷标准化工作的程序，有利于更快地正常开展国际标准化工作。

在SAC/TC 170具体承担ISO/TC 130秘书处工作期间，摸索出一套适合国际标准化技术委员会秘书处的承担模式，具体情况如下。

一、工作的开展

为确保承接ISO/TC 130秘书处后各项工作能够持续稳定开展，秘书处团队积极学习取经，包括前往 ISO 总部参加秘书周培训，深入学习秘书处工作技能；参加由国家标准委组织的秘书培训班等，进一步学习和积累秘书处工作经验。与此同时，针对接手 ISO/TC 130 秘书处工作后面临的一系列管理上的难题，秘书处对技术委员会的事务进行梳理，明确了"公正公平、高效管理"的方针。

公正公平：ISO/TC 130 成员国众多，因标准产生的利益争端也较明显，这种争端在工作中很容易演化为对个人的攻击及对工作的阻碍等。我国接任 ISO/TC 130 秘书处以来，对 ISO/TC 130 工作内容及标准利益冲突进行了充分了解分析，在冲突出现时完全做到公正公平的处理，不因任何原因出现偏袒，真正实现"少数服从多数"的原则，使争端双方心服口服。

高效管理：ISO/TC 130 秘书处积极采用电子化办公方式，对各标准项目跟踪服务，确保有效推进。作为 ISO/TC 130 每年两次国际会议的组织者，秘书处在会前充分准备预案、会后积极沟通交流、会上仔细做好潜在风险记录，由此大幅提高了会议的工作效率，降低了突发事件的发生风险，显著提升了会议质量。

同时，ISO/TC 130 秘书处结合学习和实践经验，根据工作需要形成了《ISO/TC 130 秘书处工作制度》。

二、制度机制创新

承担 ISO/TC 130 秘书处工作以来，逐渐摸索出一套适合社团的国际标准化组织工作机构的工作模式。ISO/TC 130 秘书处的工作大体可以分为三部分：标准相关工作、会议相关工作和流程相关工作。

（1）标准相关工作主要是标准项目各阶段草案的接收、上传及分发；汇总收到的投票和评论意见，制作 ISO 所要求的不同标准项目阶段对应的不同提交表格；上传 DIS（国际标准草案）和 FDIS（国际标准最终草案）的文本及相关图片、电子嵌入文件等，给 ISO/CS 以及标准项目系统复审的投票结果处理并分发。由于 ISO/TC 130 每年固定两次的会议制度，绝大部分召集人和项目负责人都希望能够在会议上讨论相关项目的投票结果及收到的评论意见，这就要求

ISO/TC 130 秘书处在收到开启投票申请的时候就要做出迅速反应，投票结束后立即总结投票结果，制作对应的提交表格并汇总评论意见。ISO/TC 130 秘书处目前严格要求，规定的反应时间为收到草案或投票截止的 5 个工作日内。

（2）会议相关工作主要是征集会议主办国，筹备会议，与各工作组召集人及秘书商议确定会议周的具体会议日程安排，建立并分发会议议事日程；分发会议议事日程中列出的所有文件，包括工作组报告，并指明会议期间需要讨论的所有其他文件；记录会议上做出的所有决定，并将这些决定整理成书面文件，以便在会议期间得到确认；根据会议实际内容编写会议记录；准备向委员会全体会议提供的秘书处提交年度工作报告及提交 ISO TMB 的报告以及联系各联络组织的联络员为全体会议提供年度联络报告。同时，在 ISO 中央秘书处的官员不能参会的情况下，还要代表 ISO 中央秘书处对《ISO/IEC 导则》当年的变化在全会上做出讲解。其中确定会议日程是一个让人头疼的工作，目前根据 14 个工作组所要求的开会时间，ISO/TC 130 春季会议一般需要 6 天，秋季会议一般需要 7 天，而各工作组的召集人和秘书以及项目负责人、关键专家等交叉情况较严重，在安排日程的时候就要尽量完全避开交叉冲突的情况，所以通常反复讨论半个多月才能最终确定会议日程安排。而 ISO/TC 130 每次会议约有来自 15 个国家的 100 多位专家参加，所有专家的参会报名表也是由秘书处负责收集并整理的。ISO/TC 130 秘书处目前规定的秘书处报告提交时间、正式会议通知和会议日程分发时间至少要提前四个月，参会报名表应在报名截止后的 5 个工作日内整理完成。

（3）流程相关工作主要是及时答复来自工作组召集人、秘书及专家关于工作流程的相关问题；回复关于各工作组工作中遇到的涉及《ISO/IEC 导则》的相关问题；根据各标准项目各阶段的规定时间，及时提醒其所在工作组召集人及项目负责人保证项目按阶段时间顺利推进；与各联络组织保持联系，确保联络报告及时发送以及其他相关工作等。在必要的时候还需要和相关人员召开网络会议，对遇到的问题进行商讨和解决。顾及参会的大多数，这种网络会议一般都是在北京时间的半夜进行。ISO/TC 130 秘书处目前要求秘书收到的询问邮件必须在当天给予答复，凡是不能确定的问题，应当天邮件询问 ISO 中央秘书处的技术项目经理。

同时 ISO/TC 130 秘书处也建立了严格的文件存档制度，所有分发的 N 文件及重大技术、流程问题的相关邮件往来除另建文件夹保存电子文档外，也必须打印存档。

在人员素质提升方面，协会注重推荐 ISO/TC 130 秘书处工作人员参加针对政治素质、业务知识、外语水平的各类培训活动，为秘书处工作人员参与国际组织的活动和会议提供便利。

在发掘有参与或主导国际标准制定的标准研制方面，协会重点是加强数字印刷和印刷数字化技术、绿色印刷版材等我国具备一定优势的技术项目的标准化建设工作。

在工作时间上，协会考虑到国内外的时差，需要处理的标准项目的紧迫性及网络会议的时间等，在社团整体工作时间不变的情况下，对 ISO/TC 130 秘书处工作人员实行 1:1 的工作时间弥补制度，尤其是在头一天需要工作至深夜的情况下，特许秘书处相关工作人员可以第二天 1:1 晚到，最大限度地保证了秘书处工作人员的工作积极性及饱满的工作状态。

与此同时，ISO/TC 130 秘书处强调"专人专责"，主席与秘书的职责根据《ISO/IEC 导则》的规定进行了详细的划分，杜绝"一刀切"现象，形成了"可负责、可问责"的分领域工作规范。

三、绩效与评价

ISO/TC 130 秘书处落户我国之前，我国印刷界代表一直在积极参加 ISO/TC 130 国际标准化会议。中国印刷技术协会承担 ISO/TC 130 秘书处工作之后，积极引导、支持中国的印刷领域专家更广、更深地参与到国际标准化诸多工作当中来。

ISO/TC 130 秘书处的工作也得到了国内外的高度评价，不仅在国家标准委的年度考核中排名领先，在 ISO 中央秘书处的测评里也获得满分，ISO/TC 130 技术项目经理 Yusuke Chiba 先生评价说："你们将如此巨大而有很多争议论题的委员会管理得非常棒！即使是我，也没有信心把 ISO/TC 130 管理到如此程度！"

四、面临的主要难题

(一) 工作经费和保障工作常态化问题

与其他有固定经费支持渠道的国有企事业单位不同，中国印刷技术协会作为民间科技社团，要持续支持 ISO/TC 130 秘书处的工作，需要多方筹措工作经费。考虑到今后工作的常态化，在密切配合行政体制改革的同时，为支持 ISO/TC 130 秘书处工作，呼吁出台民间科技组织承担国际科技组织工作机构的支持政策，开拓稳定的经费筹措渠道、保障工作的常态化是摆在协会面前的现实问题。

(二) 加强人才队伍建设问题

从总体上看，我国在国际民间科技组织中发挥的作用同我国的地位和实力相比还很不相称，在相当一部分国际民间科技组织及其活动中还较少听到我国科技界的声音。加强国际民间科技组织人才队伍建设是我国的重要任务之一，是不断提升我国科技界的国际影响和地位的重要保证，也是创新型国家建设的必然要求。然而相较于其他国际科技组织秘书处承担单位，社团的薪酬体系、晋升空间和户口指标等目前处于劣势，这直接影响到社团建设懂业务、悉规则、具备国际交往能力、综合素质较高的后备人才队伍。

(三) 以标准化建设提升国际地位、带动产业发展水平问题

尽管目前 ISO/TC 130 秘书处工作进展情况良好，获得了来自 ISO 中央秘书处、各成员国和我国国家标准委的一致好评，但是怎样借 ISO/TC 130 秘书处落户我国的东风，将我国的印刷国家标准、行业标准、团体标准转化成国际标准从而提升我们的国际影响和地位，并通过标准化建设带动产业转型升级仍然是当前面临的难题。

五、典型工作案例

（1）ISO/TC 130/WG 11 于 2014 年年底开始着手进行关于印刷纸张的脱墨性能的标准项目研究工作，2015 年 1 月初，名称为 "Graphic technology - Assessment guidance for the recyclability of paper-based printer matter - Optical characterization for deinked pulps"（《印刷技术——纸质印刷品的再循环能力评测指南——脱墨纸浆的光学特性》）的预研草案初稿在组内分发。此草案遭到了 ISO/TC 6 "纸和纸浆" 的反对，他们认为关于纸浆的任何标准项目都属于 ISO/TC 6 的工作范围。ISO/TC 6 于 4 月 25 日在美国亚特兰大召开的第 26 届全体会议上通过了本年度第 20 条决议，要求 ISO/TC 130 将此项目转交给 ISO/TC 6。ISO/TC 130 秘书处在收到此文件后，第一时间通知了 WG 11。而 WG 11 的召集人和该项目的负责人获知此信息后坚决反对。5 月 13 日在意大利博洛尼亚举行的会议上，WG 11 的专家们与 ISO/TC 6 的代表们进行了颇为激烈的讨论。基于日本专家提供的实验数据和市场数据，WG 11 决定修改该草案的名称为《印刷技术——印刷品的脱墨能力评测指南》，并相应地更改范围及内容，使其重点更贴合再循环能力与油墨脱除能力，而非纸浆。7 月 29 日，WG 11 分发了更新后的草案。ISO/TC 6 对更新版的草案仍不满意，他们担心该标准会影响到造纸厂的利益，于是通过 ISO/TC 6 的技术项目经理向 ISO/TC 130 的技术项目经理施加压力，希望说服 ISO/TC 130 将此项目移交给 ISO/TC 6 进行。由于关于此项目的争端有上升趋势，ISO/TC 130 的技术项目经理 Yusuke Chiba 先生要求秘书崔远超务必参加 WG 11 于 11 月 6 日在韩国首尔的会议，随时把控争端程度，防止矛盾激化。经过事先与 WG 11 召集人、秘书和该项目负责人的密切沟通，研究 ISO/TC 6 的根本诉求，ISO/TC 130 秘书处在 WG 11 会议开始前便做足了充分准备。WG 11 召集人在会议上强调该标准的目的是为印刷采购者、出版商和印刷厂就不同印刷产品的脱墨能力分类提供参考。TC 6 的代表也承认实际上 TC 6 并不需要该项标准，即使 TC 130 将此标准移交给 TC 6，他们的下一步便是停止此项目。他们表示，如果该标准能够不对造纸厂的利益产生影响，他们不会反对此项目。经讨论，该标准草案的题目被修改为 "Graphic technology -

Assessment guidelines for the deinkability potential of printed matter"（《印刷技术——印刷品潜在脱墨能力的评测指南》）。TC 6 的代表要求该标准草案在更新后应先提交 TC 6 做一个 90 天的审查，如若 TC 6 没有反对意见，才可进行 NP 投票。ISO/TC 130 秘书崔远超告知这不符合 ISO 的游戏规则，《ISO/IEC 导则》中没有规定进行 NP 投票必须征得联络组织的同意。她同时表示，规则是规则，具体处理办法双方可以友好协商；作为 A 级联络组织，TC 6 可以访问 TC 130 的所有文件但无权投票，TC 6 有权鼓励其同时也是 TC 130 的 P 成员的国家为此项目投反对票。TC 6 的代表对此表示满意，最后双方协商决定先将更改后的草案同时在 TC 6 和 TC 130 内部进行为期 6 周的审查，如无疑问再进行 NP 投票。会后，秘书崔远超要求 WG 11 召集人提供关于为何该项目应在 ISO/TC 130 范围内制定的理由陈述，并随会议情况报告一并递交给了 ISO 中央秘书处的技术项目经理。最终，该项目以标准号 ISO/PWI 21331 被注册到 ISO 的工作系统中。

（2）ISO/TC 130 秘书处在工作中发现，ISO/TC 130 的网络工作空间 livelink 上的 04 号大文件夹为空，也就是说，之前德国在承担该秘书处时，并没有按照 ISO 中央秘书处的要求将 ISO/TC 130 的标准按照项目分别放入 04 号大文件夹中。在与 ISO 中央秘书处沟通确认后，ISO/TC 130 秘书处将现有的 63 个标准共 637 个文件分别移动至 04 号大文件夹，并按照标准项目分别建立了分文件夹。这在很大程度上进一步完善了 ISO/TC 130 的工作，为标准项目文件的查询、汇总创造了便利。

标准是科学技术和实践经验的综合成果，是社会化大生产中产业链条的纽带，它可以有效增强世界各国相互的沟通和理解，消除技术壁垒，促进人类创造的物质财富和精神财富在全世界范围内实现共享。中国印刷技术协会将致力于持续加强人才队伍建设和资金保障力度，积极履行 ISO/TC 130 秘书处职责，进一步推动印刷行业国际合作与交流，建设国际标准化组织中工作一流、服务一流的秘书处。

我国《国家中长期科学和技术发展规划纲要（2006—2020）》明确把实施技术标准战略作为科技发展的两大战略之一。由中国印刷技术协会承担的 ISO/TC 130 秘书处未来将做好行业国际标准化活动的引导者，用标准推动国内外行业发展与进步，更加积极引导我国印刷行业更广泛、更深层次地参与到全球标准制定、修订工作中，并将先进的技术转化为国际标准，以提升我国印刷行业在国际上的话语权，提高我国印刷产品的国际竞争力，这是 ISO/TC 130 秘书处继续努力的方向之一，更是中国印刷技术协会为之奋斗的目标。

（全国印刷标准化技术委员会 李美芳）

新闻出版知识服务标准体系研究

一、引言

(一) 新闻出版业开展知识服务工作的必要性

近年来,新闻出版业在政府推动、市场拉动、技术带动下,转型升级进一步深化,并呈加速发展的态势。截至 2014 年年底,大部分的出版机构已经完成了资源的数字化工作,积累了大量的信息和资源。但是,这些信息和资源其内容过于庞杂,大量的有用知识被湮没在海量的信息和资源当中,读者难以快捷检索到有用的知识。此外,这些信息和资源没有建立内容的关联,无法形成知识体系,不利于知识资源的再利用与深度开发。因此,如何高效地处理海量信息,将信息转化为适合不同人群的知识,建立知识体系,让这些知识被潜在用户"消费",实现从信息资源到真正知识服务的跨越将成为新闻出版业未来工作的重点。

(二) 建立新闻出版业知识服务标准体系的重要性

国家标准 GB/T 13016—1991《标准体系表编制原则和要求》中对标准体系的定义是:"一定范围内标准按其内在联系形成的科学的有机整体。"在这一定义中,包含以下 3 个方面的含义:

(1) 标准体系的基本单元是标准。

(2) 标准之间具有内在联系,主要体现在标准之间的系统联系、结构联系和功能联系,标准之间要协调、配套。

(3) 标准体系是科学的有机整体,要求每个标准及整体标准体系要科学合理、切合实际,形成系统,而不是简单的集合。标准体系是在实践中形成并发展的,因而应是在一定条件下相对稳定而又能不断发展完善的系统。

新闻出版知识服务标准体系是根据新闻出版业进行知识服务的实践需要建

立的。在新闻出版知识服务的全流程中采用科学严格的标准，运用系统管理的原理和方法将相互关联、作用和影响的标准化要素进行识别，从而制定相应的标准，建立起标准化的体系，将对新闻出版业知识服务起到非常重要的促进作用。首先，标准化是一种整体行为，贯穿于新闻出版知识服务的各个环节，标准化体系的建立和实施，要求相关环节必须按照相关的规定要求，从而保证了服务和产品的质量。其次，统一的标准有效地保证了行业内信息交流畅通，消除了信息壁垒，有利于行业内资源的优化配置。最后，统一的标准有利于形成产品质量认证等合格评定制度，为行业主管部门提供有效的监管手段。

二、新闻出版业知识服务详述

（一）新闻出版业知识服务的内涵

新闻出版业知识服务是基于知识资源或知识产品，为满足目标用户知识需求的一种服务活动。首先，将新闻出版领域内现有的出版内容资源知识化。然后，以字或词为元素，以元知识为最小基本单元，将各行各业、各门类的知识进行大规模的结构化整合，建立计算机可操作的、结构科学、层次清晰、覆盖全面、高度关联、内容正确的分布式知识库群，进而为用户提供科学、权威、准确、及时的高可信的知识服务。

（二）新闻出版业知识服务的流程及主要内容

新闻出版业知识服务可分为三个阶段：资源采集和管理阶段、知识资源资质阶段和知识应用服务阶段。其流程图如图 1 所示。

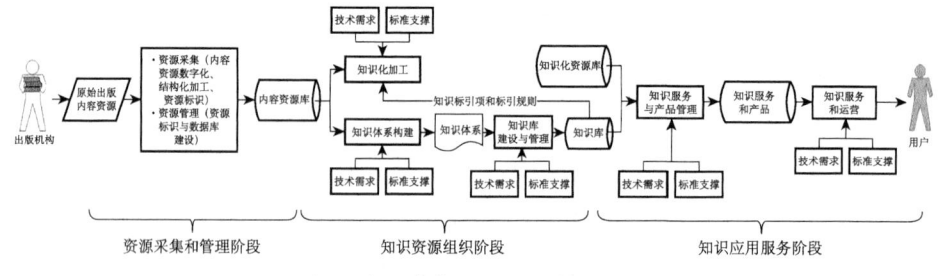

图 1　新闻出版业知识服务流程图

1. 资源采集和管理阶段

在这一阶段中，出版机构的目标是获得数字内容资源。出版机构将其原始的出版内容资源进行内容资源数字化、结构化加工，对资源进行标识后将其存入数据库形成内容资源库。

2. 知识资源组织阶段

在这一阶段中，出版机构的目标是获得知识体系、知识库和知识化资源库。首先，出版机构分别构建概念型、事实型等类型的知识元；其次，在知识元构建的基础上，出版机构理清知识元相互之间的逻辑层次，分别从学科层面和行业层面构建知识体系，并对知识体系进行管理和维护，形成知识库。最后，出版机构利用知识库，围绕特定领域用户的业务流程和工作环节，或围绕特定的知识应用场景，对内容资源库中的数字内容资源进行重组、聚类和关联等知识化加工，进而形成知识化资源库。

3. 知识应用服务阶段

在这一阶段中，出版机构的目标是向用户提供科学、权威、准确、及时的高可信的知识服务和产品。出版机构对知识化资源库和知识库中的资源进行知识服务与产品管理形成知识服务和产品，知识服务和产品通过知识服务和运营被推送给用户。出版机构根据用户需求向用户提供的知识产品包括电子书、专业内容数据库、知识库、大型开放式网络课程、大数据平台等；出版机构根据用户特定领域、特定行业、特定应用场景的知识需求，向用户提供知识解决方案、移动型知识服务和小规模限制性在线课程服务等，以切实解决用户的实际问题。

三、新闻出版知识服务标准体系

为了整合现存的多种类型的出版资源，实现高效率的知识应用，总局开展了"专业数字内容资源知识服务模式试点工作"。在这项工作中，由全国新闻出版标准化技术委员会组织地质出版社、铁道出版社、人民交通出版社、化学工业出版社等28家试点单位共同研制了标准《知识服务标准体系表》，明确了新闻出版知识服务标准体系。

新闻出版知识服务标准体系由基础标准、知识组织标准和知识服务标准三类构成。其中，知识组织标准分为知识描述标准与知识加工标准，知识服务标准分为知识服务产品标准、知识服务平台标准与知识服务评价标准。新闻出版知识服务标准体系结构如图2所示。

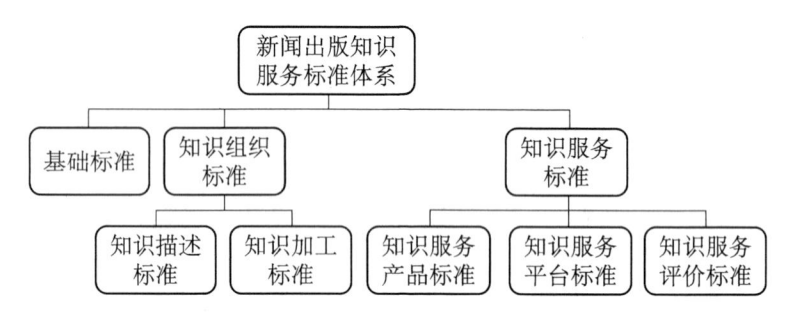

图2 新闻出版知识服务标准体系结构图

（一）基础标准

基础标准明细见表1。

表1 基础标准

分体系名	序号	标准名称	研制方向
基础标准	1	知识服务标准体系表	覆盖知识服务完整流程的标准体系，包括基础标准、知识组织、知识服务、应用指南等。梳理并规范当前和今后需要制订的标准以及与其密切相关的标准
	2	知识资源建设与服务工作指南	规定了知识资源建设与服务工作的基本的条件、基本流程和基本方法
	3	知识资源建设与服务术语	规范知识资源建设和知识服务相关的常用术语
	4	知识资源通用类型	对知识资源的分类进行统一规范
	5	知识关联通用规则	制定统一的知识关联表达方式和关联规则
	6	知识资源建设与服务企业标准编写指南	指导企业标准规范化、企业知识标准体系建设的应用标准
	7	专业领域知识资源术语系列标准	各专业知识资源及相关的术语概念和定义
	8	知识服务框架指南	知识服务顶层设计架构，描述属分关系以及服务协作模式等
	9	知识服务规范系列标准	提供知识服务类型、模式、交互、评价、制定规则、方法以及知识投送等系列标准

(二) 知识组织标准

知识组织标准明细见表2。

表2　知识组织标准

分体系名	序号	标准名称	研制方向
知识组织标准			
知识描述标准	1	知识元描述通用规范	描述知识元的界定范围、规则约束、构成模型等
	2	知识应用单元通用描述规范	根据专业数字内容资源知识单元特点与组织方式，提出适用于出版内容资源的知识单元模型
	3	知识地图描述规范	提供面向概念、流程、能力、关系的知识地图表达
	4	知识本体描述规范	基于OWL描述专业领域本体的表达
	5	语义网描述规范	描述语义网的知识表达
	6	主题分类词表描述与建设规范	主题分类词表的构成要素及表达
	7	专业领域知识地图系列标准	企业依靠资源优势构建本专业领域的知识地图
	8	专业领域主题分类词表系列标准	企业依靠资源优势构建本专业领域的主题分类词表
	9	专业领域知识本体系列标准	企业依靠资源优势构建本专业领域的知识本体
知识加工标准	1	知识加工流程	建立支持本领域内容资源知识加工和标引流程的系列标准
	2	知识加工规范	建立支持本领域内容资源知识加工和标引的系列标准
	3	知识标引规则	提供本领域知识标引规则描述的系列标准
	4	知识发现与知识资源更新规范	提供通过知识推理以及延伸至互联网的知识发现、实现知识组织的更新的系列标准
	5	通用知识元建库规范	指导通用知识元数据库的建设与管理
	6	专用知识元建库规范	指导专用知识元数据库的建设与管理
	7	专业领域知识资源建库规范	指导专业知识资源数据库的应用

（三）知识服务标准

知识服务标准明细见表3。

表3　知识服务标准

分体系名	序号	标准名称	研制方向
知识服务标准			
知识服务产品标准	1	知识图谱应用规范	提供基于知识组织的知识导航和知识图谱应用的系列规范
	2	知识产品版权保护相关规范	描述知识产品的知识版权保护方法，保护数字产品版权信息
	3	知识互动规范	提供描述知识互动模式和类型的规范
知识服务平台标准	1	知识服务平台统一身份认证规范	用于实现知识服务平台与用户机构认证系统的身份认证，支持各类用户的实名访问
	2	知识服务平台统一日志规范	用于实现知识服务平台中各类用户的实名访问，日志数据按照统一方式进行记录、保存和汇集
	3	知识资源调度规则	知识整合服务及知识资源交换、调度与管理规则
	4	知识搜索技术规范	描述知识搜索技术的应用
	5	知识产品定制与投送服务规范	描述知识定制规则、方法以及知识投送、服务等系列标准
知识服务评价标准	1	知识产品与服务评价	知识产品以及服务质量的指标和评价要求

四、结　语

在新闻出版行业开展知识服务工作的过程中，充分运用标准化的理论和技术，是进行科学发展，推动质量建设，有效降低风险，提高行业服务水平的重要手段。国外出版业十分重视知识服务工作，在开展知识服务工作的过程中形成了一套行之有效的管理体系，在实践中发挥了重要的作用。我国新闻出版行业的知识服务工作仍处于起步阶段，标准化理论和技术的实践与经验相对薄弱，远不能满足行业发展的需要。我们应该充分认识形势的需要和现实的差距，积极探索包括标准化在内的先进科学技术在我国新闻出版知识服务中的应用与推广，以先进、科学的管理理念，标准化的方法与手段，有效保障和加速新闻出版业知识服务工作的繁荣发展。

（数字出版标准符合性测试北京市重点实验室　谢　冰）

教育数字出版需要技术与标准同行
——关于标准的朴素思考

自2011年开始从事人民教育出版社（以下简称人教社）数字出版工作，笔者就体会到了技术与标准对工作的重要意义。教育数字出版需要技术与标准同行。

一、教育数字出版业务就是标准的素材和基础

关于标准，笔者查了一些资料。《现代汉语词典》对标准的解释是"衡量事物的准则"。国家标准GB/T 3935.1—1996《标准化和有关领域的通用术语 第一部分基本术语》中对标准的定义是：为在一定范围内获得最佳秩序，对活动或其结果规定共同的和重复使用的规则、导则或特性的文件。该文件经协商一致制定并经一个公认机构的批准。它以科学、技术和实践经验的综合成果为基础，以促进最佳社会效益为目的。国际标准化组织（ISO）给"标准"的定义：标准是由一个公认的机构制定和批准的文件。它对活动或活动的结果规定了规则、导则或特殊值，供共同和反复使用，以实现在预定领域内最佳秩序的效果。

可以看出，标准是通过对科学、技术和实践经验的总结，形成一个指导性文件，以便在一定的范围内获得最佳秩序。也就是说，标准的来源是科学、技术和实践经验，标准的用途是在一定的范围内指导实践获得最佳秩序。数字出版源于科学、技术的发展，兴于出版实践，其本身就是标准的基础。

在美国，直到2009年，大学数字教材市场才开始变得成熟起来。主要由新技术推动，但也受到传统大学开展的商业化远程教育的推动。这些远程教育

项目开始朝着100%数字化教育的最终目标努力，其中针对公司培训的教育项目，让出版社显著扩大了数字出版的规模。移动技术的普及以及电子书和平板计算机的出现，也推动出版社出版更多品种的数字教材。对于数字教材产品来说，产品设计的重点落在互动式学习和设备的移动性上。当前，数字教材的XML制作技术成为一个同行的行业标准（XML实际上是一个兼容了各种标准的、能够适用于各种不同发行格式的技术）。商业化数字教材制作流程，从原来的"由印刷版到电子书版"向"由电子书版向印刷版"转变。教材也从单一的、内在连贯的产品，转变为一组可以任意组合的内容资源，既可以拆解，也可以重新组合，方便与其他电子书产品相结合。

由于人教社在中小学数字教材开发中积累了大量的经验，并且也深感缺乏标准的困惑。2014年，在中国新闻出版研究院标准化所的支持指导下，人教社作为起草组组长单位，起草了《中小学数字教材加工规范》行业标准。为我国基础教育数字出版领域中小学数字教材开发企业提供了基本规范。

二、教育数字出版是技术与标准的结合

教育本身是一种社会事业。数字出版是信息技术尤其是数字技术和网络技术的发展和普及催生的一种新型出版业态，其主要特征为内容生产数字化、管理过程数字化、产品形态数字化和传播渠道网络化。

就传统出版业务而言，人教社的主要任务是中小学教材的编写、编辑和出版。而中小学教材的编写就是以国家制定的中小学课程标准为依据开展工作的。国家制订的课程标准，是由许多专家研究制定的，体现了国家意志。新课程标准，不仅要求学生牢固地掌握应知的知识，还要发展智力，增长解决问题的实践能力和创造能力，同时形成正确的世界观、人生观、价值观。中小学教材的编写必须标准先行。而关于中小学课本的一些技术标准，如印制标准、格式标准等等，一定是在有了课本并经过在中小学一定时期使用后制定出来的。没有大量技术研究和实践，这些标准是制定不出来的，人教社作为大企业为这些标准的制定发挥了主要作用。

人教社数字出版的立足点是对传统业务的补充、丰富和延伸。因此，我们

开展数字出版工作的重点是数字化教学资源建设和基础教育数字教材开发。无论是对数字教育资源的整合和存储，还是对数字教育资源的查询与应用，离开技术与标准就无法开展工作，甚至有时是先有标准才能开展工作。如我们为了促进全社数字教育教学资源的共享和服用，需要开展基础教育数字资源管理平台建设，但这项工作必须基于基础教育数字资源标识标准，才能实现数字资源的有序存储，平台基于这个标准选择技术，才能实现平台的功能。平台各项功能的开发，也必须依据一定的技术标准。还有我们开发的人教数字教材这个产品，首先也要基于一定的技术标准，这样开发出来的产品才能在一定技术环境下被学习者或者教学者看到。但关于数字教材这个产品本身，也需要建立一个标准才能有序、广泛传播，在实现其社会效益的同时实现其经济价值。可以说，做好数字出版工作，离开了标准就寸步难行。

制定标准主要是为了有利于产品的通用互换及标准的协调配套，有利于合理利用国家资源，推广科学技术成果，提高经济效益，保障安全和人民身体健康，保护消费者的利益，保护环境等。

教育数字出版服务的对象是教育，依靠的手段是技术，因而是技术与标准的结合。离开技术与标准，就无法开展教育数字出版工作。

就产业标准而言，一流企业定标准是基于一流企业实践经验丰富、技术研发和应用能力强，其他跟随型企业不得不遵从其标准。但由此并不能推出制定了标准的企业就是一流企业，不是基于技术或实践经验制定的标准，其他企业不能应用只能是摆设。一流企业定标准即是其核心竞争力的体现，更是其社会责任的要求。

（人民教育出版社数字出版部　杨惠龙）

学术出版规范系列标准研究

2012 年，全国新闻出版标准化技术委员会启动了学术出版规范系列标准的编制工作。几年来已取得一批成果，相关工作仍在紧锣密鼓地进行。

一、改革开放，要求出版标准化

中国是最早发明印刷术的国家。中国出版在世界古代文化史上留有辉煌的篇章。改革开放，让中国出版业再度快速发展。2012 年以来，年出版图书 30 万种以上。中国已成为当之无愧的出版大国。出版标准化自 20 世纪 80 年代以来，也已经取得可观的成绩。据《全国新闻出版标准化技术委员会标准体系明细表（草稿）》梳理，发布实施的国家标准和新闻出版行业标准已有上百项，包括总体标准、基础设施类标准、技术类标准、格式类标准、信息类标准、数字出版类标准、版权类标准和管理与服务类标准等。

然而，目前在国际上我国出版作品的被引用率和影响力仍很低微，其中有语言的障碍问题，更与我国历代出版人崇尚版本的多样化，至今出版仍不够规范有很大关系。在改革开放的背景下，与世界发展相比，还有较大差距。在推进标准化，与国际接轨方面，与其他行业相比，出版业也明显落后。

落后给人压力，也给人动力。出版业作为我国文化的重要组成部分，正面临着难得的发展机遇。原国家新闻出版总署提出中国出版物走出去战略，并积极推动我国由出版大国向出版强国迈进。近年来数字出版的发展使出版的传播范围更广，更快捷。数字技术的广泛应用，改变了出版业的工作方式，拓展了产业链，也对出版标准化工作提出了新的挑战。数字技术的应用改变了传统新闻出版业的生产、管理和传播方式，可以提升出版产业的整体实力和核心竞争能力，实现新闻出版行业的跨越性发展。数字出版类标准不但涉及出版物出版的业务流程，还涉及不同的传媒介质，范围广泛。积极编制中的数字类标准包括数字出版类标准、数字印刷类标准、数字发行类标准、数字复合出版类标准、网络出版类标准、手机出版类标准及 MPR 出版物类标准。而数字类标准的研制又要求以传统出版的标准化为基础。

二、学术出版规范，要做出版标准化开路先锋

学术出版是记录和传播科学知识的主要载体，是出版业中的核心部分。由于已有标准体系还很不完善，制定的标准宣传和贯彻不够，出版机构对规范的执行意识不强，导致我国学术出版不够规范，严重影响了学术出版的严谨性和权威性。

建立系统、明确的学术出版规范，制定与国际出版规范兼容的国家和行业标准，是我国学术作品进入国际学术界的必由之路。增强我国学术出版作品的被引用率和影响力同时有利于我国学术出版国际地位的提升。学术出版的规范化、标准化成为出版人面对的迫切任务。

另一方面，学术出版又是较有标准化基础的出版领域。学术作品自身的科学性、逻辑性、严谨性使其天然地较易于实行标准化，出版界在这个领域的摸索也很早就在进行。由美国芝加哥大学出版社编辑的《芝加哥手册——写作、编辑和出版指南》(THE CHICAGO MANUAL OF STYLE: THE ESSENTIAL GUIDE FOR WRITERS, EDITORS & PUBLISHERS) 成为各出版社和学术杂志对英文稿件要求最常用的标准。该书 1906 年初版，现已出第 16 版，篇幅 900 余页。手册囊括了学术写作和编辑所涉及的各个细节。在我国，科学出版社 1964 年编印了《著译审校手册》，1978 年修订后，被一些出版社参照使用。20 世纪 80 年代《中国大百科全书》编辑期间更是制定了《〈中国大百科全书〉编写条例》《〈中国大百科全书〉成书编辑体例》等。清华大学出版社 1982 年创办《科技与出版》杂志，也一直致力于科技出版的规范化。

2012 年 9 月新闻出版总署下发《关于进一步加强学术著作出版规范的通知》，就加强学术出版规范提出了具体要求。这前后，新闻出版总署副署长邬书林在多个场合强调学术出版的规范化："学术出版规范是文化建设、文化发

展一项基础性的工作。一个国家学术环境的好坏,学术水平的高低,学术出版物的质量优劣,都与学术出版有很高的关联度。抓好学术出版规范是提升出版质量、引领社会学术风气的一件基础性的工作。""规范学术出版,把中国的出版水平引领到一个更高的层次上,时不我待。"①"努力提升学术出版规范,积极参与国际竞争。"②

此时启动学术出版规范系列标准的制定,可以说是一个突破的契机。学术出版规范系列标准的推出,将会推动整个出版事业的标准化,这也是制定学术出版规范系列标准的初衷。

三、学术出版规范,是一项系统工程

学术出版的产品是学术出版物。一般人们理解,首先是学术著作,是书。当然也包含学术期刊和研究报告、古籍文献、翻译学术著作等其他形式。所以,可以以书为主体,兼顾其他形式,为其分别制定若干标准。学术出版的范围涵盖社会科学和自然科学,包括纸质、互联网等载体形式。

标准的内容,侧重于学术出版物的格式性内容,主要是分门别类地规定各项格式做成什么样。设"编排"标准,重点在于编排成什么样,而非如何组织编排。少量涉及的评审、管理等工作也侧重程序性问题。至于作品的学术性内容、政治性问题,不作为标准内容的重点。

从以上考虑出发,设想将学术出版规范制定为系列标准、推荐标准、行业标准。

经过项目组与有关专家、领导多次会议的研讨,对系列标准的框架达成了共识。

具体设想系列标准包括基础标准、类型标准、编排标准、质量标准四类。

基础标准:包括学术出版规范的一般要求和科学技术名词等。

---

① 邬书林:《总署关于规范学术图书出版的思路与措施:2012 年 8 月 18 日在学术出版上海论坛的讲话》,《中华读书报》,2012 - 12 - 18. http://www.bookdao.com/article/56940/。

② 邬书林:《提升学术出版规范 积极参与国际竞争》,2013 - 01 - 15。新闻出版总署网站 http://www.gov.cn/gzdt/2013 - 01/15/content_ 2312756. htm。

类型标准：是若干重要的学术出版物类型方面的规范，包括古籍整理、中文译著等。这一类既涉及特定出版物形态的内容，也可涉及某些出版工作程序方面的内容。

编排标准：是对学术著作具体内容表述元素使用方法的规定，是出版设计方面的规范，包括图书版式、插图、表格、引文、注释、索引等。

质量标准：包括流程管理等。

标准名称明确为"学术出版规范"，实际其所做规定的应用范围应该不限于学术著作。有些事项，例如版式设计的页码设计规则以及图书辅文的编排顺序等，就是普通图书编辑中提出很久而未曾制定明确规定的事项。如同《科学技术期刊编排格式》GB/T 3179—1992）、《科学技术期刊目次表》（GB/T 13417—1992）为《期刊编排格式》（GB/T 3179—2009）、《期刊目次表》（GB/T13417—2009）奠定基础，学术出版规范的制定也应可以为更广泛范围的标准制定起到奠基的作用。

四、系列标准分批制定发布

学术出版规范系列标准工程牵涉方方面面，需要诸多单位、众多专家集思广益，是不可能一蹴而就的。系列标准在总体策划的基础上，采取了全面推进、分批次完成的方式，让基础较好、条件成熟的先行一步。

在社会科学文献出版社、中国新闻出版研究院、商务印书馆、中华书局和全国科学技术名词审定委员会等单位的密切合作下，项目进展迅速。首批标准已经于2015年1月发布，计7项：《学术出版规范 一般要求》（CY/T 118—2015）、《学术出版规范 科学技术名词》（CY/T 119—2015）、《学术出版规范 图书版式》（CY/T 120—2015）、《学术出版规范 注释》（CY/T 121—2015）、《学术出版规范 引文》（CY/T 122—2015）、《学术出版规范 中文译著》（CY/T 123—2015）、《学术出版规范 古籍整理》（CY/T 124—2015）。

紧接着在编的还有《学术出版规范 流程管理》《学术出版规范 表格》《学术出版规范 插图》《学术出版规范 关键词编写规则》《学术出版规范 学术不端行为界定》等。

五、值得关注的两个问题

一是与已有标准协调的问题。

已有的《图书书名页》《图书在版编目数据》《出版物上数字用法》《标点符号用法》《信息与文献 参考文献著录规则》等相关国家标准自然是覆盖学术出版的。新制定的行业标准与已有标准发生交叉不可避免。在交叉点，可能出现某些事项规定不一致的问题。

全国新闻出版标准化技术委员会举办两期学术出版标准规范培训班，报名踊跃，表现了人们对出版标准化的热情。班上有些学员提出新行业标准《学术出版规范 注释》涉及参考文献，与国家标准《信息与文献 参考文献著录规则》规定不一致，不好操作的问题，就值得研究。

毋庸讳言，已有的相关标准不无可议之处。例如对《标点符号用法》，就有学者提出了批评。[1] 这无疑给标准修订提出了任务，也给原标准修订之前的新标准制定提出了特殊的处理课题。

二是已发布标准的研讨与修订问题。

标准制定从来不是一劳永逸的。定期或不定期修订应该是常态。一些标准在制定过程中的起草、审定环节都会有各种争议存在。发布的标准版本在条文措辞和编排格式上也还有推敲的余地。例如，《学术出版规范 注释》称"出处注分为顺序编码制、注释—编号制和著者—出版年制三种形式"，其中的顺序编码制与注释—编号制是不是两种形式便值得研究。但毫无疑问的是，首批学术出版规范标准的推出是我国出版标准化的可喜进展。

（中国大百科全书出版社 傅祚华）

---

[1] 陆嘉琦：《国家标准的起草和编辑出版应审慎：2011年版国家标准〈标点符号用法〉指瑕》，《科技与出版》，2014年第2期。

ISLI与MPR系列标准对我国出版产业转型升级的价值和作用

一、引 言

随着信息技术的发展，以互联网为核心和基于网络的信息技术产品，已经成为现代社会生产和人们生活不可或缺的组成部分，"互联网+"引领不同领域的跨界融合，不同范畴的要素构建彼此之间的相互关系，成为产业发展的主要趋势，也是信息化时代产业所具有的鲜明特征[①]。就新闻出版领域而言，承载内容的介质及阅读方式亦呈现多样化，标识符从标识纸质出版物逐步扩展，原有ISBN等标识符难以对相互关联的、复杂的、复合的内容产品进行标识与管理，实现不同表现形式和不同载体间文献资源的检索和聚合，成为标识符的发展方向[②]。

二、产业背景

20世纪末期，对于人类社会影响最大的，莫过于互联网的兴起。

出版产业也不例外，在延续了数百年的稳定发展，用纸张和图文承载了人类文明的全部内容之后，数字化使这种传统形态面临着一场新的变革。对于出

---

① 蔡逊：《关联——ISLI国际标准的理念与价值》，《出版发行研究》，2015年第7期。
② 邢瑞华、杜一诗、张晶：《信息与文献标识符标准的推广与应用》，《出版参考》，2014年第19期。

版产业而言，数字化不仅仅是一项新的技术，它更是一种新的理念、新的传播模式和经营方式。网络公司和技术企业借助技术优势，成为最初的领跑者。一时间风生水起，国际上有亚马逊等企业引领了网络出版的潮流，于是，传统出版者纷纷加盟试水，从旁观者变身为参与者，亲身尝试这种新的形式，试图寻找适合自己的出版新模式。我国也有方正、汉王等企业，拉起了数字网络出版的大旗，声势浩大，高潮迭起。随着时间的推移，高潮涌过，出版人开始理性地思考当前的变革和产业的未来，产生了这样一些问题。

其一，新形态的网络出版与传统出版的关系是什么，是替代还是并存？

其二，面对网络传播及出版内容易被复制和非法传播的现状，如何应对，如何解决？

其三，尽管有不少成功的网络出版个案，但大都缺乏普遍性意义，尚未有具有普遍性意义的可复制的成功商业模式和营销模式，作为出版者，如何选择？

这些问题很难得到完美的答案，自然成为困扰出版人的问题和障碍。作为一个在人类社会发展中占有重要地位的出版产业，承担着文化传承和商品生产的双重职能，正是因为有着这样的社会角色，必然也就有着不同的思考与追求。首先，出版产业不同于其他产业，其社会职能决定了伴随社会的发展，出版产业绝不可能像某些落后的工业产业那样被历史的发展无情地淘汰；其次，新技术改变的是复制、存储和传播方式，并未改变出版物的内容，所谓数字化转型是因应复制、存储和传播方式的变革对出版产业做出的调整。有鉴于此，出版产业的数字化和网络化发展，必须符合产业的上述基本属性和规律。

在不断探索和尝试中，传统出版单位由于技术力量薄弱或者发展相对滞后，出现了在数字化、网络化出版环境下对内容自主掌控力不足，缺乏不同形态内容整合手段，市场主体地位面临弱化甚至丢失，以至于出现出版者受制于控制数字出版发布渠道的运营商，内容产品收益分配方式被运营商主导的尴尬局面。由于经营模式和利益最大化的驱使，运营商将版权控制与自身的平台捆绑，传统出版单位将内容交与运营商后无控制手段，其用户、收益等均由运营商掌控，双方在利益和权利上无法达到互信共赢，很难进入良性循环，形成可持续产业发展之道。

要摆脱这一困境，合理的解决方法是将版权控制从渠道平台分离出来，建立一套标准化通用的多元内容及内容关联标识和数字内容版权跟踪体系，将内容产品的控制权交回传统出版单位,以便理顺在数字时代出版产业的发展链条,建立能够满足自身发展需求并兼顾相关各方利益的分点共赢产业发展模式。虽然在这一时期涌现出众多的技术和方案,但以出版人的视角审视,真正能够符合出版产业需要,并能帮助出版产业实现产业升级的,确是难寻难觅。ISLI 与 MPR 系列标准及其技术系统基于这样的历史契机而产生,旨在解决传统出版单位没有数字化生产经营抓手问题,从底层技术系统和内容资源数字化顶层标准两个方面打通信息技术产业和信息内容产业之间的产业链通道。ISLI 与 MPR 的产生并得到广泛应用有其必然性,在众多出版技术中,符合出版产业需求的技术和方案不多,能够为产业转型升级所用的更是不可多得。

在数字化语境中,建立一套标准化通用的多元内容及内容关联标识和数字内容版权跟踪体系的基础在于对信息内容资源的全球化标识,实现不同表现形式和不同载体间文献资源的跟踪管理并最终服务于检索聚合等应用。ISLI 与 MPR 满足了这样的需求,为全产业链互通创造了条件,并可实现由产业低端到高端升级的顺畅衔接。

三、ISLI 与 MPR 系列标准介绍

(一) MPR 出版物技术和相关标准

2006 年,一项具有我国完全自主知识产权的出版技术——MPR 诞生了,并逐渐开始应用于我国出版产业。由于这项技术符合新闻出版产业升级的需要,对于出版产业数字化转型具有重要价值,受到了有关部门的高度重视,并将情况反映给中央有关领导。2008 年 6 月,时任中共中央政治局常委李长春同志就此做出批示,指示新闻出版总署"重视此事,加强指导"。新闻出版广电总局(原新闻出版总署)即责成中国新闻出版研究院标委会组织专家组,对这项技术展开跟踪研究。经过对这项技术全面深入的考察,对相似技术在全世界范围的应用情况进行了大量的资料收集和分析研究,专家组认为,MPR 出版物项目是我国出版技术和信息技术相结合,具有高科技含量和完全自主知识产权的出版物整体解决方案,其优势在于可以与目前的传统出版形态实现良好的衔

接，并可以将纸质出版物赋予数字化功能。它是在传统纸质出版物上以二维码为关联技术，以关联编码为核心，赋予了纸质出版物以新的应用功能，促进了传统出版产业的拓展和升级，形成了以数字技术为核心的跨媒体复合出版的新的出版物种。在全世界当时具有类似功能的四种技术中，我国自主研发的 MPR 技术具有超越其他三种技术的特点，完全符合出版产业的需求。MPR 如果得到普及和应用，将会对我国乃至世界出版业产生深远的影响。MPR 具有前瞻性的系统设计，它的初级产品形态是纸质加声音点读出版物，但它以 MPR 编码构建资源之间的关联为核心要素，提供了从纸质加声音升级到全数字加全网络化产品形态的完整升级路径。尤其是与纸质出版物的衔接，使出版社易于采用，无须废弃和改变原有的工作方式，只需要在现有的基础上增加几道工序，即可实现与网络数字体系的接驳。

为使 MPR 技术更好地应用于我国出版产业，专家组立即开始着手 MPR 在出版行业应用的标准化工作，以满足产业转型升级应用需要。《MPR 出版物》系列标准最初计划编制国家标准，但国家标准编制周期较长，而出版产业升级转型工作当时已经启动，标准作为这项工作的基础性保障，直接影响到出版产业升级转型工作的顺利开展，全国新闻出版标准化技术委员会首先立项编制《MPR 出版物》行业标准。2009 年 4 月，新闻出版总署发布了《MPR 出版物》系列行业标准。

在实际工作中，往往标准滞后于工作实际需要。但在 MPR 项目中，新闻出版广电总局（原新闻出版总署）指导全国新闻出版标准化技术委员会，为满足新闻出版产业升级转型工作之急需，在产业应用 MPR 技术之初就完成了标准化工作，真正做到了标准先行。为产业转型升级提供了重要的基础性保障。

2010 年，课题组按照规定程序完成了《MPR 出版物》国家标准的全部起草和送审工作，由总署报送国家标准委审批，并于 2012 年年底发布实施。

(二) MPR 系列标准核心内容

MPR（Multimedia Print Reader）是"多媒体印刷读物"的英文简称，它由深圳市天朗时代科技有限公司于 2006 年 6 月—2008 年 4 月研发成功。2009 年 4 月，《MPR 出版物》五项系列标准被确立为新闻出版领域行业标准，2011 年 12 月，晋升为国家标准。2012 年 11 月，在《关于贯彻实施〈MPR 出版物〉

系列国家标准的通知》中 MPR 出版物被确立为"一种全新的出版物种"。

MPR 的核心要素是在全世界首次采用的一种具有标识符基本属性的 MPR 编码，以 MPR 码定义图文和声像之间的关联关系。在实际应用中，技术系统查找并引用该关联编码，便可以快速、准确地实现图文声像之间的同步呈现等复合应用。这种具有关联属性的标识符与其他信息与文献领域的标识符不同，它所标识的不是一个实体对象，而是两个或两个以上实体之间的关联关系。在现实生活中，关联是普遍存在的，并且已经研制出很多有价值的关联应用，但采用标识符定义和构建关联关系，在全世界尚属首次。由于标识符和该标识符的解析系统所具有的特殊功能，给关联应用的构建带来了诸多便利，大大降低了关联应用的技术门槛，使关联可以准确、高效、低成本地实现，具有重大的产业应用价值。MPR 国家标准是基于"关联"的理念提出的标准，是对进入数字时代、互联网时代的传统出版产品的改造与升级，它超越了图文的表现方式，满足了人们的看听读等多元需求，拓展了图书的使用功能，实现了以传统的纸质出版物为基础的跨媒体出版的新的出版形式。MPR 出版物是一种以唯一性关联编码为基础，以印刷矩阵式二维码为机读符号，对多种出版载体和表现形式进行整合和精确关联，形成以纸质印刷载体为基础的多媒体复合数字出版形态的出版物[1]，它将数字出版物与传统出版物有机地结合起来，使纸质出版物与音频、视频等多媒体相关联，并通过电子识读工具，使所关联的音、视频内容与印刷内容同步呈现。MPR 把人们对传统纸质出版物的阅读习惯与现代电子技术和数字技术进行了整合，是沟通传统出版与现代技术的桥梁，开创了纸质数字出版的新生领域。

《MPR 出版物》行业标准及国家标准均由五部分组成，包括 MPR 编码规则、MPR 符号规范、通用制作规范、MPR 码印制质量要求及检验方法以及基本管理规范。

GB/T 27937.1—2011《MPR 出版物 第 1 部分 MPR 码编码规则》标准规定了 MPR 码的基本构成和编码规则。MPR 码由 16 位十进制数字组成，前十位为前置编码，用来唯一标识一种出版物；后五位为后置编码，用以标识出版物

---

[1] 中华人民共和国国家质量监督检验检疫总局、中国国家标准化管理委员会：《MPR 出版物》，2011。

内容；最后一位为校验码，用于验证 MPR 码的正误。该数字编码具备作为一个出版物种的容量需求条件，编码总容量为 100 亿册，可长期支持全世界 MPR 编码的唯一性需求。

GB/T 27937.2—2011《第 2 部分 MPR 码的符号规范》主要规定了 MPR 出版物使用的 MPR 码的符号结构、生成方法以及符号质量评级等内容。MPR 码是以矩阵式二维条码为印刷符号结构，用来关联与印刷制品所承载的图文内容相关的音（视）频等电子媒体文件的数字编码。

GB/T 27937.3—2011《第 3 部分通用制作规范》对 MPR 出版物的制作和出版具有规范和指导作用。主要包括 MPR 码的排版和印刷方式、分类使用、可视标识以及声音等媒体文件的制作、命名要求等方面内容。

GB/T 27937.4—2011《第 4 部分 MPR 码印制质量要求及检验方法》规定了 MPR 码印制过程中，包括排版、晒版、印刷等各工序的条件、工艺要求，以及所用油墨、分色片等原材料的质量要求，同时规定了 MPR 码印刷质量的检验方法、工具，以及检测指标。

GB/T 27937.5—2011《第 5 部分基本管理规范》明确规定 MPR 出版物服务机构及相关职能。

在《MPR 出版物》系列标准中，第 1、2 部分是基础性标准，它规定了 MPR 编码作为一种具有在图文和声像之间建立关联关系的标识符的基本规范，以及携载 MPR 码供光电识读设备读取的 MPR 码符号（第 2 部分中的 MPR 码符号含有专利）；第 3、4 部分是产品和方法标准，它规范了 MPR 出版物的编辑制作和印制生产的基本程序和质量要求；第 5 部分是管理标准，它规范了 MPR 码的申领、发放和相关使用规则，规定了 MPR 码的注册管理。

（三）ISLI 国际标准概述

ISLI 是 ISO 17316 信息与文献——国际标准关联标识符的标准简称，是一项基于我国《MPR 出版物》系列国家标准及其技术研制的国际标准，于 2015 年 5 月 15 日正式颁布。ISLI 由 ISO/TC 46/SC 9（国际标准化组织信息与文献技术委员会识别与描述分技术委员会）归口管理，其负责 ISLI 编码分配和在各国应用与管理的 ISLI 国际注册权利机构在多方努力下由在我国香港注册的国际信息内容产业协会（ICIA）承办，这也是首个落户中国的国际标准注册机构。

ISLI 国际标准的产生源自《MPR 出版物》系列标准中的《MPR 码编码规则》部分。在编制行业标准和国家标准时，专家组在研究过程中发现，MPR 在跨越不同载体呈现内容中使用了 MPR 码，使所有内容被关联在一起，而这种采用唯一性编码命名的关联具有唯一性的重要特征，因此 MPR 编码具有标识符的全部属性。专家组进而又对这种对于关联采用唯一性编码命名的方式是否具有普遍性的意义，进行了深入的研究。专家组研究发现，不同表现形式的内容资源之间关联应用的需求是普遍存在的，虽然已经有一些技术可以提供某种特定的关联应用，但由于不具有通用性和过分依赖于复杂的技术而使应用受到诸多限制。如果创建一种通用的关联标识符，将使关联变得容易并更具有通用性，为产业和用户带来更大的价值。专家组在经过反复论证后，开始设计和架构一种在全球应用的关联标识符，并于 2010 年 4 月向国际标准化组织（ISO）申报并递交基于 MPR 编码的《国际标准文档关联编码（ISMC）[①]》国际标准提案。历时五年经过四个阶段的标准文本编制和 ISO 成员国官方四轮投票，于 2015 年 5 月 15 日正式颁布。在国际信息与文献标识符标准领域，此前已有 10 项标识符标准，这 10 项标识符标准为美、英、德、法四国分别创建。ISLI 国际标准的产生和 ISLI 国际注册机构最终落户中国，彻底改变了我国在国际标识符标准创建和管理方面的空白，开启了我国参与国际标识符使用、注册和管理的时代，实现了我国在该领域的重大突破。

就 ISLI 国际标准文本而言，本国际标准规定了信息及文献领域中可被唯一识别的实体之间关联的标识符。这些实体可以是文档、媒体资源、人或抽象事物（如时间、地点之类）。ISLI 系统可识别相关实体之间的关联以实现诸如共同呈现等使用目的。它通过对每一个包含关联信息（元数据）的标识符进行注册来实现此功能。ISLI 并不改变现有这些实体的内容、所有权、访问权和已有的标识。其关联模型如下图所示：

图 1 ISLI 的关联模式

[①] 后更名为国际标准关联标识符（ISLI），即最终发布的标准名。

（四）ISLI 国际标准研制历程

2009 年 5 月，国家新闻出版总署在正式启动 MPR 出版物国家标准申报工作的同时，即开始了向国际标准化组织申报国际标准的争取工作。在肯尼亚国际标准化组织文献标准化技术委员会（ISO/TC 46）第 24 届年会上，我国专家向与会成员国延时介绍了 MPR 技术和申报标准的制定及其应用的情况，提案一经提出，立即引起了各国专家的热烈反响，并得到了各成员国广泛的赞同。

2010 年 4 月，我国向国际标准化组织申报了基于 MPR 编码的《国际标准文档关联编码（ISMC）》国际标准的预提案；同年 5 月，国际标准化组织（ISO/TC 46/SC 9）成立 MPR 国际标准提案国际协同专家工作组，对中国提出的 ISMC 项目开始进行为期半年的评估，国际协同专家工作组经过研究评估后认为，这项提案符合 ISO 原则并能够满足当前产业发展之需，并建议将 ISMC 更名为 ISDL[①]。2010 年 12 月 17 日，ISO/TC 46/SC 9 按照《ISO 导则》的规定程序，发布了 N583 号文件，启动了对我国提案的投票表决程序。2011 年 3 月 17 日投票结束，我国提案通过了技术委员会全体成员国投票表决，正式立项为 ISO/NWI 17316 新工作项目，并由提案国中国专家担任工作组召集人，组成了由中国、法国、美国、德国、瑞典、俄罗斯、肯尼亚七个国家的 10 位专家的工作组（ISO/TC 46/SC 9/WG 11）。

2012 年 10 月 ISDL CD 委员会草案开始正式在技术委员会内投票，于 2013 年 1 月获得通过，进入 DIS 国际标准草案阶段。2014 年 8 月 27 日，标准文本以 100% 赞成率获得通过，ISLI 国际标准文本正式产生。

ISLI 历经中方预提案和国际协同专家工作组评估后正式提案并获 ISO 正式立项阶段（NP）、国际专家工作组草案阶段（WD）、国际标准委员会草案阶段（CD）、国际标准草案阶段（DIS）、最终的国际标准草案阶段（FDIS）等五个阶段的五轮投票；经过了在 NP 阶段由 ISMC 更名为 ISDL，在 WD 阶段由 ISDL 更名为 ISLI 的两次更名。

由于信息与文献国际标识符标准的特殊性（唯一性）和 ISO 此类标准的实施规则与惯例，在 ISLI 文本获得最终投票通过后，将产生一个"ISLI 国际注册

---

① ISDL——国际标准文档关联编码。

权力机构（ISLI RA）"，以负责 ISLI 编码的分配和在各国的应用与管理，ISLI 则在该机构产生后正式发布实施。

2014 年 7 月 2 日，ISO/TC 46/SC 9 秘书处发布 N780 号文件，在全球范围内征集 ISLI RA 候选机构。2014 年 8 月 29 日国际信息内容产业协会（ICIA）向 ISO/TC 46/SC 9 秘书处正式提交申办 ISLI 国际标准注册机构申请报告。SC 9 秘书处经 ISO/TC 46/SC 9/WG 11 对 ICIA 申报资格进行评估并认可后，SC 9 秘书处于 2014 年 12 月 1 日发布 N796 号文件，要求 SC 9 成员国就是否同意任命 ICIA 为 ISLI 国际标准注册机构进行投票。2015 年 1 月 12 日，ICIA 申办 ISLI RA 获得 SC 9 成员国投票通过。2015 年 1 月，SC 9 秘书处向 ISO 技术管理局（TMB）提交同意任命 ICIA 为 ISLI 国际标准注册机构的报告。2015 年 2 月 6 日 ISO 技术管理局发起是否同意任命 ICIA 为 ISLI 国际标准注册机构的投票，3 月 9 日，国家标准化管理委员会国际部从 ISO 内部获知，TMB 的 15 个成员国中，14 国投了赞成票，1 国未投票（印度），ICIA 顺利通过 ISO 技术管理局成员国的投票。2015 年 3 月 12 日，国际标准组织 ISO 技术管理局发布 2015 年第 52 号决议，任命国际信息内容产业协会（ICIA）作为《国际标准关联标识符（ISLI）》国际标准的注册机构。2015 年 3 月 19 日，ISO 中央秘书处（CS）、技术管理局（TMB）与 ICIA 举行电话会议，就 ISO 与 ICIA 拟签署的 ISLI RA 承办机构合同文本和相关事宜进行讨论，对合同文本基本达成一致。2015 年 3 月 27 日，ICIA 有关人员访问 ISO 总部，完成了对合同文本的最后洽谈，随后由 ISO 秘书长代表 ISO 签署了合同文本。

ISLI 国际标准在国际注册机构落实后于 2015 年 5 月颁布实施。

四、ISLI 与 MPR 标准在出版产业升级转型的价值和作用

（一）ISLI 与 MPR 的特点

ISLI 是一种对包括互联网资源在内的数字内容资源的关联关系进行标识的工具，ISLI 是一个完整系统，由标准、ISLI 国际注册机构、各关联应用服务分支机构、政策框架、技术系统等共同构成，提供了一种识别关联的通用方法和

完整的解析服务，促使包括多媒体在内的更多领域中涌现出各种新颖的应用途径，包括解决超链接的地址变更问题，将使资源的获取及确权变得更加容易，并借此创造更高的价值[①]。

MPR 则指向具体的出版物种，是 ISLI 的一种具体的应用产品，以纸质印刷读物关联多媒体内容的形式既顺应了人们的传统阅读习惯，又满足了人们在现代科技条件下对阅读条件的多元需求，并以此盘活出版单位的存量多媒体资源，构建出版单位协同出版机制。

相对于传统出版标准，ISLI 与 MPR 系列标准具有技术性和系统性的特点。用户应用 ISLI 与 MPR 系列标准实现具有自主控制能力的数字化产品生产和运营，必须以其底层技术系统作为支撑。

ISLI 国际标准源于 MPR 出版物标准，是对纸质点读关联模型的抽象。ISLI 编码与 MPR 编码进制算法一致，当 ISLI 应用于出版时，在使用上采取 ISLI 服务字段加 MPR 编码为应用编码，从而形成 ISLI 在出版领域应用的编码与 MPR 编码合一，MPR 识别与解析、关联与呈现等一系列技术支持系统，自然成为对 ISLI 在出版领域起支撑作用的底层技术系统，从纸质点读到全媒体融合，从纸质加声音升级到全数字加全网络化产品形态，用以保障 ISLI 在全球应用，并以此构建责权明晰的全球内容关联体系，构建从具体内容产品形态到多元内容关联服务、从低端到高端的产业发展途径。为保障出版者的权益，ISLI 国际注册机构构建了公共的版权控制准则，并在 ISLI/MPR 技术系统有所体现，建立了一套标准化通用的多元内容及内容关联标识和数字内容版权跟踪体系，包括编码分配解析、用户身份鉴权、内容关联加密等基础服务。该技术系统以标识、关联、识别、解析、鉴权、呈现为技术关键，是贯穿于内容生产、网络投送与运营、终端电子阅读设备各相关环节的一整套技术体系，具有标准化、开放性和通用性，以保障 ISLI 的全球化应用，其最为核心的创意在于关注信息内容本身，采用"嵌入式"的标识符使用方式为信息内容植入可管控的基因，让信息内容所有者能够全流程地掌握信息内容。作为蕴涵特殊理念的关联标识符及其支撑技术体系，为我们提供了一条简洁而有效的产业应用途径，使产业转型升

---

① ISO：*Information and documentation —International standard link identifier*（*ISLI*），ISO：2015.

级变得十分清晰、具体①。

（二）出版产业发展的战略布局

数字化技术的渗透，对用户的行为及生活方式已产生深远的影响，用户阅读行为亦如此，为顺应发展趋势，扭转当前出版者受制于数字渠道运营商的不利局面，传统出版单位进行数字化转型升级势在必行。为合理引导并规范产业发展，国家出台诸多政策以推动并保障传统出版业的数字化转型升级。国家十二五《文化产业振兴规划》明确提出"出版业要推动产业结构调整和升级，加快从主要依赖传统纸介质出版物向多种介质形态出版物的数字出版产业转型②"，后续财政部与新闻出版广电总局联合发布《关于推动新闻出版业数字化转型升级的指导意见》，指出面对数字化与信息化带来的挑战与机遇，传统新闻出版业只有主动开展数字化转型升级，才能实现跨越与发展③，出版业数字化转型升级成为一项重要任务并为其提供资金保障。2014年8月，《关于推动传统媒体和新兴媒体融合发展的指导意见》为各行业的转型升级指明道路，2015年3月，财政部与新闻出版广电总局联合下发《关于推动传统出版和新兴出版融合发展的指导意见》推动传统出版和新兴出版融合发展，把传统出版的影响力向网络空间延伸。最新发布的国家十三五规划中再次指明要加快发展现代文化产业，推动出版发行等传统产业转型升级，到"十三五"末，全面完成传统业态的转型升级，推动新兴业态多元化、融合发展。国家深化改革和发展，标准是社会和经济发展的重要支撑和保障已形成共识④。标准化是为获得最佳秩序和社会效益一种行之有效的方法，在各行各业发挥着日益重要的作用⑤。随着时代发展和科技进步，转型升级的出版产业进行的是多角色、多形态、多信息、多技术深度融合的文化活动，其受众的无边界性、融合的多维度

---

① 蔡逊：《关联——ISLI 国际标准的理念与价值》，《出版发行研究》，2015 年第 7 期。
② 国务院：《文化产业振兴规划》，2009-9-26。
③ 财政部、新闻出版广电总局：《关于推动新闻出版业数字化转型升级的指导意见》，2014-4-24。
④ 卢琛钰、曾雁鸿、徐元凤、果岩：《标准促进传统产业转型升级发展案例研究——以电器工业标准化为例》，见中国标准化研究院：《2013 中国标准化发展研究报告》，中国质检出版社等 2014 年版，第 135—145 页。
⑤ 王焕君：《标准化战略促进产业转型升级——以浙江省绍兴市产业转型升级为例》，中国质量新闻网，http://www.cqn.com.cn/news/zgzljsjd/939716.html。

性更彰显出标准化的价值。出版业转型升级，新旧媒体的融合发展，如何衔接，如何融合，统一的标准成了至关重要的因素。而融合即为一种独特的"关联"，ISLI & MPR 系列标准以其独特的"关联"性，成为融合发展必不可少的组成。

项目带动成为政府产业发展战略布局落地的重要手段。目前，作为 ISLI 国际标准的主导国，我国主管部门新闻出版广电总局已将 ISLI 产业应用作为产业升级转型的重要抓手，ISLI 与 MPR 构成的 ISLI 与 MPR 标准体系，已经成为引领和促进产业发展的重要基础性支撑。以贯彻实施、应用推广 ISLI 与 MPR 系列标准为契机，抓住加速出版与科技融合的关键点，加快推进传统出版业的转型升级，探索数字出版新形态的市场模式，提升新闻出版传播力和影响力[1]。2013 年 9 月 29 日，财政部下发《关于做好中央文化企业数字化转型升级项目国有资本经营预算编制的通知》（财办文资〔2013〕9 号）；2013 年 10 月 17 日，国家新闻出版广电总局下发《关于中央文化企业数字化转型升级项目相关工作部署的补充说明》（科技与数字〔2013〕163 号），标志着以中宣部、财政部、国家新闻出版广电总局联合推出并以中央财政扶持为背景的"中央文化企业数字化转型升级项目"正式启动，ISLI/MPR 技术系统成为转型升级企业应用的主要技术；2014 年国家新闻出版广电总局、财政部联合下发《关于推动新闻出版业数字化转型升级的指导意见》，支持企业对《多媒体印刷读物（MPR）》国家标准开展应用，重点支持教育、少儿、少数民族语言等出版企业，推动企业从单一产品形态向多媒体、复合出版产品形态，从产品提供向内容服务的数字化转型升级；2015 年，财政部与国家新闻出版广电总局联合下发的《关于推动传统出版和新兴出版融合发展的指导意见》明确指出有计划地组织相关标准的制定、修订工作，完善标准化成果推广机制，加快国际标准关联标识符（ISLI）等标准的推广和应用；总局最新发布的新闻出版业"十三五"科技发展规划主要任务和重点项目中亦将大力推进《国际标准关联标识符（ISLI）》标准在国内外的产业应用、开展内容资源标识与管理标准体系建设、推进标识符标准之间的互操作作为重点项目。

---

[1] 任晓宁：《孙寿山出席 2012 数字出版高端论坛》，《出版参考》，2012 年第 16 期。

（三）ISLI 与 MPR 系列标准对产业升级的意义和作用

出版业正经历新一轮技术革命，数字技术的出现打破了实体出版的产品生产与传播的传统格局，出版业的全球化竞争进一步加剧。各国在出版领域的技术创新及应用与日俱增，各种新业态、新模式的创新与更新层出不穷，无论是从推动技术发展角度考虑，还是就管理模式发展角度而言，标准都将成为竞争的制高点。

标准化水平是一个产业成熟度的重要指标，近几年虽然新兴出版产业呈突飞猛进的发展态势，但存在着质量参差不齐、市场竞争混乱无序、企业投入盲目跟风等现象，业内对标准的呼声越来越高。常常会听到人们抱怨内容粗俗、编排错乱，抑或是手机里需要下载多个阅读器才能读不同的作品，给读者带来了很大的麻烦等等，这些问题都需要研究和制定相应的标准来规范。

实现传统出版向数字出版的转型和融合发展，推动传统出版企业采用新技术和现代生产方式改造传统出版流程，制定广泛适用的出版产业融合发展标准体系，对于实现我国传统出版业的可持续发展具有重要意义。标准化，对于一个传统出版机构而言，意味着未来参与融合出版的成本将可能降低，内容的数据交换、互通和共享将更便捷；对于整个出版行业来说，为实现我国从出版大国向出版强国的转变提供了一个重要的基础条件。

随着技术的发展，各种内容形式相互融和，产业链条上涉及的参与方越来越多，由于技术的割据或者利益问题，尚未形成一个合理的分工链条，未能体现整体优势，成为转型升级最大障碍，标准则成为构建合理产业链条的重要保障。

ISLI 标准的应用有益于理顺 IT 产业和内容产业的"生产关系"。ISLI/MPR 技术系统让版权所有者给自己的内容植入唯一的"身份证号码"，对发布于新兴媒体的内容实施全流程掌控，实现"谁的内容归谁有，谁的内容谁做主，谁的内容谁负责"。用技术手段解决内容主业对内容没有技术抓手的问题，解决内容企业和 IT 企业"产业链短路"和"产业移位"问题，有利于理顺内容产业和 IT 产业的"生产关系"，有利于扭转内容产业面对新兴媒体的被动局面。同时 ISLI 体系创建了贯穿于内容、网络、终端阅读设备的底层技术系统，为各相关产业之间整个产业链的建立提供了一个容易接受的方式，使传统出版和新兴出版以及各相关方能够在同一条"互联网+"的利益线上实现"分点共赢"模式，而不是在同一个利益点上的"同点分利"模式，为内容产业建立了符合以产业链为拉动力的社会化产业发展规则和符合逻辑的运行流程，促进传统出版产业转型升级保障可持续发展。

具体来说，ISLI 与 MPR 系列标准将在以下三个方面作用于传统出版产业的转型升级：

首先，在资源管控方面，为出版企业建立"本根服务器"，以关联标识实现版权保护。

传统出版产业转型升级的核心在于资源的数字化建设，而数字内容的抓手则成为急需解决的问题。ISLI 编码首创以嵌入内容文档方式进行应用，出版企业应用 ISLI 标识符编码嵌入技术，在内容产品生产环节为内容嵌入全球统一的 ISLI 编码，为信息内容植入如同 DNA 的"信息技术基因"，基于底层技术系统使之具有对信息内容跟踪定位功能，为信息内容建立相对于"互联网 IP 地址"的"信息内容 ID"，为内容企业建立相对于互联网 IP"根服务器"的互联网内容资源"本根服务器"。

同时，建立内容、设备及参与者等的标识鉴权体系，及互为"源与目标"的关联。通过关联标识及其自动鉴权等技术系统，使出版企业对发布于互联网的内容资源能够进行全媒体、跨媒介、全流程跟踪管理，真正实现"谁的内容归谁有、谁的内容谁做主、谁的内容谁负责"。

其次，在内容运营方面，为出版企业构建社会效益和经济效益双增新模式。

内容运营成为出版企业数字化转型升级的新课题。ISLI 与 MPR 标准应用的核心之一在于建立内容与内容之间的"源与目标"的关联，从而为出版企业的内容运营提供多元的模式及途径。关联为出版企业获得社会效益和经济效益双增提供了新技术、新手段、新模式。

一方面可运用 ISLI 技术实现内容资源的可跨媒体融合增量出版和使读者获得增值的阅读，实现出版价值与阅读价值的增加，另一方面可运用 ISLI 技术在出版企业与读者之间开展互动，发动广大读者针对源内容创造并提供更多更好的目标内容，出版企业对读者所提供的目标内容经过遴选加工并进行再次关联标识，可汇集整合碎片资源予以出版，出版企业可获资源增量和出版增值，而读者在获得增值阅读的同时可享受参与之乐。

再次，在产品形式方面，为出版企业提供创新的关联产品构建方式以满足多元用户需求。

随着互联网时代的到来，我们处于一个信息爆炸时代，平面媒体早就不再有信息匮乏年代的"洛阳纸贵"的辉煌。形式创新是"读图"时代平面媒体吸引"眼球"的一场持续革命，它充分考虑到受众心理，以不同于传统的呈现方式来引导主动阅读、消除阅读疲倦[1]。ISLI关联标识与关联技术，有效实现了纸磁光电等不同的载体介质之间、图文声像等不同的内容形态之间、不同的内容形态与不同的载体介质之间的关联复合与关联呈现，有利于类似于MPR出版物等新型出版产品形态的出现以满足日益挑剔的用户的多元需求。

截至2015年年底，国内外已有324家出版企业登记成为ISLI与MPR系列标准应用单位，其中，图书出版企业281家，音像出版企业57家，电子出版物出版企业70家，期刊出版企业46家（部分出版企业同时拥有图书、音像、电子出版物出版资质）；国内外已有159家出版机构出版MPR出版物。根据定量统计，作为一个新的出版物种，MPR出版物收入已粗具规模，有望成为数字出版产业板块一支不容忽视的力量。国内外共登记MPR出版物3 588种（含在产），其中，图书3 038种，期刊464种，报纸86种。已发布MPR出版物2 506种，共计用码约123.7万个。2015年产值（图书码洋加终端设备）约11亿元[2]。MPR版教材教辅、少儿读物、对外汉语和少数民族汉语教材的系列化、规模化和品牌化粗具规模，中少社、北语社已形成具有自己特色的商业模式。河南、陕西、广东三省省域出版传媒集团产业链以ISLI与MPR系列标准和技术系统为抓手，正从编辑出版、印刷复制和发行的传统产业链转向以数字内容加工、资源管理、发布及推送（平台、渠道）的新型数字出版产业链、从管理机制到生产流程全面实现转型升级和融合发展。

---

[1] 肖春飞：《内容创新与形式创新》，新华网，http：//www.sh.xinhuanet.com/yewu/yewu10.htm。
[2] 以上数据来源于中国MPR注册中心。

五、小结与建议

在"互联网+"的背景下,全媒体融合出版标准体系的建设对于传统出版企业数字化转型升级意义重大,其关乎出版单位的切身利益,更关乎整个出版产业的发展方向。跨界融合成为时代主要特征之一,ISLI 与 MPR 系列标准顺应标识符标准的发展方向和产业应用需求,为实现不同表现形式和不同载体间文献资源的检索和聚合提供了重要基础,其理念与机制有利于理顺新的产业链关系,构建可持续发展产业链条。ISLI 与 MPR 系列标准独有的"关联"价值,使得其在出版领域具有重大意义,作为蕴涵特殊理念的关联标识符及其支撑技术体系,为出版产业提供了一条简洁而有效的应用途径,使出版产业数字化转型升级变得清晰而具体。ISLI 与 MPR 系列标准的全面普及将是出版产业数字化转型升级的重要里程碑。

ISLI 与 MPR 标准化项目自启动至今,已经历时 7 年。先是由于一项符合产业之急需的出版技术诞生和初步应用,标准化机构立即跟进对其进行深入的分析研究,在产业应用初期即实现了标准化并对其应用于出版产业进行了全面、缜密的论证,保障了行业采用该项技术实现产业升级转型的顺利进行。继而又在此基础上充分发挥标准化队伍的专业优势,寻求在国际标准化领域的重大突破,提升了我国新闻出版产业的国际标准化水平和借力于国际标准使我国自主知识产权的核心出版技术走出国门,走向世界。

ISLI 与 MPR 标准化工作的价值和意义可归纳为以下几点:

1. 标准先行为产业升级保驾护航

通过标准化工作,使 MPR 技术在新闻出版产业应用得到了基础性保障,确保了 MPR 在新闻出版产业转型升级工作中的顺利应用,标准先行在这项工作中得到了很好的体现。通过在产业应用之初即做好标准化工作,充分验证了标准先行的重要意义,为我国新闻出版产业标准化工作积累了一定的经验。

2. 专业的标准化队伍为决策提供参考

在 ISLI 与 MPR 标准化过程中,具有行业资深专家组成的标准化专业队伍,不仅仅在制定标准方面发挥了重要作用,还对 MPR 出版技术在出版产业中应用的符合性和可行性提出了全面、准确的论证，提交了详尽、深入的《调研报告》，为管理部门决策提供了重要的依据，充分发挥了标准化专业队伍在产业发展决策中的重要作用。

3. 在扎实研究的基础上不断创新

在启动 ISLI 与 MPR 标准化项目之初即有一定的前瞻性考虑。不仅仅满足于产业的当前需要，还经过深入研究，对关联理念做更为广泛的探索，将其理论上构建完善并系统化，向国际标准化组织提出了关联标识符提案，得到了各国专家的广泛支持。关联标识符的提出对国际标识符理论具有重大意义，改变了标识符仅仅标识单一实体对象的历史，是标识符历史上一次重大创新。ISLI 将标识对象扩展到关联关系领域，并在信息技术条件下创造了全新的标识符体系，为国际标识符的发展做出了贡献。

4. 努力拼搏，获得在国际标准化领域的重大突破

ISLI 国际标准从提案到标准发布，我们的专家队伍在 7 个国家组成的国际专家工作组中始终发挥骨干作用。虽然我们的起点不高，但工作组努力拼搏，夜以继日努力工作，以出色的工作效率和高水平的标准化工作能力，赢得了国际同行的认可和赞誉。在 4 年的 ISLI 标准编制工作中，我们在国际标准化领域从"局外人"变为"参与者"，"中国影响"不断增强，成了 TC 46/SC 9 中的骨干力量，使我国新闻出版行业在国际标准化工作中取得了跨越式发展。

5. 争取到 ISLI 国际注册机构落户中国

标识符标准是一类特殊的标准。标准发布实施后需要对标准中规定的标识符进行管理，由 ISO 授权给经过严格筛选的具有一定条件的机构。经过努力，落户我国香港的国际信息内容产业协会获得了 ISO 授权，成为我国首个国际标识符注册机构，使我国跨入了标识符编制和管理的大国行列，极大地提升了我国在国际标准化领域的国际地位。

6. 促进我国出版产业走向世界

关联产业应用源自中国，又通过国际标准走向了世界。在关联产业应用领域，我国是发源国，未来国际内容关联产业的发展，中国功不可没。作为发源国，关联内容产业应用已经为我国出版产业国际发展铺就了一条通路，使我国的出版企业能够借此走向世界，成为引领国际内容关联产业的应用的带头人。

ISLI 与 MPR 标准化项目目前已经取得了重要的社会效益和经济效益,然而 ISLI 与 MPR 为产业发展铺垫的基础,还将长期对新闻出版产业产生重要的影响,因此,基于本研究报告的上述分析,提出以下建议,供有关领导和专业机构参考。

首先,重视标准化建设。

标准化不仅仅是一项专业性的工作,它涉及行业发展的方方面面。ISLI 与 MPR 标准化项目的成功经验说明,只有重视标准化才能给行业带来更优质、高效的发展。建议管理部门一如既往地重视新闻出版行业标准化建设,不断提升行业标准化水平,使标准化工作在我国产业发展中发挥更大的作用。

其次,重视标准化专业队伍的作用。

ISLI 与 MPR 标准化项目的成功经验说明,一支高水平的标准化专家队伍所起的作用是十分重要的,它不仅为标准化做工作,还为产业转型升级提供重要的专业论证意见,使决策科学合理。建议加强标准化队伍的咨询作用,为行业发展提供科学依据。

参考文献

[1] 蔡逊. 关联——ISLI 国际标准的理念与价值 [J]. 出版发行研究, 2015 (7): 39 - 41.

[2] 邢瑞华, 杜一诗, 张晶. 信息与文献标识符标准的推广与应用 [J]. 出版参考, 2014 (19).

[3] 中华人民共和国国家质量监督检验检疫总局, 中国国家标准化管理委员会. MPR 出版物 [S]. 2011.

[4] ISO. Information and documentation —International standard link identifier (ISLI) [S]. ISO: 2015.

[5] 国务院. 文化产业振兴规划 [Z]. 2009 - 9 - 26.

[6] 关于推动传统媒体和新兴媒体融合发展的指导意见 [Z]. 2014 - 8.

[7] 财政部, 新闻出版广电总局. 关于推动新闻出版业数字化转型升级的指导意见 [Z]. 2014 - 4.

[8] 财政部, 新闻出版广电总局. 关于推动传统出版和新兴出版融合发展的指导意见 [Z]. 2015 - 3.

[9] 卢琛钰, 曾雁鸿, 徐元凤, 果岩. 标准促进传统产业转型升级发展案例研究——以电器工业标准化为例［A］. 见: 中国标准化研究院. 2013 中国标准化发展研究报告［C］. 北京: 中国质检出版社等, 2014: 135-145.

[10] 王焕君. 标准化战略促进产业转型升级——以浙江省绍兴市产业转型升级为例［EB/OL］. 中国质量新闻网, http://www.cqn.com.cn/news/zg-zljsjd/939716.html.

[11] 任晓宁. 孙寿山出席 2012 数字出版高端论坛［J］. 出版参考, 2012 (16): 16-16.

[12] 肖春飞. 内容创新与形式创新［EB/OL］. 新华网, http://www.sh.xinhuanet.com/yewu/yewu10.htm.

（左美丽）

中文出版物夹用英文的编辑规范建构

前　言

　　中文出版物夹用英文的现象也被称作夹用英文的中文文本或含有英文的中文文本，在出版界常被称为中英文混排、英汉双语混排等。不论如何称谓，中文出版物夹用英文的现象在英语被介绍到中国后就开始出现。晚清和民国时期，田汉在其剧作①②中就采用了这种行文方式；钱钟书小说《围城》里，方鸿渐及其朋友就是几个说话时常夹带英文的人③。虽然由于中国曾经经历了"全面向苏联学习"和"文化大革命"两个十年④，英文出版物几近绝迹，然而，改革开放以后，尤其是香港回归，英语教育越来越被重视，各领域国际化程度日益深入，中文出版物中夹用英文的现象越来越常见，教辅教材、报纸期刊、学术论著以及网络媒体等各种出版物上随处可见中文文本夹用英文的现象。但是，由于缺乏统一的标准，编辑在处理此种文本时常感到困惑。业界因此呼吁标准出台，对有关中文出版物需要夹用英文时该如何处理标点符号、字母大小写、英文书刊名、字体与字号、数字与量和符号及空格与转行等加以规范。

　　说到编辑规范，美国的《芝加哥手册》是国际出版界普遍认可的指南宝典。但该手册用英语书写，规约的是英文文本的编辑方式。就该如何处理用汉

---

① 田汉：《乱钟》，《暴风雨中的七个女性》，湖风书店1932年版。
② 田汉：《名优之死》，《田汉戏曲集》（第4集），上海现代书局1934年版。
③ 钱钟书：《围城》，中国人民文学出版社、三联书店1980年版，第43、45、53、116、290页。
④ 胡文仲：《新中国六十年外语教育的成就与缺失》，《外语教学与研究》，2009年第3期，第163—169页。

字书写的中文文本的编辑问题，《芝加哥手册》提示参考《世界写作体系》(The World's Writing System)①。

《世界写作体系》是美国牛津大学出版社 1996 年 2 月出版的英语图书，用历史学叙述的方式，较为详尽地介绍了各国的出版体系。书中的第 14、15、18 和 19 章介绍了中文的出版以及编辑行文格式。但该书并未提到中文出版物中夹用英文的现象，只是在其行文中用了个别中文汉字和词组，即该书中出现了英文中夹用中文的现象。在这些汉字和词组后，作者加了标注了音节的汉语拼音②。

在新加坡、马来西亚等部分中英两种或几种语言混用的国家以及我国香港、台湾和澳门地区，常可见到一些中文出版物中夹用了英文。但，如香港和澳门在回归中国之前一样，这些国家和地区的出版机构，在处理中英文交接处的编辑问题时，常常重英文而轻中文，遵从的是英文的规范和标准。

在中国，有关各种出版物的编辑标准并不少见，类似《芝加哥手册》用于指导汉语编辑校对的工具书籍也是林林总总，但是就如何处理中文或汉语出版物内夹用英文情况的公开发表的编辑指南，直到 2014 年才正式面世。

该编辑指南的名称为《夹用英文的中文文本的标点符号用法（草案）》③，是原浙江大学外语教学传媒研究所向国家语委和教育部语信司申请立项并负责制定的。自 1992 年以来，该单位受原新闻出版署（后新闻出版总署）委托，连续 22 年负责对我国外语类和双语类期刊进行语言与编校质量年度检查。在遇到中英文衔接处标点符号问题时，由于找不到有关规章或条例，对受检期刊的编校质量做量化分析和质量定性时无章可循。据了解，在新闻出版总署报刊司于 2005 年召开的全国外语类期刊质量报告会上，与会期刊和报社的代表提议应尽快出台统一标准，规范中英文混排情况下标点符号的用法。鉴于此提议的现实意义与迫切性，国家新闻出版总署报刊司建议浙江大学外语教学传媒研究所向国家语委和教育部语信司申请立项，北京大学、复旦大学、北京师范大

---

① The University of Chicago Press Staff: *The Chicago Manual of Style* 16th Edition, London: The University of Chicago Press, 2010, pp. 562—565.

② Daniels, Peter T. (EDT) Bright, William (EDT): *The World's Writing System*, Oxford University Press, 1996, pp. 194、196、197、201—202、228.

③ 教育部语言文字信息管理司：《〈中国语言生活绿皮书〉——夹用英文的中文文本的标点符号用法（草案）》，语文出版社 2014 年版，第 168—181 页。

学、人民出版社、商务印书馆以及英语周报社等单位和学者予以大力支持。在教育部语信司和语用所专家的协助下,"夹用英文的中文文本的标点符号用法"于 2007 年 11 月正式立项,并在 2011 年 12 月结题。之后,经过两年半教育部语信司主导下的论证与修改,2014 年 6 月,《夹用英文的中文文本的标点符号用法(草案)》由国家语言文字工作委员会正式发布,并在《中国语言生活绿皮书》中发表。

然而,《夹用英文的中文文本的标点符号用法(草案)》这一我国首个有关处理中文出版物中夹用英文的规约性文件中,讨论的只是标点符号、英文字母大小写和书刊名标示法等问题,对人名翻译缩略处理、空格的规则、转行的规则、英文书刊名的标示方法、字体与字号的用法以及数字与量和单位符号的用法等的规则等均未涉及。这说明,如若当作出版标准,《夹用英文的中文文本的标点符号用法(草案)》在内容上尚不够全面,规约的条款还不完整。鉴于此,2015 年年初,脱胎于原浙江大学外语教学传媒研究所的浙江大学外语传媒出版质量研究中心,在全国新闻出版标准化技术委员会的指导下,向国家新闻出版广电总局提出立项要求,申请充实并提升《夹用英文的中文文本的标点符号用法(草案)》,制定《夹用英文的中文文本的出版标准》。2015 年 1~6 月,由浙江大学外语传媒出版质量研究中心、北京善庐汉字对称码应用技术开发有限公司、高等教育出版社、世界知识出版社《英语沙龙》杂志社、广西期刊传媒集团、中国新闻出版研究院六家单位组成的标准研制工作组成立。2015 年 7 月 1 日,国家新闻出版广电总局决定立项,委托浙江大学制定《夹用英文的中文文本的出版标准》,具体工作由浙江大学外语传媒出版质量研究中心负责。标准研制工作组经过多次改稿和交换意见,于 2015 年 12 月 15 日,依照建议修改本标准题目为"中文出版物夹用英文的编辑规范",并向标委会呈交征求意见稿。在向全国 85 家出版社和 1000 家期刊社发出征求意见书后一个月,标准研制工作组经由标委会收到反馈意见共计 189 条。经过对反馈意见逐条严格审议、多次仔细修改并与标委会交换意见后,《中文出版物夹用英文的编辑规范》于 2016 年 4 月 30 日制定完成。

一、《中文出版物夹用英文的编辑规范》遵循的准则

《中文出版物夹用英文的编辑规范》遵循的准则是，以中文文本为服务对象；以中文编辑要件为主，以英文编辑要件为辅；夹用英文的中文出版物整体的编辑方式应体现中文的特点，对夹于中文内的英文内容内部，应采用英文的编辑方式。

本规约性文件在标题中已经明确，其适用范围为中文出版物，指导性和约束力仅限于夹有或含有英文语段的中文文本，不具备任何意义上的外延性。由于英文语段仅作为中文语句中的一个成分，因此，英文文本的编辑要件不可能跟中文文本的编辑要件取得并重的地位。

具体可分以下两点来解读：（1）本规范针对的是夹有英文符号的中文文本，其整体实际是中文，因此，在编辑过程中，应保持中文在语言文字上的纯粹性和一致性，文本的整体编辑方式应体现中文的特点；（2）对夹于中文内的英文内容内部，对夹在中文中的英文内容，应视其为中文语句中的特殊符号，应采用英文的编辑方式。

二、《中文出版物夹用英文的编辑规范》讨论的主要内容

《中文出版物夹用英文的编辑规范》分11个章节具体阐释，分别是：范围、规范性引用文件、术语和定义、总则、主要标点符号的用法、人名翻译缩略的处理、字母大小写用法、空格的规则、转行的规则、英文书刊名的标示方法、字体与字号的用法以及数字与量和单位符号的用法。参考文献另列。

（一）范围、规范性引用文件、术语和定义以及总则这四个章节是针对标准和规范的常规性内容。

"范围"一节限定了本规范的辖域，高度概括本规范涉及的内容是规约夹

用英文的中文横排右行出版物的主要标点符号的用法、人名翻译缩略处理、字母大小写用法、空格的规则、转行的规则、英文书刊名的标示方法、字体与字号的用法以及数字与量和单位符号的用法等，并对前述各类用法、规则和标示方法举例说明。

"规范性引用文件"是指具有指导意义的纲领性文件，表明制定本规范时必须引用的文件是国标：GB 3101—1993 有关量、单位和符号的一般原则。

"术语和定义"介绍的是在本规范中出现的包括文本、字、夹用、单词、词组、分句、句子、语段和段落共八个专门用语及定义。

"总则"介绍了执行本规范时应遵循的准则，是在对夹用英文的中文出版物进行编辑时，应以中文编辑要件为主，以英文编辑要件为辅；夹用英文的中文出版物整体的编辑方式应体现中文的特点，对夹于中文内的英文内容内部，应采用英文的编辑方式。总则阐明了执行本规范的原则，具有极其重要的指导意义。

（二）主要标点符号的用法、人名翻译缩略处理、字母大小写用法、空格的规则、转行的规则、英文书刊名的标示方法、字体与字号的用法以及数字与量和单位符号的用法是本规范的核心内容，用规约和具体示例的方式介绍应如何理解和应用本规范。

1. 主要标点符号的用法

第 5 章讨论了夹用英文的中文横排右行文本的 13 种常用标点符号的用法，分基本用法和示例两个部分作出说明。这部分的内容在规约上参照了由教育部语信司立项的、国家语言文字工作委员会发布的《夹用英文的中文文本的标点符号用法（草案）》所做的规定，但在内容和排序上进行了充实和调整。值得一提的是，本规范所提供的所有示例是全新的，阐释也更为翔实和具体。另外，本规范在充分采纳反馈意见的同时，对（草案）中有争议的且言之有理的内容进行了文字调整和修改。

中文出版物夹用英文的文本中应如何使用标点符号，一直是编辑们最感困惑的问题，如果没有统一的规则，极易造成混乱，有些混乱不仅表现在形式上，还可能体现在语义上。为避免歧义发生，本规范主张的原则是，对局部的英文夹用或插入成分内部采用英文的编辑方式，保留其英文特质；对整体的中文文本坚持中文的编辑方式，彰显中文特色。如以下问号的用法：（注：未完全按规范中的排列示例）

5.2.2.2　中文陈述句中夹用英文疑问句，该句应以中文句号结尾。夹用的英文疑问句用中文引号标示，英文疑问句末尾使用英文问号。

示例："Why shall I follow you?"是他提出的第一个问题。

5.2.2.3　中文疑问句中夹用英文疑问句，该句应以中文问号结尾。夹用的英文疑问句用中文引号标示，英文疑问句末尾使用英文问号。

示例：作者为什么突然问"Does money really talk?"？

5.2.2.4　英文标题或引文中的问号应保留。

示例1：今天晚报的头条是不是"Pension Stops Growing?"？

示例2：文章最后那句"Do we still have to wait?"颇有力度。

用法和示例对中英文问号做了明确的说明：（1）中文陈述句中夹用英文疑问句，该句应以中文句号结尾。夹用的英文疑问句用中文引号标示，英文疑问句末尾使用英文问号。（2）中文疑问句中夹用英文疑问句，该句应以中文问号结尾。夹用的英文疑问句用中文引号标示，英文疑问句末尾使用英文问号。（3）英文标题或引文中的问号应保留。这一规则也适用于句号和叹号。

再看破折号的用法和示例：

5.10.2.1　夹用英文的中文句子内，中英文间若因解释、引入、话题转变、声音延长等需要使用破折号时，使用中文破折号。

示例1：就因为提了几个问题，Tom竟被称作nuisance——讨厌鬼！

示例2：本想问她有什么建议，一紧张把suggestion说成了——question！

5.10.2.2　夹用英文的中文句子内，英文部分内部使用英文破折号。

示例："This is – ?"老人指着倚门而立的年轻人向护士打听。

5.10.2.3 夹用英文的中文文本内，中文破折号或英文破折号均可用以标示两句或两句以上的对话，但引导会话词句时，两种破折号不可在同一段会话中混用。

示例1：——错过末班车了。Eh – Mary, missed the last bus again.

　　　　——So what? Hail a cab?

示例2：——Excuse me, where can I find a post office?

——A post office? 就在你身后啊。Eh – I mean – right behind you, sir.

中英文破折号在形式上的区别体现在其长度上，对其用法的规则需要特别关注是第三种情况（5.10.2.3）：中英双语文本中，可用中文破折号或英文破折号标示两句或两句以上的对话，但引导会话词句时，两种破折号不可在同一段会话中混用。

对于人名翻译缩略处理，本规范第 5 章作为第 13 种标点符号特别介绍了间隔号，指出夹用英文的中文句子里，间隔号一般在外国人名汉译或部分汉译时使用。中文部分后的间隔形式应使用中圆点，英文缩略部分后使用下脚点。

示例 1：安东尼·乔治·普瑞斯顿

示例 2：安东尼·乔·普瑞斯顿

示例 3：安东尼·G. 普瑞斯顿

示例 4：安·G. 普瑞斯顿

示例 5：A. G. 普瑞斯顿

对间隔号进行规范，对人名翻译进行缩略处理具有十分重要的指导意义。

2. 字母大小写用法

第 6 章讨论的是在以下三种情况下如何处理英文字母大小写的问题，以下是说明和示例。（注：未完全按规范中的排列示例）

6.1 中文句子内夹用普通英文单词或词组，无论其位于中文句子的开头、中间还是末尾，

首字母一律小写。

示例 1：paper 可以构成合成词，如 paperboard（纸板）、notepaper（便笺）等。

示例 2：他们为什么把卫生间叫作 rest room？

6.2 中文句子内夹用的英文单词或词组属于首字母必须大写的专名，该单词或词组须保留其首字母大写形式。

示例："长江"过去常译作 the Yangtze River。

6.3 中文句子内夹用完整的英文句子时，无论该英文句子是陈述句、疑问句还是感叹句，无论其位于中文句子中什么位置，首单词的首字母均应保留其大写形式。

示例1："Money talks."并非真理。

示例2：他在争辩中最后提的问题是"Does the end justify the means?"。

从示例和用法说明中可以看出，英文字母大小写的编辑方式并不复杂，其实质与在英文文本中的规律是一致的。

3. 英文书刊名的标示方法

中英文有关书名号的标示形式完全不同，中文有专门的书名号，即《》，英文却没有，其标示的方法通常采用相关字母的斜体形式。第9章中，编辑应当牢记中英文各不相同的书名处理方式。此外，如何处理中文句子内夹有英文文章标题，也是编辑比较关心的问题。（注：未完全按规范中的排列示例）

9.2 中文句子内夹有英文文章的标题，该标题使用英文正体字，用中文引号标示。

示例：*World of Tomorrow* 是去年的畅销书，其中第七篇文章"Will Human Be Joyfully Enslaved by Cellphone?"在读者中成为热门话题。

4. 字体与字号的用法

字体字号的选用，主要影响的是文本是否得体美观。第10章中，本规范从其是否适合文本内容、载体性质和中文字形特点的需要出发，就字体建议以下两种常用的基本搭配并举例示之：中文宋体类字体+英文衬线类字体（如Times New Roman、Caslon字体）；中文黑体类字体+英文无衬线类字体（如Helvetica、Arial字体）。就字号，提出中文文本中夹用英文词句时，英文字号应与中文字号匹配，比如"小5号"与英文"9P"相对应，"5号"与"10.5P"相对应。

示例1：Times New Roman是一款非常通用的英文字体。

示例2：无衬线字体在西文中被习惯称为sans–serif。

5. 数字与量和单位符号的用法

本规范第11章所讨论的数字与量和符号主要指在中文文本种夹用英文时所涉及的阿拉伯数字和常用的西文符号的用法。提出在夹有英文的文本中假如出现阿拉伯数字，一般应将其字体与文中英文词句的字体保持一致，同时，建议采用数字的半角形式，并遵循系统一致的原则；文中如果出现四位以上的整数或小数，建议采用"千分空"或"千分撇"的方式分节，并且遵循一致的原则。

示例1：马里亚纳海沟（Mariana Trench）是世界最深的海沟，最深处为11 034米。

示例2：珠穆朗玛峰（Mount Qomolangma）高度为8 844.43米，是海拔世界第一高峰。

对常见西文符号的处理方式，本规范在强调科学技术领域使用有关符号时应遵从《有关量、单位和符号的一般原则》（GB 3101—1993）的相应规范的前提下，建议其字体与文中英文词句的字体保持一致；当单位符号位于数值之后且需要留有空隙时，应按英文排版规则留空。（注：未完全按规范中的排列示例）

示例1：摄氏温标（Celsius），是一种世界上普遍使用的温标，符号为℃。

示例2：这家公司2016年发布的一款电子阅读器Kindle Oasis，其最薄处仅为3.4 mm。

6. 空格与转行的规则

本规范的第7章和第8章讨论的是空格与转行的规则，在提出应根据所选用的中英文字体、字符间距以及排版的视觉效果来决定英文词句与中文文字之间是否留空格间距的前提和遵循一致的原则下，建议一般不留空格，并对英文部分内容是单词、词组和句子的情况下，其之前或之后存在中文标点符号的环境中英文内容提出应按英文排版规则留空。以下是对空格规则的示例。（注：未完全按规范中的排列示范）

示例1：用yes或no回答的问句，可以称为yes–no疑问句。

示例2：在此句中，the little girl in white是名词短语。

示例3：介词at常与表示较小地点的名词连用，如：at the bus stop、at the railway station。

示例4：在例句"It is always the best to be on the safe side."中，it是形式主语。

（三）参考文献这一章列举了制定本规范时所参考的文献资料，并按有关标准排列。规范性引用文件不在此列。

三、《中文出版物夹用英文的编辑规范》的应用策略

《中文出版物夹用英文的编辑规范》属于一推荐性行业标准，执行的是自觉自愿的原则，具有相当的灵活性。但是，出台针对中文出版物夹用英文的编辑规范是出版界呼声很高的愿望，因此，有必要探讨如何应用这套规范，在此，建议应处理好以下三种情况：

1. 规范中表明了"可"与"不可"的情况

规范中出现的"可"与"不可"表达的是两种截然不同的指导方针，"可"意味着"可以"，表示留有选择余地的推荐性指向；"不可"意思是"不可以"和"不允许"，是禁止规范的使用者去做列举的事情，具有强制性。比如在解释破折号的其中一种用法时，本规范在同一句话中同时使用了"可"与"不可"。

例1：夹用英文的中文文本内，中文破折号或英文破折号均可用以标示两句或两句以上的对话，但引导会话词句时，两种破折号不可在同一段会话中混用。

例1中的前一个"可"表示中文或英文两种破折号均可使用，作者和编者可以自行掌握；后一句话里的"不可"则表达的是"不允许"的意思，带有很强的命令语气，限制作者和编者自由行动。

2. 规范中写有"宜使用……"情况

"宜使用……"是以一种较为宽松的语气介绍一种普遍存在的现象或大多数人采用的策略，表达的是一种建设性的意见，希望作者和编者按照建议的方案去做，但不强求，意味着"不这么做也不违规"。比如以下对顿号的基本用法的阐述：

例2：中文句子内夹用两个或两个以上关系并列的英文字母、单词或词组时，中间宜使用中文顿号。标有引号的并列成分之间，顿号可以省略。

"中间宜使用中文顿号"的说法可以理解为还可以使用其他诸如中文逗号

或英文逗号。

3. 规范中用"应……"表示的情况

第三种情况是规范中最常见的现象，表达的是某项条款已规定，一般认为是需要按照规约去执行的意思。比如：

例3：中文句子内夹用英文句子，所夹用的英文句子内部如有逗号，应使用英文逗号。除此以外使用中文逗号。

例3表达的意思很明显，所提的逗号用法就是这么规定的，要求作者或编辑遵照执行。

四、结语

夹用英文的中文出版物在编辑实践中始终缺乏统一规范，这一困扰业界多年的导向缺位将随着《中文出版物夹用英文的编辑规范》的研制和颁布而成为历史。虽然有些条目的界定和示例不尽如人意，甚至可能引发争议，有一些情况也可能暂未包含在本标准内，但国际化进程中的中国出版与文化传播大业与时俱进，本编辑规范也必将在新闻出版技术标准委员会指导下以及广大出版从业者关心与帮助下不断修订、完善，以进一步迎合时代的需要。《中文出版物夹用英文的编辑规范》研制组满怀感激地期待着社会各界的批评和建议。

（浙江大学传媒与国际文化学院、浙江大学外语传媒质量研究中心　陆建平）

数字出版标准化建设与研究

根据国家新闻出版广电总局发布的《2014年新闻出版产业分析报告》显示，2014年图书、期刊、报纸的出版总量规模均较2013年下降。相比报刊业持续下滑的境况，以新兴技术为支撑的数字出版经济规模跃居行业第二位[①]。新闻出版行业在新技术不断涌现的浪潮中迎来机遇和挑战，与之息息相关的数字出版标准化工作也发挥着不可或缺的作用。标准化工作对于推动出版行业转型，引领数字出版繁荣发展具有重要的规范作用。

一、数字出版标准化工作现状

我国历史悠久，早在秦朝就有通过标准化来实现社会经济发展的先例，秦始皇通过统一度量衡和统一文字，实行"书同文、度同制、车同轨"的标准来巩固社会安定的局面，推动历史进程的发展。20世纪70年代末，钱学森发表《标准化和标准学研究》强调与国际接轨，加强我国的标准化建设与研究。随着我国经济的高速发展，各行各业对标准的需求愈发强烈。标准作为科学技术的成果和实践经验的总结，是共同遵守的准则和依据。标准化工作的实施有助于提高产能，促进新技术的创新与应用，是行业发展强有力的保障。2001年原新闻出版总署发布了《新闻出版行业标准化管理办法》借以推动新闻出版标准化建设的进程。我国新闻出版标准化工作走上正轨的标志是标准化技术委员会的成立。新闻出版标准化工作涉及出版、发行、印刷产业链。随着信息技术的发展变化，新闻出版标准化工作也由传统的书、报、刊扩展到数字出版领域，

---

① 《2014年新闻出版产业分析报告》，2014.7。

顺应技术发展加强了音像出版、数字出版、动漫出版、手机出版等方面的标准研制工作。数字出版标准是建立在数字出版各个环节上，规范其可能产生问题而制定的准则。数字出版标准化建设着力于积极组织制定国家标准和行业标准，承担着新兴技术与行业发展之间的桥梁作用。

现阶段数字出版标准化呈现出以下鲜明的特点：

1. 国际性

数字出版标准化摈弃了过去的"拿来主义"，积极参与国际标准制定项目。我国提出并主导制定的《国际标准关联标识符（ISLI）》的发布，加快了国际标准在我国的应用，填补了行业应用需求的空白，形成了数字出版标准化工作的国际化趋势。

2. 变动性

"数字出版是建立在计算机技术、通讯技术、网络技术等高新技术基础上，融合并超越传统出版内容的新兴出版产业"。新兴技术的不断涌现，对数字出版标准化提出了更高的要求，这意味着数字出版标准不是一成不变的而是瞬息万变的，需要用长远发展的眼光看待数字出版标准化，意味着随着技术的更替，数字出版标准在发布、实施之后需要持续地维护和及时地修订。

3. 复杂性

相较于传统出版行业，数字出版标准对技术的要求更高。测试标准需要有明确的技术指标，为此需要开发专门的标准符合性测试工具[①]。例如，在国家数字复合出版系统工程中，共开发研制 16 项标准符合性测试工具，并根据技术企业和出版单位的需求，持续完善测试工具。

二、数字出版标准化的具体应用

为贯彻落实《国家"十一五"时期文化发展规划纲要》和《国家"十二五"时期文化改革发展规划纲要》，帮助传统新闻产业实现转型升级，原新闻

[①] 刘颖丽：《数字出版标准的现状与思考》，2011 - 10. HTTP：//CIPS. CHINAPUBLISH. COM. CN/CHINAPU-BLISH/RDJJ/13ZHYTH/TPXW/201108/T20110811_ 92192. HTML。

出版总署建设实施了"国家数字复合出版系统工程""数字版权保护技术研发工程""中华字库工程"和"国家知识资源数据库工程"四大科技工程。四大科技工程旨在为出版行业的产业升级、技术改造和企业数字化转型提供支撑，这其中都包括了基于数字出版标准的研制工作。在四大工程的建设中，数字出版标准规范的制定是工程的核心组成部分。数字出版标准在具体应用中一般通过对国内外现有标准规范的调查与分析，然后制定并完善复合我国实际情况又便于对外交流的一系列数字出版标准规范，用以指导系统开发、行业应用等。目前，数字出版标准的研制与应用涉及手机出版、电子书出版、MPR 出版物（数字有声出版物）和数字版权保护等方面。数字出版标准在研制应用中具有以下特点：

1. 灵活性

数字出版标准化工作紧紧围绕新兴技术展开，企业是标准制定的主体和依据。在数字出版标准制定的过程中，由于技术的瞬息万变广泛采纳技术企业的意见，灵活机动地调整标准内容，使标准有效地适用于行业发展。

2. 协作性

数字出版标准的应用不是孤立的，数字出版的技术成果最终应用于出版单位。数字出版标准制定作为出版单位与技术企业的桥梁，在标准研制过程中化解出版单位的需求与技术呈现之间的矛盾。例如，国家数字复合出版系统工程的项目要求，数字出版标准制定单位与应用试点单位（出版单位）相互协作，标准需求调研和征求意见的范围包括应用试点单位（出版单位），应用试点单位（出版单位）应及时对标准包的需求调研或意见征集进行反馈。

三、数字出版标准化存在的问题及对策

目前，有计划地开展数字出版标准化建设工作，数字出版标准化水平不断提高。拨开数字出版标准化发展的迷雾，不难发现还有许多亟待解决的问题制约着数字出版标准化工作的进程。

(一) 数字出版标准制定存在协调不足的情况

数字出版标准化工作需要对数字出版产业链上的各环节足够了解与深入研究，才能切实有效地制定符合行业发展的数字出版领域标准。这意味着实现数字出版标准化的过程需要多单位、多部门相互协调、沟通最终达成共识。目前，由于对数字出版的认知程度不同，数字出版标准化呈现了各自为营、缺乏沟通和协调不足的情况。例如，各数字出版商及技术企业先后制定自己的技术标准，在信息交换格式上没有形成统一的标准，数字出版标准化建设分散，阻碍了信息的交换，也给数字版权保护带来了难题。规避数字出版制定协调不足的情况，应加强顶层设计和科学合理的统筹规划，形成统一完善的数字出版标准化体系机制。鼓励企事业提出需求，参与到标准的制定过程中来，形成以政府为主导，明确分工，新闻出版企事业单位、高新技术企业多方合作的工作机制，让资源有力整合。

(二) 数字出版标准化建设存在衔接的问题

数字出版领域相互割裂的标准难以发挥其引领行业发展的作用。数字出版标准化仍处在摸索期，没有形成完整可持续的标准体系。就数字出版领域而言，首先，传统出版标准与数字出版标准如何实现融合存在问题，数字出版标准的制定不代表对传统出版标准内容的否定和推翻。这就要求做到对传统出版标准更进一步的了解和研究，继续做好传统出版的标准化制定工作。在此基础上掌握数字出版流程，针对数字出版领域的特点对传统出版标准中可以保留的部分进行二次加工，实现融合发展。其次，数字出版国家标准的"走出去"与数字出版国际标准的"请进来"存在衔接问题。国际数字出版标准化大大超前于我国数字出版标准化，如英美等发达国家已经形成了相对完整的体系。如何让西方的数字出版标准适应我国的数字出版发展情况，以及我国的数字出版标准如何与国际接轨都是亟待解决的问题。针对国际和我国的情况而言，应加强交流与发展，既不惧怕"请进来"也要勇敢"走出去"。这要求我国数字出版标准化建设应积极对国外数字出版发展进行跟踪和研究，合理借鉴国际标准。同时，努力构建我国数字出版标准，积极将国家标准上升为国际标准。

在技术飞速发展的今天，发展数字出版标准化之路已成为必然趋势。应把握时机对数字出版标准化进行深入的研究和建设，清晰地认识到我国数字出版标准化的现状，洞悉国际上的发展趋势。从而健康、有序地发展我国数字出版标准化，使数字出版标准有效地应用于出版行业，帮助行业实现提高产能、优化产业结构、创造产业价值的目标，为我国数字出版的健康发展奠定坚实的基础。

（中国新闻出版研究院　梁正晨）

如何建立和完善出版物发行标准体系

出版、复制、发行是出版产业链条上的三个主要环节，发行的重要性体现在，它是出版内容传播的通道，只有通过发行，出版产品才能到达读者手中，从而实现文化影响和经济价值；也只有通过发行环节，才能够把读者和市场的意见反馈给出版单位，促进出版产业的良性发展。

发行标准是在出版物发行领域为获得最佳秩序，对发行活动或发行结果规定共同的和重复使用的规则、导则或特性的文件。发行标准需要经协商一致制定并经一个公认机构批准。发行标准体系就是在发行领域内由发行标准形成的相互联系、相互支撑的有机系统。

近几年，新闻出版标准化工作得到了飞速发展，发行标准体系作为新闻出版标准体系的重要组成部分，也日趋完善。伴随社会发展和科技进步，发行的流程方法、工具手段等逐渐升级，同时新闻出版业数字化转型也对发行工作提出了挑战，进而对发行标准体系的调整和完善提出了新的要求。

一、发行标准化概况

发行标准化工作正式始于2004年，其标志是全国出版物发行标准化技术委员会（简称发标委）的建立。全国出版物发行标准化技术委员会成立于2004年6月，最初是由原国家新闻出版总署批准成立的行业级标委会，秘书处设在新华书店总店。2010年9月，经国家标准化管理委员会批准，升级为国家级标准化技术委员会，编号为SAC/TC 505，秘书处承担单位调整为中国出版集团公司。发标委的业务范围在国家标准委官网上显示为"出版物流通领域，包括出版物发行术语、发行物流技术、作业流程和作业规范、书业服务、书业管理等"方面标准制修订和宣传贯彻实施工作。

从 2004 年到 2015 年末 11 年间，发标委共组织并发布国家标准 2 项，行业 27 项，对促进发行业转型，提升出版物发行信息交换与共享水平，建设现代出版物流通系统，提高发行企业的经营效率，都发挥了重要而积极的作用。

除发标委之外，全国物流标准化技术委员会、全国信息技术标准化委员会等由于业务领域的重叠，作为一名发行从业人员也应该关注它们发布的有关标准。如全国物流标委会 2012 年发布的 GB/T 28578《出版物物流 接口作业规范》和 GB/T 28579《出版物物流 退货作业规范》，以及现阶段全国信标委正在制定的关于大数据的国家标准，都与发行领域关系密切。

在国际上，与出版物发行关系最为密切的标准化组织为欧洲电子数据交换组织"EDItERU"，成立于 1991 年，作为国际书业的标准化组织负责协调图书和连续出版物电子商务标准体系建设。发标委 2011 年 11 月加入 EDItEUR 成为正式会员，积极参与并推动 ONIX 标准的维护和实施工作。2013 年 10 月，国际书业标准化组织建立全球图书贸易主题分类表 THEMA 联盟，发行标委会承担了中国 THEMA 工作组的工作。

二、发行标准体系现状

从发标委已经发布的标准，结合发行业务实际来看，发行标准大体可以分为 5 类标准（见图 1），共同构成了出版物发行标准体系。5 类标准分别为：基础通用标准、数据信息标准、业务管理标准、服务规范标准、设备设施标准。

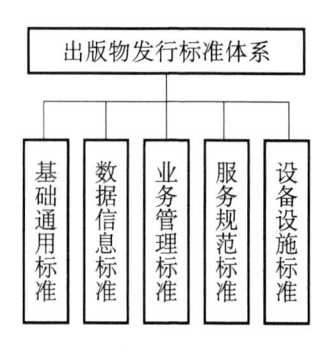

图 1 出版物发行标准体系

基础通用标准共 8 项，包括术语、体系表、分类、代码等标准，具体见表 1。

表 1　基础通用类

1	编号	标准名称
2	CY/Z 13—2011	出版物发行标准体系表
3	CY/T 51—2008	图书、音像制品、电子出版物营销分类法
4	CY/T 70—2011	出版物购销形式分类与代码
5	CY/T 71—2011	出版物发行组织机构类型与编码
6	CY/T 72—2011	出版物物流信息代码集
7	CY/T 141—2015	出版物发行结算方式分类代码
8	CY/T 139—2015	出版物发行统计指标体系

信息数据标准共 3 项（见表 2），其中 GB/T 30330—2013《中国出版物在线信息交换　图书产品信息格式规范》是对国际标准 ONIX（在线信息交换）的采标。ONIX 为 ON line Information eXchang 的缩写，是 EDItERU 组织并推动的一项以电子形式描述、传递和交换出版物产品信息的国际性标准，目前在全球范围内应用最为广泛。

表 2　信息数据类

1	编号	标准名称
1	GB/T 30330—2013	中国出版物在线信息交换　图书产品信息格式规范
2	CY/T 39—2006	图书流通信息交换规则
3	CY/T 75—2011	出版物发货方与承运人物流信息交换标准

业务管理标准共 19 项，是发行标准中最多的一类，可以直接应用于发行的业务活动，主要涉及电子单证、物流两方面，旨在提高发行业务流程的规范性和效率，具体情况见表 3。

表 3　业务管理类

1	编号	标准名称
1	CY/T 52—2009	出版物发货单
2	CY/T 53—2009	出版物退货单/退货差错回告单
3	CY/T 54—2009	出版物在途查询单/回告单
4	CY/T 55—2009	出版物物流标签
5	CY/T 56.1—2009	出版物物流作业规范第 1 部分：收货验收
6	CY/T 56.2—2012	出版物物流作业规范第 2 部分：储存
7	CY/T 56.3—2012	出版物物流作业规范 第 3 部分：包装
8	CY/T 56.4—2012	出版物物流作业规范 第 4 部分：发运
9	CY/T 73—2011	出版物物流基本业务流程

(续表)

1	编号	标准名称
10	CY/T 140—2015	出版物发行商务通用流程规范
11	CY/T 142.1—2015	图书贸易电子单证格式 第1部分：简易流程、元素表
12	CY/T 142.2—2015	图书贸易电子单证格式 第2部分：订单
13	CY/T 142.3—2015	图书贸易电子单证格式 第3部分：订单回告
14	CY/T 142.4—2015	图书贸易电子单证格式 第4部分：订单调整及调整回告
15	CY/T 142.5—2015	图书贸易电子单证格式 第5部分：发货单
16	CY/T 142.6—2015	图书贸易电子单证格式 第6部分：结算单
17	CY/T 142.7—2015	图书贸易电子单证格式 第7部分：库存、销售查询及回告
18	CY/T 142.8—2015	图书贸易电子单证格式 第8部分：退货申请
19	CY/T 142.9—2015	图书贸易电子单证格式 第9部分：退货申请回告

服务规范标准共2项，旨在提高发行服务的质量和读者的满意度，具体情况见表4。

表4 服务规范类

1	编号	标准名称
1	CY/T 137—2015	书店读者服务规范
2	CY/T 138—2015	出版物发行营销活动规范

设备设施标准共6项，包括运输包装、存储等材料、设备要求，具体见表5。

表5 设备设施类

1	编号	标准名称
1	CY/T 57—2009	出版物运输包装材料基本要求
2	CY/T 76.1—2012	出版物包装设备基本要求 第1部分：捆扎机
3	CY/T 77—2012	出版物存储设备基本要求
4	CY/T 78.1—2012	出版物移动设备基本要求 第1部分：起升车辆
5	CY/T 79—2012	周转箱编码规则
6	CY/T 80—2012	出版物射频识别系统基本要求

三、关于出版物发行标准体系的建议

技术快速发展、出版单位转型升级，在这样的行业大背景下，发行标准体系应该主动做出调整，来适应发行工作发展的方向。

（一）完善体系框架，增加职业技能标准一级类目

现有的标准体系从结构上看，已经相对完备，但作为一个独立的产业，其职业准入应该纳入标准化工作的范畴。建议在标准体系的一级类目，增加职业技能标准，可以考虑直接引用劳动部的相关标准，也可以依据劳动部的要求，结合目前发行从业人员的职业素养、知识储备、能力要求制定相关标准（见图2）。

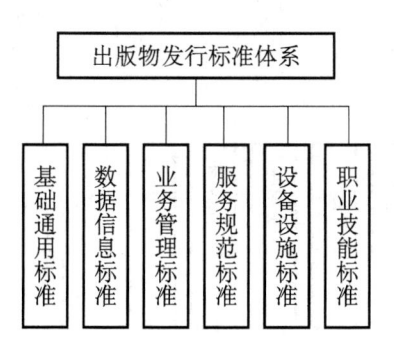

图2　出版物发行标准体系

（二）加强与产业上下游的标准体系衔接

发行处于新闻出版领域产业链的下游，应注意与产业链上游标准体系的衔接问题，建议采用综合标准化的思路和方法，以新闻出版行业整体效益最优为原则，全面统筹协调。特别是基础通用标准和数据信息标准应尽量遵循出版领域已经指定的相关标准，避免造成人为的割裂。

（三）面向新产品、新业态，扩展体系的二级类目

新闻出版业在技术推动下，正经历着翻天覆地的变化，电子书、网络文学、知识服务、云出版等等新的出版产品形式层出不穷，这些产品，很难用一个维度来进行划分，其发行方式与传统方式相比将面临翻天覆地的变化。另外，即使是传统的图书、报纸、期刊等出版产品，由于信息技术、无线射频技术、卫星传输技术等新技术手段的介入，发行的手段和效率也正经历着质的提升。发行标准体系可以面向新产品、新业态，扩展标准体系的二级目录，参见图3。

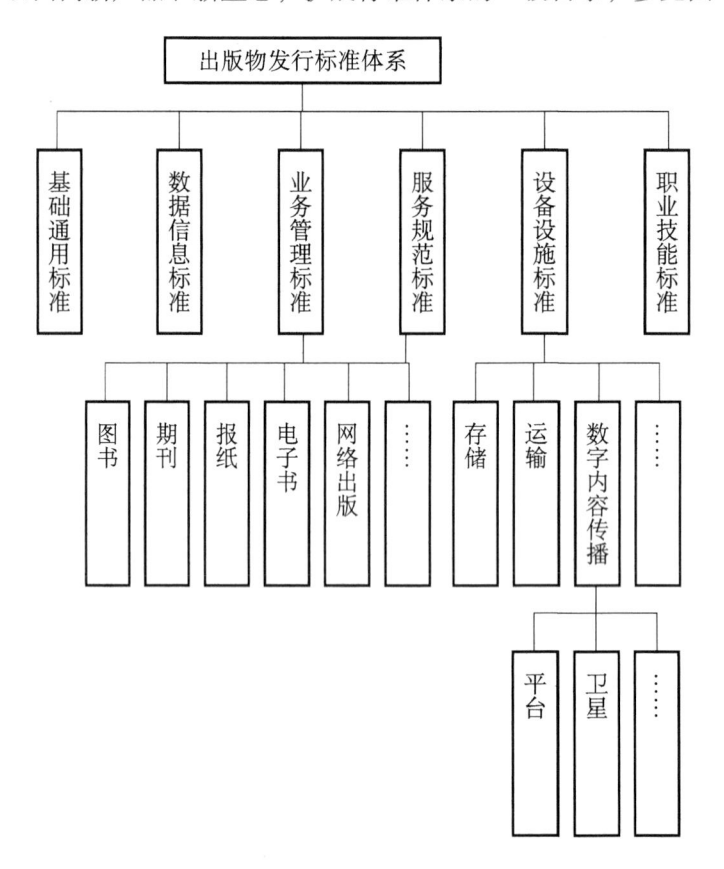

图3

（中国新闻出版研究院　刘冬燕）

图书在版编目（CIP）数据

中国出版标准化发展研究报告 . 2016/魏玉山主编 . —北京：中国书籍出版社，2017.5
ISBN 978-7-5068-6161-8

Ⅰ.①中… Ⅱ.①魏… Ⅲ.①出版工作 – 标准化 – 研究报告 – 中国 – 2016　Ⅳ.①G239.2

中国版本图书馆 CIP 数据核字（2017）第 098234 号

中国出版标准化发展研究报告（2016）

魏玉山　主编

责任编辑	许艳辉
责任印制	孙马飞　马　芝
封面设计	楠竹文化
出版发行	中国书籍出版社
地　　址	北京市丰台区三路居路 97 号（邮编：100073）
电　　话	（010）52257143（总编室）　　（010）52257140（发行部）
电子邮箱	eo@chinabp.com.cn
经　　销	全国新华书店
印　　刷	北京九州迅驰传媒文化有限公司
开　　本	787 毫米 ×1092 毫米　1/16
印　　张	27
字　　数	443 千字
版　　次	2017 年 6 月第 1 版　2017 年 6 月第 1 次印刷
书　　号	ISBN 978-7-5068-6161-8
定　　价	90.00 元

版权所有　翻印必究